Jahresabschlussanalyse und Bilanzpolitik von Schaden-/Unfallversicherern

Schriften zum Controlling, Finanz- und Risikomanagement

Herausgegeben von Andreas Brieden, Thomas Hartung, Bernhard Hirsch und Andreas Schüler

Band 5

PETER LANG
Frankfurt am Main · Berlin · Bern · Bruxelles · New York · Oxford · Wien

Benjamin Asche

Jahresabschlussanalyse und Bilanzpolitik von Schaden-/Unfallversicherern

Änderungen aufgrund von IFRS 4 Phase II
Insurance Contracts: ED/2010/8

PETER LANG
Internationaler Verlag der Wissenschaften

Bibliografische Information der Deutschen Nationalbibliothek
Die Deutsche Nationalbibliothek verzeichnet diese Publikation in der Deutschen Nationalbibliografie; detaillierte bibliografische Daten sind im Internet über http://dnb.d-nb.de abrufbar.

Zugl.: München, Univ. der Bundeswehr, Diss., 2011

D 706
ISSN 1867-027X
ISBN 978-3-631-63051-8

www.peterlang.de

Geleitwort

Aufgrund von bilanzpolitischen Spielräumen können Investoren die tatsächliche wirtschaftliche Lage einer Versicherungsgesellschaft nicht unmittelbar und uneingeschränkt beurteilen. Um diesem Manko zu begegnen hat sich einerseits ein Berufsstand, nämlich der des Finanzanalysten, und andererseits ein umfangreiches Instrumentarium an Analysewerkzeugen etabliert. Ziel einer versicherungsbezogenen Bilanzanalyse ist es, Verzerrungen rückgängig zu machen und die Richtung der Ausnutzung von bilanzpolitischen Wahlrechten offenzulegen, um letztendlich einer *true and fair view* näher zu kommen. Eine strukturell und inhaltlich statische Rechnungslegungssystematik kommt der Analysetätigkeit entgegen, beruht diese doch in nicht unerheblichem Ausmaß auf Erfahrungen, in welchen Positionen und durch welche Mechanismen bilanzpolitische Spielräume ergebnisbeeinflussend genutzt werden können.

Eine erfahrungsbasierte Finanzanalyse erleidet allerdings Rückschläge, wenn gravierende Änderungen in den Ansatz- und Bewertungsvorschriften beschlossen werden. Solche Veränderungen kommen nicht nur durch einen kompletten Systemwechsel zum Tragen, sondern können auch innerhalb eines Rechnungslegungswerks durch Veränderungen der Bilanzierungsvorschriften von maßgeblichen Geschäftsvorfällen induziert werden. Die seit Jahren anhaltenden Diskussionen um die Bilanzierung von Versicherungsverträgen lassen exakt ein solches Veränderungspotential erahnen. Für die Bilanzanalyse bedeutet das aber die Notwendigkeit einer Umorientierung, wenn nicht sogar eines Neuanfangs. Schließlich gilt es erst mal, mögliche bilanzpolitische Spielräume in der Mechanik neuer Vorschriften zu erkennen und dann, im zweiten Schritt, typische Szenarien zu modellieren, die eine systematische Ausnutzung dieser Spielräume erwarten lassen.

Genau an dieser Stelle setzt die vorliegende Monographie von Benjamin Asche an. Ausgehend von den wesentlichen erfolgswirtschaftlichen Kennzahlen und deren bilanzpolitischen Spielräumen im Handelsrecht werden Auswirkungen der IFRS auf die Bilanzanalyse und bilanzpolitische Spielräume im Vergleich zum Handelsrecht untersucht. Ferner wird diskutiert, inwieweit unter dem Exposure Draft zu IFRS 4 Phase II dem Bilanzierenden bilanzpolitische Spielräume eröffnet würden. Damit sind die Ergebnisse der Arbeit von großer Relevanz für die Versicherungswissenschaften, aber auch die Versicherungspraxis. Dem Autor ist folglich eine weite Verbreitung seiner Erkenntnisse zu wünschen.

Neubiberg, im Februar 2012 Prof. Dr. Thomas Hartung

Inhaltsübersicht

Inhaltsverzeichnis

Abkürzungsverzeichnis

Abs.	Absatz
afs	available for sale
BilMoG	Bilanzrechtsmodernisierungsgesetz
bspw.	beispielsweise
bzgl.	bezüglich
bzw.	beziehungsweise
CAPM	Capital Asset Pricing Model
CDS	Credit Default Swaps
CEIOPS	Committee of European Insurance and Occupational Pensions Supervisors
CF	Cash Flows
CIF	Cash Inflows
COF	Cash Outflows
CRO-Forum	Chief Risk Officers Forum
CTE	Conditional Tail Expectation
DP	Discussion Paper
ED	Exposure Draft
EDV	Elektronische Datenverarbeitung
EG	Europäische Gemeinschaft
EIOPA	European Insurance and Occupational Pensions Authority
EK	Eigenkapital
EU	Europäische Union
evtl.	eventuell
f.	folgende
FASB	Financial Accounting Standards Board
FCoC	Frictional Cost of Capital
ff.	fortfolgende
feR	für eigene Rechnung
fvpl	fair value through profit and loss
GAAP	General Accepted Accounting Principle
GDV	Gesamtverband der Deutschen Versicherungswirtschaft
GE	Geldeinheiten

GuV	Gewinn- und Verlustrechnung
HGB	Handelsgesetzbuch
htm	held to maturity
i.d.R.	in der Regel
IAS	International Accounting Standard
IASB	International Accounting Standard Board
IASC	International Accounting Standards Committee
IDW	Institut der Wirtschaftsprüfer
IFRIC	International Financial Reporting Interpretations Committee
IFRS	International Financial Reporting Standard
inkl.	inklusive
i.V.m.	in Verbindung mit
KapAEG	Kapitalaufnahmeerleichterungsgesetz
KStG	Körperschaftssteuergesetz
LP	Liquiditätsprämie
L&R	Loans & Receivables
Mrd.	Milliarden
Nr.	Nummer
OCI	Other Comprehensive Income
par.	Paragraph
PV	Present Value
PVFCF	Present Value of the Fulfilment Cash Flows
QIS	Quantitative Impact Study for Solvency II
rd.	rund
RechVersV	Verordnung über die Rechnungslegung von Versicherungsunternehmen
RM	Residualmarge
S.	Seite
SFAS	Statement of Financial Accounting Standards
SIC	Standing Interpretations Committee
sog.	sogenannte
SR	Schwankungsrückstellung
u.a.	unter anderem
UPA	Unearned Premium Approach
u.U.	unter Umständen
UWM	Underwriting Marge
v.a.	vor allem
VAG	Versicherungsaufsichtsgesetz
VaR	Value at Risk
vgl.	vergleiche

vs.	versus
WpHG	Wertpapierhandelsgesetz
z.B.	zum Beispiel
zzgl.	zuzüglich

Tabellenverzeichnis

Abbildungsverzeichnis

1. Problemstellung

> „Unter Bilanzanalyse (Jahresabschlussanalyse, Anmerkung des Verfassers) versteht man die methodische Untersuchung von Jahresabschluss und Lagebericht mit dem Ziel, entscheidungsrelevante Informationen über die gegenwärtige wirtschaftliche Lage und die künftige wirtschaftliche Entwicklung eines Unternehmens zu gewinnen."[1]

Eine solche Analyse wird auf der Adressatenseite von den unterschiedlichsten Personenkreisen, ob juristisch oder natürlich, angewandt. Dabei bedarf es bei all diesen Interessenten nicht unbedingt einer gemeinsamen Interessenslage. Vielmehr können die gewünschten Aussagen je nach Personenkreis variieren und Schwerpunkte differenziert gesetzt werden.[2]

Da sich die Jahresabschlussanalyse nicht auf eine Branche beschränkt, sondern in der Praxis eher als Oberbegriff anzusehen ist, gibt es auch keine allgemeingültigen Kennzahlen bzw. standardisierte Kennzahlensysteme, so dass sich in der Praxis die Analysemethoden einzelner Branchen durch die Besonderheiten ihres Geschäftsmodells von anderen abheben. Dennoch ist ein allgemeines Verständnis hinsichtlich Aufbau und Ziel der Bilanzanalyse, wie in Kapitel 3 dargestellt, essenziell für deren praktische Durchführung.

Die Versicherungswirtschaft ist zweifelsohne eine Branche mit einem solch besonderem Geschäftsmodell, da der Vertrieb des immateriellen Produktes Versicherungsschutz zu einer Art Vorausfinanzierung durch die Prämienzahlungen der Versicherten führt, denen erst in späteren Perioden Zahlungsverpflichtungen gegenüberstehen.[3] Dies mündet in einer mit anderen Wirtschaftszweigen nicht vergleichbaren Vermögens-, Finanz- und Ertragsstruktur.

„Die Rechnungslegung von Versicherungsunternehmen ist sehr umfangreich und geht über die anderer Unternehmen hinaus."[4] Um diesem Sachverhalt auch im Zuge der Jahresabschlussanalyse gerecht zu werden, wurden für die Versicherungsbranche daher ganz spezifische Kennzahlen- bzw. Kennzahlensysteme

1 Baetge/Kirsch/Thiele, 2004, S. 1.
2 Vgl. Meyer, 1988, S. 311.
3 Vgl. Farny, 1992, S. 106 f.
4 Meyer, 1988, S. 311.

entwickelt und in der Literatur beschrieben.[5] Dabei stehen v.a. die erfolgswirtschaftlichen Kennzahlen im Mittelpunkt.

Aber auch die Jahresabschlussanalyse von Versicherungsunternehmen lässt Platz für Spielräume, Interpretationen und Anpassungen, die in der Literatur schon hinreichend diskutiert und dargestellt wurden. Neben der Vergangenheitsorientierung und des teilweise unvollständigen Datenmaterials liegen diese auch in den speziellen Rechnungslegungsvorschriften, was sich im Handelsrecht bspw. in Form des Vorsichtsprinzips als Teil der *Allgemeinen Bewertungsgrundsätze* in § 252 HGB äußert. Darüber hinaus wird die Aussagekraft aber insbesondere durch den Einsatz bilanzpolitischer Möglichkeiten des Bilanzierenden eingeschränkt. In Kapitel 4 sollen die wesentlichen erfolgswirtschaftlichen Kennzahlen definiert und hinsichtlich ihrer bilanzpolitischen Spielräume im Handelsrecht diskutiert werden.

Bereits 1998 wurde im Zuge der steigenden Globalisierung und um eine Verbesserung der Rahmenbedingungen deutscher Unternehmen im Wettbewerb an den internationalen Kapitalmärkten zu erreichen, mit dem Kapitalaufnahmeerleichterungsgesetz (KapAEG) ein befreiender Konzernabschluss nach international anerkannten Rechnungslegungsgrundsätzen eingeführt.[6] Diese im Gesetz in § 292a HGB verankerte Regelung wurde innerhalb weniger Jahre von vielen deutschen Versicherungskonzernen angewandt[7], die ihren Konzernabschluss erstmals nach den damals noch vom IASC verabschiedeten IAS aufstellten.

Spätestens jedoch mit dem Inkrafttreten der sogenannten *IAS-Verordnung*[8] ergaben sich allgemein neue Herausforderungen für die Analyse, da die Aufstellung eines Konzernabschlusses nach IAS/IFRS und SIC/IFRIC für kapitalmarktorientierte Unternehmen ab dem 1. Januar 2005 verpflichtend wurde. Im Rahmen des Bilanzrechtsreformgesetzes 2004 wurde sie in § 315a HGB aufgenommen und ersetzte den entfallenden § 292a HGB.

Die Generalnorm einer *fair presentation*[9] als oberstes Ziel der IAS/IFRS und ein erwartungsgemäß damit einhergehender Abbau bilanzpolitischer Möglichkeiten könnte die Problematiken der handelsrechtlichen Jahresabschlussanalyse beheben. Schließlich sollte diese Generalnorm doch eine erhöhte Vergleichbarkeit schaffen, indem die Informationsfunktion in den Vordergrund gestellt und dem Bilanzleser ohne großen Aufwand eine „(...) den tatsächlichen Verhältnissen entsprechende Darstellung der Auswirkungen der Geschäftsvorfälle, sonstiger Ereignisse und

---

5 Vgl. Heimes, 2003, S. 135 ff.; vgl. Metzler, 1999, S. 105 ff.

6 Vgl. Pellens/Bonse/Fülbier/Gassen/Sellhorn, 2001, S. 7.

7 So bspw. von der Allianz Gruppe und der Münchener Rück Gruppe, heute Munich Re.

8 Siehe IAS-Verordnung, S. 2.

9 Vgl. Pellens/Fülbier/Gassen, 2006, S. 112 f.

Bedingungen (...)"[10] vermittelt wird. Kapitel 4 untersucht die Auswirkungen der IFRS auf die Bilanzanalyse und bilanzpolitische Spielräume im Vergleich zum Handelsrecht, da die Analysetätigkeit auch unter den IFRS weiterhin eine entscheidende Rolle einnimmt.

Die stetigen Weiterentwicklungen und Neuerungen der IFRS betreffen auch die Versicherungsbranche. Insbesondere soll mit in zwei Phasen aufgeteilten IFRS 4 ein Standard speziell zur Bilanzierung von Versicherungsverträgen entwickelt werden. Momentan wird mit der abgeschlossenen Phase I lediglich die Finanzberichterstattung für Versicherungsverträge geregelt, die v.a. auf eine Erhöhung von Transparenz und Vergleichbarkeit abzielt.[11] Phase I enthält somit nur rudimentäre Ansatz- und Bewertungsvorschriften[12], wodurch eine erneute Überarbeitung dieser Vorschriften im Zuge der Phase II[13] vermieden werden soll.[14]

Kapitel 5 diskutiert die Fragestellung, inwieweit unter dem Exposure Draft[15] zu IFRS 4 Phase II dem Bilanzierenden bilanzpolitische Spielräume eröffnet werden. Dabei werden die Ansatz- und Bewertungsvorschriften des ED als weitestgehend exogen vorgegeben angesehen. Die Arbeit behält sich jedoch vor, falls es aus Analysesicht sinnvoll erscheint, auch Änderungsvorschläge zu unterbreiten.

In einem nächsten Schritt werden in Kapitel 6 die bisher in der Jahresabschlussanalyse angewandten Kennzahlen dahingehend untersucht, ob sie auch unter den Vorschriften des ED zu IFRS 4 Phase II anwendbar sind und evtl. Grenzen der bisherigen Jahresabschlussanalyse überwinden können oder aber durch die Änderungen im Zuge des ED neue Problemfelder geschaffen werden. Die tiefgreifenden Einschnitte in die Rechnungslegung[16] in Form des ED bedürfen gleichzeitig auch einer Untersuchung der Entwicklung neuer Kennzahlen. Letztendlich ist es jedoch auch denkbar, dass der ED IFRS 4 Phase II keine großen Auswirkungen hat und die Analysen nach denselben Schemata und mit den altbekannten Schwächen fortgesetzt werden können.

Zudem sind momentan weitere Reportingsysteme für Versicherungsunternehmen in der Umsetzung. Dabei ist als wesentlichste Neuerung zweifelsfrei Solvency II zu nennen. Den Abschluss dieser Arbeit bildet daher Kapitel 7 mit einem Vergleich der Vorschriften des ED zu IFRS 4 Phase II und Solvency II, bevor Kapitel 8 die wichtigsten Erkenntnisse thesenförmig zusammenfasst.

---

10 IAS 1.13.

11 Vgl. Rockel/Helten/Loy/Ott/Sauer, 2007, S. 70.

12 Vgl. Ballwieser/Dobler, 2009, S. 1231.

13 Phase II behandelt explizit die Ansatz- und Bewertungsvorschriften von Versicherungsverträgen.

14 Siehe auch Rockel/Helten/Loy/Ott/Sauer, 2007, S. 70.

15 Im Folgenden auch als ED bezeichnet.

16 Siehe hierzu auch Perlet, 2001, S. 287.

2. Zahlenwerk und Grundlage

Im Vorfeld soll die Ausgangsbasis, auf der später die dargestellten Kennzahlen zur Jahresabschlussanalyse untersucht werden, bestimmt werden.

2.1 Einzelabschluss versus Konzernabschluss

Von besonderem Interesse ist die Frage, auf welches Zahlenwerk zurückgegriffen werden soll. Als Möglichkeiten kämen hierfür zum einen der Einzel- und zum anderen der Konzernabschluss in Frage. Wie bereits in der Problemstellung dargelegt, besteht gemäß der *IAS-Verordnung* seit dem 1.1.2005 für kapitalmarktorientierte Unternehmen die Aufstellungspflicht des Konzernabschlusses nach den IAS/IFRS. Da sich der Untersuchungsgegenstand der vorliegenden Arbeit mit den Auswirkungen des ED IFRS 4 Phase II beschäftigt, stellen die Daten des Konzernabschlusses die Basis für die Kennzahlenanalyse unter IFRS dar. Da zuvor jedoch die Aussagekraft und Grenzen von wesentlichen Kennzahlen unter Handelsrecht dargestellt werden soll, kommt auch dem Einzelabschluss besondere Bedeutung zu, da in der Praxis i.d.R. lediglich die Aufstellung der Einzelabschlüsse deutscher Versicherungsunternehmen auf Grundlage des Handelsrechts erfolgt.

Daher sollen beide Instrumentarien kurz dargestellt werden, da sie letztendlich beide für die Jahresabschlussanalyse herangezogen werden können. Auffällig ist, dass sich bereits die *Funktionen* oder auch *Zwecke*, die diesen beiden Instrumentarien zugrunde liegen, deutlich voneinander unterscheiden. Während der Konzernabschluss ausschließlich der Informationsfunktion[17] dient „(...) so hat der Einzelabschluss noch weitere Zwecke."[18] Diese betreffen den Gläubigerschutzgedanken sowie die Regelung von Zahlungsbemessungsinteressen.[19] „Diese

17 Vgl. Husmann, 1997, S. 8 f.

18 Pellens/Fülbier/Gassen, 2006, S. 11.

19 Bei Aktiengesellschaften wird die Sicherstellung eines Mindesthaftungsvermögens zum Schutze der Gläubiger verlangt, da Aktiengesellschaften insgesamt einer Haftungsbeschränkung unterliegen im Vergleich zu einer Personenhandelsgesellschaft. Darüber hinaus soll aber auch eine Mindestausschüttung gewährleistet werden, um Kleinaktionäre vor Interessen der Großaktionäre aber auch die Aktionäre insgesamt zu schützen. All diese Funktionen werden durch entspre-

Zweckvielfalt geht mit Spannungen einher, da (...) die konkrete Ausgestaltung der Rechnungslegung schon bei einem einzigen Ziel schwierig genug erscheint."[20] Neben dieser abweichenden Zwecksetzung der jeweiligen Jahresabschlüsse wirft bereits eine ökonomische Sichtweise auf beide Begriffe Differenzen auf. Während es sich bei dem Einzelabschluss um den Jahresabschluss eines rechtlich selbständigen Unternehmens handelt, wird der Konzern „(...) als Zusammenschluss wirtschaftlich unselbständiger Unternehmen zu einer wirtschaftlichen Einheit verstanden."[21] Damit ist für die ökonomische Sichtweise nicht die Aufgabe der rechtlichen Selbständigkeit der Konzernunternehmen entscheidend, sondern es ist vielmehr eine einheitliche Leitung gefordert. Ökonomisch gesehen ist der Konzern also eine Einheit.[22] Dies ist eine deutliche Abgrenzung zur juristischen Definition des Konzernbegriffs, die den Konzern als eine Gesamtheit rechtlich selbständiger Unternehmen sieht.[23]

Bezogen auf die Jahresabschlussanalyse könnte dies zur Folge haben, dass Einzelabschlüsse solcher Unternehmen, die in einem Konzern verflochten sind, bzgl. der Darstellungen ihrer wirtschaftlichen Tätigkeiten an Informationsgehalt verlieren.[24] Dabei dreht es sich nicht nur um den Ausweis konzerninterner Beziehungen, deren Eliminierung erst auf Konzernebene erfolgt.[25] Auch besitzt das Mutterunternehmen durch die einheitliche Leitung Möglichkeiten, bestimmte Geschäftsvorfälle, interner oder externer Natur, des Tochterunternehmens zu forcieren. Solche Tätigkeiten sind nicht immer aus dem Einzelabschluss ersichtlich bzw. können die im Einzelabschluss veröffentlichten Zahlen verzerren, und somit im schlimmsten Fall auch für Analysezwecke unbrauchbar werden lassen. Prinzipiell könnte so etwas beispielsweise im Rahmen der Liquiditätsplanungen geschehen, da Mittel zwischen den Konzernunternehmen je nach Bedarf transfe-

---

chende Verankerungen im AktG und HGB erreicht; vgl. Coenenberg/Haller/Schultze, 2009, S. 48 f.; vgl. Metzler, 1999, S. 44.

20 Siehe Pellens/Fülbier/Gassen, 2006, S. 11 f.

21 Wollmert, 1992, S. 10 f.

22 Der Konzern „(..) hat deshalb auch weder Unternehmensträger in Form von Aktionären einer AG, (..) er hat auch keine Gläubiger aus der Überlassung von Fremdkapital. Die Position des Unternehmensträgers oder Eigentümers kann sich nur auf die jeweilige Obergesellschaft des Konzerns beziehen.", Farny, 2001, S. 96; vgl. Pellens/Fülbier/Gassen, 2006, S. 13.

23 Vgl. Wollmert, 1992, S. 10 ff.

24 Vgl. Peemöller, 2003, S. 270.

25 Vgl. Husmann, 1997, S. 9; vgl. Kalwar, 1975, S. 202: Es soll erreicht werden, dass aus Konzernsicht die wirtschaftlichen Tätigkeiten derart dargestellt werden als wäre dieser eine einzige wirtschaftliche Unternehmenseinheit, während die wirtschaftliche Selbständigkeit der einzelnen Tochterunternehmen in den Hintergrund rückt. Eine solche Darstellung wird mit Hilfe der Kapitalkonsolidierung, Schuldenkonsolidierung, Zwischenerfolgseliminierung und der Aufwands- und Ertragskonsolidierung erreicht. Siehe hierzu auch Coenenberg/Haller/Schultze, 2009, S. 651 ff.; siehe HGB §§ 300-307.

riert werden können. Auch könnten bestimmte interne Serviceleistungen zu günstigeren Konditionen innerhalb des Konzerns offeriert werden.[26] Solche Geschäftsvorfälle haben Einfluss auf den Jahresabschluss und können, für den externen Bilanzleser schwer ersichtlich, zu Verwerfungen bei der Interpretation der Zahlen führen.

So hat die ERGO im zweiten Quartal 2008 eine Dividende an die Münchener Rückversicherungs-Gesellschaft AG in Höhe von ca. 1 Milliarde € gezahlt. Hintergrund ist das Kapitalmanagement von Munich Re, eine schlanke Kapitalisierung ihrer Tochtergesellschaften anzustreben, um nicht zuletzt aus Effizienzgründen eine kapitalstarke Position bei der obersten Mutterunternehmung zu erreichen.[27]

Letztendlich sollte nicht nur im Lichte dieser Arbeit der Konzernabschluss eine beträchtliche Rolle bei der Analyse spielen, sondern ganz allgemein mit einbezogen werden, um die konzerninternen Beziehungen richtig abbilden und interpretieren zu können. Doch auch der Einzelabschluss hat seine Daseinsberechtigung in der Analyse. So kann er doch beispielsweise durch detailliertere Darstellungen für bestimmte Sachverhalte qualitativ und auch quantitativ Mehrwert liefern, der unter Umständen aus Konzernsicht eher von untergeordneter Bedeutung ist. Im Sinne der Zweckkomplementarität tritt der Einzelabschluss somit als eigenständiges Informationsinstrument neben die Zwecke des Konzernabschlusses.[28]

Dem Konzern, oftmals in Form einer Holding, kommt in der Versicherungswirtschaft eine ganz bedeutende und entscheidende Stellung zu. Er vereint mehrere rechtlich selbständige Unternehmen unter einer einheitlichen Leitung, weil ein einziges Versicherungsunternehmen aufgrund des aufsichtsrechtlichen Gebots der Spartentrennung rechtlich gar nicht in der Lage wäre, innerhalb der Erstversicherung Lebens-, Kranken- und andere Sparten (wie z.B. die Schadenversicherung) in einer Gesellschaft zu betreiben.[29] Vereint nun ein Versicherungskonzern all diese Sparten, was in aller Regel zutreffend ist, dann lässt sich im Rahmen der hier zu behandelnden Thematik die Frage stellen, wie sich das auf die Jahresabschlussanalyse auswirkt. Insbesondere die Lebens- und Krankenversicherung zeichnet sich durch die Langfristigkeit des Geschäfts aus.[30] Damit unterscheidet sie sich grundlegend von der Schaden-/Unfallversicherung, wo

26 Vgl. Wollmert, 1992, S. 21.

27 Vgl. Quartalsbericht von Munich Re, 2/2008, S. 22; vgl. Halbjahresbericht ERGO, I/2008, S. 4; Allerdings muss bei diesem Beispiel berücksichtigt werden, dass es sich bei der ERGO ebenfalls bereits um einen Konzern handelt.

28 Vgl. Wollmert, 1992, S. 23 ff.

29 Siehe § 8 Abs. 1a VAG; vgl. Farny, 2001, S. 91.

30 Vgl. Rockel/Helten/Loy/Ott/Sauer, 2007, S. 9.

Vertragslaufzeiten und Schadenverläufe und -abwicklungen im Vergleich eher kurzfristig sind.[31] Auch wenn es nicht ganz ausgeschlossen ist, gewisse Kennzahlen gleichermaßen auf die verschiedenen Versicherungszweige anzuwenden, so besitzt doch jeder Versicherungszweig ein gesonderte Analysemethoden.[32] Jahresabschlussdaten stellen im Falle der Bilanz lediglich Stichtagswerte dar bzw. beziehen sich im Falle der Gewinn- und Verlustrechnung auf eine abgelaufene Periode, das heißt, sie sind vergangenheitsorientiert. [33] Diese Tatsache erschwert die Beurteilung von längerfristigem Geschäft, wie es z.B. in der Lebensversicherung betrieben wird. Kennzahlen, die den Wertzuwachs eines Portfolios über seine Lebenszeit hinweg generieren, sind anhand des Jahresabschlusses nur schwer ermittelbar.[34] Eine solche Kennzahl, die auch zukünftige Erträge berücksichtigt, stellt der European Embedded Value dar.

Der Fokus der Arbeit liegt daher auf der Jahresabschlussanalyse von Schaden- und Unfallversicherern.

2.2 Bilanz, Gewinn- und Verlustrechnung und Lagebericht

Während die RechVersV explizite Gliederungsvorschriften für Bilanz- und GuV eines Versicherers vorschreibt, und somit eine Vergleichbarkeit der Abschlüsse zwischen einzelnen Versicherungsgesellschaften erleichtert, ergeben sich aus den IFRS keine solchen spezifischen Vorschriften.[35] Vielmehr schreibt IAS 1.68 lediglich einen Mindestumfang an Posten für die Bilanz vor.[36] Insbesondere durch *ermessensabhängige* Wahlrechte entsteht ein deutlich höherer Individualisierungsgrad unter den IFRS.[37] Darüber hinaus unterscheidet der Standard noch die Bilanzgliederung nach Fristigkeit oder Liquiditätsnähe[38], wobei letztere zwar als Ausnahmewahlrecht gedacht ist, aber wegen der hohen Bedeutung von Finanzinstrumenten bei Versicherungsunternehmen auch auf diese anwendbar ist.[39]

31 Auch in der Schadenversicherungszweigen können Schadenabwicklungen mehrere Jahre/ Jahrzehnte dauern oder Schäden gar erst Jahre nach Beendigung des Vertrages bekannt werden. Dies ist insbesondere in den Haftpflichtversicherungen der Fall; vgl. Swiss Re, 2004, S. 15.

32 Vgl. Metzler, 1999, S. 5.

33 Siehe Coenenberg/Haller/Schultze, 2009, S. 1018.

34 Vgl. Allianz EEV, S. 4 .

35 Siehe hierzu auch Pilhofer/Defren, 2011, S. 15.

36 Vgl. Wawrzinek, 2009, S. 78.

37 Vgl. Pilhofer/Defren, 2011, S. 15.

38 Vgl. Lüdenbach, 2007, S. 95.

39 Vgl. Wawrzinek, 2009, S.75.

Vergleichbar der Bilanz, enthält der IAS 1.81 auch für die GuV nur eine Mindestgliederung. Es wird jedoch sowohl für die Bilanz (IAS 1.69) als auch die GuV (IAS 1.83) gefordert, zusätzliche Posten, Überschriften und Zwischensummen einzufügen, sofern dies für das Verständnis von Finanz- und Ertragslage erforderlich ist.[40] Obwohl in der Literatur auch für Versicherungen typische Bilanz- und GuV-Posten dargestellt werden[41], sind diese nicht verbindlich und es zeigt sich bereits hier ein deutlicher Ermessensspielraum bei den einzelnen Unternehmen im Hinblick auf den Bilanz- und GuV-Ausweis unter IFRS. Durch das *Financial Statement Presentation*-Projekt soll neben der Konvergenz der beiden Rechnungslegungssysteme IFRS und US-GAAP insbesondere die „(…) Bilanz, Gesamtergebnisrechnung und Kapitalflussrechnung in eine weitgehend einheitliche Gliederungsstruktur gebracht werden."[42] Dabei wurde bereits im entsprechenden Discussion Paper ein bilanzielles Zusammenfassen solcher Vermögenswerte und Schulden, die unterschiedlichen Bewertungsverfahren unterliegen[43], untersagt.[44] Der Staff Draft zum Exposure Draft der Phase B des *Financial Statement Presentation* Projekts sieht einen solch getrennten Ausweis zudem bei Bilanzposten vor, die sich hinsichtlich Zweck und Art so unterscheiden, dass eine separate Darstellung relevant für das Verständnis seitens des Bilanzlesers ist.[45] Somit könnte künftig im Vergleich zu den momentanen Vorschriften eine erhöhte Transparenz für den Adressaten geschaffen werden.

Von deutschen Versicherern muss gem. § 315 HGB auch unter Anwendung der IFRS zusätzlich zum Jahresabschluss ein Lagebericht erstellt werden, der den Adressaten unter anderem einen Gesamtüberblick über den vergangenen Geschäftsverlauf geben soll.[46] Zwar werden unter IFRS etliche der im Lagebericht vorgeschriebenen Angaben im Anhang getätigt[47], dennoch gibt es eine dem Lagebericht ähnliche Vorschrift momentan unter den IFRS nicht. Allerdings ist mit dem 2009 veröffentlichten Exposure Draft *Management Commentary* (kurz: ED MC) seitens des IASB ein Schritt in diese Richtung getan worden. Der Management Commentary „(…) soll die Investoren in die Lage versetzen, die Zahlen des Jahresabschlusses zu beurteilen(…)."[48] Vom IASB wird dabei ein prinzipienorientierter

---

40 Vgl. Pellens/Fülbier/Gassen, 2006, S. 154 ff.

41 Vgl. Schlüter, 2006, S. 1082 ff.

42 Kirch, 2009, S. 201.

43 Vgl. IASB DP FSP 3.19.

44 Vgl. Zülch/Pronobis, 2009, S. 560 .

45 Siehe hierzu auch IASB Staff ED FSP 119.

46 Vgl. Geirhofer, 2009, S. 433.

47 Vgl. Kasperzak/Beiersdorf, 2007, S. 123 .

48 Unrein, 2009, S. 260.

Ansatz verfolgt[49], so dass die individuelle Branchensituation bestmöglich dargestellt werden kann. Dies ist sicherlich auch im Sinne der Versicherungsbranche von Vorteil. Ein wesentliches Prinzip für die Jahresabschlussanalyse stellt dabei auch die Ergänzung und Erweiterung der im Abschluss präsentierten Informationen dar.[50] Die Erläuterungen sollen sich dabei auf quantitative Angaben im Abschluss beziehen bzw. sollen diese durch eine Überleitungsrechnung vergleichbar machen,[51] falls der Management Commentary andere Werte verwendet als der Abschluss. Darüber hinaus sollen auch Angaben über nicht-finanzielle Sachverhalte, die keinen Eingang in den Jahresabschluss gefunden haben, getätigt werden.[52] Der Management Commentary dürfte zukünftig als wesentlicher Bestandteil mit in die Analyse einfließen, ähnlich dem heutigen Lagebericht bei deutschen Versicherern.

2.3 Segmentberichterstattung unter IFRS

Aufgrund des Spartentrennungsgebots bereitet die Segmentberichtserstattung bei der Analyse des handelsrechtlichen Einzelabschlusses keine größeren Probleme. Da im Konzernabschluss jedoch verschiedene Sparten zusammengefasst werden, kann eine Analyse nur anhand der ausgewiesenen Segmente der Schaden- und Unfallversicherung erfolgen, sofern es sich nicht um einen reinen Schaden-/Unfallversicherungs-Konzern handelt. Die Betrachtung des Segmentes ist entscheidend, da sich in Konzernabschlüssen „(…) hinter den einzelnen Bilanz- und GuV-Positionen sehr heterogene Vermögensgegenstände, Schulden, Aufwendungen bzw. Erträge verbergen."[53] Daher ist eine aggregierte Betrachtung von Konzernzahlen für den Adressaten wenig aussagefähig, weshalb ein besserer Einblick in die Unternehmensstruktur anhand der Segmentberichterstattung gewährt werden soll, die dem Bilanzleser die Messung von Wertschöpfung der einzelnen Segmente sowie Segmentvergleiche zwischen einzelnen Unternehmen ermöglichen sollen.[54] Somit ergeben sich bei der Segmentbetrachtung über die im vorherigen Abschnitt genannte Mindestgliederung des IAS 1 hinaus weitere Problemstellungen. Die Vorschriften zur Segmentberichterstattung sind dabei im IFRS 8 geregelt. Dieser schreibt das Prinzip des *management approach* vor, nach dem die externe Kom-

49 Vgl. Geirhofer, 2009, S. 433.
50 Vgl. IASB ED MC, ED 13(b).
51 Vgl. Geirhofer, 2009, 433.
52 Vgl. IASB ED MC, ED 15-16.
53 Schildbach, 2000, S. 284.
54 Vgl. Grottke/Krammer, 2008, S. 670.

munikation auf Basis der Zwecke der internen Berichterstattung erfolgt.[55] Somit folgen „(...) neben den Segmentabgrenzungen (.) ebenfalls die Ausweisvorschriften weitgehend der Steuerungskonzeption“.[56] Wodurch auf Segmentebene die IFRS Bilanzierungs- und Bewertungsvorschriften keine Anwendung finden müssen, sofern sie nicht auch dem internen Finanzberichtswesens zugrunde liegen.[57] Die verpflichtenden quantitativen Vorschriften pro Segment beschränken sich nach IFRS 8.23 auf das Segmentergebnis und das Segmentvermögen, wobei beide inhaltlich nicht definiert werden und lediglich zur internen Steuerung und Berichterstattung herangezogen werden müssen.[58] Dementsprechend ist das Segmentergebnis nicht zwingend mit dem IFRS-Segment-Jahresüberschuss gleichzusetzen. Zusätzlich sind bestimmte weitere Mindestangaben, wie wesentliche Erträge und Aufwendungen oder Abschreibungen, nötig, sofern sie Teil des berichtenden Segmentergebnisses sind.[59] „Die Tatsache, dass es wenig unbedingte und zahlreiche bedingte Berichtspflichten gibt, eröffnet dem Unternehmen Gestaltungsspielräume.“[60] Bei Verwendung von rein internen Steuerungsgrößen gewinnt die in IFRS 8.28 geforderte Überleitungsrechnung „(…) von Erträgen, Periodenergebnis, Vermögenswerten, Schulden sowie allen wesentlichen Posten, die in der Segmentberichterstattung offengelegt wurden“[61] an Bedeutung. Dadurch soll eine Verbindung zwischen konsolidiertem Abschluss und dem Segmentbericht hergestellt werden.[62] Finden interne Steuerungsgrößen, die sich nicht an die Bilanzierungs- und Bewertungsvorschriften nach IFRS anlehnen, Eingang in die Berichterstattung des Schaden-/Unfallsegments, so wird die Analyse durch sinnvolle und segmentbezogene Kennzahlen gefährdet.[63] Insbesondere wäre durch die unternehmensspezifische Definition von veröffentlichten Segmentgrößen neben gewissen Gestaltungsspielräumen seitens des Managements vor allem der Betriebsvergleich nahezu unmöglich.[64] In diesem Fall wäre eine Überleitungsrechnung unerlässlich, um Unterschiede zwischen interner und externer Rechnungslegung möglichst gut beurteilen zu können.[65] Nach IFRS 8.26 muss jedoch bei Vorliegen mehrerer Größen, die zur internen Steuerung herangezogen

---

55 Vgl. Fink/Ulbrich, 2007, S. 1.
56 Fink/Ulbrich, 2007, S. 2.
57 Vgl. Wenk/Jagosch, 2008, S. 666.
58 Vgl. Grottke/Krammer, 2008, S. 672.
59 Vgl. Wenk/Jagosch, 2008, S. 668.
60 Rogler, 2009, S. 504.
61 Wenk/Jagosch, 2008, S. 669.
62 Vgl. Grottke/Krammer, 2008, S. 673.
63 Siehe auch Fink/Ulbrich, 2007, S. 6.
64 Zur Definition von Betriebsvergleichen siehe Kapitel 3.5.
65 Vgl. Grottke/Krammer, 2008, S. 678.

werden, diejenige gewählt werden, die den IFRS am nächsten kommt.[66] Da Versicherungsunternehmen i.d.R. zumindest auch auf IFRS Größen zur Steuerung zurückgreifen dürften, ist eine gänzliche Abkehr von IFRS Bilanzierungs- und Bewertungsvorschriften vor allem in der Schaden-/Unfallversicherungs-Segmentberichterstattung nicht zu erwarten. Darüber hinaus gilt es beim Rückgriff auf Segmentdaten zu beachten, ob es sich bei diesen um segmentierte und somit noch nicht konsolidierte Segmentwerte oder konsolidierte Segmentwerte handelt. Während bei letzteren auch konzerninterne Geschäftsbeziehungen mit anderen Konzernsegmenten eliminiert wurden, weisen erstere eine solche Konsolidierung lediglich innerhalb des ausgewiesenen Segments auf, nicht aber zwischen einzelnen Segmenten.

66 Vgl. Wenk/Jagosch, 2008, S. 666.

3. Grundlagen der Jahresabschlussanalyse

Zu Beginn dieser Arbeit wurde bereits im Rahmen der Problemstellung eine kurze Definition der Jahresabschlussanalyse gegeben. Mit dem Wissen, dass es die Aufgabe einer solchen Jahresabschlussanalyse ist, die wirtschaftliche Lage des Unternehmens anhand der Bilanz, der Gewinn- und Verlustrechnung, Kapitalflussrechnung und des Anhangs sowie des Lageberichts zu durchleuchten[67], wird in diesem Grundlagenkapitel allgemein dargestellt, wie, für wen und mit welchen Verfahren eine Beurteilung der wirtschaftlichen Lage erreicht werden kann.

Mit der Begrifflichkeit der Jahresabschlussanalyse soll im Folgenden suggeriert werden, dass es sich um die Sichtweise eines externen Analysten handelt. Dieser hat im Vergleich zur Betriebsanalyse keinen Zugriff auf unternehmensinterne Daten.[68] Für ihn bilden vielmehr die veröffentlichten Informationen, insbesondere in Form des Jahresabschlusses, die Grundlage der Tätigkeiten. Der Begriff des Jahresabschlusses darf dabei aber nicht zu eng ausgelegt werden. So ist der Lagebericht gesetzlich nicht Teil des Jahresabschlusses[69] und gibt dennoch wichtige ergänzende Auskünfte für die Analysetätigkeiten. Darüber hinaus können auch weitere veröffentlichte Informationen in die Bewertung einfließen, wie z.B. Pressekonferenzen, Aktionärsbriefe oder auch von Dritten zur Verfügung gestellte Informationen.[70] Ausgangspunkt dieser Arbeit soll jedoch die Analyse des regelmäßig zu erstellenden Jahresabschlusses sowie des Lageberichts sein, deren zeitlich festgelegte Veröffentlichung für externe Adressaten sicher planbar ist. Desweiteren können auch unterjährige Berichterstattungen herangezogen werden. So muss nach der Umsetzung des Transparenzrichtlinie-Umsetzungs-Gesetz (TUG) in nationales Recht neben dem Geschäftsbericht seit 2007 auch verpflichtend ein Halbjahresbericht nach § 37w WpHG von Unternehmen, die als Inlandsemittenten Aktien oder Schuldtitel[71] begeben, erstellt werden.[72] Grundlage hierfür war die Transparenzrichtlinie.[73] Diese war bis zum 20. Januar 2007 in

67 Siehe hierzu Coenenberg/Haller/Schultze, 2009, S. 1013.
68 Vgl. Coenenberg/Haller/Schultze, 2009, S. 1013.
69 Für Konzerne siehe § 290 HGB Abs. 1 Satz 1.
70 Siehe hierzu Küting/Weber, 2009, S. 5.
71 Gemäß § 2 Absatz 1 Satz 1 WpHG.
72 Vgl. Baetge/Haenelt, 2009, S. 545.
73 Siehe hierzu auch Transparenzrichtlinie 2004/109/EG.

nationales Recht umzusetzen und hatte v.a. Auswirkungen auf das Wertpapierhandelsgesetz.

3.1 Adressaten

Betrachtet man das zu analysierende Unternehmen aus dem Blickwinkel einer Koalitionstheorie, so gehören dem Adressatenkreis nicht nur Investoren, sondern vielmehr alle mit dem Unternehmen in Verbindung stehende Personen an.[74] Neben den bereits erwähnten Unternehmensexternen können, im Sinne der Stakeholder Theorie, durchaus auch Unternehmensinterne als Adressaten der Jahresabschlussanalyse angesehen werden. Letzterer Adressatenkreis bezieht sich auf das eigene Unternehmen, das heißt, sie gehören dem zu analysierenden Unternehmen an.[75] Der Jahresabschluss lässt sich vor diesem Hintergrund als ein Informationsinstrument interpretieren, um „(…) das Risiko einzuschätzen, inwieweit finanzielle Instabilitäten des »Schuldner-Unternehmens« die planmäßige Erfüllung seiner Leistungsverpflichtungen gegenüber den Adressaten beinträchtigen (Illiquiditätsrisiko).“[76]

Von besonderem Interesse ist der externe Adressatenkreis, da ihm in aller Regel keinerlei interne Informationen zur Verfügung stehen. Auch wenn je nach Adressat der Analyse eine unterschiedliche Aufgabe zuteilwerden kann, so ist doch die Informations- und Interpretationsfunktion dominierend.[77]

Für Anteilseigner geht es insbesondere um die Bemessung eines ausschüttungsfähigen Gewinns.[78] Ihre in Form von Eigenkapital getätigten Investitionen beinhalten keinen vertraglich fest fixierten Zahlungsstrom und sie würden im Insolvenzfalle nachrangig bedient. Daher kann das Informationsbedürfnis so interpretiert werden, inwieweit eine entsprechende Verzinsung ihres investierten Kapitals erfolgt ist und darüber hinaus noch zukünftige Wertsteigerungen ihrer Investitionen in Form von Aktienkurssteigerungen bei einer Aktiengesellschaft möglich sind.[79] Unterteilt man darüber hinaus die Anteilseigner nochmals in Groß- und Kleinaktionäre, so lassen sich noch weitere Differenzierungen anstellen. Während Kleinaktionäre oftmals auf die angesprochenen Ziele wie Sicherheit ihres investierten Kapitals und eine angemessene Ausschüttung abzielen, können

74 Siehe hierzu auch Coenenberg/Haller/Schultze, 2009, S. 1017 f.
75 Vgl. Nicolini, 2008, S. 3.
76 Coenenberg/Haller/Schultze, 2009, S. 1017.
77 Vgl. Küting/Weber, 2009, S. 8.
78 Vgl. Coenenberg/Haller/Schultze, 2009, S. 1017.
79 Vgl. Küting/Weber, 2009, S. 9.

Großaktionäre noch weitere Kriterien in die Beurteilung mit einbeziehen wie Marktwachstum, Umsatzwachstum, Unternehmensvergleiche.[80] Sie zielen somit auch auf das Interesse einer erhöhten Einflussnahme auf die Geschäftspolitik der Unternehmung ab.[81]

Neben den Anteilseignern stellen die Gläubiger einen wichtigen Adressatenkreis dar. Veranschaulicht man sich die in Deutschland vorherrschende Art der Unternehmensfinanzierung, so gewinnt der Gläubiger als Adressat weiter an Bedeutung. Im Gegensatz zu anglo-amerikanischen Märkten, wo vorherrschend die Eigenfinanzierung zu finden ist, bei der die Eigenkapitalgeber über organisierte Märkte ihr Kapital als Aktionäre zur Verfügung stellen, ist in Deutschland eher die Fremdfinanzierung, z.B. in Form von Bankkrediten, verbreitet.[82] Entsprechend ist das Informationsbedürfnis der Gläubiger eher darauf gerichtet, ob die vertraglich fixierten Zahlungsströme wie Zins- und Tilgungszahlungen auch tatsächlich geleistet werden können.[83] Die Jahresabschlussanalyse soll für diesen Adressatenkreis somit als eine Art Bonitätsprüfung bzw. Kreditwürdigkeitsprüfung dienen.[84]

Betrachtet man nun die Konkurrenz als Adressat, so wird deutlich, dass die Jahresabschlussanalyse nicht nur Informationsfunktion besitzt. Ihr kann vielmehr auch eine derivative Kontroll- und Steuerungsfunktion zugesprochen werden.[85] Der Vergleich seines Unternehmens mit den Wettbewerbern ist heutzutage bei weitem keine Seltenheit mehr. Das Instrumentarium der Analyse wird hier oft stärker genutzt als in all den anderen Adressatenkreisen. Unternehmen versuchen somit, ihre relative Position im Markt bestimmen zu können.[86] Ableiten lassen sich aus dieser Standortbestimmung dann Auswirkungen auf die Unternehmenspolitik, die nicht zuletzt strategische Kurskorrekturen zur Folge haben können.

Es lässt sich bereits anhand der drei ausgewählten Adressatenkreise erkennen, dass die Informationsziele der Adressaten nicht identisch sind. Dies wird umso deutlicher, wenn man bedenkt, dass die Adressatengruppen nicht überschneidungsfrei sind. So kann ein Arbeitnehmer durchaus auch Anteilseigner des Unternehmens sein, was bewirkt, dass die Interessen und Informationsbedürfnisse bei ein und demselben Individuum unterschiedlich sein können. Während der

---

80 Vgl. Weber, 1987, S. 102.
81 Vgl. Heimes, 2003, S. 19.
82 Vgl. Pellens/Fülbier/Gassen, 2006, S. 21.
83 Vgl. Coenenberg/Haller/Schultze, 2009, S. 1017.
84 Vgl. Küting/Weber, 2009, S. 8.
85 Siehe hierzu Küting/Weber, 2009, S. 9.
86 Vgl. Weber, 1987, S. 105.

Arbeitnehmer an Arbeitsplatzsicherheit denkt, ist der Anteilseigner – wie beschrieben – an Gewinnerzielung und Gewinnausschüttung interessiert.[87]

Ob durch die Rechnungslegungsziele den differenzierten Rechnungslegungszwecken entsprochen werden kann, wird später noch genauer diskutiert.[88]

3.2 Phasen der Jahresabschlussanalyse

Mit Hilfe von Abbildung 1 werden überblickartig die einzelnen Phasen der Jahresabschlussanalyse dargestellt. Diese können als eine Art Leitfaden angesehen werden, anhand dessen sich die Analyse durchführen lässt.

Die anschließenden Abschnitte widmen sich diesen Phasen, wobei nicht auf jede explizit eingegangen wird. Schwerpunkte in diesem Kapitel werden eindeutig auf die Phasen *Aufbereitung der Datenbasis* und *Durchführung der Analysen* gelegt. Ziel des vorliegenden Kapitels ist keine Bestimmung oder Herleitung von Kennzahlen. Vielmehr sollen die theoretische Grundlage und das Verständnis für die Phasen der Jahresabschlussanalyse im allgemeinen hergestellt werden. In den darauffolgenden Kapiteln wird dieses theoretische Wissen entsprechend für die Entwicklung bzw. Darstellung von für die Analyse von Versicherungsunternehmen sinnvollen Kennzahlen angewandt.

---

87 Vgl. Peemöller, 2003, S. 208 f.

88 Als Rechnungslegungszweck wird das Informationsbedürfnis des Adressaten angesehen, welches er durch den Jahresabschluss vermittelt haben möchte. Wohingegen das Rechnungslegungsziel darauf abzielt, wie bestimmte Transaktionen des Unternehmens in Größen des Jahresabschlusses transformiert werden können. „Rechnungslegungszweck und Rechnungslegungsziel beeinflussen sich in normativer Hinsicht wechselseitig über die Ausgestaltung ihrer eignen Inhalte.“; Wollmert, 1992, S. 18 f. .

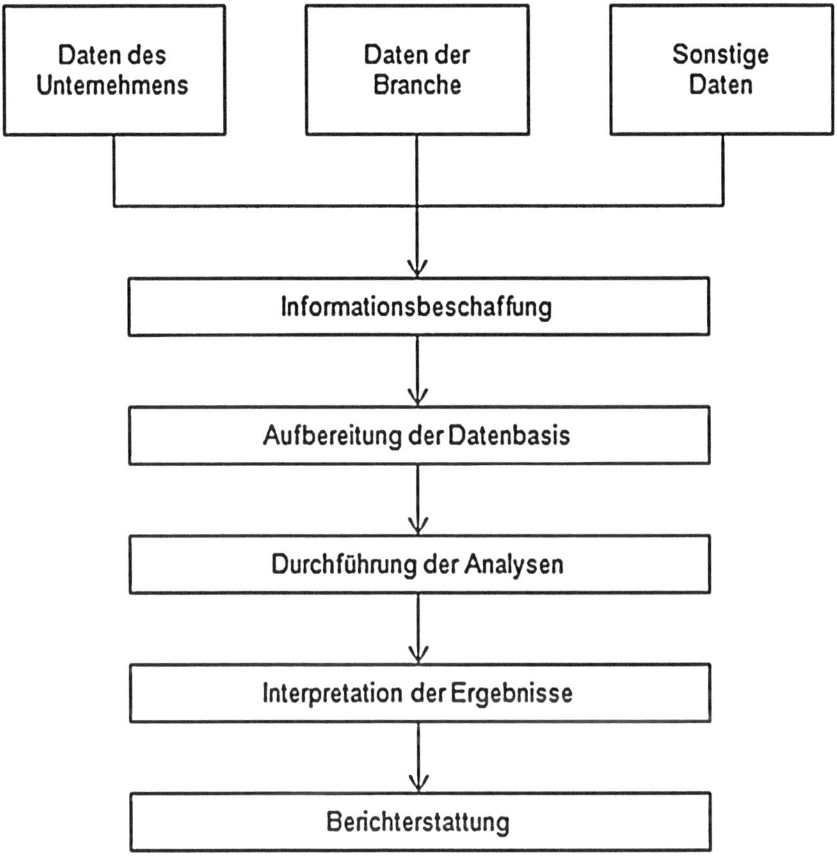

Abbildung 1: Phasen der Bilanzanalyse[89]

3.2.1 Aufbereitung des Jahresabschlusses

Unabhängig vom Adressatenkreis ist in einem ersten Schritt, bevor die eigentliche Analyse beginnen kann, die jahresabschlussanalytische Datenbasis in geeigneter Form aufzubereiten.[90] Dies resultiert aus der Tatsache, dass der Jahresabschluss in seiner veröffentlichten Form nicht den Anforderungen der Jahresabschlussanalyse entspricht. Vielmehr muss dieser in einer sogenannten Strukturbilanz

89 Peemöller, 2003, S. 207.

90 Vgl. Coenenberg/Haller/Schultze, 2009, S. 1020.

aufbereitet werden, aus der anschließend die einzelnen Größen im Rahmen der Kennzahlenbildung entnommen werden können.[91] Ziel ist es daher durch „(...) Umstrukturierung, Zusammenfassung, Aufspaltung und Saldierung von einzelnen Posten für die Bilanzanalyse zweckmäßige Basisgrößen herzuleiten."[92] Die einzelnen Aufbereitungsmaßnahmen, die für die Erstellung der Strukturbilanz nötig sind, können nachfolgender Abbildung 2 entnommen werden:

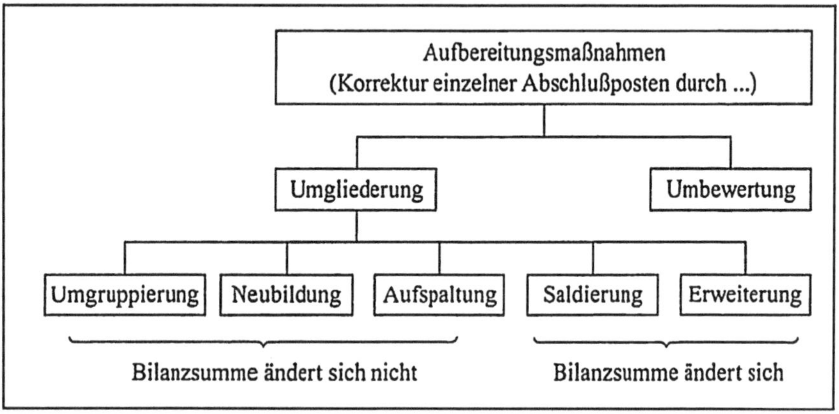

Abbildung 2: Aufbereitung des Jahresabschlusses[93]

Aus der Tabelle lässt sich erkennen, dass es bei der Erstellung einer Strukturbilanz durchaus zu einer Umbewertung einzelner Posten kommen kann. Eine solche Umbewertung zieht, ebenso wie die Saldierungen und Erweiterungen, eine veränderte Bilanzsumme nach sich.[94] [95] Bei der Erstellung der Strukturbilanz ist insbesondere der Anhang mit einzubeziehen, da dieser wesentliche quantitative, aber auch qualitative Angaben enthält. Gerade vor dem Hintergrund, dass bestimmte Positionen in der Bilanz und Gewinn- und Verlustrechnung gemäß § 265 Abs. 7 HGB zusammengefasst ausgewiesen werden können, werden weiterführende Angaben unabdingbar.[96] Es gibt allerdings kein allgemeingültiges Schema wie

91 Siehe hierzu Küting/Weber, 2009, S. 82 ff.

92 Coenenberg/Haller/Schultze, 2009, S. 1021.

93 Küting/Weber, 2009, S. 83.

94 Vgl. Küting/Weber, 2009, S. 83 f.

95 Allerdings kommen Umbewertungen nur dann in Frage, wenn dem Analytiker auch stichhaltige Informationen vorliegen, die nahelegen den „falschen" Wert in der Bilanz durch einen „richtigen" Wert zu ersetzen. Bei externen Analytikern setzt das meist die Unterstützung durch Unternehmensinterne voraus; siehe auch Rehkugler/Poddig, 1998, S. 30.

96 Vgl. Coenenberg, 2002, S. 395 .

eine Erstellung der Strukturbilanz zu erfolgen hat. Zwar werden in der Literatur regelmäßig zumindest für die Positionen des Mindestgliederungsschemas entsprechende Anpassungen vorgenommen, doch weicht der Jahresabschluss eines Versicherungsunternehmens bereits in der Struktur von Bilanz und Gewinn- und Verlustrechnung deutlich von dem eines Unternehmens ab, welches ein entsprechend nach HGB vorgegebenes Gliederungsschema anwendet. Es ist daher nicht sinnvoll, im Einzelnen auf die Strukturbilanzerstellung einzugehen, da dies im Laufe der weiteren Arbeit nur bedingt von Nutzen sein wird. Vielmehr soll bei der Besprechung der für die Analyse eines Versicherungsunternehmens relevanten Kennzahlen auf entsprechende Aufbereitungsmaßnahmen eingegangen werden.

3.2.2 Bestandteile der Jahresabschlussanalyse

Im Verlauf der bisherigen Arbeit wurde bereits an zwei Stellen eine Definition der Jahresabschlussanalyse gegeben. Gemein war beiden Definitionen, dass sie Aufschluss über die wirtschaftliche Lage eines Unternehmens liefern sollen. Dazu muss jedoch vorab geklärt werden, was man unter der *wirtschaftlichen Lage* eines Unternehmens versteht. Darüber hinaus ergibt sich per Definition, dass diese wirtschaftliche Lage unter Zuhilfenahme des Jahresabschlusses und Lageberichts gemessen werden kann. Dafür muss jedoch ein Zusammenhang zwischen Bilanz, Gewinn- und Verlustrechnung, Lagebericht einerseits und der wirtschaftlichen Lage andererseits bestehen.

Letztendlich möchte der Analytiker Auskunft über die Bestandfestigkeit des Unternehmens erlangen. Nimmt man dies als Oberziel an, so lässt sich ein solcher Gesundheitszustand der Unternehmung in zwei weitere Unterziele herunterbrechen, die jeder unternehmerischen Tätigkeit zugrunde liegen. Vereinfacht gesagt: zum einen das „(...) Ziel, Geld zu verdienen und, mit dem Ziel, die Verdienstquelle zu sichern".[97] Anders ausgedrückt kann man auch von den ökonomischen Zielen Liquidität und periodenbezogener Erfolg sprechen. Liquidität dient der Aufrechterhaltung der Zahlungsbereitschaft eines Unternehmens[98], während der Erfolg eine Vorsteuerungsfunktion für die Liquidität darstellt und Voraussetzung für die Liquiditätsrealisierung ist.[99]

Im Handelsgesetzbuch hat der Gesetzgeber verankert, dass der Jahresabschluss „(...) unter Beachtung der Grundsätze ordnungsmäßiger Buchführung ein den tatsächlichen Verhältnissen entsprechendes Bild der Vermögens-, Finanz-

97 Baetge/Kirsch/Thiele, 2004, S. 2.
98 Siehe Coenenberg/Haller/Schultze, 2009, S. 1013.
99 Vgl. Coenenberg/Haller/Schultze, 2009, S. 1014.

und Ertragslage (...)“[100] vermitteln muss. Bezogen auf die unternehmerischen Ziele Liquidität und Erfolg lässt sich erkennen, dass sie sich mit dem Gesetzestext in Einklang bringen lassen. Und zwar spiegelt sich das Ziel der Liquidität primär in der Darstellung der Vermögens- und Finanzlage, sprich der Bilanz, und das Ziel Erfolg vorrangig in der Ertragslage, sprich der Gewinn- und Verlustrechnung, wider.[101] Ersteres wird häufig auch als der finanzwirtschaftliche Analysebereich, der Auskunft über finanzielle Stabilität geben soll, und letzteres als erfolgswirtschaftliche Analyse, mit Fokus auf Ertragskraft, bezeichnet.[102] Jedoch sind dies keine festgeschriebenen Bezeichnungen, so werden in der Literatur die Analysebereiche auch schon direkt nach denen im Gesetz genannten drei Begrifflichkeiten Vermögens-, Finanz- und Ertragslage analysiert.[103] Letztendlich zielen alle jedoch auf die gleichen Analyseobjekte ab, daher werden in dieser Arbeit auch weiterhin die üblichen Bezeichnungen *finanzwirtschaftliche Analyse* und *erfolgswirtschaftliche Analyse* verwandt.

Es ist zu beachten, dass die Umschreibung des Begriffs der wirtschaftlichen Lage als Fähigkeit eines Unternehmens, zukünftig seine Aufgaben zu erfüllen, in der Realität tatsächlich die Kenntnisse von weiteren Komponenten – über den Jahresabschluss und den Lagebericht hinaus – voraussetzt.[104] Regelmäßig werden solche Daten in der wertorientierten Steuerung genutzt, um die Grenzen der Aussagekraft von Jahresabschlüssen zu umgehen.[105] Da diese dem Externen jedoch nicht zugänglich sind, stellt der Jahresabschluss immer noch eines der geeignetsten Instrumente zur Beurteilung der Lage und Entwicklung eines Unternehmens dar.

3.3 Die finanzwirtschaftliche Analyse

Die finanzwirtschaftliche Analyse soll Informationen über die Vermögensstruktur, die Kapitalstruktur sowie die Liquidität liefern.

---

100 § 264 Absatz 2 HGB.

101 Vgl. Baetge/Kirsch/Thiele, 2004, S. 2 f. .

102 Vgl. Baetge/Kirsch/Thiele, 2004, S. 2.

103 Vgl. Peemöller, 2001, S. 211.

104 Vgl. Leffson, 1984, S. 36 ff.: Leffson nennt acht wichtige Komponenten der wirtschaftlichen Lage. Darunter fällt beispielsweise ein leistungsfähiges Management, welches in der Analyse von Bilanz, Gewinn- und Verlustrechnung keine Berücksichtigung findet. Leffson beschreibt die wirtschaftliche Lage als eine Art *black box*.

105 Siehe hierzu Utecht, 2001, S. 528; siehe Utecht, 2009, S. 105.

Die Investitionsanalyse beschäftigt sich im Wesentlichen mit der Vermögensstrukturanalyse. Im Mittelpunkt steht somit die Aktivseite einer Bilanz.[106] Erkenntnisziele sollen über die Mittelverwendung des eingesetzten Kapitals erlangt werden.[107] Von besonderer Bedeutung sind dabei Art und Zusammensetzung des Vermögens.[108] Diese können durch diverse Kriterien bestimmt und analysiert werden, wie z.B. Verwendungszweck, Beweglichkeit und Abnutzbarkeit.[109] Daneben ist jedoch auch die Dauer der Vermögensbindung entscheidend, da sie Aufschluss über das Liquiditätspotential ermöglicht.[110]

Während die Investitionsanalyse schwerpunktmäßig auf die Aktivseite eingeht, versucht man mit Hilfe der Finanzierungsanalyse die Kapitalstruktur und somit die Passivseite der Bilanz näher zu bestimmen. Ziel ist auch hier, ähnlich der Investitionsanalyse, eine Analyse bzgl. „(...) Quellen und Zusammensetzung nach Art, Sicherheit und Fristigkeit des Kapitals zum Zwecke der Abschätzung von Finanzierungsrisiken (...)“[111] durchzuführen. Um diese Informationen zu generieren, sind insbesondere die Eigen- und Fremdkapitalstruktur von Bedeutung sowie das Verhältnis aus Eigen- zu Fremd- bzw. Gesamtkapital.[112]

Die beiden bisherigen Bereiche der finanzwirtschaftlichen Analyse, die Investitions- und Finanzierungsanalyse, stellten lediglich eine vertikale Analyse der Bilanz dar und standen nebeneinander. Mit der statischen Liquiditätsanalyse soll genau dieser Zusammenhang zwischen Investition und Finanzierung hergestellt werden. Dies geschieht insofern als bestimmte Posten von Aktiva und Passiva ins Verhältnis gesetzt werden.[113] Anders ausgedrückt, es wird – mit sogenannten Deckungs- und Liquiditätsgraden – die Mittelverwendung in Relation zur Mittelherkunft gestellt. Sieht man die Mittelverwendung als zukünftige Einzahlungen und die Mittelherkunft als zukünftige Auszahlungen, so soll durch die Bildung einer oder mehrerer Verhältniszahlen Aufschluss über die künftige Zahlungsfähigkeit gegeben werden.[114] Es handelt sich bei der statischen Liquiditätsanalyse daher um eine horizontale Bilanzanalyse. Allerdings lässt der Begriff der statischen Analyse bereits darauf schließen, dass es sich hierbei lediglich um das Verhältnis zweier Bestandsgrößen zu einem bestimmten Stichtag handelt. „Es ist naheliegend, dass rein bestandsgrößenorientierte Ansätze ungeeignet sind, ein

106 Vgl. Peemöller, 2001, S. 213.
107 Vgl. Beatge/Kirsch/Thiele, 2009, S. 191.
108 Vgl. Coenenberg/Haller/Schultze, 2009, S. 1048.
109 Vgl. Peemöller, 2001, S. 214.
110 Vgl. Coenenberg/Haller/Schultze, 2009, S. 1048; vgl. Baetge/Kirsch/Thiele, 2004, S. 191 f.
111 Coenenberg/Haller/Schultze, 2009, S. 1054.
112 Vgl. Baetge/Kirsch/Thiele, 2004, S. 228 ff.
113 Vgl. Küting/Weber, 2009, S. 114 ff.
114 Vgl. Baetge/Kirsch/Thiele, 2004, S. 254.

Phänomen zu beschreiben, das von Natur aus flüssig ist."[115] Der statischen Liquiditätsanalyse kommt somit zwar nur eine beschränkte Aussagekraft zu, doch ist sie allgemein akzeptiert und kann ohne Zweifel angewandt werden, um Tendenzen erkennen zu lassen.[116] Aus dieser Problematik heraus ergibt sich auch die Betrachtung einer weiteren Liquiditätsgröße, der dynamischen Liquidität. Mit ihrer Hilfe sollen nicht nur lediglich Momentaufnahmen betrachtet werden, sondern Zahlungsströme abgebildet werden.[117] Da Liquidität die Fähigkeit eines Unternehmens darstellt, seinen zukünftigen Zahlungsverpflichtungen nachkommen zu können, würde eine solche dynamische Analyse im Idealfall die Kenntnis eines Finanzplanes voraussetzen.[118] Allerdings ist ein solcher in aller Regel den externen Jahresabschlussadressaten nicht zugänglich. Darüber hinaus verfolgen Bilanz und Gewinn- und Verlustrechnung hauptsächlich das Ziel einer periodengerechten Erfolgsermittlung. Zwar wurde in § 264 Abs. 2 HGB auch die Abbildung einer den tatsächlichen Verhältnissen entsprechenden Finanzlage gefordert, doch wird dies nur unzureichend in den Geschäftsberichten umgesetzt, da die Finanzlage eine Abbildung von Zahlungsströmen voraussetzen würde. Abhilfe könnte hier die Kapitalflussrechnung, sofern sie von den Unternehmen veröffentlicht wird, schaffen.[119] Die Kapitalflussrechnung macht die Periodisierung der Zahlungsströme rückgängig. Sie kann zwar sowohl prospektiv als auch retrospektiv erstellt werden, doch findet letztere Variante eher Anwendung und lässt den veröffentlichenden Unternehmen auch weniger Spielraum bei deren Erstellung.[120] Um auf Grundlage einer retrospektiven Kapitalflussrechnung dennoch vernünftige Schlüsse auf zukünftige Entwicklungen ziehen zu können, „(...) werden die Verhältnisse der zurückliegenden Perioden als repräsentativ für die kommenden Perioden angesehen."[121]

Darüber hinaus hat der Analyst die Möglichkeit, ersatzweise eine eigene Cash-Flow-Rechnung durchzuführen, falls das zu analysierende Unternehmen keine entsprechende Kapitalflussrechnung veröffentlicht.[122]

---

115 Peemöller, 2001, S. 216.

116 Vgl. Coenenberg/Haller/Schultze, 2009, S. 1065.

117 Vgl. Baetge/Kirsch/Thiele, 2004, S. 273 ff.

118 Vgl. Peemöller, 2001, S. 216.

119 Vgl. Baetge/Kirsch/Thiele, 2004, S. 278 ff.; vgl. Küting/Weber, 2009, S. 173 ff.

120 Vgl. Baetge/Kirsch/Thiele, 2004, S. 280.

121 Peemöller, 2001, S. 216.

122 Vgl. Baetge/Kirsch/Thiele, 2004, S. 295 ff.: Cash-Flow stellt hierbei auf verschiedene Berechnungsschemata ab, wie sie z.B. von der DVFA/SG vorgeschlagen werden. Darüber hinaus sind die von der DVFA/SG beschriebenen cash earnings genauso eine mögliche Berechnungsvariante für externe Analysten wie die EBIT oder EBITDA.

Beide genannten Größen der dynamischen Liquiditätsanalyse können im Anschluss in Relation zu verschiedensten Bilanzgrößen gesetzt werden, um z.B. Aussagen über dynamischen Verschuldungsgrad oder Entschuldungsdauer zu erhalten.

3.4 Die erfolgswirtschaftliche Analyse

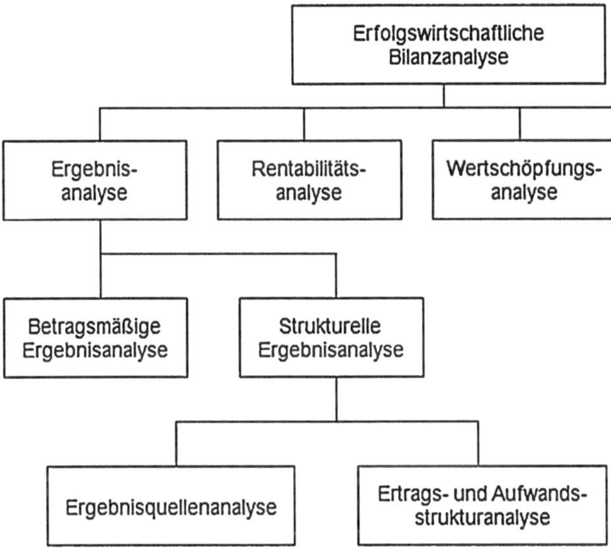

Abbildung 3: Die erfolgswirtschaftliche Bilanzanalyse[123]

Neben die finanzwirtschaftliche Analyse, wie zuvor beschrieben, tritt die erfolgswirtschaftliche Analyse, mit der primär die Ertragskraft der Unternehmung untersucht werden soll. Wie bereits erwähnt, stehen beide Analysebereiche in keinem Zielkonflikt, sondern es herrschen vielmehr langfristige Interdependenzen in Bezug auf die Unternehmensziele. So ist Erfolg Voraussetzung, um langfristig die Liquidität zu sichern. Genauso bedarf es aber auch einer gewissen Liquidität, um erfolgreich zu wirtschaften.[124]

In Abbildung 3 ist die Zusammensetzung der erfolgswirtschaftlichen Analyse nochmals verdeutlicht. Zwar wird in der vorherrschenden Literatur der schematische Aufbau zur erfolgswirtschaftlichen Analyse nicht immer einheitlich darges-

123 Coenenberg/Haller/Schultze, 2009, S. 1086 f.
124 Vgl. Baetge/Kirsch/Thiele, 2004, S. 3.

tellt, dennoch finden sich in den verschiedenen Darstellungen die wichtigsten Aspekte, wie sie auch in obiger Abbildung enthalten sind, meist wieder.[125]

Im Folgenden soll kurz auf die wichtigsten Aspekte zur Vorgehensweise bei der Analyse der Ertragskraft eingegangen werden. Als zentraler Punkt kann dabei die *Ergebnisanalyse* mit ihren beiden Komponenten, der betragsmäßigen Ergebnisanalyse und der strukturellen Ergebnisanalyse, gesehen werden.[126] Sie bereiten die Daten der Gewinn- und Verlustrechnung insoweit auf, als anschließend eine aussagekräftige Analyse anhand von Kennzahlen durchgeführt werden kann. Für die erfolgswirtschaftliche Analyse bildet die Gewinn- und Verlustrechnung die Grundlage. Nun spiegelt der handelsrechtliche Jahresüberschuss/-fehlbetrag, auch wenn dieser der Generalnorm des § 264 Abs. 2 HGB unterliegt und ein den tatsächlichen Verhältnissen entsprechendes Bild der Ertragslage vermitteln soll, allerdings nicht die wirkliche Erfolgslage der Unternehmung wider.[127] Ein Grund dafür liegt insbesondere in den stillen Reserven. „Die Legung stiller Reserven führt bei externen Analysen zur Unterschätzung der Ertragskraft, die Auflösung stiller Reserven zur Überschätzung der Ertragskraft. Im Rahmen der Ergebnisanalyse gilt es deshalb, das Ausmaß der vorhandenen stillen Reserven so weit wie möglich abzuschätzen; der globale Erfolgsmaßstab »Jahresüberschuss« muss validiert werden, d.h., es ist eine betragsmäßige Ergebnisanalyse erforderlich.“[128]

Um einer Über- bzw. Unterschätzung der Ertragslage entgegenzuwirken, versucht man mit Hilfe der *betragsmäßigen Ergebnisanalyse* die tatsächliche Erfolgslage der Unternehmung zu bestimmen. Dies geschieht insofern, als eine Quantifizierung der gebildeten und aufgelösten stillen Reserven angestrebt wird, um sie anschließend aus dem veröffentlichten Jahresergebnis zu eliminieren.[129] Die Entstehung stiller Reserven kann dabei auf folgende Ursachen zurückgeführt werden[130]:

- Zwangsreserven
- Dispositionsreserven
- Ermessensreserven
- Willkürreserven

---

125 Vgl. Baetge/Kirsch/Thiele, 2004, S. 335 ff.; vgl. Küting/Weber, 2009, S. 216; vgl. Peemöller, 2003, S. 370.

126 Teilweise werden diese beiden Komponenten aufgrund ihrer Bedeutung auch separat abgebildet und nicht unter dem Oberbegriff *Ergebnisanalyse* subsumiert; vgl. hierzu Küting/Weber, 2009, S. 216.

127 Vgl., Peemöller, 2003, S. 217.

128 Coenenberg/Haller/Schultze, 2009, S. 1088.

129 Vgl. Peemöller, 2003, S. 233 ff. .

130 Vgl. Coenenberg/Haller/Schultze, 2009, S. 1089.

Während Zwangsreserven aufgrund von Realisations- und Imparitätsprinzip entstehen und somit durch den Bilanzierenden nicht beeinflusst werden können, stellen die restlichen drei solche Ursachen dar, die einer möglichen Beeinflussung durch den Bilanzierenden unterliegen.[131] Welche dieser stillen Reserven aber tangieren das Jahresergebnis und wie können sie quantifiziert werden?

Da die Zwangsreserven die Gewinn- und Verlustrechnung lediglich bei Auflösung berühren, falls der Buchwert von dem Verkaufspreis abweicht, ist ein Ausschluss dieser stillen Reserven nur möglich, sofern darüber berichtet wird. Die Ermessensreserven entstehen durch Ermessensspielräume und der folglichen Subjektivität bei Bilanzierungs- und Bewertungsentscheidungen. Eine Quantifizierung lässt sich im Jahresabschluss nicht oder nur sehr schwer nachvollziehen. Bevor wir zu den Dispositionsreserven kommen, sei noch auf die Willkürreserven eingegangen. Diese sind für Kapitalgesellschaften unzulässig und spielen daher keine Rolle. Da sie eine vorsätzliche Niedrigerbewertung von Aktiva bzw. Höherbewertung von Passiva darstellen, sollten sie in einem mit uneingeschränkten Bestätigungsvermerk versehenen Jahresabschluss nicht vorkommen. Interessanter gestaltet es sich jedoch bei den Dispositionsreserven, die aus der Nutzung legal eingeräumter Bilanzansatz- und Bewertungswahlrechten entstehen.[132] Neben den aufgelösten Zwangsreserven bieten die Dispositionsreserven noch am ehesten die Möglichkeit einer Quantifizierung. Ihre Bestimmung kann man in drei Schritten betrachten:

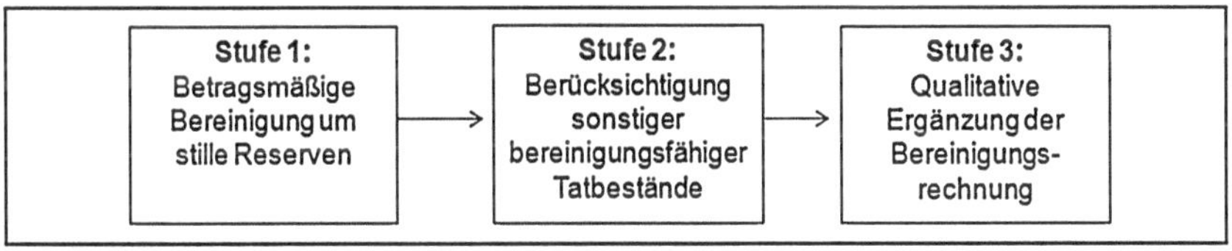

Abbildung 4: Die betragsmäßige Ergebnisanalyse[133]

Auf Stufe 1 sind dabei solche Sachverhalte auszuschließen, deren Wert im Anhang direkt angegeben wird. Dabei wäre z.B. eine außerplanmäßige Abschreibung im Umlaufvermögen auf den nahen Zukunftswert gemäß § 253 Abs. 3 Satz 3 HGB zu nennen, was zu einer Legung stiller Reserven führt.

Begibt man sich auf Stufe 2, so lassen sich die Sachverhalte nicht mehr entsprechend eindeutig als Legung stiller Reserven benennen. Zwar ist eine quantitative Bestimmung möglich, doch muss hier von Fall zu Fall untersucht werden,

131 Vgl. Peemöller, 2003, S. 176 f.
132 Vgl. Coenenberg/Haller/Schultze, 2009, S. 1089; vgl. Peemöller, 2003, S. 177.
133 Küting/Weber, 2009, S. 224.

ob mit diesem Sachverhalt auch tatsächlich die Bildung von stillen Reserven verbunden ist.

Neben den ersten beiden Stufe existiert noch eine Stufe 3, die sich dadurch von Stufe 1 und 2 unterscheidet, dass bei ihr keine Quantifizierung möglich ist, da keine entsprechenden Angaben vom Unternehmen veröffentlicht werden müssen. So muss über die Anwendung der Abschreibungsmethode im Anhang gemäß § 284 Abs. 2 Nr. 1 HGB lediglich verbal berichtet werden. Ob die lineare oder degressive Methode die Richtige ist, lässt sich nur im Einzelfall entscheiden und für diesen nicht quantifizieren. Gibt bei Anwendung der degressiven Methode diese nun ein unzutreffendes Bild der Realität wieder, entstehen in den Anfangsjahren stille Reserven.[134]

Aus obigen Erläuterungen scheint eine Bestimmung der stillen Reserven anhand des Jahresabschlusses nicht abschließend möglich. So haben sich in der Praxis weitere Möglichkeiten zur Ermittlung der stillen Reserven ergeben, wie der Vergleich von Börsen- und Bilanzwert. Vereinfacht gesagt entsprechen hiernach die stillen Reserven der Differenz aus Börsenwert des gezeichneten Kapitals (=Marktkapitalisierung) und Bilanzkurswert des gezeichneten Kapitals. Die Differenz enthält neben den stillen Reserven jedoch auch „(...) den (originären) Firmenwert des Unternehmens (...).“[135] Im angloamerikanischen Raum wird auch oft das Verhältnis aus Börsenkurs zu Bilanzkurs gebildet, um den Wertzuwachs der Eigentümer durch ihre vergangenen Investitionen zu ermitteln.[136]

Nachdem die betragsmäßige Ergebnisanalyse dargestellt wurde, soll nun im Anschluss auf die *strukturelle Ergebnisanalyse* eingegangen werden. Bisheriges Ziel bestand in der Anpassung des Jahresüberschusses, um den *wahren* Erfolg der Periode zu erhalten. Die strukturelle Ergebnisanalyse lässt sich, wie in Abbildung 5 zu sehen, in die Ergebnisquellenanalyse und die Ertrags- und Aufwandsstrukturanalyse unterteilen.

Mit der *Ergebnisquellenanalyse* will man eine nachhaltige Erfolgsgröße generieren.[137] Erträge und Aufwendungen, aus denen sich der Jahresüberschuss ergibt, können sowohl regelmäßig als auch unregelmäßig sein.[138] Letztere sind somit kein Indiz für Nachhaltigkeit. Unter nachhaltig kann man somit verstehen,

---

134 Für die Beschreibungen inklusive Beispiele der Stufen 1 bis 3 vgl. Peemöller, 2001, S. 199 ff.

135 Coenenberg/Haller/Schultze, 2009, S. 1096.

136 Vgl. Coenenberg/Haller/Schultze, 2009, S. 1096.: Im angloamerikanischen Raum wird für das Verhältnis von Börsenkurs zu Bilanzkurse die Bezeichnung Market-to-book ratio oder Price-to-book ratio (P/B ratio) verwandt. .

137 Vgl. Baetge/Kirsch/Thiele, 2004, S. 336; vgl. Küting/Weber, 2009, S. 242; Teilweise werden in der Literatur anstelle des Begriffs der Ergebnisquellenanalyse auch die Begrifflichkeiten Erfolgsspaltung oder Erfolgsquellenanalyse genutzt.

138 Vgl. Küting/Weber, 2009, S. 242 ff.

dass ein heutiges Ergebnis auch in Zukunft unter sonst gleichen Umweltbedingungen erzielt werden könnte.[139]

Im Rahmen der Ergebnisquellenanalyse wird der Jahresüberschuss nach den in Abbildung 5 dargestellten Ergebnisspaltungskriterien aufgegliedert[140].
Im Zuge der Nachhaltigkeit wird das Ergebnis, wie bereits angesprochen, in eine regelmäßig anfallende Komponente und eine unregelmäßig anfallende Komponente gegliedert. Darüber hinaus sollte für die regelmäßig anfallende Ergebniskomponente eine zusätzliche Unterteilung in betrieblich und betriebsfremd erfolgen.[141] Unter betrieblich wird dabei das Ergebnis der gewöhnlichen Geschäftstätigkeit verstanden. Wird die gewöhnliche Geschäftstätigkeit von bestimmten Aufwendungen und Erträgen nicht beeinflusst, so sind diese als betriebsfremd zu deklarieren.[142]

Betriebszugehörigkeit / Regelmäßigkeit	Betriebliche Erfolgskomponenten	Betriebsfremde Erfolgskomponenten
Regelmäßig anfallende Erfolgskomponenten	Ordentliches Betriebsergebnis	Ordentliches betriebsfremdes Ergebnis (= Finanzergebnis)
Unregelmäßig anfallende Erfolgskomponenten	Außerordentliches Ergebnis	

Abbildung 5: Die Ergebnisspaltungskriterien[143]

Im Rahmen der allgemeinen Jahresabschlussanalyse würde nun eine Gruppierung des oben beschriebenen ordentlichen Betriebserfolges, des Finanzergebnisses und des außerordentlichen Erfolges anhand der Gewinn- und Verlustrechnungspositionen, wie sie in § 275 Abs. 2 und 3 HGB vorgegeben wird, erfolgen. Diese Gliederung sollte jedoch um aperiodische Erfolgskomponenten angepasst werden, da diese gerade Ausdruck von Bilanzpolitik sind und durch Anpassungen eher ein den tatsächlichen wirtschaftlichen Verhältnissen entsprechendes Bild vermittelt wird.[144]

139 Vgl. Küting/Kuhn, 1992, S. 123.
140 Vgl. Coenenberg/Haller/Schultze, 2009, S. 1103.
141 Vgl. Coenenberg/Haller/Schultze, 2009, S.1103.
142 Siehe hierzu auch Baetge/Kirsch/Thiele, 2004, S. 337.
143 Coenenberg/Haller/Schultze, 2009, S. 1103.
144 Vgl. Coenenberg/Haller/Schultze, 2009, S. 1105.

Da diese Struktur keine Anwendung für Versicherungsunternehmen findet und durch die Verordnung über die Rechnungslegung von Versicherungsunternehmen (RechVersV) eine abweichende Struktur der Gewinn- und Verlustrechnung vorgegeben bekommt, soll an dieser Stelle nicht weiter auf die Ergebnisquellenanalyse eingegangen werden. Bereits in obiger Abbildung kommt es zu einigen Abweichungen der Begriffsbezeichnungen. So könnte man das Betriebsergebnis in der Versicherungswirtschaft als versicherungstechnisches Ergebnis bezeichnen, wobei auch hier bereits fraglich ist, ob nicht Teile des sogenannten Finanz- und Verbunderfolges, wie oben beschrieben, in Form eines technischen Zinses[145] mit einzubeziehen wären. Dies soll allerdings keinen Vorgriff auf kommende Kapitel darstellen, sondern erstmals andeutungsweise aufzeigen, wie sich die Versicherungsbranche von der allgemeinen Industriebranche und somit auch deren Jahresabschlussanalyse unterscheidet. Trotz allem soll auf diesen grundlegenden Wissensstand, der bis jetzt erarbeitet wurde, in den nächsten Kapiteln, in denen es explizit um die Analyse von Versicherungsunternehmen geht, aufgebaut werden.

Mit Hilfe der *Ertrags- und Aufwandsstrukturanalyse* versucht man die zuvor anhand der Ergebnisquellenanalyse ermittelten Erfolgsquellen näher zu untersuchen. Neben dem anteiligen Beitrag einzelner Erfolgsquellen am Gesamtergebnis nimmt dabei im Allgemeinen die Untersuchung des ordentlichen Betriebserfolges eine zentrale Stellung ein.[146] In aller Regel wird bei der Analyse der Aufwands- und Ertragsstruktur „(...) eine Aufwands- oder Ertragsgröße in Relation zu einer anderen Aufwands- oder Ertragsgröße gesetzt (...)".[147] Das kann dabei einmal in Form von Strukturkennzahlen oder in Form von Quotenkennzahlen erfolgen. Während bei ersterem „(...) eine Teilgröße ins Verhältnis zur zugehörigen Gesamtgröße (...)"[148] (z.B. Personalaufwand zu Gesamtaufwand) gesetzt wird, steht bei letzterem eine Aufwands- oder Ertragsgröße im Verhältnis mit dem Umsatz (Personalaufwand zu Umsatzerlöse).[149] Sowohl in Schrifttum als auch der Praxis werden dabei die Quotenkennzahlen stärker fokussiert.[150]

Die Aufwandsstruktur einer Erfolgsquelle, z.B. des ordentlichen Betriebsergebnisses, wird somit als Verhältniszahl eines bestimmten Aufwandes wie Personal, Material oder Abschreibungen im Verhältnis zu insbesondere Umsatz oder der Gesamtleistung analysiert. Ähnlich ist die Vorgehensweise auch bei der

145 Hierunter soll eine Verzinsung der versicherungstechnischen Netto-Rückstellungen verstanden werden, siehe auch Kapitel 4.4.3.2.4.

146 Vgl. Küting/Weber, 2009, S. 294.

147 Baetge/Kirsch/Thiele, 2004, S. 391.

148 Baetge/Kirsch/Thiele, 2004, S. 391.

149 Vgl. Baetge/Kirsch/Thiele, 2004, S. 392.

150 Kennzahlenbeispiele, die dies belegen finden sich in der Literatur an den verschiedensten Stellen; vgl. Peemöller, 2003, S. 370 ff.

Ertragsstrukturanalyse. Auch hier soll lediglich die allgemeine Vorgehensweise dargestellt werden, auf die in den nächsten Kapiteln aufgebaut werden kann. Hintergrund ist wiederum die Besonderheit des Versicherungsgeschäfts, das keine exakte Übertragbarkeit von allgemeinen Kennzahlen auf die spezifischen versicherungstechnischen Gegebenheiten zulässt, während allgemeine Definitionen zur Analyse und deren Hinführung jedoch hilfreich für das Verständnis der Jahresabschlussanalyse von Versicherungsunternehmen sind.

Bezogen auf Abbildung 3 wurde bisher die Ergebnisanalyse betrachtet. Diese, bestehend aus den beiden Komponenten der betragsmäßigen Ergebnisanalyse und der strukturellen Ergebnisanalyse, bildet ein Kernstück der Erfolgsanalyse.[151] Daneben gibt es jedoch noch weitere Analysemethoden der Frage nachzugehen, wie das Unternehmen das Ziel, Geld zu verdienen, erreicht hat und wie zufriedenstellend das Ergebnis für den Analytiker ist.

Eine dieser Methoden stellt die *Rentabilitätsanalyse* dar. Mit deren Hilfe soll der Analytiker weitergehenden Aufschluss erhalten, ob das Unternehmen erfolgreich gewirtschaftet hat.[152] Als Rentabilität bezeichnet man dabei „(...) eine Beziehungskennzahl, bei der eine Ergebnisgröße zu einer dieses Ergebnis maßgebend bestimmenden Einflussgröße in Relation gesetzt wird.“[153] Ist es theoretisch auch denkbar, die Rentabilität auf Basis absoluter Kennzahlen zu messen, so werden doch im Folgenden aufgrund der höheren Aussagekraft lediglich relative Größen mit dem Begriff der Rentabilitätsanalyse angesprochen.[154] Ein Grund für die erhöhte Aussagekraft ergibt sich bereits aus dem ökonomischen Prinzip, ein bestimmtes Ergebnis mit minimalem Faktoreinsatz zu erreichen.[155] Weitere Vorteile der relativen Kennzahlen gegenüber den absoluten Kennzahlen sollen in einem der folgenden Abschnitte zu den Kennzahlenarten noch verdeutlicht werden. Als entsprechende Einflussgröße im Nenner der Rentabilitätskennzahl kann dabei neben den Kapital- oder Vermögensgrößen auch der Umsatz in Betracht kommen.[156] Mit welchen Größen die Rentabilität berechnet wird, hängt nicht zuletzt vom Adressaten, z.B. Eigentümer oder Fremdkapitalgeber, ab. Letztendlich sollte die Rentabilitätsanalyse jedoch so gewählt werden, dass sie die wirtschaftlichen Verhältnisse bestmöglich widerspiegelt und sich Veränderungen der Rentabilität, ob im Zeitablauf oder als Abweichungen von einem Soll-Wert, zeigen lassen. Dabei ist die Offenlegung der Interdependenzen von Zähler und Nenner ein wichtiges Kriterium.[157]

151 Vgl. Lachnit, 1991, S. 773.
152 Siehe hierzu auch Baetge/Kirsch/Thiele, 2004, S. 347.
153 Coenenberg/Haller/Schultze, 2009, S. 1132.
154 Vgl. Küting/Weber, 2009, S. 317 f.
155 Vgl. Coenenberg/Haller/Schultze, 2009, S. 1133.
156 Vgl. Bitz/Schneeloch/Wittstock, 2003, S. 602.
157 Vgl. Coenenberg/Haller/Schultze, 2009, S. 1033 ff.

Es ist anzumerken, dass sich für börsennotierte Aktiengesellschaften weitere sogenannte kapitalmarktorientierte Erfolgskennzahlen bilden lassen. Bei dieser Art von Kennzahlen kann es sich einerseits um die Aktienrentabilität handeln, wobei insbesondere auf den Marktwert des Eigenkapitals abgestellt wird.[158] Darüber hinaus können auch Marktwertmultiples zur Rentabilitätsmessung dienen, bei denen neben dem Marktwert des Eigenkapitals auch der Marktwert des Unternehmens zur Berechnung der Rentabilität herangezogen werden kann.[159] Auch wenn in der Literatur der kapitalmarktorientierten Erfolgsanalyse eigene Abschnitte gewidmet und sie nicht mehr in der Rentabilitätsanalyse enthalten sind, so sollen sie doch im Rahmen dieser Arbeit als Teil der Rentabilitätsanalyse betrachtet werden.[160]

Auch an dieser Stelle soll keine Bestimmung einzelner Kennzahlen der herkömmlichen Jahresabschlussanalyse durchgeführt werden, sondern das erworbene theoretische Verständnis genutzt werden, um in den folgenden Kapiteln die für die Versicherungsbranchen aussagekräftigen Rentabilitätskennziffern zu formulieren und zu verstehen.

Abschließend wird noch kurz auf die beiden letzten Punkte der erfolgswirtschaftlichen Analyse eingegangen, der Wertschöpfungsanalyse und der Break-Even-Analyse. Aufgrund der starken Orientierung der *Wertschöpfungsanalyse* an Produktionsgütern, insbesondere bei Industrieunternehmen, ist eine Übertragung auf Versicherungsunternehmen nur schwer möglich, so dass die Anwendung der klassischen Wertschöpfungsanalyse im Rahmen der Jahresabschlussanalyse nicht sinnvoll erscheint.[161] So zeigt sich, dass der Versicherungsschutz erst nach Vertragsabschluss gewährt wird und dadurch, im Vergleich zu anderen Branchen, eine zeitlich umgekehrte Abfolge, nämlich Absatz vor Produktion, gilt.[162] Die Versicherungsbranche weist somit im Gegensatz zum Industrieunternehmen einen umgekehrten *cash flow cycle* auf. Gehen Industrieunternehmen in der Regel in Vorleistung, so ist im Versicherungsgeschäft die Kapitalfreisetzung durch die Prämienvorauszahlung vorgelagert.[163]

Letztendlich wird noch auf die *Break-Even-Analyse* als abschließenden Punkt der erfolgswirtschaftlichen Analyse eingegangen. „Die Break-Even-Analyse (...) dient der Ermittlung desjenigen Punktes, an dem die Umsatzerlöse aller Erzeug-

---

158 Vgl. Baetge/Kirsch/Thiele, 2004, S. 453 ff.; vgl. Küting/Weber, 2009, S. 332 f.

159 Vgl. Coenenberg/Haller/Schultze, 2009, S. 1142 ff.

160 Vgl. Baetge/Kirsch/Thiele, 2004, S. 453 ff.: So widmet Baetge in der zweiten Auflage seines Buches „Bilanzanalyse" der kapitalmarktorientierten Erfolgsanalyse einen eigenen Abschnitt, während sie in der ersten Auflage noch Teil der Rentabilitätsanalyse war.

161 Vgl. Heimes, 2003, S. 145.

162 Vgl. Kromschröder, 1994, S. 772; vgl. Müller/Oster, 2001, S. 253.

163 Vgl. Schulte, 2006, S. 51; vgl. Meyer, 1994, S. 102; siehe auch Kromschröder, 1994, S. 772.

nisse gleich den gesamten Periodenkosten sind.“[164] Mit dieser aus dem Kosten- und Leistungsmodell stammenden Analyse wird die Absatzmenge bestimmt, jenseits derer das Unternehmen (unter Annahme gegebener Marktpreise) in die Gewinn- oder Verlustzone rutscht.[165] Besitzt man im Rahmen der Kosten- und Leistungsrechnung als i.d.R. Unternehmensinterner zusätzliche Informationen, so hat man als externer Analytiker bei Anwendung der Break-Even-Analyse auf Grundlage der Gewinn- und Verlustrechnung mit diversen Problemen zu kämpfen. Nicht ersichtlich sind neben den Absatzpreisen und –mengen auch nicht die Unterteilung in fixe und variable Kosten.[166] Ähnlich der Wertschöpfungsanalyse soll auch auf die Break-Even-Analyse im Weiteren nicht mehr eingegangen werden, da sie im Rahmen der Versicherungsunternehmensanalyse zu keinen aussagekräftigen Schlussfolgerungen führt. Aufgrund des risikobehafteten Geschäfts in der Versicherungsbranche ist eine automatische Steigerung des Gewinns oberhalb des Break-Even-Punktes für jeden neu abgeschlossenen Vertrag nicht pauschal anzunehmen. Vielmehr kann ein neu abgeschlossenes Geschäft die Periodenkosten deutlich stärker erhöhen als die Absatzmenge, prozentual und absolut, und das Unternehmen schlimmstenfalls in die Verlustzone führen. Realistisch ist dieses Szenario z.B., falls der Neuvertrag ein hohes versicherungstechnisches Risiko besitzt. „Aufgrund der Eigenheiten des Versicherungsgeschäfts ist eine Break-Even-Analyse nur im Rahmen einer versicherungsspezifischen Modellierung unter Berücksichtigung der Stochastizität der Schäden und Kapitalanlageergebnisse zweckmäßig.“[167]

3.5 Kennzahlenarten und Auswertungsmethoden

Es ist bereits an der einen oder anderen Stelle der Begriff absolute Kennzahl oder Beziehungskennzahl erwähnt worden. Es soll nun nochmals eine korrekte Kategorisierung der einzelnen Arten von Kennzahlen erfolgen. Im Anschluss daran wird auf die verschiedenen Auswertungsmethoden eingegangen.

Eine Kennzahl soll es ermöglichen, „(...) komplizierte betriebswirtschaftliche Sachverhalte und Strukturen sowie Prozesse auf relativ einfache Weise abzubilden, um damit einen möglichst schnellen und umfassenden Überblick zu gewährleisten.“[168]

---

164 Küting/Weber, 2009, S. 352.
165 Vgl. Küting/Weber, 2009, S. 352.
166 Vgl. Coenenberg/Haller/Schultze, 2009, S. 1170 f.
167 Heimes, 2003, S. 145.
168 Küting/Weber, 2009, S. 53.

In ihrer einfachsten Form sind es die absoluten Kennzahlen, die sich aus Einzelzahlen, Summen, Differenzen oder Mittelwerten ergeben.[169] Sie geben die Anzahl der Elemente wieder, aus denen eine Menge besteht.

Neben den absoluten Kennzahlen sind meist die relativen Kennzahlen von größerer Bedeutung. Relative Kennzahlen werden auch als Verhältniskennzahlen bezeichnet, da hierbei zwei absolute Größen in Relation stehen. Solche Beziehungen zwischen zwei absoluten Kennzahlen werden nach sachlogischen Kriterien gebildet.[170] Verhältniskennzahlen können dabei in drei unterschiedlichen Formen auftreten:

- Gliederungskennzahlen
- Beziehungszahlen
- Indexzahlen

Bei *Gliederungskennzahlen* wird eine Teilgröße zu ihrer entsprechenden Gesamtgröße ins Verhältnis gesetzt (z.B. Fremdkapital im Verhältnis zum Gesamtkapital). Die *Beziehungskennzahlen* zeichnen sich dadurch aus, dass verschiedenartige Gesamtheiten aufeinander bezogen werden, die jedoch trotz allem in einem sachlogischen Zusammenhang stehen. Als letztes gibt es die sogenannten *Indexzahlen*, durch welche die zeitlichen Veränderungen bestimmter Werte gezeigt werden sollen. Dabei wird eine absolute Zahl für einen bestimmten Zeitpunkt oder Zeitraum ins Verhältnis zu derselben absoluten Zahl für einen früheren Zeitpunkt oder Zeitraum gesetzt. Indexzahlen stellen somit sogenannte Messzahlen dar.[171]

Eine Beurteilung der entsprechenden Kennzahlen setzt allerdings Vergleichsmaßstäbe voraus.[172] Solche Vergleichsmaßstäbe können durch verschiedene Auswertungsmethoden geschaffen werden. Neben einer Hypothese, „(...) ob ein relativ hoher Kennzahlenwert im Hinblick auf das konkret verfolgte Analyseziel als gut oder schlecht zu beurteilen ist“ [173], ist insbesondere der Vergleich mit anderen Kennzahlen von Bedeutung. Bei letzterem gibt es drei mögliche Vergleichsobjekte, die für einen Kennzahlenvergelich herangezogen werden können:

- Zeitvergleich
- Betriebsvergleich
- Soll-Ist-Vergleich

---

169 Vgl. Coenenberg/Haller/Schultze, 2009, S. 1034.

170 Vgl. Baetge/Kirsch/Thiele, 2004, S. 148.

171 Vgl. Baetge/Kirsch/Thiele, 2004, S. 148 f.; vgl. Coenenberg/Haller/Schultze, 2009, S. 1035 f.; vgl. Küting/Weber, 2009, S. 56 .

172 Siehe Coenenberg/Haller/Schultze, 2009, S. 1036.

173 Baetge/Kirsch/Thiele, 2004, S. 172.

Bei dem *Zeitvergleich* kann man insbesondere auf die Analyse eines einzelnen Unternehmens und dessen Entwicklung im Zeitablauf abstellen. Hierbei wird dieselbe Kennzahl an mehreren Stichtagen berechnet und miteinander verglichen. Hierdurch können besonders einmalig oder zufällig aufgetretene Effekte erkannt werden.[174]

Daneben gibt es den sogenannten *Betriebsvergleich*, bei dem Kennzahlen eines Unternehmens mit denselben Kennzahlen eines anderen Unternehmens verglichen werden. Interessant ist dabei auch der Vergleich über Landesgrenzen hinweg, was gerade im Zeitalter der Globalisierung von immer größerer Bedeutung wird. Im Sinne eines Benchmarkings ist es darüber hinaus sinnvoll, sich mit einer großen Anzahl von Unternehmen zu vergleichen, um die relative Stellung des Unternehmens besser bestimmen zu können.[175] Soll es sich dabei um einen Branchenvergleich handeln, wird dieser regelmäßig durch verschiedenste Faktoren gestört. Dies kann unter anderem an Betriebsgröße, Finanzstruktur, technische Ausstattung etc. liegen. Bei Anwendung sogenannter branchenunabhängiger Kennzahlen ist ein Vergleich dennoch möglich.[176]

Als weitere und letzte Auswertungsmethode ist der *Soll-Ist-Vergleich* zu nennen. Hierbei werden den errechneten Kennzahlenwerten entweder Richt- oder Planwerte gegenübergestellt. Anders gesagt, man kann die Soll-Werte induktiv bestimmen, wie z.B. aus empirischen Untersuchungen abgeleitete Durchschnittswerte. Andererseits lassen sich die Soll-Werte auch deduktiv aus den Unternehmenszielen ableiten.[177]

3.6 Bildung eines Gesamturteils mit Hilfe von traditionellen Kennzahlensystemen

Auch wenn die Interpretation der Kennzahlen „(...) im allgemeinen wissenschaftlichen Sprachgebrauch (...)“[178] nicht explizit unter dem Begriff der Bilanzanalyse aufgefasst wird, sondern als *Bilanzkritik* bezeichnet wird[179], so ist sie doch so eng mit der Kennzahlenbildung verbunden, dass sie auch im Rahmen dieser Arbeit unweigerlich als Bestandteil der Analyse anzusehen ist.

174 Vgl. Baetge/Kirsch/Thiele, 2004, S. 172 f.; vgl. Küting/Weber, 2009, S. 71.
175 Vgl. Küting/Weber, 2009, S. 72.
176 Vgl. Baetge/Kirsch/Thiele, 2004, S. 174.
177 Vgl. Baetge/Kirsch/Thiele, 2004, S. 177 ff.; siehe hierzu auch Küting/Weber, 2009, S. 71.
178 Leffson, 1984, S. 3.
179 Vgl. Leffson, 1984, S. 3.

Bisher wurde auf die einzeln zu analysierenden Lagen eingegangen, auf deren Basis die Bildung entsprechender Kennzahlen erfolgt.[180] Schnell mündet der Versuch, alle denkbaren Bereiche eines Unternehmens in Kennzahlen zu erfassen, jedoch in sogenannten Zahlenfriedhöfen.[181] Darüber hinaus führt die Interpretation einzelner Kennzahlen lediglich zu Teilurteilen, da keine Kennzahl das gesamte Betriebsgeschehen abbilden kann. Einzelne Kennzahlen stellen, durch die Reduzierung auf einen einzigen Quotienten, in aller Regel nur auf ein bestimmtes Informationsziel ab, so dass wichtige Sachverhalte verloren gehen oder unberücksichtigt bleiben.[182] Daher besteht das letztendliche Ziel des Analytikers in der Zusammenfassung der Teilurteile aus den einzelnen Kennzahlen, um somit ein Gesamturteil über das Unternehmen zu gewinnen.[183] Dazu müssen die bisher eher unabhängig nebeneinander stehenden und isoliert betrachteten Kennzahlen verknüpft und systematisiert werden, um ihre betriebswirtschaftlichen Interdependenzen sichtbar zu machen.[184] Eine solche Verknüpfung geschieht mittels eines Kennzahlensystems.

„Von einem Kennzahlensystem spricht man, wenn Kennzahlen so zusammengestellt werden, dass sie in einer sinnvollen Beziehung zueinander stehen, sich gegenseitig ergänzen und erklären und als Gesamtheit den Analysegegenstand möglichst ausgewogen und übersichtlich erfassen."[185] Mit Hilfe eines Kennzahlensystems „(...) erhält man eine Sicht der Zusammenhänge, die auf andere Weise nicht erreichbar ist."[186] Unter einem traditionellen Kennzahlensystem versteht man die transparente aber subjektive Verdichtung einzelner Kennzahlen zu einer Spitzenkennzahl. Die meisten traditionellen Kennzahlensysteme sind daher hinsichtlich des zu bildenden Gesamturteils subjektiv, da die Interpretation der Kennzahlenausprägung inviduell verschieden sein kann.[187]

Traditionelle Kennzahlensysteme lassen sich hinsichtlich ihrer Struktur differenzieren:

- mathematischer und sachlogischer Natur
- ausschließlich sachlogischer Natur[188]

---

180 Bei den Lagen handelt sich dabei um die Vermögens- und Finanzlage sowie die Ertragslage.

181 Vgl. Peemöller, 2003, S. 243.

182 Vgl. Groll, 2000, S. 13; vgl. Küting/Weber, 2009, S. 56 f.

183 Vgl. Baetge/Kirsch/Thiele, 2004, S. 495.

184 Vgl. Beatge/Kirsch/Thiele, 2004, S. 498; vgl. Peemöller, 2003, S. 243.

185 Groll, 2000, S. 14.

186 Groll, 2000, S. 5.

187 Vgl. Baetge/Kirsch/Thiele, 2004, S. 499.

188 Vgl. Groll, 2000, S. 14.

Im Falle einer mathematisch sachlogischen Natur spricht man von einem *Rechensystem*. In diesem Fall wird als Ausgangspunkt eine Spitzenkennzahl gebildet, welche dann mathematisch durch Addition, Subtraktion, Multiplikation oder Division in weitere Unterkennzahlen zerlegt wird. Diese mathematische Zerlegung zeigt auf, dass rechentechnische Beziehungen zwischen den Kennzahlen bestehen. Ist die Spitzenkennzahl, als Oberziel, in ihrer Aussagekraft noch eher global, so ermöglichen die Unterkennzahlen, die bei der stufenweisen Zerlegung der Spitzenkennzahl entstehen, eine entsprechend detaillierte Sichtweise. Das Rechensystem lässt damit exakte Ursache-Wirkungszusammenhänge erkennbar werden.[189] Der Vorteil dieses Kennzahlensystems, dass es die rechentechnischen Verknüpfungen widerspiegelt, ist auch gleichzeitig sein größter Nachteil. Durch die Notwendigkeit der mathematischen Verknüpfungen kann ein solches System auch oftmals eine Reihe von Kennzahlen besitzen, die in ihrer Aussagekraft beschränkt sind, aber aufgrund der mathematischen Verknüpfungen enthalten sein müssen.[190] Abbildung 6 zeigt ein mögliches Rechensystem für einen Schaden-/Unfallversicherer mit der Eigenkapitalrentabilität als Spitzenkennzahl.

Eine mögliche Lösung dieses Dilemmas bieten die sogenannten *Ordnungssysteme*, welche Kennzahlensysteme von ausschließlich sachlogischer Natur darstellen.[191] In der Realität gibt es diverse Sachverhalte, die in einem betriebswirtschaftlich sachlogischem Zusammenhang stehen, für die sich aber keine oder nur über eine Vielzahl von Hilfskennzahlen eine rechentechnische Beziehung herstellen lassen würde.[192] Zwar sind die Interdependenzen in diesem Fall nicht quantifizierbar, doch abgesehen davon entspricht die Logik des Ordnungssystems dem des Rechensystems. Bestimmte Sachverhalte werden somit „(...) durch mehrere gleich- und/oder unter- bzw. übergeordnete Kennzahlen abgebildet."[193] Auch hier lässt sich sagen, dass der Vorteil des Ordnungssystems, nämlich dessen einfacheres Herleiten und höhere Flexibilität, auch sein Nachteil ist, da sich die Zusammenhänge nicht quantifizieren lassen.

189 Vgl. Baetge/Kirsch/Thiele, 2004, S. 501 f.; vgl. Groll, 2000, S. 14 ff.: Ein klassisches Rechensystem stellt das Du Pont-System dar, welches als Spitzenkennzahl die Gesamtkapitalrentabilität enthält. Veränderungen dieser Spitzenkennzahl wird durch die mathematische Gliederung der Spitzenkennzahl in diverse Unterkennzahlen (z.B. Eigenkapitalrentabilität multipliziert mit Eigenkapitalquote, was wiederum der Gesamtkapitalrentabilität entspricht) , die zur Ursachenanalyse herangezogen werden.

190 Vgl. Groll, 2000, S. 17 ff.

191 Vgl. Baetge/Kirsch/Thiele, 2004, S. 502.

192 Vgl. Groll, 2000, S. 17.

193 Küting/Weber, 2009, S. 60.

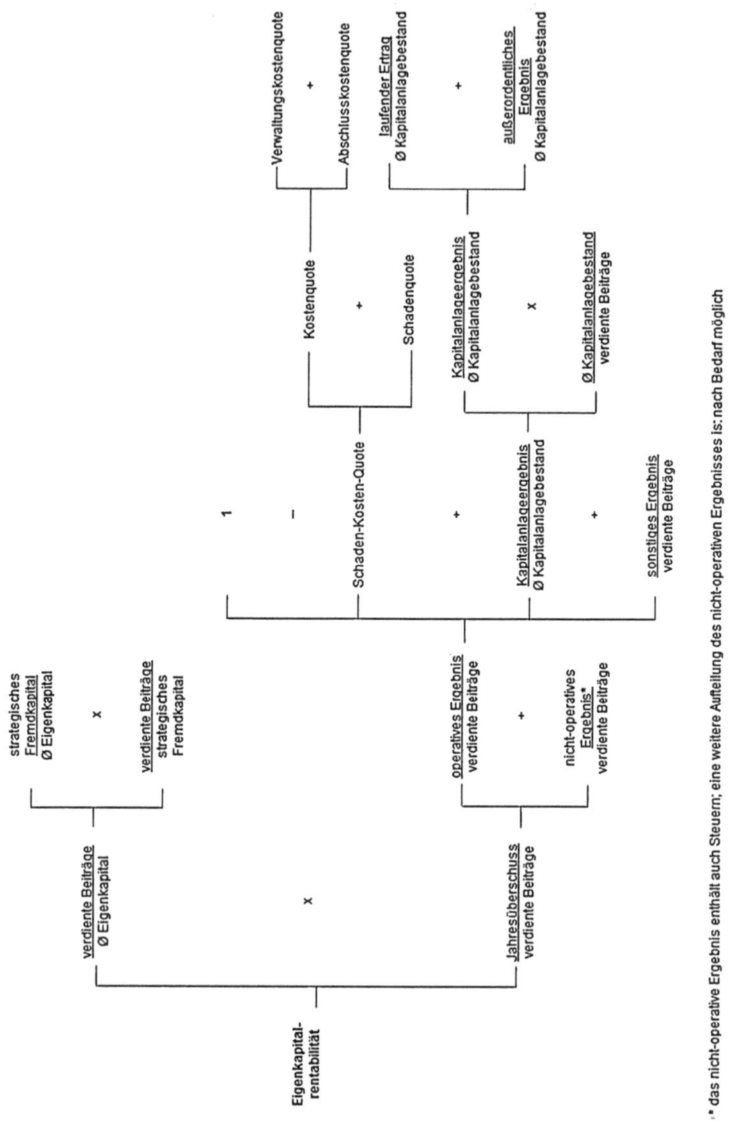

Abbildung 6: Rechensystem eines Schaden-/Unfallversicherer unter IFRS[194]

194 Unter HGB würde eine etwas modifizierte Darstellung gewählt werden. So würde anstelle der Aufteilung nach operativem und nicht-operativem Ergebnis, eine Unterteilung nach versicherungstechnischem und nichtversicherungstechnischem Ergebnis erfolgen.

Ein Ausweg daraus könnte z.B. die Verbindung der Vorteile des Rechensystems mit denen des Ordnungssystems sein, das heißt wo immer möglich sollte eine rechentechnische Beziehung hergestellt werden. Falls eine solche jedoch nur unter Bildung zu vieler Hilfskennzahlen möglich ist, so sollten lieber lediglich die sachlogischen Zusammenhänge gezeigt werden und somit auf eine schlanke Darstellung geachtet werden. Damit würde ein *kombiniertes Rechen- und Ordnungssystem* entstehen.[195]

---

195 Vgl. Groll, 2000, S. 19 f.

4. Jahresabschlussanalyse von Versicherungsunternehmen

Das versicherungstechnische Risiko, welches zweifelsohne als arteigenes Risiko bezeichnet werden kann, resultiert aus der Unbestimmtheit der Leistungsinanspruchnahme durch den Versicherungsnehmer hinsichtlich der sachlichen Realisierung, Eintrittszeitpunkt und Höhe der Inanspruchnahme.[196] Der im Vorhinein festzulegenden Prämie stehen somit stochastische Schadenentwicklungen gegenüber, die das Risiko in sich bergen, die Prämien zu übersteigen.[197] In Kapitel 3 wurde auf den Aufbau und die Struktur der Jahresabschlussanalyse eingegangen. Auch wenn es sich dabei um eine eher allgemeingültige Darstellung handelte, sind doch viele der angesprochenen Aspekte auf Industrieunternehmen bezogen oder anders ausgedrückt, sie lassen sich nicht ohne weiteres auf die Versicherungsbranche übertragen.[198] Um den Besonderheiten des Versicherungsgeschäfts Rechnung zu tragen, soll nun das entwickelte allgemeine Gerüst zur Jahresabschlussanalyse *mit Leben gefüllt werden*. Letztendlich sollen wichtige Kennzahlen für die Analyse von Versicherungsunternehmen, wie sie bisher in Theorie und Praxis Anwendung finden, aufgeführt werden.

Anschließend werden die bilanzpolitischen Spielräume bzgl. der jeweiligen Kennzahl analysiert. Die Analyse erfolgt dabei zum einen auf Grundlage der handelsrechtlichen Bilanzierungs- und Bewertungsmethoden und zum anderen soll geklärt werden, inwieweit die bisherigen IFRS diese Schwachstellen eliminieren, diese unberührt lassen oder gar erweitern.

4.1 Relevanz der Jahresabschlussanalyse für das Versicherungsunternehmen

Für den Aktionär, als Teil des Adressatenkreises des Jahresabschlusses, sind insbesondere auch Kennzahlen von Bedeutung, die einen Bezug zur Aktie (als

196 Vgl. Schradin, 1994, S. 37.
197 Vgl. Albrecht/Schwake, 1988, S. 652.
198 Vgl. Hassler/Sauer/Schneider, 2006, S. 1539.

das von ihm investierte Kapital) bzw. dessen Kurs beinhalten.[199] Im Umkehrschluss ist daher auch das Management an einer guten Performance des Eigentümerkapitals interessiert. Eine bedeutsame Kennzahl der kapitalmarktorientierten Rentabilitätsnalyse stellt in diesem Zusammenhang das Ergebnis je Aktie dar, welches den auf eine Aktie entfallenden Periodenerfolg darstellt[200]:

$$\frac{Periodenergebnis}{Anzahl\ der\ während\ der\ Periode\ ausstehenden\ Aktien}$$

In IAS 33 wurde eine einheitliche Methode zur Berechnung des Ergebnisses je Aktie, im englischen als *earnings per share* (EPS) bezeichnet, vorgeschrieben. Damit soll der Möglichkeit unterschiedlicher Berechnungsmethoden Einhalt geboten werden.[201] Aufgrund ihrer zentralen Bedeutung bei der aktienanalytischen Rentabilitätsanalyse wurde die EPS als Pflichtangabe in den IFRS-Jahresabschluss aufgenommen.[202] Insbesondere bei Betriebsvergleichen lässt diese absolute Kennzahl oftmals wenig Rückschlüsse zu, es sei denn man verfügt über entsprechende Zeitreihen. Daher wird in der Praxis regelmäßig eine Bezugnahme auf den Marktpreis des Eigenkapitals vorgenommen, in dem die price-earnings-ratio bzw. das Kurs-Gewinn-Verhältnis (KGV) gebildet wird:[203]

$$KGV = \frac{Preis\ je\ Aktie\ (Börsenkurs)}{Ergebnis\ je\ Aktie}$$

„Das KGV gibt das Vielfache des aktuellen Ergebnisses je Aktie an, das an der Börse für eine Aktie bezahlt wird.“[204] Es wird somit ein unmittelbarer Bezug zwischen rechnungslegungsbasierten Daten und Marktdaten hergestellt. Ein hohes KGV könnte einerseits die Investitionsentscheidung uninteressant erscheinen lassen, da die Aktie als überbewertet angesehen wird.[205] Andererseits könnte ein hohes KGV vom Aktienmarkt auch als zukünftiges Gewinnsteigerungspotential gedeutet werden.[206] Aufgrund des engen Bezugs zum Aktienkurs ist das KGV für Investoren und Management eine entscheidende Kennzahl. Für fünf im EuroStoxx 50 gelistete Versicherer[207] ergab sich im Zeitraum 2004-2009 eine

199 Siehe auch Coenenberg/Haller/Schultze, 2009, S. 1136.
200 Pellens/Fülbier/Gassen, 2006, S. 798.
201 Vgl. Beine/Schütte, 2009, S. 997.
202 Siehe auch Coenenberg/Haller/Schultze, 2009, S. 1136 f.
203 Coenenberg/Haller/Schultze, 2009, S. 1138 ff.
204 Pellens/Fülbier/Gassen, 2006, S. 798.
205 Siehe auch Coenenberg/Haller/Schultze, 2009, S. 1139.
206 Vgl. Pellens/Fülbier/Gassen, 2006, S. 798.
207 Aegon, Allianz, AXA, Generali und Munich RE.

Korrelation zwischen dem Ergebnis je Aktie und dem Aktienkurs, je nach Versicherer, zwischen 0,80 und 0,96.[208, 209] Der hohe positive Korrelationswert könnte als Ausdruck eines deutlich positiven linearen Zusammenhangs zwischen Aktienkurs und Ergebnis je Aktie gedeutet werden.[210] Dies würde die Hypothese, dass ein steigendes Ergebnis je Aktie einen steigenden Aktienkurs nach sich zieht, zusätzlich unterstützen.[211] Es ist daher verständlich, durch bilanzpolitische Maßnahmen seitens des Managements das Ergebnis bzw. dessen Bestandteile zu steuern, um somit auch einen Einfluss auf den Aktienkurs nehmen zu können.[212] Auch Kapitalmarktakteure schätzen das KGV als eine der wesentlichen oder sogar die wesentlichste Finanzkennzahl in Bezug auf Investitionsentscheidungen.[213] Da sich der Jahresüberschuss aus diversen einzelnen Positionen der Gewinn- und Verlustrechnung speist, besitzt jede einzelne Position entsprechende bilanzpolitische Möglichkeiten mit potentieller Rückwirkung auf die Aktienkursentwicklung. Daher scheint eine Betrachtung einzelner Positionen der Erfolgsrechnung, deren bilanzpolitisches Potential und auf diesen Positionen aufbauende Kennzahlen als sinnvoll. An dieser Stelle sei diesbezüglich auf das Kapitel 4.4 verwiesen. Im Rahmen der Analyse muss sich die Interpretationsfähigkeit des Bilanzlesers soweit entwickeln, bilanzpolitische Instrumentarien erkennen und deuten zu können.

4.2 Rechnungslegung von Versicherungsunternehmen unter Handelsrecht

Eine Darstellung der vom Versicherungsunternehmen getätigten Geschäfte stellt aufgrund der Besonderheiten der Versicherungsbranche hohe Anforderungen an

---

208 Der Korrelationskoeffizient nimmt Werte zwischen −1 und +1 an und ist Ausdruck für einen positiven linearen (für Werte > 0) bzw. negativen linearen (Werte < 0) Zusammenhang; siehe auch Bomsdorf, 1999, S. 135.

209 Als Aktienkurse wurden dabei die Schlusskurse zum 31.12. des jeweiligen Geschäftsjahres herangezogen. Die Auswertung beruht auf Daten des Geschäftsberichts, so dass evtl. veröffentlichte Daten aus Quartalsberichten keine Berücksichtigung fanden.

210 Werden im selben Zeitraum neben den Jahresabschlüssen auch die Quartalsberichte mit einbezogen und somit entsprechend die obige Grundgesamtheit von 6 auf 24 erhöht, ergeben sich weiterhin hohe Korrelationskoeffizienten. So z.B. 0,83 für Munich Re. Die Ergebnisse je Aktie der einzelnen Quartale wurden dabei annualisiert, um eine aussagekräftige Größe zu generieren.

211 Abgeleitet aus allgemeiner Definition der Korrelation, siehe auch Bomsdorf, 1999, S. 135.

212 Es gilt zu beachten, dass Aktienkurse tatsächlich von vielfältigen Determinanten bestimmt werden, die regelmäßig auch von subjektiven Erwartungen der Marktteilnehmer abhängen; siehe Utecht, 2001, S. 531 f. Das Ergebnis je Aktie kann dabei aber durchaus als eine solche Determinante angesehen werden.

213 Vgl. Göttsche/Brähler, 2009, S. 924.

den Jahresabschluss.[214] Um diesen Anforderungen gerecht zu werden, gibt es spezielle handelsrechtliche sowie aufsichtsrechtliche Rechnungslegungsvorschriften für Versicherungsunternehmen.[215] Die Merkmale des Produktionsprozesses in der Versicherungswirtschaft münden daher auch in einer besonderen Gliederungsstruktur für Bilanz und GuV.[216] Im Sinne der güterwirtschaftlichen Versicherungsbetriebslehre lässt sich das Wirtschaften eines Versicherungsunternehmens in die Produktion der Güter Versicherungsgeschäft, Kapitalanlagegeschäft und sonstiges Geschäft teilen.[217] Dieser Ansatz lässt sich gut mit der Jahresabschlusserstellung in Einklang bringen, da dieser entsprechende Güterbestände und Güterströme abbildet.[218] In Kapitel 4.4 werden Kennzahlen zur erfolgswirtschaftlichen Analyse hinsichtlich der Versicherungs- und des Kapitalanlagegeschäfts diskutiert.

In der Volkswirtschaft kommt den Versicherungsunternehmen eine besondere Bedeutung zu, da die Existenz vieler Unternehmer und Wirtschaftszweige von dem Gut *Versicherungsschutz* abhängt.[219] Im Zuge der besonderen Sicherheitsbedürfnisse der Versicherungsnehmer muss diesen somit auf Verlangen auch ein Exemplar des Jahresabschlusses zur Verfügung gestellt werden. Erschien die Funktion des Jahresabschlusses für den Versicherungsnehmer vor der Deregulierung des Versicherungsmarktes aufgrund von Informationsbegrenzung und der starken behördlichen Kontrolle noch als entbehrlich[220], so gewann das Instrumentarium Jahresabschluss unter der Deregulierung an Bedeutung.

Die derzeitigen Rechnungslegungsvorschriften beruhen auf der vom 19. Dezember 1991 vom EG-Ministerrat verabschiedeten EG-Versicherungsbilanzrichtlinie, die am 24. Juni 1994 durch das Versicherungsbilanzrichtlinien-Gesetz in nationales Recht umgesetzt wurde.[221] Zwar stellt das EG-Versicherungsbilanzrichtlinien-Gesetz kein eigenes Regelungswerk dar, doch spezifiziert es „(...) die Abweichungen im Bereich der Versicherungs-Rechnungslegung zur 4. EG-Richtlinie“.[222,223] Seitdem gelten insbesondere die allgemeinen rechnungslegungs-

214 Vgl. Faßbender, 1998, S. 11.
215 Vgl. Nguyen, 2008, S. 289.
216 Vgl. Zimmermann, 2002, S. 33.
217 Vgl. Farny, 2006, S. 558 ff.
218 Vgl. Faßbender, 1998, S. 11.
219 Vgl. Mitzner, 2000, S. 19.
220 Vgl. Hesberg, 1994, S. 528.
221 Vgl. Nguyen, 2008, S. 289 f.
222 Mitzner, 2000, 15 f.
223 Bei der 4. EG-Richtlinie handelt es sich um die sog. „Bilanzrichtlinie“, der 4. Richtlinie des Rates der Europäischen Gemeinschaft über den Jahresabschluss von Gesellschaften bestimmter Rechtsformen vom 25. Juli 1978.

bezogenen sowie die versicherungsspezifischen Teile des HGB.[224] Somit wurden der bis dahin anzuwendende § 55 Abs. 3 und Abs. 6 VAG a.F. in Form der §§ 341 ff. HGB ersetzt. Diese wurden um die Verordnung über die Rechnungslegung von Versicherungsunternehmen (RechVersV) erweitert, um den Besonderheiten des Versicherungsgeschäfts zusätzlich Rechnung zu tragen.

Zwar wird hierdurch das Rechnungslegungsziel, sprich die Abbildungsvorschriften, festgelegt, doch benötigt der Adressat weitergehende Kenntnisse über das Versicherungsgeschäft bzw. die Geschäftsvorfälle, um diese richtig interpretieren zu können.[225]

Die Besonderheiten des Versicherungsgeschäfts, die speziellen und branchenspezifischen Abbildungsvorschriften sowie eingehende Kenntnisse des Versicherungsgeschäfts sind nochmalige Indizien für die Notwendigkeit, zum Teil arteigene Kennzahlen für die Durchführung der Jahresabschlussanalyse von Versicherungsunternehmen zu generieren.[226]

4.3 Die finanzwirtschaftliche Analyse von Versicherungsunternehmen

In Kapitel 3 wurde das Gerüst der finanzwirtschaftlichen Analyse als Teil der Jahresabschlussanalyse vorgestellt. Versicherungsunternehmen weisen aufgrund ihres Geschäftsmodells Spezifika auf, die teilweise besonderer aufsichtsrechtlicher Regelungen bedürfen. So liegt ein Schwerpunkt der Finanzierungsanalyse in der Beschaffung des Mindest-Risikokapitals, welches sich durch aufsichtsrechtliche Solvabilitätsvorschriften bestimmt.[227] Diese sogenannte Soll-Solvabilität unterliegt zukünftig den Vorschriften zu Solvency II und beruht auf unternehmensinternen oder einem standardisierten Modell bzw. einer Mischform, wobei alle genannten Modelle Datenmaterial voraussetzen, das allein durch den Jahresabschluss für den Bilanzleser nicht generierbar ist.[228] Ein Ausblick möglichen Potentials des Jahresabschlusses für Solvency II ist in Kapitel 7 gegeben. Somit ist ein Ableiten der Stärke der Kapitalausstattung maximal noch für die verfügbaren Eigenmittel anhand des Jahresabschlusses möglich.[229] Indirekt ist die Jahresabschlussanalyse bei der Überleitung des bilanziellen Eigenkapitals zu den Solvency II Eigenmitteln wichtig.[230]

---

224 Bei den allgemeinen Vorschriften handelt es sich um die §§ 238 bis 335 HGB; die versicherungsspezifischen Teile umfassen §§ 341 bis 341 p HGB.

225 Vgl. Schulte, 2006, S. 48.

226 Siehe hierzu auch Kromschröder, 1994a, S. 307.

227 Vgl. Heimes, 2003, S. 140.

228 Siehe hierzu auch Hassler/Sauer/Schneider, 2006, S. 1541.

229 Vgl. Rockel/Helten/Loy/Ott/Sauer, 2007, S. 360.

230 Vgl. Fourie/Heinen, 2011, S. 128 f.

Die zugrundeliegende Aktivseite der Investitionsanalyse speist sich hauptsächlich aus dem Kapitalanlagebestand eines Versicherers.[231] Die Struktur des Kapitalanlagebestands ist Teil der Kapitel 4.4.4.1.1 und 4.4.4.2.1, weshalb an dieser Stelle darauf verwiesen sei. Auch für die Liquiditätsanalyse ergibt sich ein im Vergleich zur Jahresabschlussanalyse von Industrieunternehmen differenzierterer Ansatz. Liquiditätsprobleme im klassischen Sinne sollten Versicherer aufgrund ihres Liquiditätsüberschusses aus den Prämienvorauszahlungen in der Regel nicht aufweisen.[232] Vielmehr besteht bspw. das Risiko in einer nicht sachgerechten Mittelverwendung, die hinsichtlich wesentlicher Eigenschaften nicht die zukünftige Auszahlungsstruktur der versicherungstechnischen Rückstellungen widerspiegelt.[233] „(...) Als ein planmäßiger Prozess zur Steuerung der finanzwirtschaftlichen Interdependenzen des versicherungstechnischen Fremdkapitals und der zu ihrer Deckung dienenden Aktivposten (...)“[234] wird das sogenannte Asset-Liability-Management (ALM) bezeichnet. Es ermöglicht dem Versicherer die Koordination des Managements von Aktiven und Passiven und wurde ursprünglich zur Bewältigung von Zinsrisiken entwickelt.[235] Heutzutage kommen verschiedenste ALM-Modelle zur Anwendung, die sich in ihrer Komplexität deutlich unterscheiden.[236]

Komplexe Modelle, wie die *dynamische Finanzanalyse (DFA)*,[237] erfordern zum Teil den Einbezug vertraulicher Informationen, insbesondere sofern Zukunftspläne Berücksichtigung finden sollen.[238] Aber auch einfachere Techniken wie das *Duration-Matching*, bei dem die Durationen[239] von Aktiven und Passiven in Übereinstimmung gebracht werden, erfordern unter anderem die Kenntnis von Laufzeiten, Coupon-Zahlungen und Nennwerten auf der Aktivseite sowie die

---

231 Vgl. Heimes, 2003, S. 139.

232 Vgl. Heimes, 2003, S. 142.

233 Siehe auch Swiss Re, 2000, S. 20.

234 Friese/Mittendorf, 2003, S. 3.

235 Vgl. Swiss Re, 2000, S. 3 ff.

236 Vgl. Friese/Mittendorf, 2003, S. 13 f.

237 Mit Hilfe der dynamischen Finanzanalyse können verschiedene Szenarien im Zeitablauf ausgewertet und beurteilt werden, wobei die Abhängigkeiten zwischen Aktiva und Passiva Berücksichtigung finden; siehe hierzu auch Friese/Mittendorf, 2003, S. 11 ff.; Swiss Re, 2000, S. 16 f.

238 Vgl. Swiss Re, 2000, S. 21 ff.

239 Die Duration gibt den durchschnittlichen Zeitraum der Realisierung der Cash-Flows eines Aktiva oder Passiva an. Eine 1%-ige Änderung des Zinsniveaus verändert dabei den Wert des Aktiva oder der Passiva um den

$$\frac{\text{Durationswert}}{100}.$$

Stimmen die Durationen von Aktiva und Passiva überein, so kann man sich gegen Verluste durch Zinsänderungen immunisieren; siehe hierzu auch Friese/Mittendorf; 2003, S. 9 f.; siehe hierzu auch Swiss Re, 2000, S. 14 f.

Auszahlungsmuster der zu deckenden Verpflichtungen.[240] Regelmäßig geht der Themenkomplex des ALM somit über die Datengrundlage des Jahresabschlusses hinaus. Die vorliegende Arbeit beschäftigt sich daher verstärkt mit der erfolgswirtschaftlichen Jahresabschlussanalyse, wobei einzelne Aspekte wie die angesprochene Vermögensstrukturanalyse bei den Kapitalanlagen sich auch dort widerspiegeln wird und somit indirekt einen Rückgriff auf Teile der finanzwirtschaftlichen Analyse leistet.

4.4 Die erfolgswirtschaftliche Analyse von Versicherungsunternehmen

Es wurden bereits die wesentlichen Bestandteile und die allgemeine Vorgehensweise der erfolgswirtschaftlichen Analyse erläutert. Im Folgenden werden für die Versicherungsbranche bedeutende Kennzahlen zur erfolgswirtschaftlichen Analyse dargestellt, interpretiert und auf bilanzpolitischen Spielraum hin untersucht.

4.4.1 Bilanzpolitik

Zunächst soll sich kurz mit den allgemeingültigen Grenzen, denen die Jahresabschlussanalyse unterliegt und die die besondere Aufmerksamkeit des Analytikers erfordern, sobald es an die Interpretation der Kennzahl(en) geht, beschäftigt werden.

> „Unter Bilanzpolitik werden alle Maßnahmen verstanden, die im Rahmen der Grundsätze ordnungsmäßiger Buchführung und Bilanzierung sowie der handels- und steuerrechtlichen Vorschriften zur bewußten und zweckorientierten Beeinflussung der Jahresabschlußaussage getroffen werden, um auf diese Weise von der Unternehmenspolitik vorgegebene Ziele zu erreichen, insbesondere auch den Bilanzadressaten entsprechend zu beeinflussen.“[241] „Dem Jahresabschluß liegt dann ein variables Normensystem zugrunde.“[242]

Eine Auswirkung kann dabei die Verstetigung der Ergebnisse durch Ausnutzung entsprechender Instrumentarien sein, was wissenschaftlich auch für deutsche Aktiengesellschaften bereits für den Zeitraum 1965 bis 1975[243] belegt wurde.[244] Allerdings hat diese Verstetigung der Ergebnisse umso weniger Einfluss auf das Aktionärsentscheidungsverhalten desto umfangreicher die Angaben im Geschäftsbericht

240 Siehe auch Swiss Re, 2000, S. 14 f.

241 Gräfer, 1998, S. 135.

242 Leffson, 1984, S. 11.

243 Siehe Schmidt, 1979, S. 127.

244 Vgl. Schmidt, 1979, S. 167 ff.

zu den bilanzpolitischen Maßnahmen sind und somit eine Nachvollziehbarkeit gegeben ist.[245] Die Interpretation und Aussagekraft von Kennzahlen kann entsprechend unter solchen bilanzpolitischen Maßnahmen leiden.[246]

Die Bilanzpolitik stellt dabei eine Art Teilpolitik[247] eines Betriebs dar, mit denen versucht wird, die Erreichung der allgemeinen Unternehmensziele zu forcieren.[248] Der Bilanzpolitik werden zwar im HGB gesetzliche Grenzen gesetzt, die sich unter anderem in Form des Stetigkeitsgebots sowie den Angaben zu den Bilanzierungs- und Bewertungsvorschriften niederschlagen, dennoch besitzt das Unternehmen Möglichkeiten, den Vermögens- und Erfolgsausweis erheblich zu beeinflussen.[249]

Dabei können die Unternehmensziele mittelbar aber auch unmittelbar Einfluss die Bilanzpolitik beeinflussen. Eine solche Ziel-Mittel-Beziehung ist in folgender Abbildung für ein Schaden-/Unfallversicherungsunternehmen dargestellt:

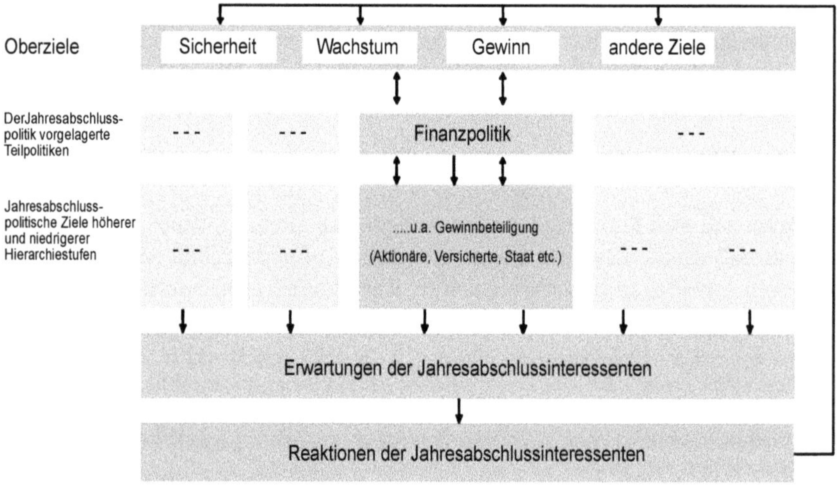

Abbildung 7: Bilanzpolitik (Ziel-Mittel-Beziehung)[250]

Als eine der bedeutendsten Zielgrößen kann dabei auch im Versicherungsunternehmen der Gewinn gesehen werden, weshalb diesem auch bilanzpolitisch eine

245 Vgl. Coenenberg/Schmidt/Werhand, 1983, S. 343.

246 Vgl. Beatge/Kirsch/Thiele, 2004, S. 153.

247 So gibt es auch in anderen Teilbereichen des Unternehmens Betriebspolitik, wie z.B. Beschaffungspolitik, Absatzpolitik etc. vgl. hierzu auch Wöhe, 1997, S. 52.

248 Vgl. Faßbender, 1998, S. 40.

249 Siehe hierzu Coenenberg/Haller/Schultze, 2009, S. 1007 f.

250 In Anlehnung an Faßbender, 1998, S. 44.

wesentliche Bedeutung zukommt.[251] Gewinngrößen können unterschiedlich definiert sein[252], so kann neben dem Jahresüberschuss auch das versicherungstechnische Ergebnis gemeint sein.[253]

Zur Umsetzung solcher mittelbaren und unmittelbaren Einflüsse auf den Gewinn stehen dem Unternehmen verschiedene bilanzpolitische Instrumentarien zur Verfügung.[254] Dabei werden die formelle und die materielle Bilanzpolitik herangezogen.[255] Während erstere primär auf „(...) Ausweis-, Erläuterung- und Gliederungswahlrechte (...)"[256] abzielt, ohne materielle Änderungen vorzunehmen, wird mit der materiellen Form eine Veränderung der Höhe von Vermögens- und Erfolgspositionen angestrebt.[257] Folgende Tabelle veranschaulicht nochmals grafisch die Abgrenzung und jeweiligen Möglichkeiten dieser beiden Formen:

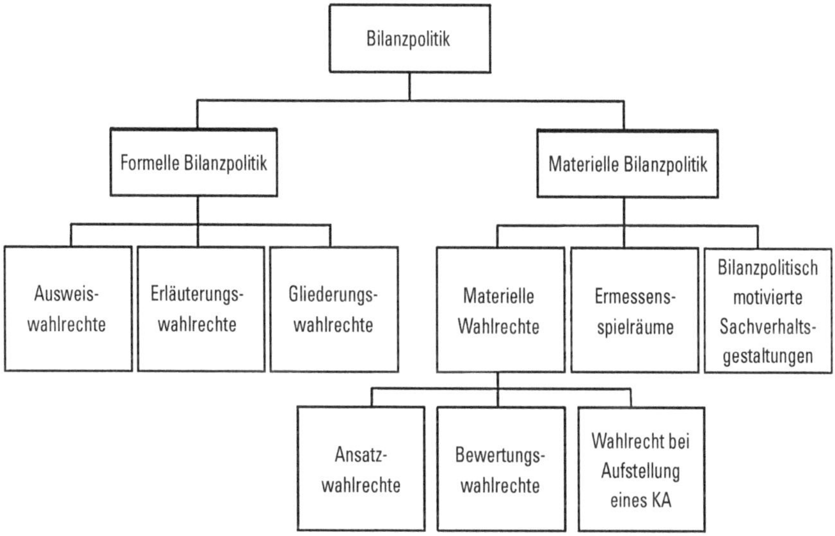

Abbildung 8: Formen der Bilanzpolitik[258]

251 Dies steht bspw. im Einklang mit der in Kapitel 4.1 beschriebenen Kennzahl KGV, die für Aktionäre wesentliche Bedeutung hat und deren Nenner durch den Gewinn in Form des Jahresüberschusses pro Aktie bestimmt wird.
252 Siehe hierzu auch Hartung, 2000, S. 126.
253 Vgl. Faßbender, 1998, S. 60 f.
254 Vgl. Wöhe, 1997, S. 59 ff.
255 Vgl. Baetge/Kirsch/Thiele, 2004, S. 153 ff.
256 Baetge/Kirsch/Thiele, 2004, S. 154.
257 Vgl. Baetge/Kirsch/Thiele, 2004, S. 154; vgl. Wöhe, 1997, S. 59 f. .
258 Baetge/Kirsch/Thiele, 2004, S. 154.

4.4.2 Ergebnisanalyse

Im Zuge der Ergebnisquellenanalyse soll eine nachhaltige Erfolgsgröße generiert werden, die weiterführend in betrieblich und betriebsfremd untergliedert werden muss.[259] „Um einen besseren Einblick in die Erfolgsstruktur zu erhalten und um den tatsächlichen, periodenechten Erfolg ermitteln zu können, müssen die zahlreichen im Jahresabschluss ausgewiesenen Positionen durch Umsortierung oder Zusammenfassung geordnet und um einzelne Erträge/Aufwendungen bereinigt werden."[260] Für die Zwecke der Jahresabschlussanalyse ist es sinnvoll eine Zuordnung nach Erfolgsarten vorzunehmen und somit die Gliederung der Gewinn- und Verlustrechnung aufzuheben. Letztere bestimmt sich nach RechVersV und teilt sich in folgende Erfolgsstruktur[261]:

- Versicherungstechnisches Ergebnis
- Nicht-versicherungstechnisches Ergebnis
- Außergewöhnliches Ergebnis (entsprechend außerhalb der gewöhnlichen Geschäftstätigkeit)
- Steuern vom Einkommen und Ertrag

Durch die Durchbrechung dieser Struktur und einer Struktureinteilung, die den Bedürfnissen der Jahresabschlussanalyse entspricht, kann aufbauend darauf in einem nächsten Schritt mit der Bildung relevanter Kennzahlen begonnen werden.

4.4.3 Ertrags- und Aufwandsstrukturanalyse: Die Combined Ratio

Bereits im allgemeinen Teil wurde in diesem Zusammenhang auf die zwei unterschiedlichen Kennzahlenarten, der Struktur- sowie der Quotenkennzahlen, hingewiesen. Dabei lässt sich die weite praktische Verbreitung von Quotenkennzahlen auch in der Versicherungsbranche beobachten. Als eine der wesentlichen Kennzahlen im Rahmen der Jahresabschlussanalyse von Schaden-/Unfallversicherungsunternehmen kann die *Combined Ratio* angesehen werden. Ihre Klassifizierung als Quotenkennzahl erlangt sie durch die Quotientenbildung in Form einer Aufwandsgröße im Verhältnis zu einer Gesamtumsatzgröße. Der Combined Ratio

---

259 Für eine Möglichkeit zu einer entsprechenden Ergebnisquellenanalyse, ausgehend von der handelsrechtlichen Gliederung der Gewinn- und Verlustrechnung für Schaden-/Unfallversicherungsunternehmen wie sie in Formblatt 2 der RechVerV gegeben ist, sei verwiesen auf: Heimes, 2003, S. 194.

260 Meyer, 1988, S. 312.

261 Vgl. Formblatt 2 RechVersV .

kommt nicht nur in der Literatur erhöhte Aufmerksamkeit zu, wenn es um das Thema der Analyse im Schaden-/Unfallversicherungsbereich geht.[262] Vielmehr erhält sie auch praktisch eine hohe Bedeutung.[263] Regelmäßig, insbesondere zu Quartals- oder Geschäftsjahresabschlüssen, berichteten alle großen Versicherungsgesellschaften diese Kennzahl im Rahmen von Bilanz- bzw. Presse- und Analystenkonferenzen. Für das Geschäftsjahr 2008 wurde der Kennzahl gar so viel Aussagekraft beigemessen, dass die Schweizer Rückversicherungsgesellschaft die Combined Ratio als Grundlage eines Betriebsvergleichs heranzog. Dieser wurde bei der Analystenkonferenz zu entsprechendem Geschäftsjahr 2008 veröffentlicht und sollte als Maßstab für ein gutes versicherungstechnisches Geschäft gelten.[264]

Nachdem die grundsätzliche Bedeutung in Theorie und Praxis kurz dargelegt wurde, soll vor diesem Verständnis zuerst eine Definition der Combined Ratio erfolgen. Bei der Combined Ratio spricht man im Deutschen oft von der sog. *Schaden-Kosten-Quote*. Aus dem deutschen Begriff lässt sich schon erkennen, dass es sich genau genommen um zwei Kennzahlen handelt: der Schadenquote (*loss-ratio*) und der Kostenquote (*expense-ratio*). Beide Quoten besitzen denselben Nenner, so dass sie sich mathematisch addieren lassen und letztendlich die Combined Ratio ergeben. Schließlich bedeutet Combined Ratio nichts anderes als *kombinierte Kennzahl.*

4.4.3.1 Die Schadenquote

Die Prämienerträge werden als eine der zentralen Bezugsgröße in der erfolgswirtschaftlichen Analyse gesehen. Dies rührt daher, dass die weiteren Ergebniskomponenten in unmittelbarem bzw. mittelbarem Zusammenhang mit den Prämienerträgen stehen.[265] Dementsprechend wird auch die Schadenquote berechnet, bei der die Prämien die Nennergröße bilden. Findet sich somit im Nenner aus versicherungstechnischer Sicht die wesentliche Ertragsgröße wieder, so wird der Zähler aus der quantitativ bedeutendsten Aufwandsposition, den Schadenleistungen, gebildet.[266] Betrachtet man Zähler und Nenner der Kennzahl, so lässt sich

---

262 Vgl. Rockel/Helten/Loy/Ott/Sauer, 2007, S. 326 ff.; vgl. Heimes, 2003, S. 207 ff.; vgl. Farny, 1992, S. 177 f.

263 So ziehen Externe die Bewertung von Schadenreserven in die Unternehmensanalysen ein; siehe hierzu DAV Punkt II.3. Zum Zusammenhang der Schadenreserven und der Combined Ratio sei auf Kapitel 4.4.3.3.2. verwiesen.

264 Vgl. Folie 27 des Foliensatzes *Annual results 2008* zur Analystenkonferenz der Swiss Re vom 19. Februar 2009 für das Geschäftsjahr 2008.

265 Vgl. Meyer, 1988, S. 314.

266 Vgl. Jara, 2000, S. 151.

daraus bereits eine erste Interpretation ableiten. „Sie gibt einen Anhaltspunkt über die Schadensituation beziehungsweise die Schadenbelastung eines Versicherungsunternehmens."[267] Erreicht die Schadenquote einen Wert >100%, so übersteigt der Schadenaufwand die Prämien in der jeweiligen Periode. Liegt der Wert dagegen unter 100%, bleibt dem Unternehmen ein Deckungsbeitrag, den es „(...) zur Deckung von Abschluss- und Verwaltungsaufwendungen und zur Erzielung eines versicherungstechnischen Gewinns"[268] heranziehen kann.

Je nach Analyse-Ziel kann die Berechnung der Schadenquote anhand von Brutto- oder Netto-Werten erfolgen. Während die Brutto-Betrachtung die Schadenquote vor Rückversicherungsnahme untersucht, erhält man bei der Netto-Betrachtung eine Kennzahl nach Rückversicherungsnahme.[269] Erklärungen, warum der Erstversicherer auf die Rückversicherungsnahme zurückgreift, wurden in der Literatur schon vielfach diskutiert. So wurde unter anderem das *Schicksalteilungsmodell* herangezogen, da Rückversicherung eine Minderung des versicherungstechnischen Risikos beim Erstversicherer zur Folge hat.[270] Dieser Erklärungsansatz ist auf die Anwendung der Schadenquote bezogen mit Sicherheit richtig, da sowohl die Prämien als auch Schäden das versicherungstechnische Risiko beeinflussen.[271]

Eine Gegenüberstellung der beiden Kennzahlen (brutto vs. netto) gibt dem Analysten Auskunft über die Wirkungsweise der Rückversicherungsnahme.[272] Theoretisch könnte man somit zu Analysezwecken neben einem Betriebsvergleich[273] (Netto- oder Brutto-Schadenquote des Unternehmens A gegenüber Netto- oder Brutto-Schadenquote des Unternehmens B) oder einem Zeitvergleich[274] (Veränderung der Netto- oder Brutto-Schadenquote eines oder mehrerer Unternehmen im Zeitablauf) auch einen Ein-Periodenvergleich innerhalb eines Unternehmens anstreben. Liegt nämlich die Netto-Schadenquote einer Periode unter der Brutto-Schadenquote, so hat sich die Rückversicherungsnahme für das Unternehmen positiv auf das versicherungstechnische Geschäft ausgewirkt. Tendenziell ist jedoch eher davon auszugehen, dass dies nicht der Fall sein dürfte. „Rückversicherungsunternehmen sind ebenso wie Erstversicherer gewinnorientiert.[275] Zwar muss eine beim Erstversicherer verbesserte Netto-Schadenquote im

---

267 Rockel/Helten/Loy/Ott/Sauer, 2007, S. 326.
268 Rockel/Helten/Loy/Sauer, 2007, S. 326.
269 Vgl. Heimes, 2003, S. 208 f.
270 Vgl. Farny, 1975, S. 73 ff.
271 Vgl. Farny, 1975, S. 77.
272 Vgl. Rockel/Helten/Loy/Ott/Sauer, 2007, S. 326.
273 S. hierzu auch Kapital 3.5.
274 S. hierzu auch Kapital 3.5.
275 Metzler, 1999, S. 135 .

Umkehrschluss nicht bedeuten, dass sich für den Rückversicherer damit eine Quote >100% errechnet und ihm somit kein Deckungsbeitrag verbleibt. Im Gegenteil, es ist durchaus möglich, dass der Erstversicherer profitiert und auch der Rückversicherer eine positive Quote ausweist.

Beispiel: Ein Erstversicherungsunternehmen schließt zwei einjährige Verträge mit folgenden Daten für das entsprechende Geschäftsjahr ab:

Vertrag 1: Prämie 80 GE, Versicherungsleistungen 40 GE

Vertrag 2: Prämie 100 GE, Versicherungsleistungen 70 GE

Über einen Rückversicherungsvertrag zediert das Erstversicherungsunternehmen 50% der Prämien sowie Versicherungsleistungen aus Vertrag 2.

1.) Darstellung beim Erstversicherungsunternehmen:

Brutto-Schadenquote: $\frac{(40\,GE+70\,GE)}{(80\,GE+100\,GE)} = 61{,}1\%$

Netto-Schadenquote: $\frac{(40\,GE+(70\,GE*50\%))}{(80\,GE+(100\,GE*50\%))} = 57{,}7\%$

2.) Darstellung beim Rückversicherungsunternehmen:

Schadenquote[276]: $\frac{(70\,GE*50\%)}{(100\,GE*50\%)} = 70{,}0\%$

Der Fall Schadenquote (netto) < Schadenquote (brutto) ergibt sich für den Erstversicherer solange die von ihm zedierten Verträge eine höhere Schadenquote aufweisen als die nicht-zedierten Verträge bzw. wenn Verträge mit höheren Schadenquoten eine stärkere Zessions-Quote aufweisen als Verträge mit einer besseren Schadenquote. Um auch für den Rückversicherer eine entsprechende Quote und Profitabilität zu garantieren, sollte möglichst jede Schadenquote unterhalb der 100% liegen. Die Profitabilität eines Rückversicherungsunternehmens in der Versicherungstechnik leitet sich aber nicht allein von der Schadenquote ab, da dem Unternehmen in der Versicherungstechnik noch weitere Aufwendungen entstehen, wie auch der nachfolgende Abschnitt zur *Kostenquote* zeigt. Die Praxis zeigt jedoch, dass die Netto-Schadenquoten eines Erstversicherungsunternehmens regelmäßig über den Brutto-Schadenquoten liegen[277], was ökonomisch sinnvoll erscheint. Trotz allem lohnt sich der Risikotransfer für den Erstversicherer aus verschiedenen Gründen, denn ohne einen entsprechenden

276 Angenommen, das Rückversicherungsunternehmen retrozediert das Geschäft nicht nochmals, so entspricht die Brutto-Schadenquote der Netto-Schadenquote.

277 Dies belegt unter anderem auch die Auswertung von Farny zu den Geschäftsjahren 1995 bis 1997; vgl. Farny, 1999, S. 28 f.

Risikotransfer müsste der Erstversicherer mehr Risikokapital vorhalten. Zudem würde er bspw. größeren Schwankungen im Fall von Großschäden unterliegen.[278] Dieser Effekt lässt sich an der Brutto-Schadenquote vor Rückversicherungsnahme nachvollziehen. Am Beispiel der deutschen Versicherungswirtschaft sei dies kurz verdeutlicht:

Tabelle 1: Schadenquoten der deutschen Versicherungswirtschaft

Schadenquoten der deutschen Versicherungswirtschaft[279]										
in %	**2008**	**2007**	**2006**	**2005**	**2004**	**2003**	**2002**	**2001**	**2000**	**1999**
Brutto-Schadenquote	67,7	69,0	64,7	65,5	65,1	66,8	78,3	76,4	74,5	75,2
Netto-Schadenquote	67,8	68,5	66,5	68,6	68,3	69,9	77,5	74,2	74,7	74,2
Differenz (Brutto- zu Netto-Schadenquote)	–0,1	+0,5	–1,8	–3,1	–3,2	–3,1	+0,8	+2,2	–0,2	+1,0

Durch Rückversicherungsnahme möchte sich der Erstversicherer unter anderem genau gegen Ausreißer durch Großschadenbelastungen und daraus resultierenden schwankenden Ergebnissen absichern. Dies zeigt sich mitunter in den Jahren 2007 bzw. 2002, in denen die Erstversicherer einen überproportionalen Teil der Schäden aus dem Wintersturm *Kyrill* (2007) bzw. dem als Jahrhunderthochwasser bezeichneten Elbe-Hochwasser und dem Herbststurm *Jeanett*, beide 2002, an die Rückversicherer abgeben konnten. Entsprechend liegen die Netto-Schadenquoten unter den Brutto-Schadenquoten. Zudem ist Netto-Schadenquote der Erstversicherer dadurch im Zeitablauf weniger schwankungsanfällig. Dazu kann man sich die Schwankungen der Schadenquoten in den einzelnen Geschäftsjahren um deren arithmetischen Mittelwert der zehn Geschäftsjahre anschauen.[280] Erhält man für die Brutto-Schadenquote einen arithmetischen Mittelwert von 70,3% und somit eine maximale Abweichung von +8,0%-Punkten im Geschäftsjahr 2002, so lässt sich für die Netto-Schadenquote bei einem arithmetischen Mittelwert von 71,0% eine geringere maximale Abweichung von +6,5%-Punkten ebenfalls in 2002 erkennen. Bezieht sich diese Aussage noch auf einen jeweiligen Extremwert, der v.a. durch die genannten Großschäden getrieben wurde, so lässt sich auch bei der Anwendung von der aus der Statistik stammen-

278 Vgl. Farny, 1996 , S. XI .

279 Vgl. GDV, 2009, S. 35 f.

280 Das arithmetische Mittel berechnet sich dabei einfach mit der Formel: .
(Summe der Schadenquoten 1999-2008) / (Anzahl Geschäftsjahre 1999-2008); vgl. hierzu auch Bomsdorf/Gröhn/Mosler/Schmid, 1999, S. 4.

den Standardabweichung die Glättung der Netto-Schadenquote im Zeitablauf erkennen. Mit der Standardabweichung soll die Streuung der Zufallsvariable *Schadenquote* der untersuchten Geschäftsjahre um deren Mittelwert gezeigt werden.[281] So besitzt die Brutto-Schadenquote mit 4,95 eine höhere Standardabweichung als die Netto-Schadenquote mit 3,57.

Darüber hinaus unterstreichen die Daten nochmals die Hypothese, dass die Netto-Schadenquoten i.d.R. oberhalb der Brutto-Schadenquoten liegen. Dies könnte sich allerdings im Fall eines Großschadenereignisses umkehren, da der Rückversicherer daran stärker partizipiert und die Netto-Schadenquote senkt.

4.4.3.2 Die Kostenquote

Als zweiter wesentlicher Bestandteil der Combined Ratio wird die Kostenquote angesehen. Auch bei ihr bildet sich der Nenner analog zur Schadenquote aus den Prämienerträgen.[282] Die Kostenquote „(...) charakterisiert die Fähigkeit des Versicherungsunternehmens zu wirtschaftlichem und versicherungstechnisch wirkungsvollem Ressourceneinsatz."[283] Dabei bilden die Betriebskosten der Periode den Zähler der Kennzahl.[284] Auch hier besteht der bereits erwähnte Zusammenhang zwischen der Basisgröße Prämien im Nenner und den Betriebskosten im Zähler insofern, als die Prämien zur Finanzierung dieser Kosten zur Verfügung stehen.[285] In der Literatur findet sich oft auch der Begriff der *Betriebskostenquote*.[286]

Analog der Schadenquote kann auch bei der Kostenquote eine Netto- oder Brutto-Berechnung erfolgen.[287] Die Rückversicherungsnahme wirkt entsprechend einer Rückversicherungsprovision, die der Erstversicherer wie eine Art *Beteiligung* des Rückversicherers an seinen Betriebsaufwendungen erhält.[288] In diesem Zusammenhang scheint jedoch das zuvor erwähnte Schicksalteilungsmodell als Motivation zur Rückversicherungsnahme fraglich. Schließlich unterliegen die Betriebsaufwendungen keinem versicherungstechnischen Risiko, an dem der Rückversicherer sich zu beteiligen hat.[289] Ein möglicher Ausweg im Sinne des Produktionsfaktormodells ist es, die Rückversicherung im Prozess des

281 Vgl. Bomsdorf, 1999, S. 56 ff.
282 Vgl. Rockel/Helten/Loy/Ott/Sauer, 2007, S. 326 f.
283 Rockel/Helten/Loy/Ott/Sauer, 2007, S. 326.
284 Vgl. Heimes, 2003, S. 210.
285 Vgl. Heimes, 2003, S. 213.
286 Vgl. Farny, 1992, S. 178; vgl. Heimes, 2003, S. 213.
287 Vgl. Farny, 1992, S. 178.
288 Vgl. Kuschel, 1963, S. 7.
289 Vgl. Farny, 1975, S. 77.

Erstversicherers als Produktionsfaktor zu sehen, der auf dem Rückversicherungsmarkt gegen Zahlung einer Prämie beschafft wird.[290]

Die Rückversicherungsnahme ist somit ein Instrumentarium, welches sowohl die Schaden- als auch die Kostenquote beeinflusst. Eine identische Vorgehensweise bzgl. Brutto- oder Netto-Berechnung ist daher vor dem Hintergrund sinnvoll, dass letztendlich beide Kennzahlen zur Schaden-Kostenquote zusammengeführt werden und somit einheitlichen Berechnungsgrundlagen unterliegen müssen. Durch die Kostenquote erhält der Analyst Aufschluss darüber, welchen Teil der Prämien ein Versicherer einsetzen muss, „(...) um die Kosten aus dem Versicherungsbetrieb decken zu können."[291] Auch hier gilt: Je niedriger die Kennzahl, desto mehr Ressourcen stehen dem Versicherer „(...) zur Deckung von Schäden und zur Erzielung eines versicherungstechnischen Gewinns."[292]

Bei der Betrachtung bzw. Interpretation der Kostenquote sollte unter Umständen deren Teilung in die Bestandteile Abschluss- und Verwaltungsaufwendungen erfolgen.[293] Eine solche Zerlegung schafft zusätzliche Transparenz und gibt Informationen, inwieweit Aufwendungen eher die Neugeschäftsakquisition sowie Antragsbearbeitung und Policierung betreffen oder aber im Zusammenhang mit den sich anschließenden bestandsverwalterischen Tätigkeiten, wie z.B. Beitrageinzug oder Bestandsverwaltung, stehen.[294]

4.4.3.3 Bilanzpolitik: Die Combined Ratio im Handelsrecht

Es wurde bereits in Kapitel 4.4.1. der versicherungstechnische Gewinn als eine der bedeutendsten Zielgrößen im Versicherungsunternehmen definiert, weshalb diesem auch bilanzpolitisch eine wesentliche Bedeutung zukommt.[295] Der versicherungstechnische Gewinn setzt sich bei einem Schaden-/Unfallversicherer nicht zuletzt aus den Prämienerträgen, Schadenleistungen und Betriebskosten zusammen[296], die gemeinsam auch die Schaden-Kosten-Quote bilden. Daraus lässt sich ableiten, dass sich die bilanzpolitische Beeinflussung des versicherungs-

---

290 Vgl. Farny, 1975, S. 81.

291 Rockel/Helten/Loy/Ott/Sauer, 2007, S. 327.

292 Rockel/Helten/Loy/Ott/Sauer, 2007, S. 327.

293 Vgl. Treuberg/Angermeyer, 1995, S. 77.

294 Vgl. Metzler, 1999, S. 130.

295 Vgl. Faßbender, 1998, S. 60 f.

296 Siehe hierzu auch Formblatt 2 der RechVersV in dem die Gliederung der Gewinn- und Verlustrechnung für Schaden-/Unfallsversicherer vorgegeben wird. Noch deutlicher wird der starke Einfluss dieser drei Größen, wenn nicht auf das versicherungstechnsiche Ergebnis, sondern auf die Zwischensumme abgestellt wird. In dieser sind unter anderem die Änderungen der Schwankungsrückstellungen nicht enthalten.

technischen Ergebnisses unmittelbar auf die Schaden-Kosten-Quote auswirkt und es im Folgenden zu klären gilt, in welcher Form dies stattfinden könnte.

Betrachtet man die bilanzpolitischen Instrumentarien für die Schaden-Kosten-Quote, so muss man beachten, dass sie sich zwar aus den Prämienerträgen, Schadenleistungen und Betriebskosten zusammensetzt. Diese resultieren jedoch teilweise aus der Veränderung einzelner Bilanzpositionen; so hat eine Erhöhung für noch nicht abgewickelte Versicherungsfälle unmittelbare Auswirkungen auf die Aufwendungen für Versicherungsfälle.[297] Die Betrachtung muss daher weiter gefasst werden als die drei Bestandteile der Kennzahl dies zunächst vermuten lassen. Zunächst eine kurze Überleitung der drei Bestandteile von der allgemeinen Sichtweise zur handelsrechtlichen Bezeichnung (nachfolgend für die Netto-Berechnung):

i.	Prämienerträge	=	Verdiente Beiträge feR
ii.	Schadenleistungen	=	Aufwendungen für Versicherungsfälle feR
iii.	Betriebskosten	=	Aufwendungen für den Versicherungsbetrieb feR

4.4.3.3.1 Verdiente Beiträge feR

Die verdienten Beiträge (brutto) errechnen sich durch die gebuchten Bruttobeiträge abzgl. des Teils der gebuchten Bruttobeiträge „(...) der als Ertrag für eine bestimmte Zeit nach dem Abschlußstichtag dem folgenden Geschäftsjahr oder den folgenden Geschäftsjahren zuzuordnen ist."[298] Jahresabschlusspolitischer Nutzen könnte dem Bilanzierenden daher insbesondere bei der Abgrenzung dieser Teile der Beitragsüberträge zukommen.[299] Allerdings besteht vor allem bei einer zeitproportionalen Ermittlung der Beitragsüberträge, bei der ein gleichbleibender Risikoverlauf unterstellt wird, kaum noch Spielraum, da mit Hilfe der heutigen EDV problemlos ein 1/360-System (taggenaue Abgrenzung) bzw. 1/720-System (halbtaggenaue Abgrenzung) genutzt werden kann.[300] Die ansonsten noch anwendbaren Näherungsverfahren einer zeitproportionalen Ermittlung, wie Bruchteil- oder Pauschalmethode, unterliegen strengen Voraussetzungen und ihnen kommt aus jahresabschlusspolitischer Sicht eher eine untergeordnete Bedeutung zu.[301]

Bedeutungsvoller sind die Fälle, in denen es nach § 24 Satz 2 RechVersV keine zeitliche Proportionalität zwischen Risikoverlauf und Beitrag gibt.[302] Dies kann

297 Vgl. Faßbender, 1998, S. 87.

298 § 24 Satz 1 RechVersV.

299 Es handelt sich bei den Beitragsüberträgen dem Charakter nach um transitorische Rechnungsabgrenzungsposten; vgl. Rockel/Helten/Loy/Ott/Sauer, 2007, S. 175.

300 Vgl. Faßbender, 1998, S. 175.

301 Vgl. Faßbender, 1998, S. 176 f.; Welzel, 1988, S. 686.

302 Vgl. Fourie, 1996, S. 95 f.

z.B. in der Baurisiko- oder Montageversicherung der Fall sein.[303] In diesen Fällen wird eine leistungsbewirkungsproportionale Ermittlung vorgenommen, die dem Versicherer nutzbare Spielräume ermöglicht. Die Beitragsübertragsermittlung muss dem unterschiedlichen Risikoverlauf Rechnung tragen. Rechnet der Versicherer mit höheren Leistungsverpflichtungen im Folgejahr bzw. den Folgejahren, fallen die Beitragsüberträge höher aus und der Gewinn entsprechend geringer. Bei niedrigeren zukünftigen Leistungsverpflichtungen erhöht sich der aktuelle Gewinn entsprechend.[304] Gestaltungsspielräume besitzt der Versicherer vor allem hinsichtlich „(...) der Aufbereitung des Datenmaterials sowie bei der Auswahl eines repräsentativen Wertes der Schadenverteilung."[305]

Aus Analysesicht ist noch die für die Abgrenzung wesentliche Grundlage zu beachten. So werden Versicherungssteuer und Ratenzuschläge von den Beiträgen abgezogen. Des Weiteren sind bei Schaden-/Unfallversicherungen im selbst abgeschlossenen Versicherungsgeschäft 85% der Provisionen und sonstigen Bezüge von Vertretern nicht übertragungsfähig.[306] Zwar gilt unter HGB ein Aktivierungsverbot von Abschlusskosten, doch resultiert letztendlich durch den Abzug der genannten Kostenbestandteile eine indirekte Aktivierung.[307] So können die sofort als Aufwand zu erfassenden Provisionen und sonstigen Bezüge von Vertretern teilweise durch die verdienten Beiträge kompensiert werden.

Die verdienten Beiträge feR werden durch Saldierung der folgenden Positionen erreicht[308]:

  Gebuchte Bruttobeiträge
± Veränderung der Bruttobeitragsüberträge
= ***Verdiente Beiträge brutto***
– Abgegebene Rückversicherungsbeiträge
± Veränderung des Anteils der Rückversicherer an den Bruttobeitragsüberträgen
= ***Verdiente Beiträge feR***

Die verdienten Beiträge feR informieren also letztendlich darüber, was dem Versicherer von den verdienten Beiträgen brutto bleibt, nachdem der Rückversicherungsschutz abgezogen wurde.[309]

303 Vgl. Rockel/Helten/Loy/Ott/Sauer, 2007, S. 177.

304 Vgl. Faßbender, 1998, S. 178 f.

305 Faßbender, 1998, S. 178.

306 Im indirekten Versicherungsgeschäft werden 92,5% der vereinbarten Rückversicherungsprovisionen abgezogen; vgl. Rockel/Helten/Loy/Ott/Sauer, 2007, S. 176.

307 Vgl. Rockel/Helten/Loy/Ott/Sauer, 2007, S. 176.

308 Müller, 1998, S. 67.

309 Siehe hierzu auch Ellenbürger, 1990, S. 59.

4.4.3.3.2 *Aufwendungen für Versicherungsfälle feR*

Diese Position der Gewinn- und Verlustrechnung umfasst „(...) die im Geschäftsjahr für Versicherungsfälle geleisteten Bruttozahlungen sowie die Veränderung der Brutto-Rückstellung für noch nicht abgewickelte Versicherungsfälle."[310] Da die Aufwendungen brutto ausgewiesen werden, sind hiervon die Anteile der Rückversicherer abzusetzen. Von besonderem Interesse aus bilanzpolitischer Sicht ist dabei die Veränderung der Brutto-Rückstellung für noch nicht abgewickelte Versicherungsfälle, der sich im Folgenden gewidmet werden soll. Wie bereits erwähnt, ist somit ein Rückgriff auf die Passiv-Seite der Bilanz notwendig, da sich die Aufwandsposition als Teil der Veränderung einer versicherungstechnischen Rückstellungsposition ergibt.[311] Die versicherungstechnischen Rückstellungen stellen zudem auch hinsichtlich der *going concern Prämisse* ein wesentliches Analysekriterium dar, da diese im Jahre 2006 zwischen 83% und 259% des Eigenkapitalwertes ausmachten.[312] So ist es nicht verwunderlich, dass rd. 50% aller Insolvenzen von US-Schaden-/Unfallversicherern der Jahre 1991 bis 2002 auf zu gering dotierte Rückstellungen zurückzuführen ist.[313] Der Begriff der versicherungstechnischen Rückstellungen kann jedoch irreführend sein. So können sie abweichend von ihrer Bezeichnung auch den Charakter von Rechnungsabgrenzungsposten oder Verbindlichkeiten besitzen.[314] Bei den Rückstellungen für noch nicht abgewickelte Versicherungsfälle (Schadenrückstellungen), die gesetzlich in § 341g HGB verankert sind, ist dieser abweichende Charakter ersichtlich. Es kann sich dabei um zwei Arten von Schäden handeln:

a) eingetretene, gemeldete, noch nicht regulierte Versicherungsfälle
b) eingetretene oder verursachte, aber noch nicht gemeldete Versicherungsfälle.[315]

Letztere werden gemeinhin als Spätschäden bzw. im Englischen als *incurred but not reported* (IBNR) bezeichnet.[316] Sie entstehen, da für die Leistungspflicht des Versicherers nicht die Meldung des Schadens, sondern vielmehr der Eintritt des Versicherungsfalls ausschlaggebend ist sowie die verursachungsgerechte Zuordnung solcher Aufwendungen zu den Geschäftsjahren in denen sie entstanden

310 § 41 Abs. 1 RechVersV.
311 Siehe hierzu auch Bacher Diss S. 122.
312 Vgl. Swiss Re, 2008, S. 10.
313 Vgl. Swiss Re, 2008, S. 6.
314 Vgl. Farny, 1991, S. 397; vgl. Beck, 1998, S. 236.
315 Vgl. Hofer, 2004, S. 49 f.; vgl. Farny, 1991, S. 400.
316 Vgl. Reich/Zeller, 1988, S. 807.

sind.[317] Somit geht eine zuvor „(...) latente Leistungsbereitschaft (..) in eine konkrete Leistungspflicht (seitens des Versicherers, Anmerkung Autor) über."[318]

In beiden Fällen, ob bereits gemeldet oder nicht, ist eine exakte Quantifizierung der zur Regulierung benötigten Schadenleistung bei Jahresabschlusserstellung noch nicht abschließend möglich.[319] Dabei treten hohe Ungewissheiten auf, die dem Versicherer aus bilanzpolitischer Sicht zum Teil erhebliche Ermessensspielräume ermöglichen. Die Verpflichtung zur Rückstellungsdiskontierung, die im Rahmen des Bilanzrechtsmodernisierungsgesetzes verabschiedet wurde, lässt gemäß § 341e Absatz 1 Satz 3 HGB explizit die versicherungstechnischen Rückstellungen unberührt, so dass sich diesbezüglich bei der Rückstellungsbewertung keine Änderungen ergeben.

a) Rückstellungen für bekannte Versicherungsfälle

Für die unter a) genannten *Rückstellungen für bekannte Versicherungsfälle* gilt generell der in § 252 Abs. 1 Nr. HGB verankerte Grundsatz der Einzelbewertung[320]. Selbst wenn anschließend die Einzelobjekte rechnerisch in einer Bilanzposition zusammengefasst werden, ändert dies nichts an der Tatsache, jedes Objekt zuvor einzeln bewerten zu müssen.[321] Eine Bewertung muss nach vernünftiger kaufmännischer Beurteilung erfolgen und die dauernde Erfüllbarkeit der Verpflichtungen aus den Versicherungsverträgen sicherstellen.[322] „Der Einzelwert (für die jeweiligen Schäden, Anmerkung Autor) kann berechnet oder geschätzt werden."[323] Bilanzrechtlich liegt eine Berechnung allerdings nur vor, sofern der Wert nicht mehr von Wahrscheinlichkeiten abhängt und es somit nur ein richtiges Ergebnis gibt. Schätzungen hängen dagegen von Wahrscheinlichkeiten ab.[324] „Ihrer Natur entsprechend beruhen auch die Schadenrückstellungen zu einem gewissen Grad auf Schätzungen, denen regelmäßig Unsicherheitsele-

317 Vgl. Faßbender, 1998, S. 192.
318 Boetius, 1996, S. 285.
319 Vgl. Faßbender, 1998, S. 192.
320 Von diesem Grundsatz darf nach § 240 Abs. 4 HGB nur in Ausnahmefällen zu Gunsten der Gruppenbewertung abgesehen werden. Dies wäre zum Beispiel bei der Bewertung einer Gruppe von Kleinstschäden der Fall. Vgl. Boetius, 1996, S. 294; Ist hingegen weder eine Einzelbewertung nach § 252 Abs. 1 Nr. 3 HGB noch eine Gruppenbewertung nach § 240 Abs. 4 HGB möglich, so sieht § 341e Abs. 3 HGB auch den speziellen Fall von Schätz- bzw. Näherungsverfahren vor; vgl. Dorenkamp, 1998, S. 273 ff.
321 Vgl. Perlet, 1986, S. 55.
322 Vgl. § 341e Abs. 1 Satz 1 HGB.
323 Boetius, 1996, S. 289.
324 Vgl. Boetius, 1996, S. 44 f.

mente anhaften."[325] Schätzungen ergeben zwangsläufig einen Schätzungsrahmen, der dem Bilanzierenden eine Bandbreite möglicher Beträge zur Rückstellungsbildung eröffnet. Die Anwendung von Schätzverfahren deutet somit auf einen gewissen Bewertungsspielraum bei der Bemessung der Rückstellungshöhe hin, der zu zukünftigen Gewinnen oder Verlusten bei der Abwicklung des Schadens führen kann.[326] Allerdings stellt ein maßgebliches Kriterium für die Rückstellungsbildung, das in § 252 Abs. 1 Nr. 4 HGB verankerte Vorsichtsprinzip dar.[327] Durch die zusätzliche Anforderung aus § 341e Abs. 1 Satz 1 HGB der ständigen Erfüllbarkeit der Verpflichtungen besteht in der Versicherungsbranche ein noch „(...) höheres Maß an Vorsicht als in anderen Wirtschaftszweigen."[328] Unter Beachtung dieser Vorgaben ergibt sich bei der Einzelbewertung ein tendenziell eher vorsichtig geschätzter Rückstellungsbetrag, der sich mathematisch wie folgt darstellen ließe[329]:

$\text{Rückstellung} = E(X_i) + \lambda * \sigma_i$[330], mit

$E(X_i)$	=	Erwartungswert der einzelnen Schäden i
λ	=	Sicherheitsniveau[331]
σ_i	=	Standardabweichung möglicher Schadenhöhen X_i
$\lambda * \sigma_i$	=	Vorsichtskomponente

Da unter dem Vorsichtsprinzip entsprechend nicht der Erwartungswert einer Schadenleistung den Rückstellungen zuzuführen ist, sondern ein Wert, der die dauernde Erfüllbarkeit der Verpflichtungen sicherstellt, ergeben sich zwangsläufig überdotierte Rückstellungswerte.[332] Der Erwartungswert kann damit höchstens als Untergrenze für die Rückstellungsbildung angesehen werden.[333] Gleichzeitig lässt sich anhand der Vorsichtskomponente auch erkennen, dass der Versicherer einen Wert ansetzen muss, der bei Abwicklung mit hinreichend großer Wahrscheinlichkeit nicht überschritten wird. Es bedeutet hingegen nicht „(...) in jedem einzelnen Fall den maximal möglichen Schaden (...) zurückzustellen und damit das Risiko negativer Fehlschätzungen a priori auszuschließen."[334] Aufgrund der Wahrscheinlichkeitsverteilung, die einer Schätzung zu Grunde liegt,

---

325 Koch/Krause, 1998, S. 320.
326 Vgl. Boetius, 1996, S. 289.
327 Siehe hierzu Coenenberg/Haller/Schultze, 2009, S. 417.
328 Stöffler, 1998, S. 237.
329 Vgl. Perlet, 1986, S. 101 f.
330 Perlet, 1986, S. 101.
331 Siehe hierzu auch Ellenbürger/Horbach/Kölschbach, 2001, S. 51.
332 Vgl. Koch/Krause, 1998, S. 321.
333 Vgl. Perlet, 1986, S. 100; vgl. Ellenbürger/Horbach/Kölschbach, 2001, S. 51.
334 Perlet, 1986, S. 100.

verlangt das Vorsichtsprinzip daher einen Ansatz für die Schadenrückstellung, der „(...) der oberen Bandbreite dieses Schätzungsspielraums (...)“[335] entspricht. In aller Regel werden somit künftige Abwicklungsgewinne und positive Ergebnisse generiert.[336] „Die Tatsache späterer Abwicklungsgewinne läßt die ursprüngliche Rückstellung nicht ex post überdotiert werden. Denn Abwicklungsgewinne sind wie Abwicklungsverluste notwendige Folge einer jeden Schätzung.“[337] So lassen auch etwaige Abwicklungsgewinne aus früheren Schadenjahrgängen keine Schlüsse auf die Angemessenheit oder Überdotierung bzgl. der neu gebildeten Schadenrückstellung zur Begleichung zukünftiger Zahlungen zu.[338]

b) Rückstellungen für Spätschäden

Bei den unter b) genannten *Spätschäden*[339] sollte der Vollständigkeit halber zunächst eine Differenzierung zwischen Nachmeldungs- und Spätschaden im engeren Sinn vollzogen werden.[340] Während erstere zum Zeitpunkt der Bilanzaufstellung eingetreten, nicht jedoch gemeldet sind[341], handelt es sich bei den reinen Spätschäden um weder eingetretene noch gemeldete Schäden. Vielmehr sind diese bis zum Bilanzstichtag lediglich verursacht, was für die Bilanzierung einer Schadenrückstellung, sofern daraus ein Versicherungsfall resultiert, das maßgebende Ereignis darstellt.[342] Beiden gemein ist die Tatsache, dass aufgrund der Unkenntnis seitens des Versicherers bzgl. des einzelnen Schadens eine Einzelbewertung nicht anwendbar ist.[343] Da eine Einzelbewertung die Kenntnis des einzelnen Versicherungsschadens voraussetzt, ist hier vielmehr „(...) nach den Grundsätzen für die Bildung von Pauschal- und Sammelrückstellungen eine Gesamt-

335 Boetius, 1996, S. 290.

336 Vgl. Welzel, 1988, S. 686.

337 Boetius, 1996, S. 290 f.

338 Vgl. Boetius, 1996, S. 294.

339 Hierunter sind jedoch auch die Schäden enthalten, die bis zum Bilanzstichtag noch nicht gemeldet waren, aber bis zur inventurmäßigen Feststellung bzw. Schließung des Schadenregisters nachgemeldet wurden und dem Versicherer somit zum Zeitpunkt der Bilanzaufstellung bekannt waren. Für diese gelten Bewertungsvorschriften, wie sie für die unter a) genannten Schadenrückstellungen gemacht wurden. Vgl. hierzu auch Faßbender, 1998, S. 216 f.; Perlet, 1986, S. 54; Rockel/Helten Loy/Ott/Sauer, 2007, S. 205 f.; Koch/Krause, 1998, S. 306 f.

340 Vgl. Perlet, 1986, S. 64.

341 In der Literatur wird teilweise auch von Nachmeldungsschäden gesprochen, wenn diese zwischen Bilanzstichtag und Zeitpunkt der inventurmäßigen Feststellung gemeldet wurden. Auch hier erfolgt weiterhin ein Ausweis unter der Teilrückstellung für Spätschäden, allerdings erfolgt für diese Schäden eine Einzelbewertung.

342 Vgl. Boetius, 1996, S. 301 f.

343 Vgl. Fourie/Müller-Arnold/Uden, 2002, S. 1636 ff.

oder Gruppenbewertung (...)"[344] vorzunehmen. Dies ist auch entsprechend in § 341g Abs. 2 HGB zu finden. Dabei müssen die bisherigen Erfahrungen in Bezug auf Schadenhöhen der in der Vergangenheit nachgemeldeten Schäden Berücksichtigung finden.[345] Da diese jedoch in aller Regel keine exakten Schlüsse auf zukünftige Entwicklungen insbesondere im Hinblick auf das Änderungsrisiko[346] zulassen, welches der Versicherer jedoch explizit in seine Schätzungen mit aufnehmen muss, enthält die Rückstellung eine vorsichtige Bewertung in Form von Sicherheitszuschlägen auf Basis zukunftsgerichteter Risikobeurteilungen.[347] Somit kann auch bei diesen Rückstellungen der risikoneutrale Erwartungswert nicht dem Bilanzansatz entsprechen und wie im Falle der Einzelbewertung muss zusätzlich eine Vorsichtskomponente eingebaut werden.[348, 349] Besonders brisant stellt sich die Rückstellungsbildung bei den Spätschäden im engeren Sinne dar, da diese zum Zeitpunkt der Bilanzaufstellung lediglich verursacht, nicht aber eingetreten sind. Eine zeitliche Verzögerung bis zum Eintritt des Versicherungsfalles (verzögerter Versicherungsfall) bzw. Vollendung des Versicherungsfalles (gedehnter Versicherungsfall) kann sich in manchen Versicherungszweigen über Jahre oder gar Jahrzehnte hinziehen.[350] Das Versicherungsunternehmen hat daher bei der Bestimmung der angemessenen Rückstellung in die bisher genannte Vorsichtskomponente auch einen Zeit- bzw. Änderungsfaktor einzubeziehen.[351] „Beide Faktoren können kumulativ wirken und führen dann in der Kombination zu einer Potenzierung des Spätschadenrisikos".[352] Von besonderem Interesse ist dabei das bereits dargestellte Änderungsrisiko. Nicht zuletzt, da Spätschäden im engeren Sinne insbesondere die Haftpflichtsparte betreffen[353], ist die Antizipati-

---

344 Boetius, 1996, S. 312 f.

345 Vgl. Oecking/Sanner, 2004, S. 29; vgl. Rockel/Helten/Loy/Ott/Sauer, 2007, S. 206.

346 Bleibt die Wahrscheinlichkeitsverteilung während der Vertragslaufzeit nicht gleich, sondern unterliegt Änderungen, die bei der Prämienkalkulation im Vorab keine Berücksichtigung fanden, so spricht man vom Änderungsrisiko. Dies kann sich neben wirtschaftlichen oder rechtlichen auch auf gesellschaftliche Sachverhalte beziehen. Beispiele hierfür wären Steuergesetzesänderungen, Änderungen im Haftpflichtrecht oder des Anspruchsverhaltens, neue Schadenbilder sowie höhere Kriminalitätsraten; siehe auch Boetius, 1996, S. 305 f.; Nguyen, 2008, S. 287.

347 Vgl. Boetius, 1996, S. 308.

348 Vgl. Perlet, 1986, S. 107 .

349 So gleicht rechentechnisch unter bestimmten Voraussetzungen der mathematische Ansatz bei der Einzelbewertung auch dem einer Gruppen- bzw. Pauschalbewertung; siehe hierzu auch Perlet, 1986, S. 108.

350 Hier ist insbesondere die Haftpflichtversicherungssparte zu nennen, bei der es teilweise zu erheblichen zeitlichen Differenzen über mehrere Jahrzehnte kommen kann. Für Beispiele zu möglichen Fällen sei an dieser Stelle auf Boetius, 1996, S. 303 ff. verwiesen.

351 Vgl. Faßbender, 1998, S. 218.

352 Boetius, 1996, S. 304.

353 Siehe hierzu auch Swiss Re, 2008, S. 3.

on und richtige Einschätzung von Änderungsfaktoren hier besonders wichtig.[354] Bei den Änderungsfaktoren können unter anderem Änderungen im Haftpflichtrecht, Änderungen des Anspruchsverhaltens, neue Schadenbilder etc. genannt werden.[355]

Das wohl bekannteste und auch in der Praxis weit verbreitete Modell zur Schätzung von Schadenrückstellungen ist das sogenannte Chain-Ladder-Verfahren.[356] „Beim Chain-Ladder Verfahren werden die erwarteten zukünftigen Schadenstände unter ausschließlicher Verwendung der beobachtbaren Schadenstände geschätzt."[357] Dabei werden in Form eines Schadendreiecks Steigerungsfaktoren[358] berechnet. Diese ergeben sich als Summe der Schadendaten bestimmter Ursprungsjahre (Anfalljahre oder Zeichnungsjahre)[359] im Verhältnis zu den korrespondierenden Vorjahreswerten. Auf dieser Basis können weitere Berechnungen vorgenommen werden, wie z.B. die Berechnungen nicht bekannter bzw. nicht beobachtbarer Werte oder des Endschadens eines bestimmten Anfalljahres. Beobachtbare Veränderungen bei den tatsächlichen Schadenrealisationen werden somit extrapoliert und das Dreieck zu einem Rechteck ergänzt.[360] Anschließend lässt sich durch Differenzbildungen der geschätzten Endschadenstände und der bereits geleisteten Schadenzahlungen der Rückstellungsbedarf ermitteln. Somit kann können Schadendreiecke neben den Endschadenständen auch Schadenzahlungen oder Schadenreserven ausweisen.[361]

Im Rahmen der Schadenrückstellung bestehen diverse Ermessensspielräume, die bei der Ermittlung durch den Bilanzierenden zumindest zum Teil ausgenutzt werden können, um damit insbesondere das Unternehmensziel *Gewinn* zu be-

354 So kommt es immer wieder zu Nachreservierungen, da sich die ursprüngliche Schadenreserve als nicht ausreichend herausstellt; siehe hierzu auch Fromme, 2011, S. 15.

355 Für eine ausführliche Darstellung inklusive weitergehender Erläuterungen und Beispiele siehe Boetius, 1996, S. 305 ff.

356 Vgl. Fourie, 2002, S. 1636 ff.

357 Schmidt, 2004, S. 56.

358 Benötigt wird dabei einerseits der *Chain-Ladder-Faktor*, dem Quotienten aus der Summe aller Schadenstände (unabhängig ihres Eintrittjahres) eines Abwicklungsjahres k und der Summe der Schadenstände für dieselben Anfalljahre des Vorjahres. Es lässt sich anhand dieses Wertes ablesen, um welchen Faktor sich die Schadenstände gegenüber denen des Vorjahres im Durchschnitt verändert haben. Zusätzlich bedarf es des *Chain-Ladder-Schätzers*, bei dem der für jedes Anfalljahr i zuletzt bekannte Schadenstand (der aktuelle Stand) mit dem Chain-Ladder Faktor des nächsten Abwicklungsjahres k multipliziert wird. Durch dieses Verfahren lässt sich schließlich das Abwicklungsdreick zu einem Abwicklungsquadrat mit allen geschätzten Endschadenständen vervollständigen; Beispiele hierzu finden sich u.a. in: Schulte, 2006, S. 172 ff.

359 Vgl. Radtke, 2004, S. 1.

360 Vgl. Faßbender, 1998, S. 219; vgl. Fourie, 2002, S. 1636 ff.

361 Vgl. Radtke, 2004, S. 3.

einflussen.[362] Jahresabschlusspolitische Nutzeneffekte können somit erzielt werden, sofern durch tendenzielle Überdotierung (gewinnmindernd zum Zeitpunkt der Rückstellungsbildung; gewinnerhöhend in zukünftigen Perioden) oder Unterdotierung (gewinnerhöhend zum Zeitpunkt der Rückstellungsbildung; gewinnmindernd in zukünftigen Perioden) die Höhe der Rückstellung beeinflusst wird. Im Verlauf der Arbeit wurde bereits die Formel zur Rückstellungsberechnung für bekannte Versicherungsfälle gezeigt. Über- oder Unterdotierungen werden durch Variation der einzelnen Berechnungsbestandteile erreicht. So erhöht sich der Wert der Sicherheitskomponente bei normalverteilten Zufallsvariablen beispielsweise um über 50%, sobald das Sicherheitsniveau von 90% auf 97,5% angehoben wird.[363] Doch nicht allein der Gestaltungsspielraum ermöglicht die Verfolgung der Unternehmensziele. Deren ganzes Potential erschließt sich, wenn man sich die Bedeutung der gesamten Schadenrückstellung für einen Schaden-/Unfallversicherer verdeutlicht. Dabei haben frühere Analysen bereits ergeben, dass die Schadenrückstellungen bei deutschen Schaden-/Unfallversicherungen „(...) ca. 300% des vorhandenen Eigenkapitals bzw. 28fache der ausgewiesenen Gewinne“[364] ausmachen.[365] Sie sind damit die dominierende Position auf der Passivseite eines Schaden-/Unfallversicherers. Es ist ersichtlich, dass die Gestaltungsspielräume in Verbindung mit der quantitativen Bedeutung dieser Position durchaus hohes jahresabschlusspolitisches Potential besitzen und zu wesentlichen Ermessensreserven führen können.

Weiterhin könnten durch diese Nutzeneffekte auch mögliche Schwankungen im Schadenverlauf geglättet werden.[366] Es ist im Handelsrecht jedoch abzulehnen,

---

362 Siehe hierzu Utecht, 2009, S. 107.

363 Vgl. Faßbender, 1998, S. 196: Handelt es sich bei den Schadenhöhen um standardnormalverteilte Zufallsvariablen, so beträgt der Wert der Sicherheitskomponente bei 90% Sicherheitsniveau 1,2816 und bei 97,5% erhöht sich dieser auf 1,9600.

364 Perlet, 1986, S. 87.

365 Die ausgewerteten Daten beziehen sich auf die Geschäftsjahre 1981-1983. Es ist aber davon auszugehen, dass die Tendenzen auch aus heutiger Sicht noch anwendbar sind, da die Schadenrückstellung auf der Passiv-Seite der Bilanz eines Schaden-/Unfallversicherers noch immer die dominierende Position ist. So betrug im Schnitt der Wert der versicherungstechnischen Rückstellungen bei den Schaden-/Unfallversicherern für die Geschäftsjahre 2004-2006 in Deutschland 317% des bilanziellen Eigenkapitals; die Berechnungen wurden auf Grundlage der vom GDV veröffentlichten Statistiken aus dem „Statistischen Taschenbuch der Versicherungswirtschaft 2008“ vorgenommen; siehe hierzu GDV 2008, S. 64. Dies stellt zweifelsfrei nur eine Approximation dar, da die versicherungstechnischen Rückstellungen mehr als die Schadenrückstellung umfassen. Allerdings sind sie innerhalb der versicherungstechnischen Rückstellungen mit Abstand der wesentlichste Posten. .

366 Vgl. Faßbender, 1998, S. 193.

dass die Rückstellung unter ein mit dem Vorsichtsprinzip nicht mehr zu vereinbarendes Niveau sinkt.

Beruht doch der Großteil der Schadenrückstellungsbewertung auf Schätzungen, so besteht besonders bei Spätschäden, und zwar vor allem bei den Spätschäden im engeren Sinn, zusätzlich nutzbarer Gestaltungsspielraum, der sich insbesondere auf die Quantifizierung des Änderungsrisikos bezieht.[367] Doch auch bei dem Zusammentragen des Datenmaterials für die Spätschadenrückstellung besteht eine gewisse Flexibilität bzgl. der Gewinnsteuerung. Nutzt der Versicherer zur Schätzung der Spätschäden bspw. keine versicherungsmathematischen Ansätze, sondern nimmt eine Schätzung vor, bei der „(...) die durchschnittliche Anzahl sowie die durchschnittliche Schadenhöhe der Spätschäden der letzten fünf Jahre zugrunde gelegt wird“[368], so äußert sich ein Gestaltungsspielraum vor allem hinsichtlich der Ausprägungen Schadenanzahl und Durchschnittsschadenaufwand.[369]

Für weitergehende Analysen im Bereich der Spätschäden fehlen dem Externen Informationen. So erfolgt in der Praxis in der Regel keine Unterscheidung zwischen den Nachmeldungs- und Spätschadenrückstellungen im engeren Sinn, da beide unter der IBNR erfasst werden.[370]

Wie schon dargelegt, führen Schätzungen für sich genommen bereits regelmäßig zu zukünftigen Gewinnen oder Verlusten (Abbildung 9). Durch Anwendung des Vorsichtsprinzips ist jedoch davon auszugehen, dass es sich stets um Abwicklungsgewinne handeln dürfte. Abwicklungsgewinne sind Teil der versicherungstechnischen Position *Aufwendungen für Versicherungsfälle*. Sie beeinflussen das Ergebnis des laufenden Geschäftsjahres und damit auch die Kennzahl Schadenquote bzw. Schaden-Kosten-Quote. Die Kennzahlen geben somit nicht die reinen Schadenaufwendungen, auf Anfalljahr oder Zeichnungsjahr bezogen, wieder. „Durch Saldierung des Abwicklungserfolges beim Periodenaufwand für Versicherungsleistungen wird ein periodenfremder Erfolgseinfluß verdeckt.“[371] Es findet eine Berücksichtigung „(...) aperiodischer Erfolgsgrößen (...)“[372] statt. Es kann für den Analytiker somit von Interesse sein, eine Schadenquote zu berechnen, die das Abwicklungsergebnis unberücksichtigt lässt, um rein im Geschäftsjahr angefallene Aufwendungen zu betrachten. Eine Angabe hat gemäß § 41 Abs. 5 RechVersV lediglich in den Fällen zu erfolgen, in denen das Ab-

367 Vgl. Faßbender, 1998, S. 219.
368 Vgl. Oecking/Sanner, 2004, S. 29.
369 Vgl. Faßbender, 1998, S. 220.
370 Vgl. Koch/Krause, 1998, S. 308.
371 Farny, 1992, S. 151.
372 Metzler, 1999, S. 124.

wicklungsergebnis aus den vorgetragenen Rückstellungen erheblich ist.[373] Somit erfolgt leider in der Praxis nicht immer die Angabe, wie hoch das enthaltene Abwicklungsergebnis ist und eine Angabe unterliegt zudem der Auslegung des Unternehmens, wann ein Abwicklungsgewinn als erheblich anzusehen ist.

Abwicklungsergebnis

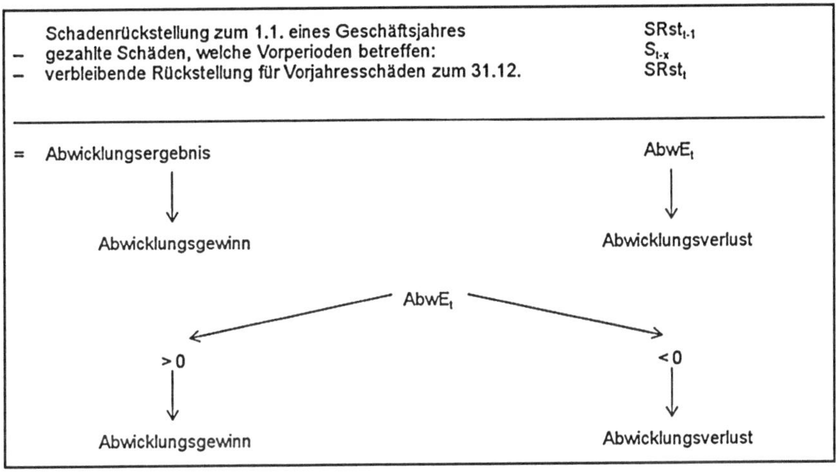

Abbildung 9: Abwicklungsergebnis[374]

Allein die Tatsache, dass sich bei der Rückstellungsdotierung mit hoher Wahrscheinlichkeit zukünftige Gewinne in Form von Zwangsreserven ergeben werden, müsste die Aufmerksamkeit des Analytikers erwecken. Schließlich werden die in die Berechnung der laufenden Schadenquote eingeflossenen Aufwendungen der Schadenrückstellung tendenziell zu hoch sein und somit auch die Schadenquote erhöhen.[375] Da dem Externen Bilanzleser anhand der Gewinn- und Verlustrechnung die Möglichkeit gegeben wird, die Schadenquote weiter zu zerlegen, könnte dies für Zeit- oder Betriebsvergleiche zusätzlichen Informationsbedarf liefern. Dementsprechend setzt sich die Schadenquote aus zwei Quotienten zusammen. Diese werden im Folgenden mit *Schaden-Zahlungs-Quote* für die bereits gezahlten Versicherungsleistungen sowie die *Schaden-Rückstellungs-Quote* für Aufwen-

373 Vgl. Treuberg/Angermeyer, 1995, S. 376.

374 Hartung, 2000, S. 187.

375 Dies gilt insbesondere vor dem Hintergrund, falls die Abwicklungsgewinne aus der Schadenquote eliminiert werden (können). Diese hätten ansonsten als positiver Beitrag eine Art gegenläufigen Effekt zu den vorsichtig dotierten Schadenrückstellungen. Welcher der beiden Effekte dabei überwiegt, ist jedoch nicht ersichtlich.

dungen, die aus der Veränderung der Rückstellung für noch nicht abgewickelte Versicherungsfälle resultieren, bezeichnet:

Formel 1: Quotient 1 (Schaden-Zahlungs-Quote):

$$\frac{\textit{Zahlungen für Versicherungsfälle}}{\textit{Prämienerträge}}$$

Formel 2: Quotient 2 (Schaden-Rückstellungs-Quote):

$$\frac{\textit{Veränderung der Rückstellung für noch nicht abgewickelte Versicherungsfälle}}{\textit{Prämienerträge}}$$

Zwei Unternehmen A und B besitzen jeweils eine Schadenquote von 60%. Während der Anteil der Schaden-Rückstellungs-Quote (Quotient 2) an der Schadenquote insgesamt bei Unternehmen A ca. 30% ausmacht, liegt dieser Anteil bei Unternehmen B bei ca. 70%.[376] Es ist von daher anzunehmen, dass Unternehmen B rein intuitiv in Relation besser aussieht, da es in Zukunft mit Abwicklungsgewinnen aus diesem Geschäftsjahr rechnen kann und die gesamte Schadenquote von 60% für das Geschäftsjahr Annahmen gemäß mit großer Wahrscheinlichkeit zu hoch ist. Eine solche Betrachtung ist aber auch mit Vorsicht zu genießen, denn kommt man zu solchen Schlüssen, so ist zu beachten, dass im aktuellen Geschäftsjahr das Abwicklungsergebnis aus Vorjahren enthalten ist. Dies verbessert in aller Regel die aktuelle Schadenquote. So könnte Unternehmen A beispielsweise im laufenden Geschäftsjahr einen relativ hohen Abwicklungsgewinn gebucht haben, der die Schaden-Rückstellungs-Quote drückt. Bei der Analyse sollte also versucht werden, wenn möglich auch die Abwicklungsgewinne aus den zum Beginn des Geschäftsjahres vorgetragenen Rückstellungen mit einzubeziehen. Wie bereits erwähnt, müssen diese lediglich im Jahresabschluss angegeben werden, sofern sie erheblich sind.[377] Versucht der Analytiker die Schadenquote um die Überdotierung der Rückstellungsbildung des laufenden Geschäftsjahres mit gewissen Annahmen zu bereinigen, müsste er für eine fundierte Auswertung ebenso das Abwicklungsergebnis aus Vorjahren eliminieren.

Auch wenn Unternehmen A keinen Abwicklungsgewinn verzeichnet, könnte es trotzdem im dargestellten Geschäftsjahr einen Großteil seiner Schäden aus Vorjahren ausbezahlt haben. Dies würde einerseits die Schadenzahlungen erhöhen und gleichzeitig die Veränderung der Rückstellungszuführung – durch die Auflösung

376 Quotient 2 kann dabei in der Praxis durchaus auch einen positiven Wert annehmen, sofern bspw. *Schadenzahlungen des Geschäftsjahres > Rückstellungszuführung des Geschäftsjahres* oder aber besonders hohe Auflösungen und Abwicklungsgewinne entstehen. In beiden Fällen kann die Rückstellung sich somit im Geschäftsjahr verringern.

377 Vgl. § 41 Abs. 5 RechVersV; vgl. Warnecke, 1998, S. 329.

der in Vorjahren gebildeten korrespondierenden Rückstellung – reduzieren. Diese Reduktion könnte den Quotient 2 bei Unternehmen A drücken, obwohl auch hier eine hohe Zuführung zu den Rückstellungen, mit potentiellen zukünftigen Abwicklungsgewinnen, im Geschäftsjahr erfolgte. Eine Interpretation der o.g. Kennzahlen ist daher mit Vorsicht zu genießen. Sie können jedoch durchaus Aufschluss über die aktuelle und zukünftige Gewinnsituation in der Versicherungstechnik geben.

Letztendlich ermöglicht zudem die Rückversicherungsnahme als bilanzpolitisches Instrument dem Erstversicherer eine deutlich stabilere Erfolgslage sowie eine Verstetigung der Gewinne durch Glättungen im Schadenverlauf.[378]

c) Fast-Close

Ist die Bestimmung der Schadenrückstellung für sich genommen schon eine Schätzgröße, so kann deren Bewertung durch den sogenannten Fast-Close noch zusätzlich beeinträchtigt werden. Eine „(...) zeitnahe Veröffentlichung der Finanzdaten ermöglicht den Kapitalmärkten eine angemessene Reaktion auf die aktuelle Unternehmenssituation(...)“.[379] Durch eine zeitnahe Veröffentlichung erhalten die Kapitalmärkte entsprechende Unternehmensinformation früher, andererseits verkürzt sich für die Unternehmen aber gleichzeitig der Wertaufhellungszeitraum. Je geringer der Zeitraum für die Unternehmen zur Erlangung von konkretisierenden Informationen, desto unsicherer könnten tendenziell die dem Kapitalmarkt veröffentlichten Informationen sein.[380] Eine zeitnahe Veröffentlichung würde somit zu einer frühzeitigeren Schließung des Schadenregisters führen und die Möglichkeit der Nachmeldung von Schäden, die im Umkehrschluss entsprechend des vorzuziehenden Einzelbewertungsprinzips zu bewerten wären[381], würde ebenfalls verkürzt. Allerdings sind die Aufstellungsfristen, die im HGB für Versicherer genannt sind, vor allem für Rückversicherer, die keine „(…) Kapitalgesellschaft im Sinn des § 325 Abs. 4 Satz 1 (…)“[382] sind, mit zehn Monaten kaum mit den Ansprüchen eines Fast-Close zu vereinbaren.[383] Für Versicherungsunternehmen, die nicht ausschließlich Rückversicherung betreiben oder deren Beiträge aus in Rückdeckung genommenen Geschäft die übrigen Beiträge nicht übersteigen bzw. für Rückversicherer, die unter § 341a Abs. 1

378 Siehe hierzu auch Kapitel 4.4.3.1.

379 Schulte, 2006, S. 14.

380 Vgl. Schulte, 2006, S. 17.

381 Es ist jedoch hierbei zu beachten, dass aus zeitlichen und organisatorischen Gründen auch für diese Schäden oftmals eine pauschale Bewertung erfolgt; siehe hierzu Oecking/Sanner, 2004, S. 29.

382 § 341a Abs. 1 Satz 2 HGB.

383 § 341a Abs. 5 HGB.

Satz 2 HGB fallen, gelten nach § 341a Abs. 1 HGB bzw. § 341a Abs. 5 Satz 2 HGB lediglich vier Monate. In der Praxis ist zu beobachten, dass diese viermonatigen Grenzen insbesondere bei weitem nicht immer ausgeschöpft werden.[384] Dabei spielt vor allem das im Zeitalter der Globalisierung und Internationalisierung gestiegene Informationsbedürfnis der Marktteilnehmer sowie die nicht zu unterschätzende Vermittlung eines professionellen Images eine entscheidende Rolle.[385]

Beinhalten sowohl die verdienten Beiträge feR als auch die verdienten Beiträge brutto als entsprechende Größe im Nenner der Kennzahl *Schadenquote* neben dem Versicherungsgeschäft auch Spar- und Entspargeschäfte[386], so kann die Aussagekraft einer entsprechenden Kennzahl, die sich im Zähler nicht auf dieselben Komponenten bezieht, eingeschränkt sein.[387] Ein möglicher Ausweg wäre die Bildung einer sogenannten *Versicherungsleistungsquote*. Hierbei werden auch die mit dem Spar- und Entspargeschäft in Verbindung stehenden Größen sowie die Beteiligung der Versicherungsnehmer an den aus den Sicherheitszuschlägen gemäß § 11d VAG bei erwartetem Schadenverlauf resultierenden Überschüssen einbezogen.[388] Dafür wird der Zähler entsprechend um die GuV Positionen I.5.a) Netto-Deckungsrückstellung und I.6. Aufwendungen für erfolgsabhängige und erfolgsunabhängige Beitragsrückerstattungen für eigene Rechnung ergänzt.[389] Durch die Berechnung der Deckungsrückstellung auf Basis der prospektiven Methode[390] findet sich neben der Zuführung der Sparbeiträge des laufenden Geschäftsjahres auch der Rechnungszins (Aufzinsung) in den Veränderungen der Netto-Deckungsrückstellungen wieder. Ist die Zuführung des laufenden Sparbeitrags bereits in den verdienten Beiträgen enthalten, so muss ebenfalls die Aufzinsung im Nenner Berücksichtigung finden. Dies geschieht durch den Einschluss des technischen Zinsertrags für eigene Rechnung.[391] Durch den technischen Zinsertrag soll v.a. das aus dem für die Brutto-Beitragsdeckungsrückstellung gebildeten Deckungsstock generierten Kapitalanlageergebnis in die versicherungs-

384 So veröffentlichte beispielsweise die Münchener Rückversicherungs-Gesellschaft AG ihren Geschäftsbericht für das am 31.12.2009 endende Geschäftsjahr bereits Anfang März 2010.

385 Vgl. Eggemann/Petry, 2002, S. 1635; vgl. Schulte, 2006, S. 22.

386 Dabei handelt es sich unter anderem um die Unfallversicherung mit Prämienrückgewähr. Unter Spargeschäften versteht man einmalige oder laufende Beiträge, zu deren Verzinsung sich der Versicherer mit der Maßgabe zur Rückzahlung zu bestimmten Zeiten verpflichtet. Bei einem Entspargeschäft überlässt der Versicherungsnehmer dem Versicherer Kapital, welches planmäßig einschließlich Zinseszinsen verzehrt wird, z.B. durch Rentenzahlung. Vgl. Farny, 2006, S. 54 .

387 Vgl. Ellenbürger, 1990, S. 61.

388 Vgl. Stuirbrink/Westenhoff/Reich, 1998, S. 252 f.

389 Siehe hierzu Formblatt 2 der RechVersV.

390 Vgl. Rockel/Helten/Loy/Ott/Sauer, 2007, S. 189.

391 Vgl. Farny, 1999, S. 28.

technische Rechnung einfließen.[392] „Sollte ein Deckungsstock nicht gebildet worden sein (…), so können hier u.E. die rechnungsmäßigen Zinsen auf die (Beitrags-) Deckungsrückstellung ausgewiesen werden.“[393] Anhand dieser Formel erhält man eine Aussage „(…) wieviel Prozent von den Prämienerträgen und technischen Zinserträgen für den Gesamtaufwand für gegenwärtige zukünftige Versicherungsleistungen verwendet wurde.“[394]

d) Schadenregulierungsaufwendungen

Die Aufwendungen für Versicherungsfälle beinhalten zudem die Schadenregulierungsaufwendungen.[395] Wirtschaftlich macht eine solche Zuordnung durchaus Sinn, da diese Aufwendungen in einem engen Zusammenhang mit den Schadenaufwendungen eines Versicherers stehen.[396] Hierzu gehören insbesondere die „(...) zugeordneten Personal- und Sachaufwendungen, bestehend aus den externen und internen Regulierungsaufwendungen.“[397] Die im Geschäftsjahr geleisteten Zahlungen müssen ihren Funktionsbereichen Regulierung von Versicherungsfällen, Abschluss von Versicherungsverträgen, Verwaltung von Versicherungsverträgen und Verwaltung von Kapitalanlagen zugeordnet werden.[398] Ist die Aufteilung bei direkt zuordenbaren Zahlungen noch unproblematisch, so müssen die nicht direkt zuordenbaren Aufwendungen nach deren Inanspruchnahme des Betriebsbereiches für den Funktionsbereich aufgeteilt werden.[399] [400]Eine solche Zuordnung, die über Verteilungsschlüssel erfolgen kann, ermöglicht dem Versicherer gewisse bilanzpolitische Spielräume. So erfolgt durch höhere (niedrigere) Zuteilungsquoten auf andere Funktionsbereiche eine Verringerung (Erhöhung) der Schadenquote und evtl. sogar des versicherungstechnischen Ergebnisses.[401]

Neben den geleisteten Zahlungen umfassen die Schadenregulierungsaufwendungen nach § 341g Abs. 1 S. 2 HGB in Form von Teil-Schadenrückstellung auch zukünftige, aus den Spätschäden resultierende Schadenregulierungsaufwendungen.[402] Dabei eröffnet die Bestimmung der Rückstellung, wie bereits bei

392 Siehe § 38 RechVersV.
393 Stöffler, 1998a, S. 492.
394 Farny, 1999, S. 28.
395 Vgl. Heimes, 2003, S. 207.
396 Vgl. Jäger, 1970, S. 664.
397 § 41 Abs. 2 RechVersV.
398 Vgl. § 43 Abs. 1 RechVersV.
399 Vgl. § 43 Abs. 1 Satz 3 RechVersV.
400 Eine Darstellung was sich unter den direkten und indirekten Schadenregulierungsaufwendungen subsumiert findet sich in DAV Punkt I.
401 Vgl. Faßbender, 1998, S. 210 f.
402 Vgl. Rockel/Helten/Loy/Ott/Sauer, 2007, S. 206.

den Spätschäden, entsprechende Spielräume.[403] Für die Bestimmung der Rückstellung für Schadenregulierungsaufwendungen (SRA) kann die sogenannte *Formel 48* des Bundesministeriums für Finanzen herangezogen werden[404]:

Formel 3:

$$SRA = Schadenrückstellung \; x \; \frac{gezahlte\ Schadenregulierungsaufwendungen}{Schadenzahlungen\ im\ Geschäftsjahr} \; x \; 0{,}48 \; \pm K;$$

wobei K einen Korrekturbetrag darstellt, der den Fall berücksichtigt, „(...) dass die reservierten Schäden am Ende des Geschäftsjahres größer oder kleiner als zu Beginn des Geschäftsjahres sind."[405]

Wie bereits gezeigt, lässt sich jahresabschlusspolitisch insbesondere die Größe der gezahlten Schadenregulierungsaufwendungen durch die nicht direkt dem Funktionsbereich zuordenbaren Aufwendungen beeinflussen. So erfolgt durch eine geringere Zuteilung auf den Funktionsbereich *Aufwendungen für Versicherungsfälle* nicht nur eine Verbesserung der Schadenquote durch gesunkene gezahlte Schadenregulierungsaufwendungen. Vielmehr haben diese über die *Formel 48* auch indirekt Einfluss auf die Berechnungsgrundlagen für die Teil-Schadenrückstellung für Schadenregulierungsaufwendungen und verringern diese Aufwendungen und somit wiederum die Schadenquote.[406]

4.4.3.3.3 Aufwendungen für den Versicherungsbetrieb

Unter dieser Position werden die vom Versicherungsunternehmen verursachten Abschluss- und Verwaltungsaufwendungen ausgewiesen.[407] Ebenso wie bei den verdienten Beiträgen und den Aufwendungen für Versicherungsfälle ist auch für die Kostenquote hier eine brutto oder netto Rechnung möglich.[408] Allerdings versagt das bereits genannte *Schicksalteilungsmodell*, um die Funktionsweise der Rückversicherung auch für die Betriebskosten zu erklären. Die Betriebskosten unterliegen keinem versicherungstechnischen Risiko, so dass es hier keiner risiko-

---

403 Vgl. Faßbender, 1998, S. 210 f.

404 Vgl. Rockel/Helten/Loy/Ott/Sauer, 2007, S. 208: Der Faktor 48% setzt sich dabei aus folgenden Adjustierungen zusammen: 20% Pauschalabschlag für Schadenbearbeitungsaufwendungen, anschließend 25% Abschlag für bereits ausgeführte Schadenermittlungsaufwendungen und davon letztlich weitere 20% Abzug aufgrund eines unterproportionalen Fixkostenanstiegs. 0,48 = (1 – 0,20) x (1 – 0,25) x (1 – 0,20).

405 Rockel/Helten/Loy/Ott/Sauer, 2007, S. 208.

406 Vgl. Faßbender, 1998, S. 214 f. .

407 Vgl. § 43 Abs. 2 und 3 RechVersV.

408 Vgl. § 43 Abs. 4 RechVersV.

mindernden Rückversicherungsnahme bedarf.[409] Um die Wirkung der Rückversicherung auf die Betriebskosten zu erklären, ist das *Produktionsfaktormodell* geeigneter, da hier die Rückversicherung „(...) im Produktionsprozeß des Erstversicherers ein Produktionsfaktor ist, der auf dem Rückversicherungsmarkt gegen Zahlung eines Preises beschafft wird."[410] Enthält die abgegebene Bruttoprämie auch Teile der Betriebskosten, erstattet der Rückversicherer einen Teil der bezogenen Rückversicherungsprämie in Form von Rückversicherungsprovisionen.[411] Diese Rückversicherungsprovisionen stellen den Übergang von den *Aufwendungen für den Versicherungsbetrieb* brutto zu den *Aufwendungen für den Versicherungsbetrieb feR* dar.

Betriebsaufwendungen sind allgemein „(...) definiert als diejenigen für den Einsatz von Arbeitsleistungen der angestellten Mitarbeiter, für Dienstleistungen der Versicherungsvermittler, für andere fremdbezogen Dienstleistungen (auch solche von Konzernunternehmen) sowie für sachliche Betriebsmittel aller Art."[412] Durch Berechnung der Kostenquote wird mit der Nennergröße *Aufwendungen für den Versicherungsbetrieb* nicht all diesen Informationen bzgl. der Betriebsaufwendungen Rechnung getragen.[413] Vielmehr sind die Aufwendungen teils nach Arten (z.B. Abschreibungen) und teils nach den Funktionsbereichen (z.B. Personalaufwendungen, die auch Teil der *Aufwendungen für Versicherungsfälle* oder *Kapitalanlagenverwaltung* sein können) dargestellt.[414] Der Gesamtbetrag der Betriebsaufwendungen ist somit nicht präzise feststellbar.[415]

Ähnlich den Schadenregulierungsaufwendungen gibt es auch bei den *Aufwendungen für den Versicherungsbetrieb* primäre sowie nicht direkt zuordenbare Aufwendungen. Entsprechend erfolgt hier ebenfalls eine Zuteilung direkt auf die Funktionsbereiche oder aber eine Zuordnung anhand von Verteilungsschlüsseln im Falle von Gemeinkosten.[416] Die Wahl der Verteilungsschlüssel lässt dem Versicherer jedoch großen Spielraum.[417] Die Schlüssel besitzen keine allgemeine Richtigkeit, sondern sind lediglich unter bestimmten Anforderungen wie Proportionalität, Plausibilität, Operationalität und Wirtschaftlichkeit auszuwählen.[418]

---

409 Vgl. Farny, 1975, S. 77.
410 Farny, 1975, S. 81.
411 Vgl. Farny, 1975, S. 82.
412 Farny, 1992, S. 153.
413 Vgl. Ellenbürger, 1990, S. 107 f.
414 Vgl. Farny, 1992, S. 153.
415 Vgl. Farny, 1992, S. 153q.
416 Vgl. Ellenbürger, 1990, S. 112 f.; vgl. Faßbender, 1998, S. 295.
417 Vgl. Ellenbürger, 1990, S. 112.
418 Vgl. Farny, 1972, S. 23.

Unter formellen Gesichtspunkten bleibt der Jahresüberschuss (-fehlbetrag) unverändert, da anhand der Verteilung von Gemeinkosten nicht das Ergebnis insgesamt, sondern vielmehr einzelne Positionen der Gewinn- und Verlustrechnung beeinflusst werden.[419] Daher kann eine zielorientierte Gestaltung bei der Kostenverteilung die *Aufwendungen für den Versicherungsbetrieb* senken oder erhöhen.[420] Besonders effizient scheint dies Vorgehen zu sein, wenn es dem Versicherer gelingt, einen möglichst hohen Anteil dieser Aufwendungen im nicht-versicherungstechnischen Ergebnis zu berücksichtigen. So werden in der Regel wenig Kennzahlen im Rahmen der Jahresabschlussanalyse gebildet, die direkt auf die *Sonstigen Aufwendungen* abzielen.[421] Erfolgt hingegen eine Verteilung der Aufwendungen verstärkt hin zu den *Aufwendungen für Versicherungsfälle* oder für die *Verwaltung von Kapitalanlagen*, so hat dies direkt negativen Einfluss auf andere wesentliche Kennzahlen der Jahresabschlussanalyse.[422] Beeinflusst letzteres wesentlich die Kennzahlen zu den Kapitalanlagen[423], so hat eine Verschiebung hin zu den *Aufwendungen für Versicherungsfälle* eine unmittelbare Erhöhung der Schadenquote zur Folge.[424]

Oftmals zerlegt der Analytiker die Kennzahl Kostenquote nochmals in deren Bestandteile: *Verwaltungskostenquote* und *Abschlusskostenquote*.[425] Da auch zwischen diesen beiden Aufwandspositionen nicht immer eine eindeutige Aufteilung möglich ist, ergeben sich dem Bilanzierenden weitere formelle jahresabschlusspolitische Möglichkeiten. Vor dem Hintergrund einer eher negativen Beurteilung hoher Verwaltungskostenquoten durch Externe, die darin eine gewisse Ineffizienz des Versicherers sehen, könnte hier tendenziell eine Verschiebung solcher Kosten hin zu den Abschlusskosten erfolgen.[426]

---

419 Vgl. Faßbender, 1998, S. 295.

420 Vgl. Faßbender, 1998, S. 296.

421 Zwar fließen diese in viele Kennzahlen mit ein, insbesondere falls eine der Inputgrößen der Jahresüberschuss, wie z.B. bei der Eigenkapitalrentabilität (s. Kapitel 4.4.5.), ist. Allerdings spielt es bei der Eigenkapitalrentabilität in einem ersten Schritt keine Rolle, woher die Aufwendungen genau stammen. Dadurch, dass man eine Bottom-line Größe anschaut, sind jegliche erfasste Aufwendungen enthalten.

422 Vgl. Faßbender, 1998, S. 295 f.

423 Hier wäre insbesondere die Kennzahl *Nettoverzinsung* zu nennen; siehe auch Kapitel 4.4.4.

424 Vgl. Faßbender, 1998, S. 296.

425 Die Summe der beiden Kennzahlen ergibt die Kostenquote. Bei beiden stehen somit wiederum die verdienten Beiträge im Nenner. Bilden bei der Verwaltungskostenquote die Verwaltungskosten den Zähler, so sind es bei der Abschlusskostenquote entsprechend die Aufwendungen für die Abschlüsse von Versicherungsverträgen. Im Anhang hat die Angabe beider Aufwendungen nach § 43 Abs. 5 Satz 2 RechVersV gesondert zu erfolgen.

426 Vgl. Faßbender, 1998, S. 297.

Durch die indirekte Aktivierung von Teilen der im Geschäftsjahr angefallenen Abschlusskosten[427] im Zuge der Berechnung der Beitragsüberträge wird zwar die Ergebniswirkung der Abschlusskosten durch höhere verdiente Beiträge teilweise kompensiert. Dagegen hat das Vorgehen einer indirekten Aktivierung (im Folgenden Fall 1) im Vergleich zu einer tatsächlichen Aktivierung und somit Verringerung der Abschlusskosten (im Folgenden Fall 2) Auswirkungen auf die Abschlusskostenquote. Unter der Nebenbedingung: verdiente Beiträge > Abschlusskosten, gilt im Jahr des Vertragsabschlusses:

$$Fall\ 1 = \frac{Abschlusskosten}{verdiente\ Beiträge + X} > Fall\ 2 = \frac{Abschlusskosten - Y}{verdiente\ Beiträge},$$

mit X als indirekt aktivierbare Abschlusskosten und Y als (direkt aktivierbare) Abschlusskosten. Zudem gilt: $X < Y$, da vereinfacht $X = Y * 0{,}85$ [428]. Die Abschlusskosten stellen dabei lediglich die im Geschäftsjahr für abgeschlossene Neuverträge angefallenen Abschlusskosten dar.

Erhöht die indirekte Aktivierung im Vergleich zu einer direkten Aktivierung die Abschlusskostenquote bzgl. der im Geschäftsjahr angefallenen Abschlusskosten, so sorgt die indirekte Aktivierung von Teilen der Abschlusskosten (falls Beitragsüberträge gebildet werden) umgekehrt aber für fallende Schadenquoten im Jahr des Vertragsabschlusses. Auch hier liegt eine Erhöhung des Nenners vor, während der Zähler unbeeinflusst bleibt. Somit können sich unter anderem steigende Provisionen bei Vertragsabschluss interessanterweise durchaus positiv auf die Schadenquote im Handelsrecht auswirken. Dieser Effekt dreht sich in der folgenden Periode um, wenn aus der Auflösung der Beitragsüberträge geringere verdiente Beiträge generiert werden. Gleichzeitig profitiert in zukünftigen Perioden aber die gesamte Abschlusskostenquote im Fall 1, da die direkte Aktivierung die abgegrenzten Abschlusskosten in den Folgeperioden aufwandswirksam vereinnahmen muss.[429]

Aus materieller Sicht sind die Spielräume für den Versicherer weit enger, da die Aufwendungen tatsächlich entstanden sind und i.d.R. nur Gestaltungsmöglichkeiten hinsichtlich des Ausweises bestehen. Allerdings beeinflusst der Ausweis bei der Kostenquote u.U. auch die Schadenquote. Mittelbar kann dies Einfluss auf Zu-/Entnahme aus Schwankungsrückstellung sowie auf Gewährung von Beitragsrückerstattung haben, da beide Faktoren regelmäßig durch die Entwick-

427 Siehe auch Kapitel 4.4.3.3.1.

428 Lediglich 85% der Abschlusskosten sind *indirekt aktivierbar*, siehe auch Kapitel 4.4.3.3.1. Doch selbst bei unter der Annahme X = Y wäre Fall 1 > Fall 2.

429 Liegt die Auflösung zuvor aktivierter Abschlusskosten über den im Geschäftsjahr gezahlten Abschlusskosten, so ist bzgl. der gesamten Abschlusskostenquote zu sagen: Fall 1 < Fall 2.

lung der Schadenquote beeinflusst werden.[430] Steigende (sinkende) Zuführungen zu diesen beiden Größen wirken sich unmittelbar negativ (positiv) auf das versicherungstechnische Ergebnis und den Jahresüberschuss aus.

4.4.3.3.4 Probleme im Rahmen des Betriebsvergleichs

Wertet der Analytiker die Schaden- bzw. Kostenquoten (oder auch die Kombination in Form der Combined Ratio) verschiedener Versicherer aus und stellt diese gegenüber, so muss dabei beachtet werden, dass der *Spartenmix* eines Versicherers deutlichen Einfluss auf die Höhe der Quoten haben kann. Diesem ist daher besonderes Interesse geschuldet. So kann die Streuung bei der Schadenquote enorm sein.[431] „Versicherer mit einem hohen Anteil des Kraftverkehrsgeschäfts und mit unterdurchschnittlichen Preisen für diese Policen weisen tendenziell die höchsten Schadenquoten auf."[432] Wiesen beispielsweise die Brutto-Schadenquoten in der Kraftfahrt-Haftpflichtversicherung bei deutschen Schaden-/Unfall-Erstversicherern im Fünfjahreszeitraum 2003 bis 2007 Werte zwischen 91,9 und 96,9 aus, so lagen die Brutto-Schadenquoten im Bereich der Hausratversicherung im selben Zeitraum lediglich zwischen 44,2 und 52,7.[433] Vor der Interpretation der Kennzahlen gilt es daher, möglichst viele Informationen über den Spartenmix des entsprechenden Unternehmens in Erfahrung zu bringen. Jedoch weisen die Versicherer überwiegend keine Gewinn- und Verlustrechnungspositionen pro Sparte aus. Nach § 51 Abs. 4 müssen lediglich für bestimmte Positionen die Angaben pro Versicherungszweig gemacht werden.[434] Es erfolgt in diesem Zusammenhang zusätzlich die Angabe der Schadenquote brutto pro Versicherungszweig; eine netto Betrachtung ist i.d.R. nicht möglich. Somit lassen die Angaben wie gebuchte und verdiente Bruttobeiträge, Bruttoaufwendungen für Versicherungsfälle und Bruttoaufwendungen für den Versicherungsbetrieb aber trotzdem zumindest gute Anhaltspunkte für den Spartenmix zu und ermöglichen so Hinweise für eine fundierte Interpretation seitens des Analysten.[435]

Der Schaden-/Unfallversicherer nutzt das Kapitalanlageergebnis zum Ausgleich der durch Großschäden enormen Schadenschwankungen unterliegenden

---

430 Vgl. Faßbender, 1998, S. 298 f.; siehe auch Kapitel 4.4.5.1.2.

431 Die Streuung kann bei einzelnen Gesellschaften oder Gruppen von Versicherungsunternehmen deutlich schwanken. So lag die Streuung nach einer Berechnung von Farny bei der Schadenquote brutto zwischen 30% und 99%; vgl. Farny, 1999, S. 28.

432 Farny, 1999, S. 28.

433 Vgl. GDV 2008, S. 49 ff.

434 Vgl. Stuirbrink/Schuster, 1998, S. 540 ff.

435 Es ist jedoch zu beachten, dass die entsprechenden Angaben lediglich für das selbst abgeschlossene Versicherungsgeschäft vorgesehen sind; vgl. § 51 Abs. 4 RechVersV .

versicherungstechnischen Ergebnisse. Dieser Ausgleichseffekt (in der Praxis auch oft als *Cash-Flow-Underwriting* bezeichnet), der aus der Verbundproduktion Versicherungs- und Kapitalanlagegeschäft entsteht[436], wird bei der Betrachtung der Schaden-Kosten-Quote gänzlich vernachlässigt. Dem könnte Rechnung getragen werden, indem neben den Prämienerträgen „(...) auch das auf die versicherungstechnischen Passiva entfallende Kapitalanlageergebnis ertragsmäßig berücksichtigt wird.“[437] In der Gewinn- und Verlustrechnung wird bereits über den technischen Zinsertrag[438] der Ermittlung eines versicherungstechnischen Erfolgs Rechnung getragen, der Deckungsbeiträge für zinspflichtige Passiva berücksichtigt.[439] Da diese jedoch nur zinspflichtige Rückstellungen und somit vor allem die Deckungsrückstellungen enthalten[440], sind sie für den Einbezug in die Schaden-Kosten-Quote nicht geeignet. Aus aufsichtsrechtlicher Sicht sind Kapitalanlagen gebundenes Vermögen, das vor allem der Bedeckung von versicherungstechnischen Rückstellungen dient.[441] Somit darf auch nicht das gesamte Kapitalanlageergebnis Eingang in die Schaden-Kosten-Quote finden, sondern lediglich der Ergebnisteil der für die Schadenrückstellung (im Falle der Schaden-Kosten-Quote) maßgeblichen Kapitalanlagen. Der Höhe nach entsprechen diese daher den Schadenrückstellungen. Da diese Werte stichtagsbezogen sind und im Jahresverlauf schwanken, sollte ein Mittelwert herangezogen werden.[442] Auf diesen Mittelwert ist im Folgenden ein Zinssatz anzuwenden, um auf ein *versicherungstechnisches Kapitalanlageergebnis* der Schadenrückstellung zu gelangen.[443] Dieses fließt neben den Prämien mit in die Nennergröße ein. Als Zinssatz könnte dabei approximativ der für die verzinsungspflichtigen Rückstellungen angewandte Zins genommen werden, welcher aus den Anhangangaben ersichtlich ist.[444] Andererseits könnte auch die Nettoverzinsung der Kapitalanlagen des entsprechenden Geschäftsjahres herangezogen werden[445] bzw. ein risikofreier Zins. Darüber hinaus kann für den Analytiker eine solche Betrachtungsweise auch pro Versicherungszweig von Interesse sein, um eine Aussage über profitablere

---

436 In den Jahren 1991 bis 2002 führte das Cash-Flow Underwriting bei US-Schaden-/Unfallversicherern jedoch durch allgemein zu gering berechnete Prämien zu Insolvenzen. Entsprechend konnten die Kapitalanlageerträge diesen Effekt nicht kompensieren; siehe hierzu auch Swiss Re, 2008, S. 6 f.

437 Ellenbürger, 1990, S. 154.

438 Position I. 2. des Formblattes 2 RechVersV.

439 Vgl. Farny, 1992, S. 149.

440 Vgl. Stöffler, 1998a, S. 491.

441 Vgl. Kapitel 4.4.4.1.1.

442 Vgl. Ellenbürger, 1990, S. 158.

443 Vgl. Ellenbürger, 1990, S. 170 f.

444 Vgl. § 38 Abs. 2 RechVersV.

445 Berechnungsgrundlage und Aussagekraft der Nettoverzinsung, siehe Kapitel 4.4.4.

und weniger profitable Versicherungszweige zu erhalten. Anhand der Angaben im Anhang sind grundsätzlich Berechnungen von Brutto- und Netto-Schaden-Kosten-Quoten nach Versicherungszweigen möglich.[446] Letztere kann durch Rückrechnung der nach § 51 Abs. 4 Satz 1 f) RechVersV i.V.m. § 51 Abs. 4 Satz 1 b) und c) RechVersV angegebenen Werte erfolgen. Schwieriger gestaltet sich hierbei jedoch die Berücksichtigung eines auf den jeweiligen Versicherungszweig entfallenden Kapitalanlageergebnisses. Die versicherungstechnischen Rückstellungen werden im Anhang lediglich als Brutto-Wert pro Versicherungszweig angegeben.[447] Deren Verzinsung würde somit Absolutwerte generieren, die einer Netto-Rechnung nicht gerecht werden würden. Approximativ könnte die prozentuale Aufteilung eines Versicherungszweigs VZ_i auf Brutto-Basis

$$(VZi = \frac{Rückstellung\ (brutto)_i}{\sum_{i=1}^{n} Rückstellung\ (brutto)_i})$$

auf die Netto-Rückstellungen, wie sie aus der Bilanzsumme ersichtlich sind, erfolgen. Durch diese Pauschalierung würden jedoch Versicherungszweige mit höherer tatsächlicher Zession übervorteilt.

Vorstehende Analyse bezieht lediglich eine Verzinsung des gebundenen Vermögens mit in die Schaden-Kosten-Quote ein. Tatsächlich liegt der Kapitalanlagebestand regelmäßig über dem gebundenen Vermögen, wobei diese Verzinsung ebenfalls Teil des Jahresüberschusses ist. Eine Alternative zu obiger Berechnung könnte daher der Einbezug des gesamten Kapitalanlageergebnisses sein, da sich dieses auch insgesamt im Jahresüberschuss wiederfindet. Setzt man dieses ins Verhältnis zu den verdienten Netto-Beiträgen und subtrahiert den so gewonnen Wert von der Schaden-Kosten-Quote, ergibt sich das versicherungstechnische Ergebnis inklusive der Kapitalanlage[448], die oftmals auch als Kuppelproduktion bezeichnet wird.[449] Im Rahmen der Auswertung zu einzelnen Versicherungszweigen müsste entweder – ähnlich wie oben beschrieben – die Aufteilung auf Basis der Brutto-Rückstellungen oder aber auf Basis der verdienten Netto-Prämien[450] auf das Kapitalanlageergebnis bezogen und somit ein Kapitalanlageergebnis pro Versicherungszweig berechnet werden. Auch hierbei handelt es sich lediglich um approximative Auswertungen, die aber durchaus Tendenzen

446 Vgl. § 51 Abs. 4 RechVersV.

447 Vgl. § 51 Abs. 4 Satz 1 h) RechVersV.

448 Ein ähnliches Vorgehen präsentierte die Hannover Re in Form der *Maximum tolerable Combined Ratio*, siehe Hannover Re S. 25 f.

449 Siehe Kapitel 4.4.4.

450 Diese sind gemäß § 51 RechVersV pro Versicherungszweig anzugeben. Eine Berechnung erfolgt dabei analog dem Rückstellungsschlüssel VZ_i, wobei die verdienten Netto-Prämien eines Versicherungszweiges ins Verhältnis zu den gesamten verdienten Nettobeiträgen gestellt wird. .

bzgl. der Profitabilität einzelner Sparten aufzeigen können. Die Teile des Kapitalanlageergebnisses, die über das gebundene Vermögen hinausgehen, werden annahmegemäß entsprechend des Brutto-Rückstellungsschlüssels VZ_i oder des Prämienschlüssels auf die Versicherungszweige verteilt. Ergibt sich aus nachfolgender Formel ein positiver (negativer) Wert, so ist das Geschäft des Versicherungszweiges inklusive der Kapitalanlage aber vor der Veränderung weiterer versicherungstechnischer Rückstellungen, wie bspw. Schwankungsrückstellung, in der betrachteten Periode profitabel (nicht profitabel):

Formel 4:

$$0 \gtrless 100 + \frac{Kapitalanlageergebnis_i}{verdiente\ Beiträge_i} - (Schaden\ Kosten\ Quote_i),$$

wobei das Kapitalanlageergebnis anhand beider zuvor genannter Definitionen berechnet werden kann.

4.4.3.4 Bilanzpolitik: Die Combined Ratio unter den IFRS

Es wurde bereits der IFRS 4 als Standard für die Bilanzierung von Versicherungsverträgen angesprochen. Da bisher lediglich Phase I abgeschlossen wurde, beinhaltet IFRS 4 nur wenige Bilanzierungsvorschriften.[451] Durch das gemäß IFRS 4.13 ermöglichte Aussetzen von IAS 8.10-12, soweit Ansatz- und Bewertungsvorschriften betroffen sind, ermöglicht IFRS 4 den Bilanzierenden weitestgehend die Beibehaltung von bereits genutzten Methoden.[452] Somit müssen Versicherer, die bereits vor Inkrafttreten des IFRS 4 einen befreienden IFRS-Konzernabschluss nach § 292a HGB unter Rückgriff auf US-GAAP (unter anderem ehemaliger SFAS 60) aufgestellt haben, diese als die bisher genutzten Bilanzierungs- und Bewertungsmethoden ansehen.[453] Demgegenüber sind für Unternehmen, die nach Inkrafttreten des IFRS 4 erstmals einen IFRS-Konzernabschluss gemäß § 315a HGB aufstellen, die handelsrechtlichen Vorschriften als die bisher genutzten Methoden anzusehen.[454] Je nach bisheriger Anwendung gelten somit entweder die in Kapitel 4.4.3.3. genannten Ausführungen zum Handelsrecht oder aber die US-GAAP, welche nachfolgend dargestellt sind. Die unter Kapitel 2.3. genannte Segmentberichterstattung sieht eine verpflichtende Veröffentlichung der Aufwendungen für Versicherungsfälle und Aufwendungen

451 Vgl. Ballwieser/Dobler, 2009, S. 1217.
452 Vgl. Ballwieser/Dobler, 2009, S. 1222 f.
453 Siehe hierzu auch Kölschbach, 2005, S. 343.
454 Vgl. Schlüter, 2009, S. 1472.

für den Versicherungsbetrieb nicht vor.[455] Auch die Beiträge sind lediglich dann berichtspflichtig, sofern sie Teil des veröffentlichten Segmentergebnisses sind. Aufgrund der Wesentlichkeit der Schaden-Kosten-Quote, sowohl für die interne Steuerung als auch für die externe Analyse, kann jedoch generell von einer Veröffentlichung der entsprechenden Positionen in der Gewinn- und Verlustrechnung ausgegangen werden, so dass deren bilanzpolitische Möglichkeiten im Folgenden untersucht werden.

4.4.3.4.1 Verdiente Beiträge

Es ist anzumerken, dass unter US-GAAP die gezeichneten Prämien ausgewiesen werden dürfen. Diese enthalten zusätzlich zu den gebuchten Beiträgen auch solche, auf die das Unternehmen einen Rechtsanspruch besitzt, sogenannte *pipeline premiums*.[456] „Die gezeichneten Beiträge enthalten demnach die gebuchten Beiträge und die Beiträge, die auf Basis der Versicherungsverträge einer Periode und auf Grund zuverlässig sicherer Schätzbarkeit (Responsible Estimate) erwartet werden (Anmerkung Autor: FASB Accounting Standards Codification 944-605-25-2a; vormals SFAS 60 Part 14a).“[457] „Während nach HGB nur die im Geschäftsjahr fällig gewordenen Beiträge auszuweisen und abzugrenzen sind, sind nach US-GAAP sämtliche Beitragsteile für die gesamte Vertragslaufzeit zu berücksichtigen.“[458] *Pipeline Premiums* können dabei unter anderem aus Regulierungs- oder Nachverrechnungsprämien resultieren, die erst im Nachhinein berechnet werden und zu Vertragsbeginn einer Schätzung bedürfen. Die Haftpflichtversicherung ist dabei eine der betroffenen Sparten. Management-Schätzungen ermöglichen in diesem Zusammenhang bilanzpolitischen Spielraum, dessen Validierung für den Bilanzleser jedoch nicht möglich ist. Auch die verdienten Beiträge enthalten somit eine gewisse Schätzkomponente, die auf den entsprechenden Berichtszeitraum entfällt.

4.4.3.4.2 Aufwendungen für Versicherungsfälle

Die US-GAAP unterscheiden hinsichtlich der Bewertung von versicherungstechnischen Rückstellungen zwischen kurzfristigen Verträgen *(short-duration contracts)* und langfristigen Verträgen (*long-duration contracts*).[459] Da die Versicherungsverträge eines Schaden-/Unfallversicherers gem. FASB Accounting

455 Siehe hierzu auch Rogler, 2009, S. 503 f.
456 Vgl. Rockel/Helten/Loy/Ott/Sauer, 2007, S. 250.
457 Rockel/Helten/Loy/Ott/Sauer, 2007, S. 250.
458 Hassler/Sauer/Schneider, 2006, S. 1543.
459 Vgl. FASB 944-20-15-7, 944-20-15-10 (vormals SFAS 60 par. 7).

Standards Codification 944-20-15 (vormals SFAS 60 par. 7) prinzipiell eher die Voraussetzungen kurzfristiger Verträge erfüllen, wie bspw. eine einseitige Anpassung der Prämien seitens des Versicherers[460], widmet sich diese Arbeit dementsprechend der Rückstellungsbilanzierung kurzfristiger Verträge.[461]

Ähnlich dem Handelsrecht lässt sich die Schadenrückstellung unter US-GAAP in folgende Teilschadenrückstellungen unterteilen[462]:

- Teilschadenrückstellung für bekannte Versicherungsfälle (FASB Accounting Standards Codification 944-40-25-32; vormals SFAS 60 par. 17)
- Teilschadenrückstellung für Spätschäden (FASB Accounting Standards Codification 944-40-25-32; vormals SFAS 60 par. 17)
- Teilschadenrückstellung für Schadenregulierungsaufwendungen (FASB Accounting Standards Codification 944-40-25-1, 944-40-30-4; vormals SFAS 60 par. 20)

Beinhalten die Teilschadenrückstellungen für bekannte Versicherungsfälle unter US-GAAP auch die Nachmeldeschäden, besteht hierin der wesentliche Unterschied zu den handelsrechtlichen Vorschriften, die diese weiterhin unter den Spätschadenrückstellungen ausweist.[463] „Die Teilschadenrückstellung für Spätschäden umfasst folglich ausschließlich Versicherungsfälle, die im abgelaufenen Geschäftsjahr oder in Vorjahren eingetreten, aber noch nicht gemeldet wurden."[464] Auch wenn die insgesamt in der Schadenrückstellung zu erfassenden Teilrückstellungen nahezu denen im Handelsrecht entsprechen, ergeben sich unter US-GAAP aufgrund unterschiedlicher Bewertungsvorschriften gegenüber dem Handelsrecht differenzierte bilanzpolitische Spielräume.

a) Best estimate Ansatz

Resultiert das im Handelsrecht vorherrschende Vorsichtsprinzip regelmäßig in Abwicklungsgewinnen, so spielt das Vorsichtsprinzip unter US-GAAP keine Rolle.[465] Vielmehr erfolgt eine Bewertung der Schadenrückstellung zum wahrscheinlichsten Wert (*best estimate*).[466] Dies folgt aus der Tatsache, dass unter den US-GAAP keine Vorgaben gemacht werden wie der anzusetzende Wert aus einer Bandbreite möglicher Werte ermittelt werden soll. In diesem Fall werden

460 Vgl. FASB 944-20-15-7b (vormals SFAS 60 par. 7a).

461 Die Grundlage der Rückstellungsbilanzierung kurzfristiger Verträge bildet FASB Accounting Standards Codification 944-40 (vormals Statement of Financial Accounting Standards No. 60).

462 Mayr, 1999, S. 104.

463 Vgl. Rockel/Helten/Loy/Ott/Sauer, 2007, S. 211.

464 Nguyen, 2008, S. 599.

465 Vgl. Mayr, 1999, S. 105.

466 Vgl. Rockel/Helten/Loy/Ott/Sauer, 2007, S. 212.

die allgemeinen Vorschriften herangezogen, die einen Ansatz des wahrscheinlichsten Wertes favorisieren.[467] Dieser Ansatz kann für den Analytiker zu Interpretationsschwierigkeiten führen. Weicht der wahrscheinlichste Wert deutlich vom Erwartungswert ab, so wird die letztendlich zu leistende Verpflichtung u.U. ebenfalls deutlich unter oder über dem Bilanzansatz liegen.[468] Darüber hinaus könnte bei einer Gleichverteilung der Fall eintreten, dass der Bilanzansatz null ist, sofern einer der Werte eben diesen Betrag null annimmt.[469] Im Zuge einer Gleichverteilung treten tendenziell Schwierigkeiten auf, sofern die Bandbreite der Werte groß ist und nur der niedrigste Bandbreitenwert zum Ansatz kommt. Konnte man im Handelsrecht durch das Vorsichtsprinzip noch regelmäßig von einer zu hoch angesetzten Rückstellung ausgehen, so ist die Wirkungsrichtung unter US-GAAP nicht mehr eindeutig zu bestimmen und kann in einem volatileren Ergebnis münden.[470] In der US-Long-Tail-Sparte Ärztehaftpflicht mussten bspw. im Zeitraum 1997 bis 2004 die Rückstellungen im Durchschnitt um 1,6% jährlich nach oben korrigiert werden, was einer deutlichen Unterdotierung der Rückstellung im Anfalljahr gleichkam und Aufwand in den Folgejahren nach sich zog.[471] „Allgemein üblich ist der Ansatz eines Erwartungswertes, der (...) je nach Volatilität der Sparte und dem Grad der Unsicherheit eine gewisse Sicherheitsmarge enthält."[472] So findet auch unter aufsichtsrechtlichen Vorschriften in den USA nicht der niedrigste Wert einer Gleichverteilung Ansatz, sondern der Median.[473] [474] Durch das Prinzip des *best estimates* sollte dem Analytiker jedoch die Gefahr einer Unterdotierung bewusst sein.

b) Ultimate cost Ansatz

Darüber hinaus verlangt FASB Accounting Standards Codification 944-40-30-1 (vormals SFAS 60 par. 18) den Ansatz unter Berücksichtigung der Verhältnisse zum Erfüllungszeitpunkt (*ultimate cost*). „The liability for unpaid claims shall be based on the estimated ultimate cost of settling the claim (including the effects of inflation and other social and economic factors) (...)."[475] Es werden in der Rückstellungsbewertung somit zukünftige Faktoren wie Preissteigerungen Berück-

467 Vgl. Rockel, 2004, S. 112; vgl.Mayr, 1999, S. 105; vgl. Schulte, 2006, S. 153.
468 Siehe auch Perlet, 1986, S. 100.
469 Vgl. Schulte, 2006, S. 154.
470 Siehe auch Schulte, 2006, S. 154.
471 Vgl. Swiss Re, 2008, S. 13.
472 Oecking/Sanner, 2004, S. 32.
473 Vgl. Kreps, S. 249; vgl. Rockel, 2004, S. 112.
474 Vgl. SSAP 55, 2006, S. 55-6 par. 11.
475 FASB 944-40-30-1 (vormals SFAS 60 par. 18).

sichtigung finden.[476] Ein Ende 1996 in den USA angefallener und in zehn Jahren (Ende des Jahres) auszuzahlender Schaden in der Motorfahrzeug-Haftpflicht von 100 GE führte bei einer jährlichen allgemeinen Inflation von 2,5%, die sich am Verbraucherpreisindex orientiert, zu einer Rückstellung von rd. 125 GE. Da die jährliche Inflationsannahme dieser Sparte, gemessen am mittleren Schadenaufwand, jedoch bei 3,6% lag, stieg die tatsächliche Rückstellung um ganze 10% auf 137,5 GE.[477] Die Schätzung der Inflation i.V.m. der Abwicklungsdauer und Schadenhöhe kann ein nicht zu unterschätzendes bilanzpolitisches Potential beinhalten, v.a. da sich für die Jahre 1996 bis 2006 zeigte, dass „die Inflation bei den Haftpflichtschaden-Kosten die allgemeine Inflation in der Vergangenheit übertroffen (...)"[478] hat, wodurch ein Rückgriff auf solch allgemeine Inflationswerte nicht zwingend plausibel erscheint. Jedoch ist auch diese Aussage mit Vorsicht zu genießen, da sich im selben Zeitraum die Inflationsentwicklungen in Deutschland zumindest in der Motorfahrzeug-Haftpflicht genau entgegengesetzt darstellten.[479] Ändern sich die Parameter zudem im Zeitverlauf, so sind diese anzupassen und in der jeweiligen Anpassungsperiode erfolgswirksam zu erfassen.[480] Inwieweit Parameteränderungen bereits bei Rückstellungsbildung tatsächlich bekannt waren, ist i.d.R. nicht nachvollziehbar.[481] Kommt bei der Rückstellungsberechnung das bereits in Kapitel 4.4.3.3.2. angesprochene Chain-Ladder-Verfahren zum Einsatz, so gilt den Faktoren wie Inflation besondere Aufmerksamkeit. Aufgrund der unterstellten Proportionalität der Abwicklungsjahre werden vergangene Inflationen auf die Zukunft extrapoliert.[482] Da diese nicht den zukünftigen Erwartungen entsprechen, sollten die beobachtbaren Daten des Chain-Ladder Abwicklungsdreiecks um vergangene Inflation bereinigt und die berechneten Erwartungswerte um die vom Unternehmen tatsächliche erwartete Inflation ergänzt werden. Auch im Hinblick auf Großschäden vergangener Jahre offenbart das Chain-Ladder Verfahren Schwächen, da diese ebenfalls in die Zukunft projiziert werden.[483] Neben der Wahl der anzuwendenden Techniken bzw. Modelle[484] gibt es zudem noch verschiedene Varianten der einzelnen Modelle.[485] Daneben

476 Vgl. Oecking/Sanner, 2004, S. 32.

477 Siehe hierzu auch Swiss Re, 2008, S. 27.

478 Swiss Re, 2008, S. 27.

479 Vgl. Swiss Re, 2008, S. 27.

480 FASB 944-40-35-1 (vormals SFAS 60 par. 18).

481 Vgl. Schulte, 2006, S. 146.

482 Vgl. Schulte, 2006, S. 185.

483 Vgl. Rockel/Helten/Loy/Ott/Sauer, 2007, S. 215.

484 Als wesentliche Modelle bzw. Techniken können dabei die *grossing up*- bzw. *Iceberg*-Methode einerseits und die *Link ratio* Methode andererseits gesehen werden; für weitere Informationen hierzu siehe auch Institute of Actuaries § E und § F .

485 Vgl. Institute of Actuaries § E0.

lassen sich die Reserven auf Basis der Projektion von bezahlten und von eingetretenen Schäden berechnen. Allein aus letzterem kann eine deutliche Spanne von Reserveschätzungen entstehen, die erheblichen Ermessensspielraum bei der Rückstellungsbewertung nach sich zieht.[486]

Da in der Praxis häufig mehrere Modelle oder Modellausprägungen zum Einsatz kommen, wäre für eine externe Analyse neben der Kenntnis über die angewandten Modelle und etwaige Berechnungsanpassungen v.a. die sich aus den Berechnungen ergebenden Bandbreiten von Interesse. Werden über Modelle zum Teil noch Angaben getätigt[487], so sind weitere Informationen regelmäßig nicht verfügbar. Unter US-GAAP wird zwar die Bildung von Zwangsreserven deutlich eingeschränkt, doch werden gleichzeitig die Möglichkeiten zur Nutzung von Ermessensreserven deutlich erhöht.

c) Gruppenbewertung

Während das Handelsrecht, zumindest für bekannte Schäden, eine Einzelbewertung vorschreibt, ist dies nach US-GAAP nicht zwingend erforderlich.[488] Vielmehr kann auch für die bekannten Versicherungsfälle eine Gruppenbewertung auf Teil-Portefeuillebasis Anwendung finden.[489] Allerdings erfolgt regelmäßig keine separate Bewertung von bekannten und unbekannten Versicherungsfällen, sondern eine Ermittlung der Gesamtschadenkosten, welche im Nachhinein in bekannte und unbekannte Versicherungsfälle aufgeteilt werden.[490] Als Berechnungsgrundlage für die Gesamtschadenrückstellung können, wie bereits erwähnt, versicherungsmathematische Modelle wie das Chain-Ladder-Verfahren dienen.[491] Die Rückstellungen für bekannte Versicherungsfälle werden den nach dem Einzelbewertungsprinzip ermittelten *reserve for known claims* gleichgesetzt und von den Gesamtschadenrückstellungen abgezogen, wodurch sich die Teilschadenrückstellung für Spätschäden als Residualgröße ergibt.[492] In der Analyse können sich dahingehend Interpretationsschwierigkeiten ergeben, falls die *reserve for known claims* aufgrund etwaiger stiller Reserven die Gesamtschadenrückstellungen überschreiten. In diesem Falle wäre die Teilschadenrückstellung für Spätschäden negativ und entweder die *reserve for unkown claims* um die stillen Reserven zu kürzen und die Spätschadenrückstellung mit dem entsprechenden Be-

---

486 Siehe hierzu auch die Berechnungsbeispiel aus Institute of Actuaries § E4, § E10 sowie § F.
487 Siehe auch Geschäftsbericht 2009 von Munich Re, S. 210.
488 Vgl. Mayr, 1999, S. 105.
489 Vgl. Varain, 2004, S. 85.
490 Vgl. Schulte, 2006, S. 150; vgl. Varain, 2004, S. 85.
491 Vgl. Rockel/Helten/Loy/Ott/Sauer, 2007, S. 212 ff.
492 Vgl. Institute of Actuaries §I2; vgl. Schulte, 2006, S. 150

trag auszuweisen oder aber, falls die *reserve for unkown claims* inklusive der stillen Reserven ausgewiesen wird, die Teilschadenrückstellung für Spätschäden mit dem Wert *Null* anzusetzen.[493]

d) Schadenregulierungsaufwendungen

Bei den Komponenten der Teilschadenrückstellung für Schadenregulierungsaufwendungen bestehen keine Änderungen gegenüber den handelsrechtlichen Vorschriften.[494] Im Handelsrecht findet die unter Kapitel 4.4.3.3.2. beschriebene *Formel 48* Anwendung. Ein mögliches Vorgehen unter US-GAAP berechnet dabei die direkten und indirekten Kosten[495] getrennt.[496] Während die direkten Kosten zusammen mit den Schadenaufwendungen berechnet werden können[497], ergeben sich die indirekten Schadenregulierungsaufwendungen wie folgt[498]:

Formel 5:

$$\left(\frac{\textit{gezahlte Aufwendungen des Jahres}}{\textit{gezahlte Schäden des Jahres}}\right) * (0{,}5 * \textit{Teilschadenrückstellungen für bekannte Schäden} + \textit{Teilschadenrückstellung für Spätschäden})$$

Hierbei wird der Quotient aus geleisteten Aufwendungen und Entschädigungszahlungen eines Jahres gebildet, welcher anschließend mit den Rückstellungen multipliziert wird. Allerdings erfolgt für die Teilschadenrückstellung für bekannte Versicherungsfälle lediglich ein Ansatz von 50%, da davon ausgegangen wird, dass ein Teil der Aufwendungen bereits geleistet wurde, während der andere Teil erst künftig anfällt. Für die noch unbekannten Spätschadenrückstellungen ist dies nicht der Fall, da eine vollständige Abwicklung inklusive der Regulierungsaufwendungen noch erfolgt. Um Verzerrungen zu vermeiden, kann der o.g. Quotient auch als Durchschnitt der letzten Jahre gebildet werden; allein hieraus könnte sich bereits materieller bilanzpolitischer Spielraum ergeben.

Demgegenüber berechnen sich die Teilschadenrückstellungen für direkte Regulierungsaufwendungen auf der Basis kumulierter Abwicklungsdreiecke, wobei das Ausgangsdreieck den Quotienten *gezahlte Aufwendungen/gezahlte Schäden*

493 Siehe Salzmann, 1984, S. 36.

494 Vgl. Rockel/Helten/Loy/Ott/Sauer, 2007, S. 211 f.

495 Die indirekten Kosten werden auch als *unallocated loss adjustment expenses* (ULAE) und die direkten Kosten als *allocated loss adjustment expenses* (ALAE) bezeichnet; siehe hierzu auch Oecking/Sanner, 2004, S. 33 .

496 Vgl. Institute of Actuaries § K4 und § K5.

497 Siehe hierzu Institute of Actuaries § K5; vgl. Schulte, 2006, S. 152.

498 Vgl. Institute of Actuaries § K4.1 – § K4.2.

pro Anfall- und bekanntem Abwicklungsjahr (kumuliert) enthält. Das Dreieck wird dahingehend ergänzt, dass sich letztendlich die entsprechende Kennzahl *gesamte Aufwendungen/gesamte Schäden* für ein entsprechendes Anfalljahr ergeben.[499] Durch Multiplikation der so generierten Kennzahl pro Anfalljahr mit den zuvor berechneten gesamten Schadenrückstellungen pro Anfalljahr ergeben sich die gesamten Aufwendungen pro Anfalljahr. Subtrahiert man hiervon die bereits geleisteten Aufwendungen, so ergeben sich die Teilschadenrückstellung für Schadenregulierungsaufwendungen.[500]

Dieser Ermittlungsansatz lässt, gemessen an den Teilschadenrückstellungen für bekannte und unbekannte Schäden, eine evtl. prozentual höhere Teilschadenrückstellung für Schadenregulierungsaufwendungen vermuten im Vergleich zum Handelsrecht.[501] Vor allem bei den indirekten Schadenregulierungsaufwendungen für Spätschäden erfolgt keine prozentuale Kürzung, wie sie bspw. im Handelsrecht zu sehen ist. Dagegen lässt sich die Wirkung der direkten Aufwendungen nicht genau bestimmen. Während diese im Handelsrecht pauschal mit 48% angesetzt werden[502], hängt deren Höhe im oben dargestellten Ansatz von dem Anteil der bereits gezahlten Aufwendungen ab. Je höher die gezahlten Aufwendungen sind, desto geringer fallen die entsprechenden direkten Teilschadenrückstellungen für Schadenregulierungsaufwendungen aus. Dieser Ansatz liefert zudem im Vergleich zum pauschalen Ansatz im Handelsrecht ein genaueres Bild.

Schadenrückstellungen werden, ähnlich dem Handelsrecht, nicht diskontiert, was sich auch aus dem *ultimate cost* Ansatz ergibt. Nur in bestimmten Fällen, in denen „(…) die aufsichtsrechtlichen Vorschriften (Statutory Accounting) eine Abzinsung vorsehen und/oder der genaue Betrag und der genaue Zeitpunkt der Rückstellung zuverlässig bestimmbar sind“[503], darf eine Diskontierung vorgenommen werden.[504]

4.4.3.4.3 Aufwendungen für den Versicherungsbetrieb

Bilanzpolitische Spielräume ergeben sich auch in der versicherungstechnischen IFRS Rechnung bzgl. der Kostenquote im Vergleich zum Handelsrecht. Über

499 Eine mögliche Vorgehensweise wäre hierbei, entsprechend dem Chain-Ladder-Verfahren vorzugehen.

500 Siehe hierzu auch Institute of Actuaries § K5.1 – § K5.4.

501 Vgl. Beck, 2007, S. 132.

502 Evtl. ist darüber hinaus im Handelsrecht noch ein Korrekturbetrag enthalten, siehe Kapitel 4.4.3.3.2.

503 Rockel/Helten/Loy/Ott/Sauer, 2007, S. 212 .

504 Auszahlungszeitpunkte müssen bekannt und regelmäßig sein; siehe auch Oecking/Sanner, 2004, S. 332.

IFRS 4 Phase I ist durch den Rückgriff auf US-GAAP die Aktivierung von Abschlusskosten und somit die Bilanzierung eines immateriellen Vermögenswertes erlaubt.[505] Wesentliches Merkmal für die Aktivierungsfähigkeit der Kosten ist neben ihrem Bezug zum Neuvertrag bzw. der Erneuerung bestehender Verträge ihre Variabilität zu diesen.[506] „Acquisition costs are those that vary with and are primarily related to the acquisition of new and renewal insurance contracts."[507] „Es ist folglich unerheblich, ob es sich um persönliche oder Sachkosten sowie innere oder äußere Kosten handelt."[508] Teile der Gehälter, sowohl vom Außendienst, durch die Vermittlung von Verträgen, als auch vom Innendienst, durch Anlegen von Akten oder Risikoprüfungen, können prinzipiell in direkten Zusammenhang mit Versicherungsvertragsabschlüssen und -erneuerungen gebracht werden.[509] Schwieriger gestaltet sich hingegen die Begründung, solche Kosten als variabel anzusehen. Voraussetzung wäre, die Beschäftigung entsprechend der Auslastung in Form von Akquisition und Bearbeitung der akquirierten Verträge variabel anpassen zu können.[510] Da dies i.d.R. aufgrund von Arbeitnehmerschutzrechten nicht möglich ist, muss eine Vollauslastung unterstellt werden.[511] Dabei ergeben sich dann keine Schwankungen bspw. bei den Gehältern, da eine maximale Auslastung und Gehaltshöhe erreicht wird. Insgesamt sind natürlich auch dabei wiederum Schätzungen vorzunehmen, wie hoch der Anteil an Gehältern für die Generierung von Neuverträgen bzw. Erneuerungen ist. Hieraus ergibt sich bilanzpolitischer Spielraum in Form von Ermessensreserven. Aber auch andere Kosten, wie die der Versicherungspolicen, unterliegen zum Teil Schätzungen. Generell lässt sich durch einen hohen Anteil an Abschlusskosten das Periodenergebnis verbessern, da dieser Kostenanteil nicht sofort aufwandswirksam erfasst wird. Demgegenüber belasten die aktivierten Abschlusskosten im Umkehrschluss zukünftige Ergebnisse, da die aktivierten Abschlusskosten über die Laufzeit der Verträge abgeschrieben werden. Schaden-/Unfallversicherer schreiben diese grundsätzlich entsprechend der Beitragsvereinnahmung ab.[512] Es wird dabei nicht auf die einzelnen Verträge, sondern auf Versicherungsvertragsgruppen abgestellt.[513] In einer Periode fließen somit nicht die für alle Neuverträge bzw. Erneuerungen benötigten Aufwendungen in die Kostenquote ein, womit

505 Vgl. FASB 944-30-25-1 (vormals SFAS 60 par. 28-31).
506 Vgl. Rockel/Helten/Loy/Ott/Sauer, 2007, S. 114.
507 FASB 944-30-55-1 (vormals SFAS 60 par. 28).
508 Zimmermann, 2002, S. 155.
509 Vgl. Zimmermann, 2002, S. 155.
510 Vgl. Rockel/Helten/Loy/Ott/Sauer, 2007, S. 114.
511 Vgl. Zimmermann, 2002, S. 156.
512 Vgl. Rockel/Helten/Loy/Ott/Sauer, 2007, S. 114.
513 Vgl. Zimmermann, 2002, S. 169.

auch die Abschlusskostenquote einer differenzierten Interpretation gegenüber dem Handelsrecht bedarf. Unter US-GAAP gibt die Abschlusskostenquote Aufschluss über die Verteilung der Kosten über die Laufzeit und diese werden somit gemäß dem *deferral and matching*-Prinzip erfasst.[514] Es erfolgt eine Zuordnung zu den Beiträgen, die eine Kostenkomponente beinhalten und deren Vereinnahmung ebenfalls über den Beitragszahlungszeitraum generiert wird.

In Kapitel 2.2 wurde bereits die Gliederung der Bilanz und Gewinn- und Verlustrechnung unter IFRS angesprochen. Eine Differenzierung einzelner Komponenten aus Schadenzahlungen und der Veränderung versicherungstechnischer Rückstellungen, wie sie unter Handelsrecht gegeben ist, ist regelmäßig nicht ersichtlich. So beinhalten die Aufwendungen für Versicherungsleisten oftmals auch Veränderungen von Deckungsrückstellungen, Rückstellungen für Beitragsrückerstattung und Drohverlustrückstellungen. Diese spielen in der Praxis bei Schaden-/Unfallversicherern zwar eher eine untergeordnete Rolle[515], sind jedoch bei Interpretationen der Schaden-Kosten-Quote, deren Berechnung auf Grundlage der Gewinn- und Verlustrechnung erfolgt, zu berücksichtigen und können von einer im Vergleich zum Handelsrecht unterschiedlichen Berechnungsmethodik zeugen. Nähere Informationen sind evtl. aus den Anhangangaben entnehmbar. Zudem sind für einzelne Segmente in IFRS 8.23 f. nur bestimmte Pflichtangaben vorgesehen.[516] Allerdings sind gemäß IFRS 8.23 i.V.m. IAS 1.86 wesentliche Aufwands- und Ertragspositionen anzugeben, so dass die Verfügbarkeit des Datenmaterials zur Berechnung der Schaden-Kosten-Quote angenommen werden darf.

4.4.3.5 Fazit

- Die IFRS[517] erfüllen die Anforderungen eines Analytikers im Vergleich zum Handelsrecht hinsichtlich der Informationsfunktion besser; kein Vorsichtsprinzip
- Aktivierung der Abschlusskosten unter IFRS spiegelt *deferral and matching*-Prinzip besser wider

---

514 Vgl. Beck, 2007, S. 118 ff.

515 Die Deckungsrückstellung und Rückstellung für Beitragsrückerstattung sollen in dieser Arbeit wegen ihrer oft untergeordneten Rolle bei Schaden-/Unfallversicherern auch nicht weiter behandelt werden. Es soll an dieser Stelle jedoch auf die möglichen unterschiedlichen Input-Faktoren der Combined Ratio unter Handelsrecht und IFRS hingewiesen werden. Auch Anmerkungen zur Drohverlustrückstellung sollen nicht weiter ausgeführt werden. Für weitergehende Informationen siehe auch Rockel/Helten/Loy/Ott/Sauer, 2007, S. 163 ff.

516 Siehe hierzu Kapitel 2.3.

517 Unter IFRS wird hierbei der Rückgriff auf die US-GAAP Bilanzierungsvorschriften verstanden.

- Durch die Konzernbetrachtung sind unter den IFRS etwaige, rein strategisch motivierte Geschäftsvorfälle, die zu Verzerrungen im handelsrechtlichen Einzelabschluss führen können, eliminiert
- Durch das Prinzip des *best estimates* kann es unter den IFRS bei Gleichverteilung durchaus zu künftigen Abwicklungsverlusten kommen
- Der Einbezug zukunftsbezogener Komponenten, wie z.B. Inflationserwartungen, eröffnen unter IFRS weitere bilanzpolitische Möglichkeiten hinsichtlich (zukünftiger) Ergebnissteuerung
- Eine tendenzielle Über-/Unterdotierung von Rückstellungen ist unter IFRS nicht ersichtlich → steigende Ergebnisvolatilität
- Beide Rechnungslegungssysteme lassen eine ökonomische Betrachtung durch den Ansatz eines Barwertes unberücksichtigt
- Da lediglich eine Mindestgliederung unter IFRS vorgeschrieben wird, ist der Betriebsvergleich deutlich aufwendiger bzw. gänzlich eingeschränkt

→ Auch wenn IFRS (bzw. US-GAAP) Schwächen aufweisen, bringt die Rückstellungsbilanzierung unter US-GAAP einen Mehrwert für den Bilanzleser durch das Ziel der Informationsfunktion

4.4.4 Die Rentabilitätsanalyse I: Die Nettoverzinsung der Kapitalanlagen

Wurde bei der Ermittlung der Combined Ratio deutlich, dass mit den Schadenrückstellungen die größte Position auf der Passiv-Seite enormen Einfluss auf die Kennzahl besitzt[518], ist es folgerichtig plausibel, wenn man sich kennzahlenbezogen ebenfalls der Aktiv-Seite widmet. Dort bilden die Kapitalanlagen den weitaus größten und bedeutendsten Posten in der Bilanz.[519] „Sie werden mit Eigenkapital und überwiegend mit versicherungstechnischem Fremdkapital finanziert. Die Kapitalanlagen dienen der Sicherstellung der Verpflichtungen aus dem Versicherungsgeschäft.“[520] „Je größer die Höhe und die Verweildauer versicherungstechnischen Fremdkapitals sind, desto größer ist auch die Höhe und Verweildauer der Kapitalanlagen.“[521] Der enge Zusammenhang zwischen versicherungstechnischen Rückstellungen und den Kapitalanlagen ist hier deutlich zu sehen. Erklärbar ist dies anhand der verbundenen Produktion aus Versicherungs- und Kapitalanlagegeschäft. „Wirtschaftliche Verbundproduktion („Kuppelpro-

518 Siehe hierzu auch Utecht, 2001, S. 535.
519 Vgl. Nguyen, 2008, S. 301; vgl. Utecht, 2001, S. 535.
520 Faßbender, 1998, S. 88.
521 Heimes, 2003, S. 79.

duktion“) liegt vor, wenn aus gemeinsamen Produktionsfaktoreinsätzen (Anm. Autor: hier die Kapitalnutzungen) bzw. –kombinationsprozessen mehrere Produktarten hervorgehen.“[522] Es handelt sich jedoch in der Versicherungswirtschaft nicht um eine, wie in der Literatur oft zitierte, Kuppelproduktion. Bei der Kuppelproduktion entsteht aufgrund der Managemententscheidung zur Herstellung eines Produktes zwangsläufig und ohne weiteres Entscheiden seitens des Managements ein zweites Produkt. Für das Kapitalanlagegeschäft sind jedoch eigenständige Entscheidungen erforderlich, die für die Gewährung des Gutes Versicherungsschutz nicht zwingend erscheinen.[523] Trotzdem lässt sich der enge Zusammenhang zwischen Versicherungsschutzversprechen und Kapitalanlage allein schon aus ökonomischen Gründen nicht leugnen.

Der Versicherer muss ständig in der Lage sein, seinen Versicherungsverpflichtungen nachkommen zu können, weshalb für ihn die Zahlungsbereitschaft sehr bedeutend ist. Auch vor dem Hintergrund möglicher starker Schwankungen der Schadenzahlungen eines Schaden-/Unfallversicherers ist die Liquidität des Versicherers das oberste Gebot.[524] „Der Anteil der rasch liquidisierbaren Wertpapieren sollte daher über einem Drittel des Anlagebestandes betragen, um die Zahlungsfähigkeit auch bei eintretenden Großschäden zu gewährleisten.“[525] Dieser Sachverhalt spielt auch unweigerlich in die Liquiditätsanalyse als Teil der finanzwirtschaftlichen Analyse ein. Zahlungs- und/oder Aufwandsposten, die Großschäden nach sich ziehen, beeinflussen das versicherungstechnische Ergebnis und drücken dies regelmäßig sogar ins Negative. Für die Schaden-/Unfallversicherer besitzt damit, neben dem Mix des Kapitalanlagebestandes, insbesondere auch das Kapitalanlageergebnis eine herausragende Bedeutung. Er nutzt dieses regelmäßig und versucht damit entsprechende negative versicherungstechnische Ergebnisse auszugleichen.[526]

Neben einer getrennten Analyse von Kapitalanlagebestand und des Kapitalanlageergebnisses ist vor allem die Kombination beider Größen zur sogenannten Nettoverzinsung der Kapitalanlagen[527] wesentlich:

Formel 6:

$$Nettoverzinsung = \frac{Kapitalanlageerträge - Kapitalanlageaufwendungen}{mittlerer\ Kapitalanlagebestand}$$

522 Farny, 2006, S. 621.

523 Vgl. Schradin, 1994, S. 197.

524 Vgl. Wagner, 1994, S. 146 f.

525 Metzler, 1999, S. 154.

526 Vgl. Faßbender, 1998, S. 90 .

527 Im Jahre 1991 einigten sich die Mitglieder des GDV bzgl. einer Definition dieser Kennzahl; man bezeichnet die Nettoverzinsung daher auch als *Verbandsrendite*; vgl. Hartung, 2000, S. 150; vgl. Heimes, 2003, S. 203.

Die Kennzahl gibt dem Adressaten Aufschluss über die Verzinsung der Kapitalanlagen und soll eine Aussage zur „(...) Ertragsstärke des Versicherers im Geschäftsfeld der Vermögensanlage"[528] ermöglichen. „Eine hohe Verzinsung spricht für eine hohe Ertragskraft (...). Eine gleichmäßige Verzinsung ist ein Indiz für professionelles Kapitalanlagemanagement und langfristige Stabilität."[529] Somit sollte die Kennzahl auch hinsichtlich der Schwankungen im Zeitablauf untersucht werden.

4.4.4.1 Bilanzpolitik: Die Nettoverzinsung der Kapitalanlagen im Handelsrecht

Die Bedeutung der allgemeinen bilanzpolitischen Spielräume wird hier nicht nochmals dargestellt.[530] Vielmehr wird an einzelnen Stellen direkt auf die entscheidenden Gestaltungsmöglichkeiten eingegangen.

Wie im vorherigen Kapitel soll auch hier eine Zerlegung der Kennzahl erfolgen, um im Anschluss eine Analyse von Nenner und Zähler vorzunehmen:

i. (Mittlerer) Kapitalanlagebestand
ii. Kapitalanlageergebnis

4.4.4.1.1 (Mittlerer) Kapitalanlagebestand

Das Versicherungsunternehmen ist nicht gänzlich frei in seiner Kapitalanlagepolitik. „Die Kapitalanlage von Versicherungsunternehmen hat sich innerhalb der von den versicherungsaufsichtsrechtlichen Bestimmungen (...) vollziehen."[531] Danach soll eine Anlage unter möglichst großer „(...) Sicherheit und Rentabilität bei jederzeitiger Liquidität des Versicherungsunternehmens unter Wahrung angemessener Mischung und Streuung"[532] erfolgen. Allerdings gelten diese spezifischen Anforderungen nur an das Sicherungsvermögen sowie das sonstige gebundene Vermögen.[533] Die über die Rechnungslegungsvorschriften definierten betriebswirtschaftlichen Kapitalanlagen entsprechen somit nicht den unter die auf-

528 Rockel/Helten/Loy/Ott/Sauer, 2007, S. 329.
529 Rockel/Helten/Loy/Ott/Sauer, 2007, S. 330.
530 Siehe hierzu Kapitel 4.4.1.
531 Faßbender, 1998, S. 88.
532 § 54 Abs. 1 Satz 1 VAG.
533 Im Gesetzestext sind entsprechend genaue Definition des Sicherungsvermögens (§ 66 Abs. 1a VAG) und des sonstigen gebundenen Vermögens (§ 54 Abs. 5 VAG) gegeben. Insgesamt steht das gebundene Vermögen für die zur Bedeckung der versicherungstechnischen Rückstellungen und weiterer aus Versicherungsverhältnissen entstandener Passiva benötigten Aktiva; vgl. § 54 Abs. 5 VAG.

sichtsrechtliche Anlageverordnung (AnlV) fallenden Kapitalanlagen (Kapitalanlagen im engeren rechtlichen Sinn).[534]

Die AnlV hält für das gebundene Vermögen vor allem auch quantitative Vorgaben bereit.[535] Der Versicherer ist für diese Aktiva nicht frei in seiner Entscheidung bzgl. Sicherheits- und Rentabilitätsstreben. Dies ist ein wichtiger Punkt, da sich beide Komponenten i.d.R. nicht ergänzen. Erzielt ein Finanzinstrument eine hohe Rentabilität, so ist ihr Sicherheitsgrad, der sich bspw. in Form der Ausfallwahrscheinlichkeit bemessen lässt, tendenziell eher niedrig. Eine Verpflichtung zu einem angemessenen Sicherheitsniveau lässt den Kapitalanlagebestand bei dessen Analyse vorteilhaft erscheinen. Gegenläufig generieren solche Instrumente u.U. geringere Erträge, was sich entsprechend negativ auf das Kapitalanlageergebnis und die damit einhergehende Nettoverzinsung auswirkt.

a) Die Bilanzgliederung

Die Bilanzgliederung der Kapitalanlagen erfolgt abweichend von § 266 Abs. 2 HGB nicht nach dem Anlage- und Umlaufvermögen; vielmehr findet durch § 2 Satz 1 RechVersV eine Gliederung Anwendung, die den Besonderheiten des Versicherungsgeschäfts gerechter wird. Danach stellt sich der Kapitalanlagebestand in der Bilanz wie folgt dar[536]:

C. Kapitalanlagen
  I. Grundstücke, grundstücksgleiche Rechte und Bauten einschließlich der Bauten auf fremden Grundstücken
  II. Kapitalanlagen in verbundenen Unternehmen und Beteiligungen
  III. Sonstige Kapitalanlagen
    1. Aktien, Investmentanteile und andere nicht festverzinsliche Wertpapiere
    2. Inhaberschuldverschreibungen und andere festverzinsliche Wertpapiere
    3. Hypotheken-, Grundschuld- und Rentenschuldforderungen
    4. Sonstige Ausleihungen
    5. Einlagen bei Kreditinstituten
    6. Andere Kapitalanlagen
  IV. Depotforderungen aus dem in Rückdeckung übernommenen Versicherungsgeschäft

534 Vgl. Farny, 1991, S. 387; vgl. Farny, 1992, S. 120; vgl. Faßbender, 1998, S. 88 f.
535 Vgl. AnlV §§ 3.
536 Formblatt 1 der RechVersV.

b) Die Erst- und Folgebewertung

In der Regel erfolgt die Messung der Nettoverzinsung bzw. Kapitalanlagenrentabilität auf Basis der Buchwerte.[537] Der Versicherer wird damit aus jahresabschlusspolitischer Sicht versuchen, möglichst eine Bilanzierung zu fortgeführten Anschaffungskosten oder zum Nennwert sicherzustellen. Hierbei hat eine Abschreibung nach dem strengen Niederstwertprinzip auf den Markt- oder Börsenwert bzw. den beizulegenden Wert nicht zu erfolgen.[538] Auch wenn die Gliederung der Bilanz nicht den Vorschriften des § 266 HGB entspricht, so sind doch bei der Bewertung der Kapitalanlagen (je nach Produkt und somit in der Bilanz ausgewiesener Position) die Vorschriften für Anlage- bzw. Umlaufvermögen des § 253 HGB anzuwenden.[539] Welche Bilanzpositionen dabei wie zu bewerten sind, ist vom Gesetzgeber weitgehend vorgegeben. So sind vor allem auf die Bilanzpositionen CI., CII., CIII 3., CIII 4. und CIV. die Vorschriften für das Anlagevermögen (gemilderte Niederstwertprinzip) anzuwenden. Dagegen erfolgt bei den unter Position CIII 1. und CIII 2. geführten Bilanzpositionen eine Bewertung nach den für das Umlaufvermögen geltenden Vorschriften (strenge Niederstwertprinzip).[540] Bei den beiden letztgenannten räumt der Gesetzgeber im § 341b Abs. 2 Satz 1 HGB den Versicherern aber auch die Möglichkeit einer Bewertung nach dem gemilderten Niederstwertprinzip ein, sofern die Wertpapiere dauernd dem Geschäftsbetrieb dienen.[541] Dem Versicherungsunternehmen stehen somit bilanzpolitische Möglichkeiten in materieller Hinsicht zur Verfügung. Aber es „(...) müssen mehrere Kriterien erfüllt sein, die für die Bestimmung, *dauernd dem Geschäftsbetrieb dienen*, zu beachten sind (...).“[542] Eine Bewertung nach den für das Anlagevermögen geltenden Vorschriften hätte keinen bilanziellen Effekt bei Marktwertschwankungen, während im Fall des strengen Niederstwertprinzips Marktverluste sofort in Form von Abschreibungen in der Gewinn- und Verlustrechnung zu buchen wären. Zwar muss der Versicherer bei einem Wegfall der Gründe für die Abschreibung in den Folgeperioden eine entsprechende Zuschreibung nach dem Wertaufholungsgebot § 253 Abs. 5 HGB vornehmen[543], doch kann sich seine Gewinn- und Verlustrechnung dadurch im Zeitablauf äu-

---

537 Vgl. Weigel, 1994, S. 188. Für die Voraussetzungen, die zur Klassifizierung *‚dauernd dem Geschäftsbetrieb dienend‘* erfüllt sein müssen (wie z.B. die Verfügbarkeit anderweitiger Liquiditätsreserven), siehe auch: IDW RS VFA 2, S. 1 f.

538 Vgl. § 253 Abs. 1 Satz 1 HGB.

539 Vgl. Nguyen, 2008, S. 301 ff.

540 Vgl. Genetzky, 2007, S. 39 f.; vgl. Rockel/Helten/Loy/Ott/Sauer, 2007, S. 116 ff.

541 Vgl. Rockel/Helten/Loy/Ott/Sauer, 2007, S. 127 ff.

542 Rockel/Helten/Loy/Ott/Sauer, 2007, S. 128.

543 Die (fortgeführten) Anschaffungskosten bilden dabei jedoch die Obergrenze und dürfen nicht überschritten werden; vgl. Fischer/Wenzel, 2001, S. 600.

ßerst volatil gestalten. Bei der Kennzahleninterpretation im Betriebsvergleich ist der Einbezug der durch die Versicherer vorgenommenen Kategorisierung unabdingbar, um keine falschen Schlüsse zu ziehen.

Das bilanzpolitische Bestreben der Versicherer liegt daher in einer Vermeidung von außerplanmäßigen Abschreibungen mit hohem negativen Einfluss auf den Jahresüberschuss.[544] Eine außerplanmäßige Abschreibung muss der Versicherer beim gemilderten Niederstwertprinzip erst bei einer voraussichtlich dauerhaften Wertminderung vornehmen.[545] Wann genau eine *dauerhafte Wertminderung* vorliegt, wird hingegen vom Gesetzgeber nicht weiter ausgeführt.[546, 547]

c) Die Investition

Spielräume ergeben sich neben der durchgängigen Investition in Finanzprodukte, die nach dem gemilderten Niederstwertprinzip zu bewerten sind, auch bei einer variablen Handhabung. So kann der Versicherer bilanzpolitischen Spielraum nach den Zinsphasen nutzen. Schließlich stellen festverzinsliche Anlageprodukte den überwiegenden Teil der Kapitalanlagen dar. In Niedrigzinsphasen investiert er vornehmlich in Namenspapiere, die wie Anlagevermögen bewertet werden. Steigen entsprechend die Zinsen an und verliert das Papier an Marktwert, so unterbleibt jedoch aufgrund des gemilderten Niederstwertprinzip eine außerplanmäßige Abschreibung.[548] In Hochzinsphasen verfährt er entsprechend umgekehrt und nutzt zur Diversifikation seines Portfolios die Anschaffung von Inhaberpapieren. Diese können, wie bereits gesehen, als Umlaufvermögen klassifiziert werden. Fallen nun die Zinsen, steigt deren Marktwert und das strenge Niederstwertprinzip kommt nicht zur Anwendung; vielmehr bildet der Versicherer stille Reserven.[549] Damit der Analytiker ein besseres Verständnis für solche Maßnahmen erhält, sollte er in seine Auswertungen und Interpretationen zumindest als zusätzliches Wissen auch immer die stillen Reserven bzw. Lasten mit einbeziehen. Um eine dahingehend aussagekräftige Kennzahl zu erhalten, könnten Nenner und Zähler der Nettoverzinsung entsprechend um die stillen Reserven/Lasten bzw. der Veränderung im Jahresverlauf angepasst werden:

---

544 Vgl. Weigel, 1994, S. 189.

545 Vgl. § 253 Abs. 3 Satz 3 HGB.

546 Für Kriterien, die auf eine dauernde Wertminderung hindeuten, siehe auch IDW RS VFA 2, S. 3 ff.

547 Für weiterführende bilanzpolitische Möglichkeiten im Rahmen des gemilderten Niederstwertprinzips siehe Kapitel 4.4.4.1.2.

548 Vgl. Faßbender, 1998, S. 93.

549 Vgl. Faßbender, 1998, S. 93.

Formel 7:

$$Zeitwertrentabilität = \frac{Kapitalanlageergebnis \pm \Delta\, stille\ Reserven/Lasten}{mittlerer\ Kapitalanlagebestand \pm mittlerer\ Bestand\ an\ stillen\ Reserven/Lasten}$$

Die Zeitwertrentabilität könnte so den *effektiven* Kapitalanlageerfolg und nicht nur den bilanziellen wiedergeben.[550] Im Anhang sind entsprechende Angaben seitens des Versicherers zu den Zeitwerten zu tätigen. Aus diesen erhält der Analytiker die benötigten Informationen.[551] Somit ist es dem Bilanzleser auch möglich, entsprechende Zwangsreserven zu quantifizieren.

d) Anschaffungskosten vs. Nennwert

Dem Versicherer stehen jedoch auch in der Bilanzierung von Namensschuldverschreibungen, Hypothekendarlehen und anderen Darlehen Wahlrechte zur Verfügung. So muss deren Bilanzansatz nicht den Anschaffungskosten entsprechen, sondern kann vielmehr nach § 341c Abs. 1 HGB auch zum Nennwert erfolgen.[552] Hierdurch ergeben sich regelmäßig Dispositionsreserven. Da sich Nennwert und Anschaffungskosten unterscheiden können, ist im Rahmen der Nennwertbilanzierung ein planmäßig aufzulösender aktiver bzw. passiver Rechnungsabgrenzungsposten zu bilden.[553] Durch eine Nennwertbilanzierung besteht für den Versicherer demnach die Möglichkeit, seinen Kapitalanlagebestand zu erhöhen (Nennwert > Anschaffungskosten) bzw. zu verringern (Nennwert < Anschaffungskosten).[554] Eine solche Vorgehensweise beeinflusst im Umkehrschluss direkt den Nenner der Nettoverzinsung. Durch eine Gesetzesänderung des § 341c Abs. 1 HGB besteht ab dem 1. Januar 2011 dieses Wahlrecht nur noch für Namensschuldverschreibungen.[555] [556] „Die Effekte dürften unter der Annahme eines überwiegenden Erwerbs der Schuldscheine und Hypothekendarlehen zu pari aber i.d.R. eher überschaubar bleiben."[557]

550 Vgl. Karst, 1999, S. 96 ff.
551 Vgl. § 54 RechVersV.
552 Vgl. Rockel/Helten/Loy/Ott/Sauer, 2007, S. 131 ff.
553 Vgl. § 341c Abs. 2 HGB.
554 Vgl. Faßbender, 1998, S. 120.
555 Vgl. Steurer/Wessling, 2010, S. 1218.
556 Siehe hierzu auch HGB Änderung, S. 41.
557 Barndt/Gilgenberg/Weiss, 2010, S. 674.

e) Der Investitionszeitpunkt

Neben diesem Wertansatzwahlrecht[558] besteht für den Versicherer auch in Hinblick auf den Anschaffungszeitpunkt bilanzpolitischer Gestaltungsspielraum. In formeller Hinsicht erhöht sich mit Käufen der Kapitalanlagebestand. Werden die Investitionen jedoch erst gegen Periodenende getätigt, so verringert sich der Nenner, da dieser einen Mittelwert darstellt. Im Falle eines früheren Kaufzeitpnktes erhöht sich der Nenner entsprechend.[559] Erfolgt eine Investition sogar erst Anfang der nächsten Periode, bleibt der Nenner gänzlich unberührt. Allerdings liegt auch hier eine formelle jahresabschlusspolitische Maßnahme vor. Da die Investitionsmittel i.d.R. bereits im Unternehmen, z.B. durch Prämienvorauszahlung, gebunden aber noch nicht unter den Kapitalanlagen investiert sind, werden diese lediglich an anderer Stelle, z.B. unter den laufenden Guthaben, in der Bilanz außerhalb der Kapitalanlagen ausgewiesen.[560]

4.4.4.1.2 Kapitalanlageergebnis

Die Zählergröße der Nettoverzinsung spiegelt sich im Kapitalanlageergebnis wider, das sich aus der Summe von Kapitalanlageerträgen und Kapitalanlageaufwendungen ergibt. Es stellt somit nicht allein auf die laufenden Erträge ab, sondern beinhaltet auch außerordentliche bzw. nicht nachhaltige Ergebniskomponenten.[561] Da sich die Rendite der Kapitalanlagen als absoluter Wert im Kapitalanlageergebnis zeigt, ergeben sich viele der bilanzpolitischen Einflüsse auf das Kapitalanlageergebnis unmittelbar aus der Nutzung von Gestaltungsspielräumen bei den Kapitalanlagen.[562] Der Analytiker muss sich der Wirkungsweise bestimmter jahresabschlusspolitischer Spielräume bei den Kapitalanlagen auf das Kapitalanlageergebnis bewusst sein. So können bestimmte Kapitalanlagen zum Nennwert bilanziert werden.[563] Übersteigt der Anschaffungswert den Nennwert, so verringert

558 Dieses unterliegt nach § 252 Abs. 1 Nr. 6 HGB dem Stetigkeitsgebot und schränkt damit die bilanzpolitischen Spielräume des Versicherers ein. Denn eine heutige Bilanzierung zum Nennwert mag für den Versicherer aus bilanzpolitischer Sicht positiv zu beurteilen sein, aber zukünftig würde eine Bilanzierung zu den Anschaffungskosten evtl. eher seinen bilanzpolitischen Ansprüchen genügen. Dieser Wechsel steht dem Stetigkeitsprinzip entgegen.

559 Vgl. Faßbender, 1998, S. 99.

560 Guthaben über die das Versicherungsunternehmen jederzeit verfügen kann und die somit keiner Kündigungsfrist unterliegen, werden unter Aktivposition F II. *Laufende Guthaben bei Kreditinstituten, Schecks und Kassenbestand* ausgewiesen; vgl. Stuirbrink/Schuster, 1998a, S. 440 f.

561 Vgl. Schleif, 2003, S. 156 ff.

562 Siehe auch Faßbender, 1998, S. 87.

563 Vgl. Kapitel 4.4.4.1.1.

sich der Kapitalanlagebestand und folglich auch der Nenner, was zu einer höheren Nettoverzinsung zu führen scheint. Jedoch verringern die Aufwendungen aufgrund des planmäßig aufzulösenden aktiven Rechnungsabgrenzungspostens das Ergebnis, was somit eine kompensierende Wirkung hat.[564] Würde hingegen eine Bilanzierung zu den höheren Anschaffungskosten erfolgen, verringert sich die aktuelle Nettoverzinsung.[565] Der Unterschiedsbetrag ist jährlich erfolgswirksam durch Fortschreiben des Buchwertes auf den Nennwert zu erfassen.[566] Dies würde die künftigen Ergebnisse und somit zusätzlich die Nettorendite drücken.

a) Das strenge und gemilderte Niederstwertprinzip

Es wurde im Rahmen der Kapitalanlagen auch Bezug auf das gemilderte Niederstwertprinzip genommen, nach dem eine Abschreibung lediglich bei einer voraussichtlich dauernden Wertminderung vorgenommen werden muss.[567] Wann eine Wertminderung jedoch voraussichtlich dauernd ist, wird im Gesetz nicht weiter ausgeführt.[568] So könnte eine dauernde Wertminderung vor allem durch „(...) ein nachhaltiges Absinken des den Anlagen zum Abschlußstichtag beizulegenden Wertes unter den Buchwert“[569] definiert sein. Bei nicht abnutzbaren Vermögensgegenständen, was auf die Mehrheit der Kapitalanlagen zutrifft, sind dabei strengere Maßstäbe anzulegen, da ein Abbau der Überbewertung durch planmäßige Abschreibungen hier nicht erfolgt.[570] Es zeigt sich jedoch, dass die Wertminderung nicht allein von der Dauer, sondern ebenfalls der Höhe abhängig gemacht werden sollte.[571] Es sind insbesondere auch werterhellende Tatsachen bis zum Zeitpunkt der Bilanzaufstellung zu berücksichtigen.[572] Das Institut der Wirtschaftsprüfer (IDW) sieht außerplanmäßige Abschreibungen wegen voraussichtlich dauerhafter Wertminderung bei hinreichender Konkretisierung eines Ausfallrisikos als erforderlich an.[573] „So ist grundsätzlich bei einer Herabstufung um zwei oder mehr notches oder bei einem Übergang in den Non-Investmentgrade-Bereich ein Abschreibungsbedarf widerlegbar zu vermuten.“[574] Zwar zieht

---

564 Vgl. Faßbender, 1998, S. 120.
565 Vgl. Faßbender, 1998, S. 120.
566 Siehe hierzu auch Barndt/Gilgenberg/Weiss, 2010, S. 673.
567 § 253 Abs. 3 Satz 3 HGB.
568 Vgl. Küting/Weber, 1995, S. 948.
569 Adler/Düring/Schmaltz, 1995, S. 248.
570 Vgl. Adler/Düring/Schmaltz, 1995, S. 249.
571 Die Wertminderung kann z.B. als prozentualer Anteil vom Buchwert ausgedrückt und geprüft werden; vgl. Küting/Weber, 1995, S. 948.
572 Vgl. Rockel/Helten/Loy/Ott/Sauer, 2007, S. 154; vgl. Küting/Weber, 1995, S. 949.
573 Vgl. IDW, S. 1.
574 IDW, S. 1.

eine solche Rating-Verschlechterung nicht automatisch eine außerplanmäßige Abschreibung nach sich, doch reichen zukünftig pauschale Hinweise zur Begründung einer fortgesetzten Werthaltigkeit dieser Papiere nicht aus.[575] Zudem müssen „(...) die Gründe für das Unterlassen der Abschreibung einschließlich der Anhaltspunkte, die darauf hindeuteten, dass die Wertminderung voraussichtlich nicht von Dauer ist (...)"[576] im Anhang angegeben werden.[577] Liegt jedoch eine Wertminderung vor, so ergeben sich mehrere Möglichkeiten zur Bestimmung des außerplanmäßigen Abschreibungsbedarfs. Neben der mit der aktuellen Ratingstufe verbundenen Ausfallwahrscheinlichkeit kann auch der geringere Barwert aufgrund der gestiegenen Spreads als Bewertungsmaßstab herangezogen werden. Zudem könnte auch vereinfachend auf den aktuellen Marktwert abgestellt werden.[578] Der Ermessenspielraum des Versicherers und eine eingeschränkte Vergleichbarkeit ist dabei unverkennbar.

Darüber hinaus steht dem Versicherer durch die Änderungen im Zuge des Bilanzrechtsmodernisierungsgesetzes nach § 341b Abs. 1 Satz 3 HGB ein Wahlrecht offen, nach dem er bei den in § 341b Abs. 1 Satz 2 HGB genannten Finanzanlagen auch bei einer voraussichtlich nicht dauernden Wertminderung eine außerplanmäßige Abschreibung vornehmen kann.[579] Damit besitzt der Versicherer erhebliches Potential, um sein Ergebnis zu beeinflussen.[580] In Jahren mit guten Kapitalanlage- und versicherungstechnischen Ergebnissen könnte beispielsweise eine außerplanmäßige Abschreibung deutlich strikter und evtl. auch bei nicht dauernder Wertminderung vorgenommen werden. Zudem reduziert sich durch die außerplanmäßige Abschreibung der Buchwert der Kapitalanlagen, so dass auf die Nettoverzinsung bezogen sogar ein gewisser Ausgleichseffekt stattfindet. Entfallen dann die *Gründe* der Abschreibung in Zukunft, kann in Jahren schlechterer Ergebnisse u.U. eine Zuschreibung erfolgen und eine gewisse Ergebnisglättung vorgenommen werden.

Aber auch bei der Anwendung des strengen Niederstwertprinzips besteht für den Versicherer ein Ermessensspielraum. Zwar stellt sich hier nicht in erster Linie die Frage, ob Abschreibungen vorgenommen werden müssen, sondern vielmehr nach der Abschreibungshöhe. Eine Bewertung soll gemäß § 253 Abs. 4 Satz 1 HGB nach den Börsen-oder Marktpreisen erfolgen, was relativ unproble-

575 Vgl. Gilgenberg/Barndt, 2010, S. 120.

576 § 285 Nr. 18 b) HG.

577 Weitere Informationen hierzu finden sich in IDW, 2010, S. 569.

578 Vgl. Gilgenberg/Barndt, 2010, S. 121.

579 Dies trifft allerdings nur auf Finanzanlagen zu, daher sind insbesondere Grundstücke und Bauten davon ausgenommen; vgl. § 341b Abs. 1 Satz 1; vgl. Adler/Düring/Schmaltz, 1995, S. 248.

580 Vgl. Faßbender, 1998, S. 131 f.

matisch ist. Liegen diese nicht vor, so ist auf den beizulegenden Wert abzustellen.[581] Dieser kann u.U. maßgeblich vom Versicherer beeinflusst werden.

Im Rahmen der planmäßigen Abschreibung kann der Versicherer vor allem die Nutzungsdauer und Abschreibungsmethode (linear oder degressiv) festlegen und das Ergebnis materiell beeinflussen. Die entsprechenden Bewertungsmaßstäbe sind im Anhang anzugeben und sollten vom Analytiker einbezogen werden.[582] Allerdings ist der Effekt hieraus i.d.R. niedrig einzuschätzen, da der Anteil planmäßig abzuschreibender Kapitalanlagen[583], wie bspw. Gebäude, am gesamten Kapitalanlagebestand tendenziell eher gering ist.

b) Stille Reserven und stille Lasten

Neben den Zu- und Abschreibungen spielt vor allem das Abgangsergebnis, bestehend aus dem Saldo *Gewinne aus dem Abgang von Kapitalanlagen* und *Verluste aus dem Abgang von Kapitalanlagen*[584], als weiterer großer Posten des außergewöhnlichen Ergebnisses eine entscheidende bilanzpolitische Rolle. Mit dem Abgang von Kapitalanlagen kann zwar der Nenner gesenkt werden, sofern nicht eine direkte Wiederanlage erfolgt. Entscheidender ist jedoch der bilanzpolitische Spielraum im Rahmen des Erfolgsausweises. Durch das in § 252 Abs. 1 Nr. 4 HGB verankerte Realisationsprinzip ist es dem Bilanzierenden nicht möglich, einen Wert für Vermögensgegenstände auszuweisen, der oberhalb der Anschaffungskosten liegt.[585] Da jedoch die Werte von Kapitalanlagen im Zeitablauf deutlich steigen können, bildet der Versicherer stille Reserven.[586] Diese können nennenswerte Größenordnungen erreichen.[587] Ein Ausweis dieser stillen Reserven erfolgt erst nach dem „(...) Sprung zum Absatzmarkt (...)“[588], also wenn die stillen Reserven realisiert wurden. Durch eine solche Realisation im Berichtszeitraum kann das Kapitalanlageergebnis in Form des Abgangsgewinns deutlich angehoben werden.[589] Ebenso können evtl. stille Lasten durch Realisierung dazu genutzt werden, ein sehr gutes Kapitalanlageergebnis zu drücken. Solche materiellen bilanzpolitischen Maßnahmen spielen insbesondere vor dem Hintergrund einer langfristigen Stabilität und gleichmäßigen Verzinsung eine entscheidende Rolle.[590]

---

581 Vgl. Adler/Düring/Schmaltz, 1995, S. 264 ff.
582 Vgl. Faßbender, 1998, S. 129 ff.
583 Vgl. § 253 Abs. 3 Satz 1 und 2 HGB.
584 Vgl. Lux, 1978, S. 289 ff.; vgl. die Positionen II. 1.d) und II. 2c) des Formblatts 2 RechVersV.
585 Vgl. Baetge/Kirsch/Thiele, 2009, S. 129 f.
586 Vgl. Heimes, 2003, S. 205.
587 Vgl. Weigel, 1994, S. 188.
588 Baetge/Kirsch/Thiele, 2009, S. 129.
589 Vgl. Faßbender, 1998, S. 100.
590 Vgl. Rockel/Helten/Loy/Ott/Sauer, 2007, S. 330.

Da die Abgangsgewinne und -verluste dem Externen aus der Gewinn- und Verlustrechnung ersichtlich sind, sollte er diese ebenso wie die aus dem Anhang entnehmbaren stillen Reserven/Lasten in seine Interpretation mit einbeziehen. Dabei ist vor allem auch die verbleibende Höhe der stillen Reserven und deren Veränderung im Berichtszeitraum von Bedeutung, denn schließlich ist dies keine unerschöpfliche Quelle zur Glättung schlechter Kapitalanlage- und versicherungstechnischer Ergebnisse und die Kontinuität der Nettoverzinsung für zukünftige Jahre muss nicht gegeben sein.[591]

c) Der Investitionszeitpunkt

Bei den Kapitalanlagen wurde bereits die Möglichkeit des Investitionszeitpunkts angesprochen. Auch hier ergeben sich erfolgswirksame Auswirkungen. Soll beispielsweise eine Investition in Eigenkapitalinstrumente erfolgen, so ist der Zugangszeitpunkt dahingehend von Bedeutung, ob für diese Anlagen noch im Berichtszeitraum entsprechende laufende Erträge, z.B. Dividenden, generiert werden.[592] Durch eine frühzeitige Investition würde sich zwar der Bestand erhöhen, aber gleichzeitig auch das Ergebnis. Welchen Effekt dies auf die gesamte Nettoverzinsung hat, hängt jedoch von der Rendite der einzelnen Investition ab.

d) Die Berechnungsmethodik

Bei einem Rückgriff des Analytikers auf veröffentlichte Kennzahlen zur Kapitalanlagerentabiltät eines Unternehmens ist u.U. Vorsicht geboten. So können von einem Unternehmen unterschiedliche Rentabilitätskennzahlen veröffentlicht werden, deren Definition nicht immer mit der der Nettoverzinsung übereinstimmen muss. Der Versicherer bedient sich dabei dem formellen jahresabschlusspolitischen Ziel der Publizitätspolitik.[593] Insbesondere beim Betriebsvergleich können dadurch Verzerrungen entstehen. Der Analytiker sollte sich daher über die Berechnungsmethoden informieren oder eine eigenständige Berechnung vornehmen, bei der er eine vergleichbare Ausgangssituation schafft.

4.4.4.1.3 Derivative Finanzinstrumente im Handelsrecht

Derivative Finanzinstrumente werden von Versicherern insbesondere zu Absicherungszwecken eingesetzt. Daher sollte bei der Analyse den Sicherungsgeschäften besondere Beachtung gelten. Nicht zuletzt, da deren bilanzielle Abbil-

---

591 Vgl. Faßbender, 1998, S. 100 f.; vgl. Führer, 2010, S. 210.

592 Siehe auch Faßbender, 1998, S. 98.

593 Vgl. Faßbender, 1998, S. 56 f.

dung im Zuge des Bilanzrechtsmodernisierungsgesetzes nun auch gesetzlich verankert wurde.[594] „Mit dem Abschluss von Sicherungsgeschäften verfolgt ein Unternehmen die Absicht, das mit einer Vermögens- oder Schuldposition verbundene Markt- und/oder Kreditrisiko, die als Wertrisiko (Fair Value Hedge) oder als Cash-Flow-Risiko (Cashflow Hedge) auftreten können, zu reduzieren."[595] Im Gesetzestext wird dabei von der Bildung von Bewertungseinheiten gesprochen. Neben der Unterscheidung zwischen Fair Value Hedge und Cashflow Hedge kann insbesondere eine Differenzierung nach der Art von Bewertungseinheit erfolgen[596]:

- Einzelnes Sicherungsgeschäft sichert einzelnes Grundgeschäft (*micro hedge*)
- Ein oder mehrere Sicherungsgeschäfte sichern mehrere gleichartige Grundgeschäfte (*portfolio hedge*)
- Risikokompensation für Gruppen von Grundgeschäften (*macro hedge*)

Im Folgenden soll sich vornehmlich dem *Fair Value Hedge* gewidmet werden, da dieser v.a. in Finanzmarktkrisen und somit insbesondere für das Geschäftsjahr 2008 hohe Bedeutung erlangte. Dabei ist es zunächst unerheblich, ob es sich um einen micro-, macro- oder portfolio hedge handelt. Grundsätzlich ist für ein Versicherungsunternehmen jede Kapitalanlage, die von einem Marktpreis abhängt, risikobehaftet.[597] Gerade bei Kapitalanlagen deren Rückzahlungswerte nicht vertraglich fixiert sind oder die großen Wertschwankungen unterliegen, ist das Bestreben nach einer gewissen Absicherung verständlich. Aktieninvestments stellen dabei den klassischen Fall dar, so dass sich Versicherer insbesondere gegen fallende Aktienkurse bspw. mit einer Put-Option absichern. Absicherungsgeschäfte können aus unterschiedlichen Intentionen vorgenommen werden. So konnten bspw. im Geschäftsjahr 2008, als die Aktienmärkte regelrecht einbrachen, die Verluste aus Abschreibungen und Verkäufen deutlich reduziert werden, ohne gleichzeitig Panikverkäufe ganzer Aktienbestände über Nacht vollziehen zu müssen.[598] Führt man sich vor Augen, dass Ende 2007 noch 21,4 Mrd. € an Aktienwerten in den Bilanzen deutscher Versicherer ausgewiesen wurden, davon 3,8 Mrd. € bei Schaden-/Unfallversicherern[599], so hätte ein Ausverkauf über Nacht den Abwärtstrend noch weiter angekurbelt. Daneben können sich Versicherer durch eine Absicherungsstrategie ein gewisses Kursniveau sichern. Weisen die

594 Vgl. § 254 HGB.
595 Pfitzer/Scharpf/Schaber, 2007, S. 676.
596 Vgl. Scharpf/Scharber, 2008, S. 533.
597 Vgl. Barckow, 2008, S. 42.
598 Im Kalenderjahr 2008 brach der EuroStoxx 50 um 44,3% ein und verlor somit fast die Hälfte seines Wertes.
599 Vgl. GDV 2009, S. 10 ff.

Aktienbestände stille Reserven auf und geht das Management bspw. von zukünftig fallenden Kursniveaus aus, so könnte das Unternehmen als eine Möglichkeit sofortige Verkäufe sowie die damit einhergehende Gewinnrealisierung und Meidung künftiger Kurseinbrüche in Betracht ziehen. Andererseits könnten durch die damit verbundenen sofortigen hohen Gewinne ungewollte Verzerrungen entstehen. Wurde in der entsprechenden Periode bereits ein akzeptables Ergebnis erwirtschaftet, würde dies durch die Gewinnrealisierung zusätzlich verbessert und hätte zudem Signalwirkung in der Hinsicht, dass etwa Marktteilnehmer ähnliche Ergebnisse auch zukünftig erwarten.[600] Auch das Management selbst könnte die Gewinnrealisierung in internen Planungen bereits eher über zukünftige Geschäftsjahre hinweg einkalkuliert haben, anstatt sie auf einmal in der laufenden Periode realisieren zu müssen. Somit könnten diese Gewinne zur Ergebnisglättung evtl. schlechterer zukünftiger Jahre genutzt werden. Zu all diesen Zwecken könnten Bewertungseinheiten gebildet werden, da diese zum Zeitpunkt des Eingehens der Absicherung die stillen Reserven gewissermaßen *einfrieren*. Alle zukünftigen Wertänderungen des Grundgeschäfts werden, je nach Wirksamkeit der Sicherungsbeziehung, neutralisiert.[601] Zum Zeitpunkt des Auflösens der Bewertungseinheit und des Verkaufs von Grundgeschäft als auch Sicherungsinstrument würde der Gewinn realisiert. Somit könnte die erfolgswirksame Erfassung der zum Zeitpunkt der Bildung der Bewertungseinheit bestehenden stillen Reserven auf zukünftige Perioden verschoben werden.

Die Berücksichtigung von Bewertungseinheiten hat somit wesentlichen Einfluss auf das Analyseergebnis. Seitens des Analytikers sind dabei sowohl die gewählte Abbildung in der Bilanz und Gewinn- und Verlustrechnung als auch die zusätzlichen Anhangangaben von entscheidender Bedeutung, um Fehlinterpretationen vorzubeugen. Zulässig ist neben der *Einfrierungsmethode* auch die *Durchbuchungsmethode*. Bei der Einfrierungsmethode findet der effektive Teil der Sicherungsbeziehung weder in der Bilanz noch in der Gewinn- und Verlustrechnung Ansatz.[602] Lediglich eine etwaige Ineffektivität in Form eines Verpflichtungsüberhangs ist aufgrund des Imparitätsprinzips in der Bilanz und Gewinn- und Verlustrechnung darzustellen.[603] Ein positiver Saldo darf jedoch im Sinne der Grundsätze ordnungsmäßiger Buchführung nicht erfasst werden.[604] Die Durchbuchungsmethode erlaubt es dem Bilanzierenden hingegen, auch den effektiven Teil in der Bilanz auszuweisen, indem bspw. unter fallenden Aktien-

600 Vgl. Schmidt, 1979, S. 146.

601 Vgl. Petersen/Zwirner/Froschhammer, 2009, S. 424.

602 Vgl. IDW ERS HFA 35 Tz. 72.

603 Vgl. Scharpf/Schaber, 2008, S. 539.

604 Vgl. Scharpf, 2009, S. 218.

märkten die Aktienposition um den effektiven Teil abgeschrieben und das derivative Finanzinstrument um diesen Teil zugeschrieben wird. In der Gewinn- und Verlustrechnung ergeben sich wiederum durch die kompensatorische Wirkung keine Effekte. Bzgl. eines Verpflichtungsüberhangs bzw. eines positiven Saldos wird analog der Einfrierungsmethode verfahren.[605] Für den Analytiker ergeben sich hierdurch Interpretationsschwierigkeiten, da sich bei der Durchbuchungsmethode die Bilanzwerte auch nach Absicherung ändern und somit den Nenner der Nettoverzinsung beeinflussen, während dies bei der Einfrierungsmethode lediglich im Falle eines Verpflichtungsüberhangs durch das Grundgeschäft der Fall ist. Der Bilanzansatz der Einfrierungsmethode bietet somit den Vorteil, auf eher ökonomische Sachverhalte abzustellen, da dem Bilanzleser die tatsächlich erzielbaren Beträge vermittelt werden, die das Unternehmen durch Verkauf der Kapitalanlagen zum Stichtag hätte erzielen können. Bei der Durchbuchungsmethode wäre hingegen eine Nebenrechnung für diese Aussage nötig, indem die Werte der derivativen Finanzinstrumente mit einbezogen würden. Allerdings ist dem Bilanzleser auch sofort aus der Bilanz ersichtlich, wie sich die effektiven Teile auf die Wertansätze auswirken, womit ein gewisser Informationsgewinn verbunden ist.[606] Trotz allem sollte bei der Analyse stets die im Anhang oder Lagebericht nach § 285 Nr. 23 HGB sowie nach § 314 Abs. 1 Nr.15 HGB anzugebenden Erläuterungen Berücksichtigung finden, da hier unter anderem der Betrag der Vermögensgegenstände, die in die Bewertungseinheit eingeschlossen sind und die Höhe der mit der Bewertungseinheit abgesicherten Risiken aufgeführt werden müssen.[607]

Weisen die beschriebenen Bewertungseinheiten eine Sicherheit in Bezug auf ihre Interpretation auf, da es sich um bereits bestehende Sicherungsbeziehungen handelt, so ist dies im Fall der *antizipativen Bewertungseinheit* nicht gegeben. Es handelt sich um zukünftig geplante Bewertungseinheiten, die aber bereits zum Stichtag berücksichtigt werden. „Nach § 254 HGB kann auch eine mit hoher Wahrscheinlichkeit erwartete Transaktion ein Grundgeschäft in einer Bewertungseinheit darstellen.“[608, 609] Die Bilanzierung erfolgt analog der Einfrierungsmethode. Versicherer könnten sich dabei über ein Zinstermingeschäft bestimmte Anleihen zu einem fest vereinbarten Preis sichern, sofern das Management bspw. von fallenden Zinsen und damit einem zukünftigen Anstieg der Anschaffungskosten ausgeht.[610] Um bei solch antizipativen Geschäften den bilanziellen Er-

605 Vgl. Petersen/Zwirner/Froschhammer, 2009, S. 430 f.
606 Vgl. Petersen/Zwirner/Froschhammer, 2009, S. 432.
607 Vgl. Scharpf, 2009, S. 225 ff.; vgl. Petersen/Zwirner/Froschhammer, 2009, S. 433.
608 Petersen/Zwirner/Froschhammer, 2009, S. 432.
609 Für eine Aufstellung der Voraussetzungen siehe auch IDW ERS HFA 35 Tz. 58 .
610 Für weitere Beispiele siehe auch: Pfitzer/Scharpf/Schaber, 2007, S. 722.

messensspielraum einzuschränken, indem negative Wertentwicklungen von, zu Spekulationszwecken gehaltenen derivativen Finanzinstrumenten durch Erklärung eines Absicherungszusammenhangs kaschiert werden[611], sind i.d.R. strikte Anforderungen zu erfüllen, bevor eine solch antizipative Bewertungseinheit gebildet werden darf. So muss sich dies Vorgehen im Risikomanagement des Unternehmens widerspiegeln und im zurückliegenden Zweijahreszeitraum darf bei keinem marginalen Teil solcher antizipativen Bewertungseinheiten ein vorzeitiger Abgang zu verzeichnen sein.[612] Eine entsprechende Vorsicht ist bei der Interpretation geboten und die Anhangangaben zu den Erläuterungen, der mit hoher Wahrscheinlichkeit erwarteten Transaktionen, sind v.a. hinsichtlich des Volumens in den Auswertungen zu berücksichtigen.[613]

Wird hingegen ein derivatives Finanzinstrument erworben, ohne es in eine handelsrechtliche Hedging-Beziehung einzubeziehen, so folgt die Bilanzierung des derivativen Finanzinstruments einerseits und die Bilanzierung des Grundgeschäfts andererseits den jeweiligen Vorschriften. Eine solche Vorgehensweise kann u.U. der Fall sein, um den strikten Dokumentationsanforderungen und Nachweisen in Bezug auf die Wirksamkeit der Sicherungsbeziehung[614] zu entgehen.[615] Zwar liegt auch in diesem Fall ein ökonomischer Risikoausgleich vor, doch aufgrund der unterschiedlichen bilanziellen Abbildung der Wertänderung von Sicherungsinstrument und Grundgeschäft kommt es zu Verzerrungen in Bilanz und Gewinn- und Verlustrechnung, die vom Bilanzleser erkannt und richtig interpretiert werden müssen. Folgt die Bilanzierung des Grundgeschäfts den in Kapitel 4.4.4.1.1 genannten Vorschriften, so muss bspw. ein Aktienkursrückgang in Form von Abschreibungen erfolgswirksam erfasst werden. Bei einer rein ökonomischen Absicherung würde das derivative Finanzinstrument hingegen nach dem Imparitätsprinzip behandelt. So würde zwar im Fall einer Put-Option die gezahlte Optionsprämie nach § 246 Abs. 1 Satz 1 zum Ansatz eines

---

611 Vgl. Patek, 2008, S. 367.

612 Vgl. Löw/Scharpf/Weigel, 2008, S. 1020.

613 Vgl. Petersen/Zwirner/Froschhammer, 2009, S. 433.

614 Im Handelsrecht wird keine bestimmte Methode zur Feststellung und Messung der Effektivität vorgeschrieben. Neben den quantitativen haben sich auch qualitative Verfahren durchgesetzt. Letzteres betrifft bspw. die *Critical Terms Match-Methode,* deren Anwendbarkeit in IDW ERS HFA 35 Tz. 56 und 57 bestätigt wurde. Dabei können allerdings nur solche Wertkomponenten in die Bewertungseinheit eingeschlossen werden, für die sich ein perfekter Ausgleich hinsichtlich der Wertveränderungen ergibt. Weitere Wertkomponenten sind dann außerhalb der Bewertungseinheit zu bilanzieren. Die Zerlegung in einzelne Wertkomponenten stellt einen wesentlichen Unterschied zu den IFRS dar, die eine komponentenweise Einbringung in Bewertungseinheiten ausschließen; siehe hierzu auch Bedau/Khakzad/Krakuhn, 2010, S. 491 ff.

615 Zu den Dokumentationsanforderung und Nachweisen der Wirksamkeit der Sicherungsbeziehung siehe auch Scharpf/Schaber, 2008, S. 536.

aktivierbaren Vermögensgegenstandes führen, die durch die Hebelwirkung evtl. hohen Wertsteigerungen unter fallenden Aktienmärkten dürften jedoch weder in Bilanz noch in der Gewinn- und Verlustrechnung gezeigt werden.[616] Marktwertverluste wären hingegen über Abschreibungen und der evtl. Bildung einer Drohverlustrückstellung[617] erfolgswirksam zu erfassen, während in diesem Fall die Wertzuwächse beim Grundgeschäft aufgrund des Realisationsprinzips sich nicht ergebniswirksam niederschlagen, sofern sie über die ursprünglichen Anschaffungskosten hinausgehen.[618] Durch diese Ungleichbehandlung, die durch das Realisations- und Imparitätsprinzips regelmäßig zu negativen Ergebnisauswirkungen führen, wird die ökonomische Realität verzerrt und es bedarf seitens des Bilanzlesers bei der Interpretation zusätzlicher Auswertungen der Anhangangaben zu den Zeitwerten.

4.4.4.2 Bilanzpolitik: Die Nettoverzinsung der Kapitalanlagen unter den IFRS

4.4.4.2.1 (Mittlerer) Kapitalanlagebestand

Die folgenden Ausführungen beschäftigen sich mit den Finanzinstrumenten. Diese entsprechen zwar nicht vollumfänglich den Kapitalanlagen eines Versicherers, da z.B. Grundstücke und Gebäude unberücksichtigt bleiben. Dennoch sind Finanzinstrumente der überwiegende Teil der Kapitalanlagen eines Versicherungsunternehmens und bieten deutlich mehr bilanzpolitischen Spielraum als andere Kapitalanlagen.

a) Berichtspflichten einzelner Segmente

Eine separate Rentabilitätsanalyse für das Segment Schaden/Unfall setzt jedoch eine Berichterstattung der auf dieses Segment entfallenden Finanzinstrumente voraus. Bezugnehmend auf Kapitel 2.3. muss das Unternehmen jedoch lediglich den Wert des gesamten Segmentvermögens angeben, wobei sogar auf diese Angaben verzichtet werden kann, sofern es sich beim Segmentvermögen um keine an den internen Entscheidungsträger berichtete Größe handelt.[619] Veröffentlicht der Versicherer für das Schaden/Unfall-Segment somit nur evtl. Pflichtgrößen, ist eine segmentspezifische Berechnung der Kapitalanlagerendite nicht möglich, da die Art und Zusammensetzung des gesamten Segmentvermögens nicht analysiert werden

616 Vgl. Lühn, 2009, S. 107.
617 Vgl. Lühn, 2009, S. 107.
618 Vgl. § 252 Abs. 1 Nr. 4 HGB und § 253 Abs. 1 Satz 1 HGB.
619 Vgl. Rogler, 2009, S. 503.

kann.[620] Es müsste insofern auf eine Rendite auf Konzernebene, auf der die Daten veröffentlicht werden müssen, zurückgegriffen werden. Aufgrund der hohen Bedeutung dieser Kennzahl für das Schaden-/Unfall-Segment, sowohl intern als auch extern, dürfte eine Berichterstattung der Finanzinstrumente auf Segmentebene jedoch regelmäßig erfolgen. Inwieweit dagegen sämtliche aus Konzernsicht geforderten Angaben, im Sinne einer vollumfänglichen Kennzahlenanalyse, ebenfalls auf Ebene der Segmente erfolgen, dürfte von Versicherer zu Versicherer durchaus variieren und bedarf daher sicherlich Einzelfallentscheidungen.

b) Die vier Kategorien unter IAS 39

Die für Finanzinstrumente relevanten Standards sind der IAS 32 *Financial Instruments: Disclosure and Presentation*, der IAS 39 *Finanzinstrumente: Ansatz und Bewertung* und der IFRS 7 *Financial Instruments: Disclosures*.[621] Ein Finanzinstrument führt bei einem Unternehmen zu einem finanziellen Vermögenswert, während es bei einem anderen zu einer finanziellen Verbindlichkeit oder Eigenkapitalinstrument führt.[622] Gab es im Handelsrecht das Bestreben, volatile Ergebnisausweise zu vermeiden, indem eine Bilanzierung zu fortgeführten Anschaffungskosten angestrebt wurde, so verfolgt die Rechnungslegung unter IFRS eher das Ziel einer Marktbewertung zum beizulegenden Zeitwert (Fair Value Bilanzierung).[623] Dem Bilanzierenden stehen dabei vier Kategorien zur Verfügung, denen er seine Finanzinstrumente auf Grundlage des entsprechenden Verwendungszwecks[624] zuordnen kann[625]:

1) Finanzinstrumente, die ergebniswirksam zum beizulegenden Zeitwert folgebewertet werden (*fvpl*[626])
2) Bis zur Endfälligkeit gehaltene finanzielle Vermögenswerte (*htm*[627])
3) Kredite und Forderungen (*L&R*[628])
4) Zur Veräußerung verfügbare finanzielle Vermögenswerte (*afs*[629])

620 Vgl. Rogler, 2009a, S. 577.
621 Vgl. Pellens/Fülbier/Gassen, 2006, S. 511.
622 Siehe IAS 32.11.
623 Vgl. Pellens/Fülbier/Gassen, 2006, S. 519.
624 Vgl.Degenhardt, 2003, S. 141.
625 Vgl. Küting/Reuter, 2005, S. 709.
626 Die Abkürzung steht dabei für die englische Bezeichnung: *fair value through profit and loss.*
627 Die Abkürzung steht dabei für die englische Bezeichnung: *held to maturity.*
628 Die Abkürzung steht dabei für die englische Bezeichnung: *Loans & Receivables.*
629 Die Abkürzung steht dabei für die englische Bezeichnung: *available for sale.*

Erfolgt unter HGB vornehmlich eine Bilanzierung nach Art des Finanzinstrumentes, so stellen die IFRS bei ihren Bilanzierungsvorschriften eher auf den Verwendungszweck im Unternehmen des jeweiligen Finanzinstrumentes ab. Wie noch gezeigt wird, gibt es Ausnahmen in der Hinsicht, dass für gewisse Finanzinstrumente bestimmte Kategorien vorgeschrieben sind bzw. eine Klassifizierung nicht in jede Kategorie erlaubt ist.

c) Die Kategorie *fvpl*

Finanzinstrumente, die ergebniswirksam zum beizulegenden Zeitwert bilanziert werden, lassen sich wiederum in zwei Klassen unterscheiden.[630] Diese umfasst einerseits die Finanzinstrumente des Handelsbestands, die zwingend dieser Kategorie zuzuordnen sind und andererseits solche Finanzinstrumente, die dieser Kategorie zugeordnet werden können (sogenannte Fair Value Option).[631] Der Handelsbestand zeichnet sich v.a. dadurch aus, dass die Finanzinstrumente mit dem Ziel der kurzfristigen Veräußerung aufgrund von Preisschwankungen erworben wurden. Zusätzlich sind auch jegliche derivative Finanzinstrumente hier zu führen.[632] Die Fair Value Option erlaubt es dem Bilanzierenden hingegen, zusätzlich bestimmte Finanzinstrumente, mit Ausnahme von Eigenkapitalinstrumenten für die kein aktiver Markt besteht, der Kategorie *fvpl* zuzuordnen. Diese Klassifizierungsmöglichkeit ist jedoch gemäß IAS 39 an bestimmte Voraussetzungen gebunden[633] und darf nur ausgeübt werden, sofern die Klassifizierung:

- zu relevanteren Informationen führt, wie z.B. die Vermeidung eines *mismatch* oder sofern die Steuerung einer Gruppe von Vermögenswerten und/oder finanzieller Verbindlichkeiten auf *fair value*-Basis erfolgt (IAS 39.9).
- die Komplexität reduziert oder die Verlässlichkeit der Bewertung erhöht. Dies betrifft bestimmte eingebettete Derivate (IAS 39.11A).

Im Handelsrecht werden nach RechVersV die Bilanzpositionen CIII 1., CIII 2. und CIII 6. dem Handelsbestand zugeordnet und somit gemäß den Vorschriften des Umlaufvermögens zum strengen Niederstwertprinzip bilanziert.[634] Auch die Bilanzierung der Finanzinstrumente der Kategorie *fvpl* erfolgt zum beizulegenden Zeitwert und Marktwertveränderungen werden sofort erfolgswirksam erfasst.[635] Ähnlich den IFRS, wo eine Einstufung als Handelsbestand lediglich zu erfolgen

630 Vgl. Zülch/Salewski, 2011, S. 35.
631 Vgl. Pellens/Fülbier/Gassen, 2006, S. 519 f.
632 Vgl. Nguyen, 2008, S. 472.
633 Vgl. Erchinger/Melcher, 2007, S. 543.
634 Siehe auch Kapitel 4.4.4.1.1.
635 Vgl. Kehm/Lüdenbach, 2007, S. 1403.

hat, falls kurzfristige Weiterveräußerung beabsichtigt ist, erlaubt auch das HGB eine Bilanzierung nach den Vorschriften des Anlagevermögens, sofern sie dem dauernden Geschäftsbetrieb dienen. Allerdings ermöglicht IAS 39, wie oben gesehen, dem Bilanzierenden über die *fair value*-Option auch die Möglichkeit einer erfolgswirksamen fair value Bilanzierung, falls das Finanzinstrument nicht dem Handelsbestand zuzuordnen ist. Da die *fair value*-Option unter den gegebenen Voraussetzungen, bis auf die nicht an einem aktiven Markt gehandelten Eigenkapitalinstrumente, auf jedes Finanzinstrument anwendbar ist, ergibt sich für den Bilanzierenden unter IFRS ein noch komplexerer, weitreichender und für den Analytiker weiniger scharf abgrenzbarer materieller bilanzpolitischer Spielraum. Diesen muss der Analytiker dabei v.a. im Betriebsvergleich berücksichtigen, da die Versicherer keine einheitliche Strategie verfolgen und die Vergleichbarkeit dadurch erheblich eingeschränkt werden kann. Das Management besitzt mit der *fair value*-Option neben der Klassifizierung von Aktien und anderen nichtfestverzinslichen Wertpapieren auch die Option, sämtliche festverzinsliche Finanzinstrumente erfolgswirksam zum fair value bilanzieren zu können. Insbesondere die erfolgswirksame Erfassung der Marktwertveränderungen können in Zeiten volatiler Kapitalmärkte das Kapitalanlageergebnis deutlich beeinflussen.

Die Bewertungsregeln unter den IFRS folgten dem Grundsatz *erst klassifizieren, dann bewerten*. Dies bedeutet, dass zuerst eine Einordnung in eine der vier Kategorien erfolgte, anhand deren Vorschriften im Nachfolgenden das Finanzinstrument, im Falle einer Fair Value Bilanzierung entweder erfolgsneutral oder erfolgswirksam, zu bilanzieren war.[636] Mit Einführung der *fair value*-Option muss nun bereits vor der Klassifizierung entschieden werden, inwieweit das Finanzinstrument zukünftig erfolgswirksam zum beizulegenden Zeitwert bewertet werden soll.[637]

d) Die Kategorie *htm*

Die Kategorie *htm* enthält ganz im Gegensatz zur Kategorie *fvpl* solche Finanzinstrumente, die bis zum Fälligkeitstermin gehalten werden sollen. Hierbei ist gemäß IAS 39.10 nicht nur die Absicht, sondern auch die entsprechende Fähigkeit das Papier bis zur Endfälligkeit zu halten, entscheidend.[638] Die Anforderung an die Fähigkeit das Papier bis zur Endfälligkeit auch halten zu müssen, schränkt den Versicherer in seinen bilanzpolitischen Möglichkeiten, bspw. hinsichtlich

636 Vgl. Kehm/Lüdenbach, 2007, S. 1341.
637 Vgl. Küting/Döge/Pfingsten, 2006, S. 599.
638 Vgl. Mayr, 1999, S. 77.

möglicher Gewinnrealisationen, deutlich ein.[639] Die genannten Voraussetzungen lassen bereits erkennen, dass es sich hierbei um Vermögenswerte handeln muss, die eine feste Endfälligkeit besitzen, so dass Stammaktien aufgrund ihrer unbestimmten Laufzeit bspw. nicht dieser Kategorie zugeordnet werden können.[640] Darüber hinaus muss das Finanzinstrument an einem aktiven Markt gehandelt sein.[641] Eine Bewertung dieser Finanzinstrumente erfolgt gemäß IAS 39.46b zu fortgeführten Anschaffungskosten unter Anwendung der Effektivzinsmethode.[642] Bei Finanzinstrumenten der Kategorie *htm* entstehen ähnlich den, wie Anlagevermögen bilanzierten Kapitalanlagen im Handelsrecht, stille Reserven bzw. stille Lasten.[643] Dem Bilanzierenden steht somit eine Kategorie zur Verfügung, die es ihm erlaubt, sämtliche Wertveränderungen, sofern kein Impairment vorliegt, lediglich außerhalb seiner Bilanz und Gewinn- und Verlustrechnung zu zeigen. Dem Analytiker gehen bei der reinen Betrachtung von Bilanz und Gewinn- und Verlustrechnung somit Marktwertveränderungen in seinen Kennzahlenberechnungen verloren. So kann ein Betriebsvergleich zweier Unternehmen A und B zu deutlichen Fehlinterpretationen führen, sofern Unternehmen A die Klassifizierung *fvpl* und Unternehmen B die der *htm* bevorzugt. Unter volatilen Finanzmärkten zeigt sich auch die Nettoverzinsung der Kapitalanlagen aufgrund deren Unternehmenspolitik bei Unternehmen A deutlich volatiler, während Unternehmen B eher eine im Zeitablauf konstante Nettoverzinsung aufweist. Die Berücksichtigung der Unternehmensstrategie bzgl. der Behandlung von Kapitalanlagen durch den Analytiker wird umso sichtbarer, wenn man sich verdeutlicht, dass es sich bei den Finanzinstrumenten von Unternehmen A und B um identische Produkte handeln könnte, bei denen folgerichtig aus rein ökonomischer Sicht keine unterschiedliche Performance vorliegt. Lediglich die bilanzielle Behandlung führt zu evtl. Fehlinterpretationen. Der Analytiker ist daher gut beraten, auch entsprechende Anhangangaben[644] von Unternehmen B zu dessen außerbilanziellen Reserven bzw. deren Entwicklung in die Analyse einzubeziehen.

e) Die Kategorie *L&R*

Bereits bei der Kategorie *htm* wurde angedeutet, dass eine Kategorisierung, neben weiteren Voraussetzungen, lediglich für Finanzinstrumente erfolgen kann, die an

639 Unter bestimmten Voraussetzungen darf eine Umkategorisierung oder ein Verkauf aus der Kategorie *htm* heraus vorgenommen werden, v.a. wenn es sich dabei um einen unwesentlichen Teil handelt; siehe hierzu IAS 39.9.

640 Vgl. Pellens/Fülbier/Gassen, 2006, S. 521.

641 Vgl. Kehm/Lüdenbach, 2007, S. 1395.

642 Vgl. Genetzky, 2007, S. 72 f. .

643 Siehe Kapitel 4.4.4.1.1.

644 Siehe IFRS 7.25.

einem aktiven Markt gehandelt sind. Liegt ein solch aktiver Markt nicht vor, so müssten diese Finanzinstrumente entsprechend als *L&R* klassifiziert werden.[645] Ob ein Finanzinstrument an einem aktiven Markt notiert ist oder nicht, ist auch das entscheidende Kriterium für die Kategorie *L&R*.[646] Weiterhin muss es, ähnlich den Voraussetzungen zu *htm*, über feste oder klar determinierbare Zahlungen verfügen und es darf keine der Voraussetzungen der Kategorie *fvpl* erfüllen, da es sonst dort zu klassifizieren wäre.[647] Aufgrund der fingierten Durchhalteabsicht sind Finanzinstrumente der Kategorie *L&R* mit ihren fortgeführten Anschaffungskosten zu bilanzieren.[648] Bilanzpolitisch bestehen damit zunächst vergleichbare Möglichkeiten wie bei der Kategorie *htm*.

f) Die Kategorie *afs*

In die Kategorie *afs* werden solche Finanzinstrumente eingeordnet, die keiner der anderen zuvor genannten Kategorien zugeordnet werden.[649] Eine Bewertung dieser Finanzinstrumente erfolgt grundsätzlich erfolgsneutral[650] zum beizulegenden Zeitwert.[651] Dies ist gegenüber den handelsrechtlichen Vorschriften eine Besonderheit. So erfolgt zwar eine Bilanzierung zum fair value, aber die Marktwertveränderungen des Finanzinstruments beeinflussen nicht den Jahresüberschuss. Vielmehr werden diese direkt im Eigenkapital erfasst und somit erfolgsneutral gebucht. Für den Bilanzierenden ergibt sich daraus der Vorteil einer Marktbewertung und Transparenzschaffung in der Bilanz, die jedoch keine Volatilitäten in der Gewinn- und Verlustrechnung nach sich zieht. Der externe Analytiker steht vor der Problematik, dass bei seiner Berechnung zur Nettoverzinsung der Nenner auf Marktwertbasis beruht, die entsprechende Erfolgsgröße die Marktwertveränderungen der jeweiligen Periode jedoch nicht berücksichtigt. Im Betriebsvergleich kann dies die Aussage verzerren, sofern ein zu vergleichendes Unternehmen die entsprechenden Finanzinstrumente bspw. als *fvpl* klassifiziert und die Wertveränderungen somit auch im Zähler enthalten sind. Der Einbezug von Marktwertveränderungen in die Zählergröße ist dem Analytiker jedoch nur schwer möglich, da die Marktwertveränderung der Bilanzposition von t_0 auf t_1 nicht allein auf Marktwertschwankungen der Finanzinstrumente beruht, sondern zusätzlich durch Nettoinvestitionen, sprich Käufe und Verkäufe, beeinflusst wird

645 Vgl. Kehm/Lüdenbach, 2007, S. 1395.

646 Vgl. Kehm/Lüdenbach, 2007, S. 1389 f.

647 Vgl. Pellens/Fülbier/Gassen, 2006, S. 523.

648 Vgl. Degenhardt, 2003, S. 147.

649 Vgl. Ballwieser, 2006, S. 65.

650 Hierdurch ergibt sich die direkte Greifbarkeit von Zwangsreserven durch den Ausweis der Wertänderungen im Eigenkapital.

651 Vgl. Oertzen, 2009, S. 118.

und der Ausweis im Eigenkapital eine Nach-Steuer-Konzerngröße darstellt.[652] Eine Vor-Steuer-Größe könnte aus der nach IAS 1.81 zu erstellenden Gesamterfolgsrechnung (*statement of comprehensive income*) generiert werden, da das Unternehmen hier einen getrennten Ausweis der Marktwertänderungen und darauf entfallender Steuern nach IAS 1.90 und IAS 1.91 vornehmen kann.[653] Ansonsten werden entsprechende Angaben im Anhang geliefert.[654] Allerdings sind solche Informationen i.d.R. nur auf Konzernebene und nicht für einzelne Segmente verfügbar. Ein Ausweg wäre die näherungsweise Berechnung der Marktwertveränderung der Bilanzposten (bzw. deren Anhangangabe[655] nach IFRS 7.8) abzgl. der Veränderung der Anschaffungskosten dieser Bilanzposten, die als Approximation der Nettoinvestitionen gesehen werden könnten. Allerdings stellt der Ausweis der Anschaffungskosten nach IFRS 7 keine Pflichtangabe dar. Darüber hinaus ist der Analytiker auch auf entsprechend freiwillige Segmentangaben angewiesen, so dass u.U. eine exakte Vergleichbarkeit der Kennzahlen auf Segmentbasis nicht möglich ist und ein Rückgriff auf Konzernwerte in Betracht gezogen werden sollte, um Fehlinterpretationen aufgrund unterschiedlicher Bilanzierungspraxis einzelner Versicherer vorzubeugen.

g) Der Erstansatz

Im Gegensatz zum Handelsrecht, wo Namensschuldverschreibungen, Hypothekendarlehen und sonstige Forderungen auch zum Nennwert bilanziert werden dürfen[656], falls dieser von den Anschaffungskosten abweicht[657], besteht eine solche Regelung unter IFRS nicht. Der Erstansatz unter IFRS erfolgt stets mit dem beizulegenden Zeitwert zzgl. Anschaffungsnebenkosten, der i.d.R. den Anschaffungskosten entspricht.[658] Auch bei einem evtl. Agio/Disagio erfolgt dementsprechend eine solche Bilanzierung, wobei die Differenz zum Nominalbetrag über die Effektivzinsmethode amortisiert wird.[659] Je nach Vorliegen eines Agios oder Disagios kann der Kapitalanlagebestand unter IFRS höher oder niedriger ausfallen im Vergleich zu HGB.

---

652 Zusätzlich können auch aus Währungsschwankungen bei in Fremdwährung gehaltenen Finanzinstrumenten Marktwertveränderungen resultieren.

653 Vgl. Antonakopoulos, 2010, S. 123; vgl. Kirsch, 2009, S. 203.

654 Siehe hierzu auch IAS 1.90.

655 Vgl. Beine/Meyer, 2009, S. 263.

656 Ab dem 1. Januar 2011 gilt das Wahlrecht einer Nennwertbilanzierung nur noch für Namensschuldverschreibungen; siehe auch Kapitel 4.4.4.1.1.

657 Vgl. Mudrack, 2008, S. 543.

658 Siehe IAS 39.AG64.

659 Vgl. Oertzen, 2009, S. 138.

h) Aktiver vs. nicht-aktiver Markt

Als ein wesentliches Abgrenzungskriterium wurde bereits des Öfteren das Vorliegen eines aktiven Marktes angesprochen. In IAS 39.AG71 werden Kriterien genannt, die einen aktiven Markt bestimmen. Ein solcher liegt vor, „(...) wenn notierte Preise leicht und regelmäßig (readily and regularly) von einer Börse, einem Händler oder Broker, einer Branchengruppe (industry group), einer Preis-Service-Agentur (z.B. Reuters oder Bloomberg) oder einer Aufsichtsbehörde (regulatory agency) verfügbar sind und diese Preise tatsächliche und sich regelmäßig (actual and regularly) ereignende Markttransaktionen wie unter unabhängigen Dritten (on arm's length basis) darstellen."[660] Dies verdeutlicht, dass es keine klare Trennungslinie zwischen aktivem und nicht-aktivem Markt gibt. In Folge der weltweiten Finanzmarktkrise, die durch die 2007 beginnende subprime-Krise ausgelöst wurde, hat sich die Abgrenzungsproblematik zwischen aktivem und nicht-aktivem Markt weiter verstärkt, so dass im September und Oktober 2008 weitere Indikatoren für das Vorliegen eines nicht-aktiven Marktes veröffentlicht wurden[661]:

- Deutliche Ausdehnung von Geld- und Briefkursen
- Die Märkte weisen keine oder nur noch geringe Liquidität aus[662]
- signifikante Preisschwankungen und
- keine Verfügbarkeit aktueller Preisen

Trotz dieser Konkretisierung besitzt der Bilanzierende weiterhin erheblichen Ermessensspielraum bei der Definition eines aktiven und nicht-aktiven Marktes. Liegt kein aktiver Markt für das Finanzinstrument vor und kann auch kein Marktpreis eines im Wesentlichen identischen Finanzinstruments herangezogen werden, so finden nach der Fair-Value-Bewertungshierarchie u.U. Bewertungsmodelle Anwendung, um den fair value eines Finanzinstrumentes zu bestimmen.[663] Dabei soll es sich um am Markt übliche Bewertungsmodelle handeln.[664] Diese sollen „(...) die aktuellen Marktbedingungen berücksichtigen und Risikoadjustierungen vornehmen, die auch die Marktteilnehmer machen würden, etwa für das Kreditrisiko und die Liquidität."[665] Da es jedoch kein pauschales Bewertungsmodell für alle Produkte gibt[666] und solche Bewertungsmodelle dem An-

660 Goldschmidt/Weigel, 2009, S. 194.
661 Vgl. Goldschmidt/Weigel, 2009, S. 195.
662 Siehe hierzu auch IDW Subprime-Krise S. 3.
663 Siehe auch Kehm/Lüdenbach, 2007, S. 1387.
664 Vgl. Eckes/Flick, 2008, S. 461.
665 Ochsner, 2009, S. 415.
666 Vgl. Goldschmidt/Weigel, 2009, S. 197.

wender zahlreiche Ermessensspielräume lassen, sind für den Analytiker entsprechende Lageberichts- und/oder Anhangangaben zu den Bewertungsverfahren von erheblicher Bedeutung.[667] Zudem sind die verwendeten Modelle anhand von aktuellen Markttransaktionen zu validieren, um die Angemessenheit der Bewertungsresultate zu überprüfen.[668] In Bewertungsverfahren wie der DCF-Bewertung fließen neben den Cash-Flows und dem risikolosen Zins vor allem auch Annahmen über die Risikozuschläge ein. Die Applikation einer, dem zu bewertenden Finanzinstrument gerecht werdenden Zinsstrukturkurve kann einen erheblichen Einfluss auf die Berechnung des Marktwertes besitzen. Als Ergebnis kann sich eine kapitalmarktorientierte in eine managementorientierte Rechnungslegung wandeln und anstelle einer Realitätsabbildung werden selbst Realitäten erzeugt.[669] Nun können gerade während Finanzmarktkrisen verstärkt einzelne Vermögensgegenstände aus einem aktiven in einen nicht-aktiven Markt rutschen.[670] Sind diese einer der beiden Kategorien *fvpl* oder *afs* zugeordnet, so erfolgt eine Marktwertbilanzierung, deren Wertänderungen entweder erfolgswirksam oder erfolgsneutral erfasst werden. Da eine Bewertung anhand von Modellen vorgenommen wird, kann dies zu erheblichen materiellen bilanzpolitischen Ermessensspielräumen führen: es gibt keinen liquiden Markt mit *dem* beobachtbaren Marktwert mehr. Der Analytiker sollte daher zumindest die unter IFRS 7.27 veröffentlichungspflichtige, dreistufige Bewertungshierarchie in seine Analysen mit einbeziehen. Diese verlangt auf Konzernebene die Trennung und Angabe der Werte von Finanzinstrumenten nach folgenden Kriterien[671]:

- Level 1: Börsenkurse aus aktiven Märkten für gleichartige Vermögenswerte oder Verbindlichkeiten
- Level 2: fair values, die auf Basis von beobachtbaren Inputfaktoren für Vermögenswerte oder Verbindlichkeiten ermittelt werden, die entweder direkt oder indirekt ermittelt werden
- Level 3: fair values von Vermögenswerten oder Verbindlichkeiten, die nicht auf beobachtbaren Marktdaten basieren

Hieraus ist insbesondere der Umfang der unter Level 3 geführten Finanzinstrumente, deren fair values allein auf unternehmensinternen Daten resultieren und dem Bilanzierenden besonders hohen Ermessensspielraum ermöglichen, zumindest auf Konzernebene ersichtlich.

---

667 Vgl. Goldschmidt/Weigel, 2009, S. 193.

668 Vgl. Ochsner, 2009, S. 415.

669 Siehe Kehm/Lüdenbach, 2007, S. 1388.

670 Vgl. Zwirner, 2009, S. 354.

671 Oertzen, 2009, S. 158.

Unabhängig von Extremszenarien wie Finanzmarktkrisen, sollte sich der Analytiker ganz allgemein der möglichen Problematiken von Bewertungsmodellen im Klaren sein. So stellt das Fehlen eines aktiven Marktes lediglich für die Kategorie *htm* ein Ausschlusskriterium dar, nicht jedoch beispielsweise für die zum fair value bilanzierten Finanzinstrumente der Kategorien *fvpl* und *afs*.[672, 673] Die Ermessensspielräume erlauben es dem Bilanzierenden, in diesen Kategorien sein Eigenkapital und/oder den Gewinn entsprechend zu beeinflussen. Auch bei der Analyse von Zeitwertrentabilitäten, in die außerbilanzielle Reserven/Lasten der Kategorie *L&R* mit einfließen, gilt es diese Problematik zu beachten, da für eine Klassifizierung als *L&R* das Fehlen eines aktiven Marktes Voraussetzung ist.[674]

i) Finanzmarktkrise als Extremszenario

Die durch die subprime-Krise 2007 ausgelöste Finanzmarktkrise wurde bereits erwähnt. In diesem Zusammenhang ergaben sich neben der Bestimmung von aktiven und nicht-aktiven Märkten insbesondere für die Versicherungsunternehmen, deren überwiegender Teil der Bilanzaktiva in Finanzinstrumente investiert ist, noch weitere Problematiken:

- Die Klassifizierung von Finanzinstrumenten in die Kategorien *afs* und *fvpl* hatte, durch die Bilanzierung zum beizulegenden Zeitwert, extreme Auswirkungen auf Eigenkapital und/oder Gewinn- und Verlustrechnung durch sehr volatile Kapitalmärkte. In diesem Zusammenhang genehmigte und veröffentlichte der IASB am 13. Oktober 2008 eine Änderung der Standards IFRS 7 und IAS 39. Es ist nun erlaubt, unter bestimmten Voraussetzungen, wenn Finanzinstrumente, die bisher dem Handelsbestand der Kategorie *fvpl* zugeordnet waren, nicht mehr mit der Absicht der kurzfristigen Veräußerung gehalten werden, diese in eine der anderen drei Kategorien umzuklassifizieren, sofern sie deren Kriterien erfüllen.[675] Eine Besonderheit ergibt sich dabei bzgl. der Umkategorisierung als *afs* oder *htm*, da diese für den Handelsbestand nur bei Vorliegen seltener Umstände erlaubt ist.[676] Die Finanzmarktkrise wurde

672 Kirsch, 2006, S. 73.

673 Ausgenommen ist lediglich die Zuordnung von Eigenkapitalinstrumenten, die keinen aktiven Markt besitzen, in die Kategorie *fvpl*. Diese müssen in die Kategorie *afs* klassifiziert werden, da auch eine Kategorisierung als *htm* und *L&R* nicht gestattet ist. Für solche Eigenkapitalinstrumente kann jedoch in Form der widerlegbaren Vermutung, dass für sie ein verlässlicher fair value bestimmbar ist, eine Bilanzierung zu Anschaffungskosten erfolgen; siehe hierzu auch Kehm/Lüdenbach, 2007, S. 1387 ff. .

674 Vgl. Tanski, 2005, S. 302.

675 Vgl. Ernst & Young IFRS Outlook, S. 22; vgl. IDW, 2009, S. 51 ff.

676 Vgl. Eckes/Weigel, 2009, S. 374.

vom IASB ausdrücklich als ein solch seltener Umstand genannt.[677] Zukünftig könnte sich bei der Abgrenzung eines *seltenen Umstands* jedoch bilanzpolitischer Spielraum ergeben. Ausgenommen ist dagegen weiterhin die Umgliederung von Derivaten. Bis dato war ein Wechsel in oder aus der Kategorie *fvpl* nicht erlaubt, lediglich zwischen den Kategorien *afs* und *htm* gab es bei bestimmten Anlässen Umkategorisierungsmöglichkeiten.[678] Für die Kategorie *afs* wurden diese im Zuge der IAS 39 Änderung noch erweitert, indem es nun auch die Möglichkeit zur Umkategorisierung von *afs* zu *L&R* gibt.[679] Dem Analytiker wird dadurch nicht nur ein Zeitvergleich des Unternehmens erschwert, vielmehr erschwert es auch, die Strategie des Managements nachzuvollziehen. Die Interpretationen des Analytikers werden stets in ein positives Bild gelenkt: Laufen die Kapitalmärkte gut, so weist das Unternehmen ein erhöhtes Eigenkapital und/oder einen erhöhten Gewinn aus; bei sehr volatilen oder stark fallenden Kapitalmärkten erfolgt eine Umkategorisierung der Finanzinstrumente. Durch letzteres wird eine Bilanzierung zu fortgeführten Anschaffungskosten erreicht und ein negativer Effekt auf Eigenkapital und/oder Gewinn unterbleibt.

- Nach § 54 VAG haben die Versicherungsunternehmen die Möglichkeit auch einen Teil ihres gebundenen Vermögens[680], das betragsmäßig im Wesentlichen den versicherungstechnischen Brutto-Rückstellungen entspricht, in Aktien anzulegen.[681] Gerade während der Finanzmarktkrise erlitten diese Eigenkapitalinstrumente jedoch besonders hohe Wertverluste; so fiel allein der Euro Stoxx 50 in 2008 um rund 44%. Tendenziell lässt sich bei solchen extremen Kapitalmarktturbulenzen eine Umschichtung der Versicherer von Aktien in Zinsträger beobachten. Diese werden als tendenziell sicherere Investments angesehen. Wie die durch die subprime-Krise ausgelöste Finanzmarktkrise verdeutlicht, gibt es jedoch aus ökonomischer Sicht deutliche Unterschiede in Bezug auf das Risiko von Zinsträgern. Wurden beispielsweise Staatsanleihen vor Beginn der Krise noch als risikolos angesehen, so änderte sich dies im Laufe der Krise. Insbesondere Staaten, die in finanzielle Engpässe gerieten,

677 Siehe Pressemitteilung des IASB vom 13. Oktober 2008 .

678 Vgl. Kehm/Lüdenbach, 2007, S. 1410 f.

679 Vgl. Ernst & Young IFRS Outlook, S. 24.

680 Für eine genaue Definition der, in das gebundene Vermögen einzubeziehenden, Bilanzpositionen wird an dieser Stelle auf § 66 VAG *Sicherungsvermögen* und § 54 Abs. 5 VAG *Sonstiges gebundenes Vermögen* verwiesen. Der Anteil der Rückversicherer darf lediglich beim sonstigen gebundenen Vermögen zum Abzug gebracht werden, nicht aber beim Sicherungsvermögen.

681 Das maximal zulässige Investment des gebundenen Vermögens in Aktien ist in §§ 3 und 4 der Anlageverordnung geregelt. Die über das gebundene Vermögen hinausgehenden Kapitalanlagen unterliegen keiner Verordnung. .

wurden mit teilweise deutlichen Risikozuschlägen auf ihre Staatsanleihen *abgestraft*. Andere blieben relativ risikolos, büßten aber durch Zinssenkungen an Rendite ein. Auch sonst sichere Pfandbriefe, die einen Großteil der Anlagen eines Versicherers ausmachen, erfuhren, v.a. durch Unsicherheiten bei der Rettungsaktion der Hypo Real Estate, zeitweise hohe Risikozuschläge.[682] Andere Assetklassen, wie strukturierte Produkte, waren kaum noch tragbar, sofern sie nicht von US-staatlichen Agencies ausgegeben wurden. Für Versicherer bedeutet dies, dass eine Anlage mit hoher Sicherheit, wie es das Bedürfnis vieler Versicherer in Zeiten turbulenter Kapitalmärkte sein dürfte, geringere Renditen erwirtschaftet. Für den Analytiker sollte bei der Interpretation der Nettoverzinsung somit auch immer die *ökonomische* Zusammensetzung der Finanzanlagen Beachtung finden. So kann eine hohe Nettoverzinsung durch hohe laufende Erträge generiert werden, die wiederum auf *riskanteren* Investments basieren. Problematisch gestaltet sich dabei v.a. die Beschaffung solch detaillierter Informationen, da diese nicht berichtspflichtig sind. Es ist jedoch beobachtbar, dass gerade in Zeiten sehr volatiler Kapitalmärkte die Offenlegung solcher Informationen seitens der Versicherer, nicht zuletzt auf Druck der Öffentlichkeit, stark zunimmt und dem Analytiker zumindest erste Interpretationshilfen bietet.

4.4.4.2.2 Kapitalanlageergebnis

Ähnlich den Kritikpunkten zu den handelsrechtlichen Vorschriften, ergibt sich auch unter IFRS ein Großteil der Gestaltungsspielräume bereits bei der Bilanzierung der Kapitalanlagen.[683]

a) Erfolgswirksame Erfassung von Wertänderungen

Wesentlichen Einfluss auf das Kapitalanlageergebnis unter IFRS hat die Klassifizierung von Finanzinstrumenten als *fvpl*. Während sich Marktwertveränderungen von Finanzinstrumenten der Kategorie *fvpl* direkt im Kapitalanlageergebnis niederschlagen, unterbleiben bei den anderen drei Kategorien solch erfolgswirksame Ergebnisauswirkungen.[684] Im Betriebsvergleich muss der Analytiker entsprechend unterschiedliche Strategien verschiedener Versicherer bei der Auswertung berücksichtigen und das Kapitalanlageergebnis evtl. entsprechend relativieren. Vergleichbar dem gemilderten Niederstwertprinzip im Handelsrecht müssen außerplanmäßige Abschreibungen in Folge einer Wertminderung (impairment)

---

682 Vgl. Meybom, 2008a, S. 764.

683 Siehe Kapitel 4.4.4.2.1.

684 Siehe hierzu auch die Beschreibungen der jeweiligen Kategorien in Kapitel 4.4.4.2.1.

ebenfalls erfolgswirksam in der Gewinn- und Verlustrechnung berücksichtigt werden.[685] Dies trifft jedoch nur auf die Kategorien *htm*, *L&R* und *afs* zu, da Wertschwankungen von Finanzinstrumenten der Kategorie *fvpl* automatisch über die Gewinn- und Verlustrechnung erfasst werden.[686] Wie im Handelsrecht, gibt es auch unter IFRS keine eindeutigen quantitativen Kriterien für einen Impairment. Für Finanzinstrumente der Kategorien *htm* und *L&R* sieht IAS 39 dabei einen zweistufigen Wertminderungstest vor. Dabei wird in einem ersten Schritt überprüft, ob objektive Hinweise für eine Wertminderung vorliegen, was z.B. aufgrund erheblicher finanzieller Schwierigkeiten des Emittenten/Schuldner der Fall sein kann.[687] Liegt ein solcher Hinweis vor, wird in einem zweiten Schritt der Barwert anhand der erwarteten zukünftigen Cash Flows berechnet.[688] Liegt der Buchwert unter diesem Barwert, so ist eine außerplanmäßige Abschreibung (impairment) vorzunehmen.[689] Bei Vorliegen eines Intervalls von Barwerten, ist der beste Schätzwert heranzuziehen.[690] Für Finanzinstrumente der Kategorie *afs* erfolgt ein solcher Test inzident im Rahmen der Ermittlung des beizulegenden Zeitwertes anhand dessen sie bilanziert werden.[691] Trotz allem wird auch hier auf objektive Hinweise abgestellt. „Neben außergewöhnlichen Fällen wie drohender Insolvenz des Emittenten können auch gewöhnliche Umstände wie eine Verschlechterung der konjunkturellen Aussichten ohne Aussicht auf alsbaldige Erholung ein impairment und damit den Übergang von der erfolgsneutralen zur erfolgswirksamen Wertminderung indizieren.“[692] Für Eigenkapitalinstrumente kann ebenfalls ein längerfristiger oder signifikanter Kursrückgang unter die Anschaffungskosten einen impairment auslösen.[693] Ein Rückgriff auf die Finanzmarktkrise zeigt, dass zwar im Geschäftsjahr 2008 die Versicherer entsprechende impairments auf ihre Eigenkapitalinstrumente der Kategorie *afs* vornahmen, die vom jeweiligen Management festgelegten quantitativen Grenzen, die einen solchen impairment auslösten, jedoch recht unterschiedlich gehandhabt wurden. Ebenso wie im Handelsrecht lässt sich auch hier der hohe Ermessensspielraum des Bilanzierenden erkennen, wodurch vergleichbare bilanzpolitische Möglichkeiten entstehen.[694]

---

685 Vgl. Kehm/Lüdenbach, 2007, S. 1408.
686 Vgl. Kehm/Lüdenbach, 2007, S. 1407.
687 Vgl. Oertzen, 2009, S. 147.
688 Vgl. Kehm/Lüdenbach, 2007, S. 1392.
689 Siehe IAS 39.63.
690 Siehe IAS 39.AG86.
691 Vgl. Wawrzik, 2006, S. 85.
692 Kehm/Lüdenbach, 2007, S. 1409.
693 Vgl. Kehm/Lüdenbach, 2007, S. 1409.
694 Siehe Kapitel 4.4.4.1.2.

Beispiel für Eigenkapitalinstrumente:

<u>Impairment-Kritierien Versicherer A:</u> mindestens 20% oder mindestens 6 Monate unter den ursprünglichen Anschaffungskosten

<u>Impairment-Kriterien Versicherer B:</u> mindestens 20% oder mindestens 12 Monate unter den ursprünglichen Anschaffungskosten

In Abbildung 10 ist die Wertentwicklung einer Aktie gegeben, die sich beide Versicherer im ersten Quartal 2010 ins Portfolio legen.

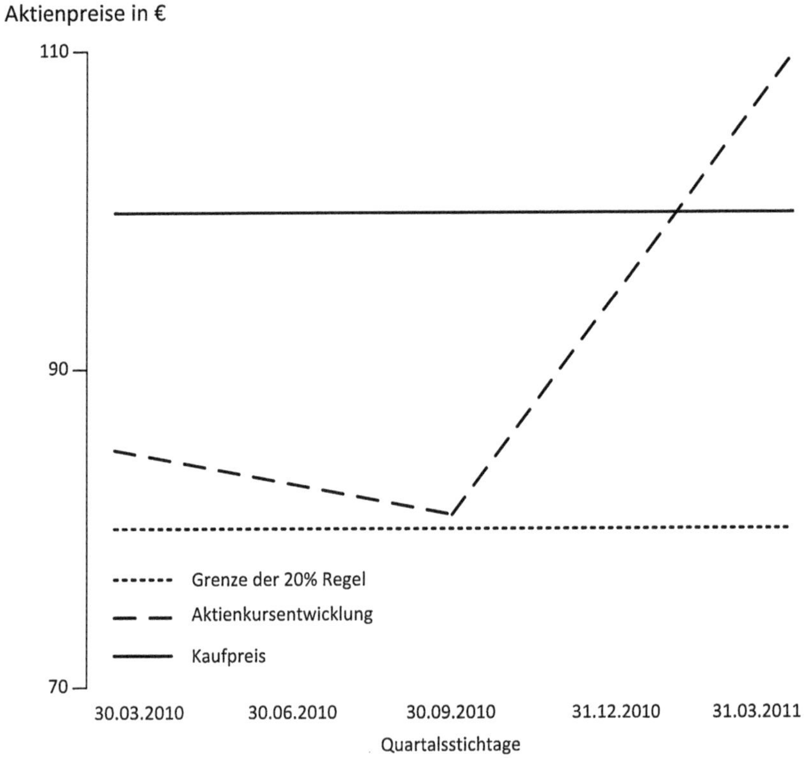

Abbildung 10: Aktienkursentwicklung und Impairment-Test

Da die Aktie das Kriterium des 20%igen Wertverlustes zu keinem Zeitpunkt erfüllt, gilt es das zeitliche Kriterium zu beachten. Versicherer A muss dabei zum 30.09.2010 ein impairment vornehmen, da die Aktie hier erstmals mehr als 6 Monate unter den ursprünglichen Anschaffungskosten liegt. Aufgrund der

12-Monatsregel muss Versicherer B hingegen zu keinem Zeitpunkt ein impairment vornehmen, da sich zum Stichtag 31.03.2011, bei dem die 12-Monatsregel erstmals greifen würde, der Aktienkurs erholt hat und über den ursprünglichen Anschaffungskosten liegt. Zwar ergibt sich auch für Versicherer A diese Werterholung, doch ist der Wegfall eines zuvor vorgenommenen impairments eine Besonderheit gegenüber dem Handelsrecht. Während für Fremdkapitalinstrumente unter IFRS eine erfolgswirksame Zuschreibungspflicht besteht, werden Wertaufholungen bei Eigenkapitalinstrumenten lediglich erfolgsneutral erfasst.[695] Entsprechend verzeichnet Versicherer A aufgrund seiner strikteren Impairment-Regeln einen aufwandswirksamen Effekt, der sich auch im Zeitablauf gegenüber Versicherer B, der nur erfolgsneutrale Ausweise vorzunehmen braucht, nicht wieder ausgleicht. Somit liegt die Nettorendite von Versicherer A unter der von Versicherer B, obwohl aus ökonomischer Sicht das gleiche Papier im Portfolio gehalten wird.

Interessant ist aus bilanzpolitischer Sicht zudem auch die Frage, welche Kategorie evtl. bevorzugt abgeschrieben wird. Während ein impairment der Kategorien *htm* und *L&R* auch in vollem Umfang des Wertes des impairments die entsprechenden Buchwerte der Finanzinstrumente reduziert, ist dies bei der Kategorie *afs* nicht der Fall. Ein Teil des impairment-Bedarfs wurde möglicherweise durch die erfolgsneutrale Bewertung zum beizulegenden Zeitwert bereits in vorherigen Geschäftsjahren im Eigenkapital erfasst und wird nun erfolgswirksam aufgelöst.[696] In diesem Falle reduziert sich der Kapitalanlagebestand, der Nenner, deutlich weniger als bei einem impairment von Finanzinstrumenten der Kategorien *htm* und *L&R*, was zu einer geringeren Nettoverzinsung führt.

b) (Außer-)bilanzielle Gewinne/Verluste

Neben den Wertminderungen besteht vor allem bei der Veräußerung von Finanzinstrumenten bilanzpolitisches Potential seitens des Managements. Die bilanzpolitischen Möglichkeiten gleichen im Grunde denen unter HGB.[697] Allerdings hat der Versicherer unter den IFRS aufgrund der Kategorisierungen neben der Hebung von stillen Reserven bzw. Lasten auch die Möglichkeit, unrealisierte Gewinne bzw. Verluste durch Veräußerung zu realisieren, was aber für den Ergebniseffekt unerheblich ist. Einzig die in die Kategorie *htm* klassifizierten Finanzinstrumente erlauben regelmäßig nur eingeschränkte Gewinnrealisierungen, da ein vorzeitiger Verkauf dieser Papiere Großteils unzulässig ist und mit Sanktio-

695 Vgl. Oertzen, 2009, S. 149.
696 Vgl. Kehm/Lüdenbach, 2007, S. 1408.
697 siehe Kapitel 4.4.4.1.2.

nen geahndet wird.[698] Der bilanzpolitische Spielraum ist dahingehend für den Versicherer eingeschränkt.

c) Gliederung und Berichtspflichten der (Segment-)GuV sowie Pro-forma-Ergebnisgrößen

In Kapitel 2.2 wurde bereits die Mindestgliederung in Bilanz und GuV angesprochen. Diese erfordert gemäß IAS 1.68 keine detaillierten Bilanzangaben zu den Finanzinstrumenten.[699] Da das Mindestgliederungsschema jedoch nach IAS 1.69 zu erweitern ist, falls dies zum Verständnis der Finanzlage relevant ist[700], dürfte i.d.R. zumindest eine Untergliederung nach den vier Kategorien erfolgen. Würde eine solche unterbleiben, so müssen nach IFRS 7.8 die entsprechenden Buchwerte im Anhang angegeben werden.[701] Unterscheiden sich zusammengefasste Geschäftsvorfälle nach Art, Umfang oder Funktion, so kann auch hier das Bilanzschema erweitert werden.[702] Dies trifft auf die Kategorien von Finanzinstrumenten zu, da beispielsweise unter *afs* sowohl Aktien als auch Anleihen ausgewiesen werden können[703], was regelmäßig eine weitere Untergliederung nach Produktarten der einzelnen Kategorien in Bilanz oder Anhang nach sich zieht. Im Anhang wird durch IFRS 7.25 zusätzlich auch die Gegenüberstellung von Zeit- und Buchwerten der Kategorien gefordert.[704] Inwieweit diese, auf Konzernebene verpflichtenden, Veröffentlichungen auch für die einzelnen Segmente getätigt werden, liegt i.d.R. im Ermessen des Versicherers und dessen Transparenzgedankens.

Wie die Problematiken in der Bilanz, besteht auch in der Gewinn- und Verlustrechnung lediglich die Vorgabe eines Mindestausweises. Allerdings schreibt auch hier IFRS 7 zusätzliche Anhangangaben vor, die für die Analyse von Bedeutung sind. So hat pro Kategorie ein Ausweis des Nettoergebnisses, bestehend insbesondere aus Wertberichtigungen, Zuschreibungen und Veräußerungsergebnissen, zu erfolgen.[705] Diese Angaben sind v.a. im Hinblick auf deren hohen bilanzpolitischen Ermessensspielraum für den Analytiker von wesentlicher Bedeutung. Darüber hinaus gilt es zu beachten, wie das Kapitalanlageergebnis im Zuge der sogenannten Pro-forma-Ergebnisgrößen definiert ist. Deren Zielsetzung

698 Siehe hierzu auch Kapitel 4.4.4.2.1.
699 Vgl. Scherrer, 2007, S. 133.
700 Vgl. Wawrzinek, 2009, S. 80.
701 Vgl. Oertzen, 2009, S. 156.
702 Siehe IAS 1.71 (a).
703 Lüdenbach, 2007, S. 107.
704 Vgl. Kehm/Lüdenbach, 2007, S. 1466.
705 Vgl. Kehm/Lüdenbach, 2007, S. 1465.

ist es, „(…) den Jahresüberschuss oder eine andere Ergebnisschicht der GuV durch Eliminierung spezifischer Positionen in eine Größe zu transformieren, welche die *GAAP earnings* in ihrem Informationsgehalt übertrifft bzw. zumindest ergänzt.“[706] Dabei können vom Management nicht-nachhaltige Positionen wie Impairments oder das Abgangsergebnis durchaus aus dem *operativen* Kapitalanlageergebnis ausgeschlossen werden.[707] Ein Ziel von Pro-forma-Ergebnisgrößen ist somit bilanzpolitisch motiviert und bezieht sich auf die Anlegerbeeinflussung.[708] Um einen aussagekräftigen Betriebsvergleich zu gewährleisten, muss diese Bereinigung rückgängig oder bei anderen Versicheren ebenfalls vorgenommen werden.

Dagegen gelten bei Betrachtung eines einzelnen Segments, wie bspw. Schaden/Unfall, die Vorschriften des IFRS 8. Dieser verlangt zwar gemäß IFRS 8.23 einen Ausweis von Zinserträgen, planmäßigen Abschreibungen sowie wesentlicher Aufwands- und Ertragspositionen[709], doch muss eine unbedingte Angabe aller, zur Berechnung einer Segment-Nettorendite erforderlichen Daten nicht erfolgen. Dennoch dürfte die Wichtigkeit dieser Positionen eine Veröffentlichung rechtfertigen, zumal auch IFRS 8.23 durch Rückgriff auf IAS 1.86 eine Wesentlichkeit zur gesonderten Angabe, bspw. bei *Veräußerungen von Finanzanlagen*[710], sieht.

4.4.4.2.3 Derivative Finanzinstrumente unter IFRS

Ähnlich den in Kapitel 4.4.4.1.3. beschriebenen derivativen Finanzinstrumenten spielen diese auch bei der Analyse von IFRS Daten, v.a. bei der Bildung von Bewertungseinheiten, eine wesentliche Rolle. Wie im Handelsrecht, lassen sich auch unter IFRS der Fair Value Hedge vom Cashflow Hedge sowie die Arten micro-, macro- und portfolio hedge unterscheiden.[711] Im Folgenden soll der Fokus wiederum auf dem Fair Value Hedge liegen. Der Abschluss und die bilanzielle Behandlung von derivativen Finanzinstrumenten unter IFRS gibt bilanzpolitischen Spielraum und bedarf wiederum einer guten Interpretation des Analytikers. Entscheidend ist, ob die IFRS-Voraussetzungen für die Bildung einer Bewertungseinheit erfüllt sind und deren Anforderungen vom Unternehmen umgesetzt werden.

---

706 Hitz/Jenniges, 2008, S. 237.
707 Vgl. Hitz/Jenniges, 2008, S. 238.
708 Siehe hierzu auch Hitz/Jenniges, 2008, S. 238.
709 Vgl. Rogler, 2009, S. 504.
710 Siehe hierzu IAS 1.87(d).
711 Vgl. Achleitner/Behr/Schäfer, 2009, S. 133 ff.

Ist dies nicht der Fall, so werden Grundgeschäft und Sicherungsinstrument, wie im Handelsrecht, nach den jeweiligen Vorschriften separat bilanziert. Sämtliche Wertänderungen des derivativen Finanzinstruments müssen aufgrund dessen Klassifikation als *fvpl* erfolgswirksam berücksichtigt werden.[712] Wertänderungen des Grundgeschäfts werden hingegen entsprechend der Klassifikation des Grundgeschäfts ausgewiesen. So würden Wertänderungen einer Aktie, die als *afs* klassifiziert ist, erfolgsneutral im Eigenkapital erfasst, sofern kein impairment vorliegt. Es käme regelmäßig zu einem *accounting mismatch*, der aufgrund der Hebelwirkung derivativer Finanzinstrumente zu erheblichen Ergebnisvolatilitäten führen kann[713], welche es aus rein ökonomischer Sicht nicht gibt.[714] Entsprechend wären die, nicht in der Gewinn- und Verlustrechnung enthaltenen, Wertänderungen der Aktie bei der Analyse mit zu berücksichtigen, um den ökonomischen Sachverhalt richtig darzustellen.[715] Um den strengen Dokumentations- und Effektivitätsanforderungen[716, 717], die IAS 39 an die Bildung von Bewertungseinheiten setzt[718], und den damit einhergehenden Aufwendungen und Kosten zu entgehen[719], gleichzeitig aber einen *accounting mismatch* vermeiden zu können, könnte bzgl. des Grundgeschäfts auch die Ausübung der *fair value*-Option erfolgen. Dabei würden sämtliche Wertänderungen des Grundgeschäfts automatisch erfolgswirksam erfasst. Hierbei besteht für Aktieninvestments jedoch die Besonderheit, dass auch nach Ausbuchung des derivativen Finanzinstruments, ohne den gleichzeitigen Abgang der Aktien, diese weiterhin gem. IAS 39.50(b) erfolgswirksam zu behandeln sind und volatil auf das Ergebnis wirken. Nur sofern das Grundgeschäft dem Handelsbestand zugeordnet worden wäre, könnte ausnahmegemäß unter außergewöhnlichen Umständen eine Umgliederung erfolgen.[720]

---

712 Vgl. Coenenberg/Haller/Schultze, 2009, S. 282.

713 Vgl. Flintrop, 2009, S. 843.

714 Vgl. Weber, 2009, S. 529 f.

715 Probleme bei der Ermittlung der Wertänderung innerhalb einer Periode von Aktien, die als *afs* klassifiziert wurden, siehe Kapitel 4.4.4.2.1.

716 Vgl. Cortez/Schön, 2009, S. 414 ff.

717 Unter IFRS ist im Gegensatz zum Handelsrecht aufgrund IAS 39.74 eine komponentenweise Einbringung der derivativen Finanzinstrumente in eine Bewertungseinheit nicht erlaubt, was Probleme bei der Anwendbarkeit qualitativer Verfahren wie der Critical Terms Match-Methode nach sich ziehen kann. Zudem wird es unter IFRS auch öfters als unter HGB zu Hedge-Ineffektivitäten kommen, da auch die ineffektiven Teile des Sicherungsinstruments in der Bewertungseinheit abgebildet werden; siehe hierzu auch Bedau/Khakzad/Krakuhn, 2010, S. 494.

718 Unter IFRS 9 ED zu *Hedge Accounting* soll die prospektive Effektivität auf qualitativer Basis ermittelt und die retrospektive Effektivität von 80-125% abgeschafft werden, vgl. Riemenschneider/Sohlmann, 2011, S. 105.

719 Vgl. Weber, 2009, S. 532.

720 Vgl. IAS 39.50(c) i.V.m. IAS 39.50B.

Liegt hingegen ein Fair Value Hedge vor, so werden auch die Wertänderungen des Grundgeschäfts gemäß IAS 39.89(a) erfolgswirksam erfasst, und zwar unabhängig von dessen Klassifizierung.[721] Unter ED zu IFRS 9 *Hedge Accounting* soll jedoch nur der ineffektive Teil erfolgswirksam erfasst werden, während der effektive Teil erfolgsneutral ausgewiesen wird.[722] Wird die Hedging Beziehung gelöst, so folgt die anschließende bilanzielle Behandlung des Grundgeschäfts wieder den Vorgaben der einzelnen Kategorien, so dass eine als *afs* klassifizierte Aktie sowohl während der Hedging-Beziehung als auch anschließend so behandelt wird, dass sich in der Regel, je nach Effektivität der Sicherungsbeziehung, keinerlei Ergebniswirkung ergibt. Vergleichbar dem Handelsrecht werden dem Bilanzleser auch unter IFRS Anhanginformationen über die Hedgingbeziehung gegeben.[723] So erhält man wertvolle Angaben zu Gewinnen und Verlusten aus der Veränderung des beizulegenden Zeitwertes sowohl über das Sicherungsinstrument als auch über das Grundgeschäft[724], sofern dessen Wertänderung auf das abgesicherte Risiko zurückzuführen ist.[725] Im Gegensatz zum Handelsrecht sind dies wichtige Informationen, da unter IFRS Wertänderungen von Grund- und Sicherungsgeschäft in der Bilanz und Gewinn- und Verlustrechnung ausgewiesen werden.[726]

4.4.4.2.4 Ausblick IFRS 9

Im Folgenden soll ein Ausblick auf den zukünftigen IFRS 9 gegeben werden. Dieser wird den oben dargestellten IAS 39 bzgl. der Bilanzierung von Finanzinstrumenten ablösen und soll spätestens ab dem 01.01.2013 verpflichtend anzuwenden sein.[727] Hintergrund sind die Schwierigkeiten von vielen Nutzern in Bezug auf Verständnis, Anwendung und Interpretation des IAS 39. „Many users of financial statements and other interested parties have told the Board that the requirements in IAS 39 are difficult to understand, apply and interpret."[728] Mit der Entwicklung eines neuen Standards setzt sich die stetige Weiterentwicklung der Bilanzierung von Finanzinstrumenten fort und teilt sich in drei Phasen[729]:

---

721 Vgl. Flintrop, 2009, S. 843.
722 Vgl. Riemenschneider/Sohlmann, 2011, S. 105.
723 Vgl. IFRS 7.24(a).
724 Diese Angaben werden zumindest auf Konzernebene getätigt.
725 Vgl. Flintrop, 2009, S. 844.
726 Die Behandlung von Fair Value Hedges entspricht somit eher der unter Handelsrecht angesprochenen Durchbuchungsmethode, siehe hierzu auch Kapitel 4.4.4.1.3.
727 Vgl. IFRS 9 8.1.1.
728 IFRS 9 IN2.
729 Vgl. Leibfried/Jaskolski, 2009, S. 469; siehe auch IFRS 9 IN12.

I. Classification and Measurement,
II. Impairment und
III. Hedge Accounting

Derzeit liegt lediglich für die erste Phase *Classification and Measurement* ein Standard vor, so dass in dieser Arbeit lediglich auf die erste Phase abgestellt werden soll.[730] Wesentliches Ziel des IFRS 9 soll die Vereinfachung der Bilanzierung von Finanzinstrumenten sein. So wurde vor allem die Klassifikation der Finanzinstrumente grundlegend überarbeitet, was darin resultierte, dass in IFRS 9 lediglich 2 Klassifikationsmöglichkeiten anstatt der zuvor vier[731] zur Auswahl stehen[732]:

a) zu fortgeführten Anschaffungskosten (*amortised cost*)
b) beizulegender Zeitwert (*fair value*)

a) Die Kategorie *amortised cost*

Die Voraussetzung für eine Klassifikation zu fortgeführten Anschaffungskosten unter IFRS 9 wird an zwei Kriterien gemessen: „the asset is held within a business model whose objective is to hold assets in order to collect contractual cash flows“[733] und „the contractual terms of the financial asset give rise on specified dates to cash flows that are solely payments of principal and interest on principal amount outstanding“.[734] Letzteres verbietet eine Hebelwirkung bei den Zahlungsströmen, die deren Variabilität erhöht; demgegenüber erfüllen unter gewissen Voraussetzungen Kündigungsrechte oder Laufzeitverlängerungsoptionen das Kriterium der vertraglichen Cashflows.[735] Damit entfällt für die zu fortgeführten Anschaffungskosten bilanzierten Instrumente die Unterscheidung nach *L&R* und *htm* sowie die Möglichkeit einer Klassifikation als *zur Veräußerung verfügbar* (*afs*). Insbesondere die *afs* Klassifizierung erlaubte es dem Bilanzierenden, Finanzinstrumente jederzeit vorzeitig zu veräußern und bis zum Veräußerungszeitpunkt etwaige Wertschwankungen lediglich erfolgsneutral im Eigenkapital erfassen zu müssen. Für nicht an einem aktiven Markt gehandelte Finanzinstrumente konnte

730 Aussagen zum Hedge Accounting unter ED IFRS 9 zu *Hedge Accounting* finden sich auch in Kapitel 4.4.4.2.3.
731 Für eine genaue Definition der vier Klassifikationsmöglichkeiten siehe Kapitel 4.4.4.2.1.
732 Vgl. IFRS 9 chapter 4.1.
733 IFRS 9 4.2 (a).
734 IFRS 9 4.2 (b).
735 Vgl. Kuhn, 2010, S. 106.

mit der Kategorie *L&R* sogar eine jederzeitige Veräußerung[736] mit der Möglichkeit einer Bilanzierung zu fortgeführten Anschaffungskosten verbunden werden. Unter IFRS 9 steht deutlich das Ziel der Zinseinnahmen und nicht der Gewinnrealisierung durch Marktwertschwankungen im Vordergrund. Zwar müssen die Finanzinstrumente nicht bis zur Endfälligkeit gehalten werden, doch steht eine längerfristige Anlagepolitik im Vordergrund. Regelmäßige Verkäufe und Umschichtungen, die bspw. Gewinnrealisierungen nach sich ziehen, stehen dem Abgrenzungskriterium, dass ein Geschäftsmodell das Ziel der Generierung von vertraglichen Zins- und Tilgungszahlungen auf den Nominalwert verfolgt, entgegen.[737] Jedoch sind unter bestimmten Voraussetzungen, wie Durationsvorgaben oder ein Rating-Downgrad des Emittenten, Veräußerungen auch weiterhin möglich.[738] Versicherer könnten demnach, infolge veränderter Auszahlungserwartungen ihrer Verbindlichkeiten, Umschichtungen ihres Kapitalanlageportfolios vornehmen.[739] Verkäufe allein auf der Basis einer Ergebnisglättung wären allerdings dadurch, insbesondere sofern sie in großem Umfang geschehen, kritisch zu sehen. Hohe Verkäufe im Portfolio würden somit eine Umklassifizierung der Kapitalanlagen nach sich ziehen und in einer Bilanzierung zum fair value, und damit deutlich höheren Ergebnisvolatilität, resultieren. Ein wesentliches Instrument für die Versicherer zur Ergebnisglättung, wie es unter IAS 39 möglich war, würde somit entfallen. Durch den Wegfall der *afs* Klassifikation für solche Instrumente entfernt sich das IASB von dem Grundsatz einer full fair value Bilanzierung und die Anhangangaben zu Zeitwerten dieser Finanzinstrumente gewinnen für den Analytiker deutlich an Bedeutung. Insbesondere sind aus der Bilanz keine Informationen über den quantitativen Umfang theoretisch bewerteter Finanzinstrumente mehr ersichtlich, die zuvor insbesondere unter *L&R* ausgewiesen wurden bzw. werden konnten. Auch hierfür steigt für den Analytiker der Bedarf zusätzlicher Anhanginformationen in Form der dreistufigen Bewertungshierarchie.[740] Unter volatilen Zinsmärkten, wie sie bspw. in der Finanzmarktkrise vorherrschten, wird der Kapitalanlagebestand auf Basis von Bilanzgrößen als Nennergröße deutlich weniger volatil. Aber auch das aus dieser Klassifikation resultierende Ergebnis dürfte sich deutlich an den Zinszahlungen und weiniger an Ergebnissteuerungseffekten, wie Abgangsergebnis und Impairments, orientieren, so dass die Nettorendite der Kapitalanlagen eher die mit den Investments

736 Zumindest theoretisch bestand für diese Papiere die jederzeitige Veräußerungsmöglichkeit. In der Praxis musste natürlich ein entsprechender Käufer am Markt vorhanden sein, was sich u.U. aufgrund des nicht vorhandenen aktiven Marktes schwierig gestalten konnte.

737 Vgl. Kuhn, 2010, S. 105.

738 Vgl. IFRS 9 B4.3.

739 Vgl. Kuhn, 2010, S. 105.

740 Vgl. Oertzen, 2009, S. 158.

verbundenen Kupons widerspiegelt.[741] Durch Anhangangaben ist jedoch weiterhin eine Messung der Gesamtperformance in Form der Zeitwertrentabilität[742] möglich. Inwieweit eine Marktwertsteigerung in der Praxis nicht doch wesentlich sein wird und begründet werden kann, bleibt abzuwarten.

b) Die Kategorie *fair value*

Deutlich stärkere Ergebnisauswirkungen werden sich aus solchen Zinsträgern ergeben, die die Kriterien der Klassifikation zu fortgeführten Anschaffungskosten nicht erfüllen. Diese sind nach IFRS 9 zum fair value, und somit ergebniswirksam, zu bilanzieren. Betroffen sind dabei unter anderem Wandelanleihen, Inverse Floater sowie Finanzinstrumente, bei denen der Emittent ein Kündigungsrecht besitzt.[743] Weitreichendere Folgen ergeben sich mit Sicherheit hinsichtlich der Investitionen in Eigenkapitalinstrumente. Unterliegen diese regelmäßig deutlichen Marktwertschwankungen, wurde in der Versicherungsbranche eine *afs* Klassifikation bevorzugt. Dabei war es den Unternehmen möglich, weiterhin Marktwerte auszuweisen, die korrespondierenden Marktwertänderungen jedoch erfolgsneutral darzustellen. Mit dem Wegfall dieser Klassifikationsmöglichkeit müssten unter IFRS 9 nun sämtliche Wertänderungen erfolgswirksam erfasst werden, da lediglich eine Klassifizierung zum fair value möglich ist.[744] Die damit einhergehenden Volatilitäten dürften jedoch nicht im Interesse der Versicherer sein, so dass auch weiterhin seitens des IASB unter IFRS 9 die Möglichkeit einer erfolgsneutralen Bilanzierung für Eigenkapitalinstrumente gegeben ist.[745] Im ED zu *Classification and Measurement* gaben 56% der Versicherer, die einen *Comment Letter* zu diesem ED abgaben, an, dass eine erfolgsneutrale Erfassung von Wertänderungen bei Eigenkapitalinstrumenten die Finanzberichterstattung verbessern würde.[746] Dies wurde im Standard letztendlich auch umgesetzt, mit der Besonderheit, dass nun lediglich Dividendenzahlungen erfolgswirksam ausgewiesen werden, während reine Marktwertänderungen sowie Impairments auch im Veräußerungszeitpunkt stets erfolgsneutral erfasst werden.[747] Ähnlich wie bei

---

741 Zudem sehen 90% der Versicherer, die einen *comment letter* zu ED *Classification and Measurement* abgaben, einen Ausweis zu fortgeführten Anschaffungskosten als eine entscheidungsnützliche Information an; vgl. Kholmy, 2011, S. 81.

742 Siehe hierzu Kapitel 4.4.4.1.1.

743 Vgl. IFRS 9 B4.10 ff.; IFRS 9 lässt jedoch auch bei Finanzinstrumenten, bei denen der Emittent ein Kündigungsrecht besitzt, Ausnahmen zu. Dies soll an dieser Stelle nicht ausgeführt werden, entsprechende Regeln sind in IFRS 9 B4.10 dargestellt.

744 Siehe auch IFRS 9 4.4.

745 Vgl. IFRS 9 5.4.4.

746 Vgl. Kholmy, 2011, S. 87.

747 Vgl. IFRS 9 5.4.1.

der Klassifikation zu fortgeführten Anschaffungskosten, würde daraus ein Kapitalanlageergebnis resultieren, dass nur die laufenden Renditen in Form der Dividende enthält. Demgegenüber erfolgt der bilanzielle Ausweis der Eigenkapitalinstrumente weiterhin zum Marktwert. Vor dem Hintergrund, dass Aktien weniger durch ihre Dividendenzahlungen und vielmehr durch künftige Wertsteigerungen ein interessantes Investment für Versicherer darstellen[748], hätte die Anwendung von IFRS 9 erhebliche Auswirkungen auf die Gewinn- und Verlustrechnung. Umso mehr müssen beim Analytiker die Anhangangaben und die in IAS 1 vorgeschriebenen Gesamteinkommen der Periode (*Total Comprehensive Income*)[749] bei der Interpretation der Zahlen Berücksichtigung finden. Vor allem beim Betriebsvergleich kann es auch weiterhin zu Interpretationsschwierigkeiten kommen, sofern Unternehmen die Möglichkeit einer erfolgswirksamen und erfolgsneutralen Bewertung von Eigenkapitalinstrumenten unterschiedlich anwenden.

Die *fair value*-Option kann auch weiterhin für Finanzinstrumente Anwendung finden, die sonst unter den fortgeführten Anschaffungskosten auszuweisen wären, sofern dadurch ein *accounting mismatch* vermieden wird.[750] Somit ist für den Bilanzleser auch hier im Betriebsvergleich die Inanspruchnahme der *fair value*-Option zu berücksichtigen, da es sich hierbei um bilanzpolitische Möglichkeiten handelt, die von Unternehmen zu Unternehmen unterschiedlich ausgeübt werden können und die Gewinn- und Verlustrechnung unterschiedlich beeinflussen. Es gilt daher den im Anhang anzugebenden Zeitwert für diese Unterkategorie einzubeziehen und auf Wesentlichkeit zu prüfen. Eine vollständige Betriebsvergleichbarkeit kann wiederum durch die Zeitwertrentabilität erreicht werden.

Eine Umkategorisierung von Finanzinstrumenten lässt IFRS 9 zudem nur in den sehr seltenen Fällen der Änderung des Geschäftsmodells zu.[751] Im ED zu *Classification and Measurement* war zudem ein striktes Umklassifizierungsverbot vorgesehen, gegen das aber 86% der kommentierenden Versicherer stimmten.[752]

Es bleibt festzuhalten, dass unter IFRS 9 der Versicherer geringere Abgangsergebnisse verzeichnen wird. Die Gewinnrealisierung ist jedoch ein viel genutztes Instrument zum Ausgleich hoher Abschreibungen oder aber schlechter versicherungstechnischer Ergebnisse. Zudem werden die Wertänderungen der erfolgswirksam zum beizulegenden Zeitwert bilanzierten Finanzinstrumente, die unter IAS 39 noch als Teil der viel genutzten *afs* Kategorie ausgewiesen werden konnten, sofort in der Gewinn- und Verlustrechnung erfasst und erlauben keine strategische Aufschiebung mehr in Folgeperioden.

748 Siehe hierzu auch allgemein Utecht, 2001, S. 530.
749 Vgl. Sandleben/Wittmann, 2009, S. 510 f.
750 Vgl. IFRS 9 4.5.
751 Vgl. Kuhn, 2010, S. 109.
752 Vgl. Kholmy, 2011, S. 85.

Für Auswirkungen des IFRS 4 Phase II, die sich durch IFRS 9 ergeben, soll an dieser Stelle auf Kapitel 6.2. verwiesen werden.

4.4.4.2.5 Fazit

- Das Ziel einer full fair value Bilanzierung, und somit eines einheitlichen bilanziellen Ausweises aller Finanzinstrumente, würde allgemein die Aussagekraft durch die IFRS im Vergleich zum Handelsrecht erhöhen, da auch Wertansätze oberhalb der Anschaffungskosten ausgewiesen würden
- Heben von stillen Reserven/Lasten bleibt auch unter IAS 39 bestehen. Durch die Einführung unterschiedlicher Kategorien wird Verständnis für den Bilanzleser erschwert
- IAS 39 fair value Bilanzierung beruht teilweise auf Bewertungsmodellen
- Dem Bilanzierenden werden unter IAS 39 deutlich mehr Wahlrechte eingeräumt
- Umkategorisierungsmöglichkeiten unter IAS 39 schränken Zeitvergleich ein
- Komplexität der Kategorisierungsmöglichkeiten unter IAS 39 erschweren einen Betriebsvergleich für Analytiker
- Da lediglich eine Mindestgliederung unter IFRS vorgeschrieben wird, ist der Betriebsvergleich deutlich aufwendiger bzw. eingeschränkt
- Viele Angaben, die insbesondere bei einem Betriebsvergleich benötigt werden, sind unter IFRS 8 auf Segmentebene nicht anzugeben, so dass teilweise eine Renditekennzahl auf Konzernebene berechnet werden muss
- Unter IFRS 9 wendet man sich von der *full fair value*-Bilanzierung ab. Zwar werden die Klassifizierungsmöglichkeiten verringert, doch faktisch bestehen noch immer diverse Wahlrechte und für den Bilanzleser komplexe Sachverhalte
- Sowohl das Handelsrecht als auch die IFRS erfordern die Auswertung von Sicherungsbeziehungen, um ökonomisch zutreffende Sachverhalte darzustellen. Hohe Komplexität und Wahlrechte ziehen hohen Aufwand nach sich und erfordern detaillierte Kenntnisse

➔ insgesamt werden die Analysen für Externe durch einen nur unvollkommenen full fair value Ansatz, komplexe Wahlrechte, einen uneinheitlichen Bilanzausweises sowie fehlender Segmentinformationen unter IAS 39 im Vergleich zum Handelsrecht erschwert. Auch IFRS 9 in seiner jetzigen Form ermöglicht Wahlrechte, die aber in ihrer Komplexität gegenüber IAS 39 reduziert wurden.

4.4.5 Rentabilitätsanalyse II: Die Eigenkapitalrentabilität

Um eine aus Eigentümersicht wesentliche Kennzahl handelt es sich bei der Eigenkapitalrentabilität[753], mit deren Hilfe die Verzinsung des in einer Periode im Unternehmen gebundenen Eigenkapitals berechnet werden soll.[754] Dabei wird das Eigenkapital seiner Informationsfunktion gerecht.[755] Die Definition der Eigenkapitalrentabilität lässt erkennen, dass es sich um keine rein versicherungsspezifische Kennzahl handelt. Vielmehr findet sie über die verschiedensten Industrien hinweg Anwendung.[756] So sehen Kapitalmarktakteure die Eigenkapitalrentabilität neben der kapitalmarktorientierten Kennziffer KGV[757] als eine der entscheidenden Finanzkennzahlen hinsichtlich ihrer Investitionsentscheidungen an.[758] Aufgrund ihrer Bedeutung für die Aktionäre wird von vielen Unternehmen, auch in der Versicherungsbranche, eine Eigenkapitalrentabilitäts-Zielgröße veröffentlicht, an der sich das Unternehmen zukünftig messen lassen kann.[759] Eine Berechnung ist auch dem externen Bilanzanalytiker durch folgende Formel möglich[760]:

Formel 8:

$$Eigenkapitalrentabilität = \frac{Jahresüberschuss}{mittleres\ Eigenkapital}$$

Zähler und Nenner lassen die Eigentümerbezogenheit dieser Kennzahl deutlich werden. Handelt es sich bei beim Zähler um den Gewinn des Eigentümers in Form von Dividende und Thesaurierung, so stellt der Nenner das vom Eigentümer angelegte Kapital dar. Als Kennzahl steht letztendlich die Verzinsung des von den Eigentümern eingebrachten Kapitals.[761] Die Verzinsung sollte über der der Fremdfinanzierung liegen. „Die Ansprüche des Eigenkapitalgebers sind gegenüber denen der Gläubiger der Unternehmung nachrangig."[762] Um die An-

---

753 Vgl. Coenenberg/Haller/Schultze, 2009, S. 1134.

754 Vgl. Kirsch, 2007, S. 160.

755 Vgl. Sauer, 2005, S. 483.

756 Trotz der breiten Anwendung dieser Kennzahl ist eine Betriebsvergleichbarkeit der Eigenkapitalrentabilität über verschiedene Industrien mit Vorsicht zu genießen, da die *industriespezifische* Eigenkapitalrentabilität deutlich variieren kann. .

757 Siehe hierzu auch Kapitel 4.1.

758 Vgl. Göttsche/Brähler, 2009, S. 924.

759 So gab die Hannover Rück beispielsweise in ihrem Geschäftsbericht 2008 das Ziel einer Eigenkapitalrendite von 15% für das Geschäftsjahr 2009 bekannt; siehe unter anderem auch Seite 4 des Geschäftsberichts 2008 der Hannover Rück .

760 Rockel/Helten/Loy/Ott/Sauer, 2007, S. 322.

761 Vgl. Coenenberg/Haller/Schultze, 2009, S. 1134.

762 Scheffler, 2006, S. 3.

lage für die Eigentümer dennoch rentabel zu gestalten und sie zu diesem – im Insolvenzfalle – höheren Verlustrisiko zu bewegen, wird eine höhere Verzinsung seitens der Anleger verlangt.

4.4.5.1 Bilanzpolitik: Die Eigenkapitalrentabilität im Handelsrecht

Die Betrachtung von etwaigen Grenzen der Eigenkapitalrentabilität soll wiederum aufbauend auf deren beiden Bestandteilen erfolgen:

i. (mittleres) Eigenkapital
ii. Jahresüberschuss

4.4.5.1.1 (Mittleres) Eigenkapital

Das Eigenkapital ergibt sich indirekt als eine Residualgröße aus der Bewertung von Vermögensgegenständen und Schulden.[763] Die Gliederung ergibt sich aus § 266 Abs. 3 Buchstabe A HGB:

1. Gezeichnetes Kapital
2. Kapitalrücklage
3. Gewinnrücklagen
4. Gewinnvortrag/Verlustvortrag
5. Jahresüberschuss/Jahresfehlbetrag

Mögliche jahresabschlusspolitisch motivierte Handlungen können sich direkt oder indirekt in den Gewinnrücklagen niederschlagen. Die Gewinnrücklagen umfassen die Teile des Eigenkapitals, „(...) die im Geschäftsjahr oder in einem früheren Geschäftsjahr aus dem Ergebnis gebildet worden sind."[764] Wie bereits dargestellt, kann insbesondere das Ergebnis durch jahresabschlusspolitische Maßnahmen beeinflusst werden, welches über die Gewinnrücklagen Eingang in das Eigenkapital findet.[765] Darüber hinaus spiegelt sich auch die Zahlung von Dividenden in den Gewinnrücklagen wider. Eine hohe Dividendenzahlung verringert entsprechend das Eigenkapital[766] und erhöht im Umkehrschluss die Eigenkapitalrentabilität. Zwar scheint das Versicherungsunternehmen durch hohe Dividendenzahlungen neben der Aktien- gleichzeitig auch die Eigenkapitalrenta-

763 Vgl. Rockel/Helten/Loy/Ott/Sauer, 2007, S. 155.

764 § 272 Abs. 3 Satz1 HGB.

765 Siehe auch Kapitel 4.4.5.1.2.

766 Die relative Aktienrentabilität lässt sich beispielsweise in Form der *Brutto-Dividenden-Rendite* wie folgt ausdrücken: Brutto-Dividende je Aktie * 100 / Aktienkurs. Daraus lässt sich für den Aktionär eine Verzinsung berechnen, bezogen auf die Ausschüttung je Aktie im Verhältnis zum Aktienkurs; siehe auch Coenenberg/Haller/Schultze, 2009, S. 1141.

bilität, zwei wichtige Rentabilitätsanalysen für Aktionäre, zu steigern. Doch gilt es hier in entsprechenden Auswertungen zu beachten, dass sich ein verringertes Eigenkapital bei der Analyse der Sicherheitslage eines Versicherungsunternehmens negativ auswirken kann.[767] [768] Das Eigenkapital stellt eine zentrale Größe der Ist-Solvabilitätsberechnungen dar, mit Hilfe derer die dauernde Erfüllbarkeit der Versicherungsverträge gewährleistet werden soll, sofern sie mindestens der geforderten Soll-Solvabilität entspricht.[769] Bei der Solvabilität handelt es sich um ein zentrales aufsichtsrechtliches Instrument über Versicherungsunternehmen. Die Bewertung der Eigenkapitalrentabilität sollte somit stets auch im Lichte der Sicherheitslage erfolgen, da sich beide Kennzahlen gegenläufig entwickeln.

Im Rahmen des Bilanzrechtsmodernisierungsgesetzes wurde der Nettoausweis bzgl. der Behandlung ausstehender Einlagen gesetzlich vorgeschrieben.[770] Somit sind ausstehende, nicht eingeforderte Einlagen vom gezeichneten Kapital offen abzusetzen. Werden somit ausstehende Einlagen nicht mehr als mögliche Vermögenswerte angesehen und reduzieren das Eigenkapital, ist jedoch anzumerken, dass hingegen ausstehende, aber bereits eingeforderte Einlagen Eigenkapitalbestandteile sind.[771] Da diese ebenfalls zum Zeitpunkt der Analyse noch nicht eingezahlt sind, müssten diese seitens des Analytikers Berücksichtigung finden. Zumindest sollte deren Wesentlichkeit mit in die Beurteilung einfließen. Daher werden die eingeforderten Einlagen auf der Aktivseite separat als Forderung ausgewiesen.[772]

Eine weitere Möglichkeit besteht im Erwerb eigener Anteile.[773] So stellt dies bspw. im Falle der Einziehung eigener Aktien zwar einen rechtlich komplexeren Sachverhalt dar, da ein entsprechender Beschluss der Hauptversammlung gefasst werden muss. Dennoch sind solche Aktienrückkaufprogramme in der Realität durchaus nicht unüblich. Generell vermindert sich nach Inkrafttreten des Bilanzrechtsmodernisierungsgesetzes das gezeichnete Kapital um den Nennbetrag der erworbenen Anteile, während ein evtl. Unterschiedsbetrag zum Kaufpreis mit den frei verfügbaren Rücklagen zu verrechnen ist.[774] Dem Management steht somit die Möglichkeit offen, die Eigenkapitalrenditen zu erhöhen, was dabei

---

767 Vgl. Heimes, 2003, S. 222.

768 Zur Haftungsfunktion des Eigenkapitals bei Versicherungsunternehmen siehe auch Zloch, 1994, S. 184 .

769 Vgl. Will, 1997, S. 135.

770 Vgl. § 272 Abs. 1 Satz 3 HGB.

771 Vgl. Hayn/Prasse/Reuter/Weigert, 2009, S. 304.

772 Vgl. Kessler/Leinen/Strickmann, 2008, S. 242.

773 Die acht zulässigen Ausnahmetatbestände zum Erwerb eigener Aktien werden in § 71 Abs. 1 AktG aufgeführt; vgl. Hayn/Prasse/Reuter/Weigert, 2009, S. 305.

774 Vgl. § 272 Abs. 1a HGB; siehe auch Scheffler, 2006, S. 83.

jedoch nicht auf die Erwirtschaftung höherer Gewinne, sondern auf den Einsatz einer geringeren Kapitalbasis zurückzuführen ist. Da „(...) Excess Capital vermieden werden muss, indem es entweder risikobehaftet investiert oder aber an die Anteilseigner ausgekehrt wird“[775], werden Aktienrückkäufe teilweise jedoch auch kritisch seitens der Aktionäre gesehen, die bemängeln, dass das Unternehmen kein ausreichendes Investitionspotential sieht.[776] Im Rahmen der Analyse ist zu beachten: „Sie (eigene Anteile, Anmerkung Verfasser) können wirtschaftlich betrachtet einerseits Vermögenswerte und andererseits Korrekturposten zum Eigenkapital sein.“[777] Je nach Zweck können die Anteile somit durchaus als Vermögenswerte angesehen werden, sofern sie bspw. als Lohnbestandteile für Arbeitnehmer dienen.[778] Ein genereller Abzug vom Eigenkapital wird dem nicht gerecht.[779]

Bereits im Kapitel 2.1 zur Datenbasis wurde die Konzern- vs. Einzelabschlusssicht angesprochen. Liegen die HGB-Abschlüsse i.d.R. lediglich für Einzelgesellschaften vor, so ist bei der Berechnung von Eigenkapitalrentabilitäten deren Einbezug in einen Konzern nicht unwesentlich. Regelmäßig verbleibt aus Steuerungsgründen das eigentliche Haftungskapital des Versicherungsunternehmens bei dem Mutterunternehmen. Lediglich das aufgrund der Solvabilitätsvorschriften zu haltende Kapital verbleibt bei der Einzelgesellschaft, was bei einer alleinigen Betrachtung der Einzelgesellschaft deren Rentabilitätskennzahl erhöht.[780] Fehlinterpretationen können ebenfalls durch eine knappe Bewirtschaftung des Eigenkapitals hervorgerufen werden. Nimmt der Versicherer zur Sicherung der Liquidität verstärkt strategisches Fremdkapital auf, anstelle Eigenkapital vorzuhalten, so erhöht sich zwangsläufig auch die Eigenkapitalrendite. Ein solcher Sachverhalt sollte bei der Interpretation durch den Analytiker Berücksichtigung finden.

Neben diesen Problemstellungen für den externen Analytiker kommen aber häufig schon bei der Definition der Größe *Eigenkapital* Fragestellungen auf. Die von den Unternehmen oft selbst berechneten und veröffentlichten Eigenkapitalrentabilitäten mögen voneinander abweichen und somit einen Betriebsvergleich aus den folgenden Gründen verzerren:

- Bei der Größe Eigenkapital muss es sich nicht zwangsläufig um die rein bilanziell ausgewiesene Größe handeln. In der Literatur werden unterschiedliche Definitionen gegeben, was in die Nenner-Größe einfließen soll. Ent-

775 Utecht, 2009, S. 110.
776 Vgl. Meybom, 2008, S. 555.
777 Hayn/Prasse/Reuter/Weigert, 2009, S. 312.
778 Vgl. Hayn/Prasse/Reuter/Weigert, 2009, S. 312.
779 Siehe hierzu auch Rehkugler/Podding, 1998, S. 45.
780 Vgl. Heimes, 2003, S. 222.

sprechend können, neben dem bilanziellen Eigenkapital abzgl. der ausstehenden Einlagen, auch so genannte Eigenkapitalsurrogate, wie Genussrechtskapital mit Eigenkapitalcharakter und nachrangige Verbindlichkeiten, Eingang in die Berechnung finden.[781] Anstelle dieser Eigenkapitalsurrogate oder aber auch darüber hinaus kann ebenfalls der Sonderposten mit Rücklagenanteil[782] anteilig oder vollumfänglich einfließen.[783] Bei der Verwendung veröffentlichter Daten sollte daher die Berechnungsmethodik geprüft werden bzw. eine eigene Berechnung anhand einer konsistenten Methodik durchgeführt werden.

- Sind Konzernzahlen auf Basis von HGB-Daten zugänglich, so ist zu beachten, ob eine Berechnung aus Sicht der Eigentümer des Mutterunternehmens eines Konzerns erfolgt. Hierbei wird lediglich der Jahresüberschuss und das Eigenkapital abzgl. der Minderheitenanteile[784] in die Berechnung mit einbezogen.[785] Je nachdem wie hoch der Anteil entsprechender Fremdgesellschafter ist, kann die Eigenkapitalrentabilität v.a. in Jahren extremer Jahresüberschüsse (-verluste) verzerrt werden. Wie auch bereits bei der Definition des Eigenkapitals sollte bei veröffentlichten Daten eine genaue Prüfung der Berechnungsmethodik erfolgen und für Betriebsvergleiche möglichst auf eigene konsistente Berechnungen abgestellt werden.

4.4.5.1.2 Jahresüberschuss

a) Versicherungs- und nichtversicherungstechnische Rechnung

Dass insbesondere bilanzpolitische Entscheidungen getroffen werden, die wesentlichen Einfluss auf den Gewinn einer Unternehmung haben, und die Glättung des Jahresüberschusses als ein generelles Ziel des Managements gesehen wird, wurde bereits dargelegt.[786] Der Jahresüberschuss dient bei der Eigenkapitalrentabilität als Zähler-Größe, und somit als die absolute Erfolgsgröße bei der Berechnung der Verzinsung des eingesetzten Kapitals aus Eigentümersicht. Im Gegensatz zum Eigenkapital besitzt das Management bei der Erfolgskennzahl deutlich

---

781 Vgl. Heimes, 2003, S. 222.

782 Die Bildung der *Sonderposten mit Rücklagenanteil* entfällt im Rahmen des BilMoG durch Aufgabe der umgekehrten Maßgeblichkeit; siehe hierzu Pfirmann/Schäfer, 2009, S. 125 f.; Streichung der §§ 247 Abs.3 HGB, 273 HGB im Zuge des BilMoG .

783 Vgl. Metzler, 1999, S. 110.

784 Dies entspricht dem Anteil der Fremdgesellschafter am Ergebnis und am Eigenkapital; vgl. Coenenberg/Haller/Schultze, 2009, S. 1135.

785 Vgl. Coenenberg/Haller/Schultze, 2009, S. 1135.

786 Vgl. Schmidt, 1979, S. 167.

mehr politischen Spielraum.[787] Die Gewinn- und Verlustrechnung für Schaden-/ Unfallversicherungsunternehmen gliedert sich in eine versicherungstechnische und eine nichtversicherungstechnische Rechnung.[788] Jede dieser Rechnungen erlaubt dem Unternehmen bilanzpolitische Spielräume. Dem Fokus der vorliegenden Arbeit entsprechend, soll das Augenmerk auf die für Schaden-/Unfallversicherer wesentlichen Positionen der versicherungstechnischen Rechnung gelegt werden, zumal in der nichtversicherungstechnischen Rechnung die Erträge und Aufwendungen aus Kapitalanlagen die größten Posten darstellen und dem Bilanzierenden auch den meisten bilanzpolitischen Spielraum erlauben.[789]

b) Schwankungsrückstellung

In Kapitel 4.4.3. wurde die Combined Ratio als eine wesentliche Kennzahl erläutert. Deren Darstellung verdeutlicht, dass diese Kennzahl bereits wesentliche versicherungstechnische Positionen wie Beiträge, Aufwendungen für Versicherungsfälle und Aufwendungen für den Versicherungsbetrieb enthält. Bilanzpolitische Spielräume sollen diesbezüglich hier nicht nochmals wiedergegeben werden. Vielmehr erfolgt für diese Positionen ein Verweis auf das entsprechende Kapitel 4.4.3.3.

Für ein Schaden-/Unfallversicherungsunternehmen stellt in der versicherungstechnischen Rechnung, neben den o.g. Positionen, insbesondere die Veränderung der Schwankungsrückstellung eine zentrale Ergebnisgröße dar. „Passivierungspflicht von Schwankungs- und ähnlichen Rückstellungen ergibt sich zwingend aus dem Realisationsprinzip.“[790] Schwankungsrückstellungen sind zum Ausgleich der Schwankungen im Schadenverlauf künftiger Jahre zu bilden (...)“.[791] Sie beziehen sich auf das Zufallsrisiko[792] als Bestandteil des versiche-

787 Hierbei ist jedoch zu beachten, dass der Jahresüberschuss über die Gewinnrücklagen wiederum Eingang in das Eigenkapital findet, und somit indirekt auch die Nenner-Größe beeinflusst. Ein hoher Jahresüberschuss erhöht zwar die Kennzahl Eigenkapitalrentabilität, lässt aber auch gleichzeitig den Eigenkapitalbestand steigen, was zu einer teilweise kompensierenden Wirkung führt. Darüber hinaus verbleibt in der Regel nicht der komplette Jahresüberschuss im Eigenkapital, da dieser teilweise z.B. für Dividendenzahlungen genutzt wird. Jahresüberschusssteigernde bilanzpolitische Maßnahmen überwiegen insgesamt somit in Bezug auf eine verbesserte Eigenkapitalrentabilität.

788 Siehe auch Formblatt 2 RechVersV.

789 Bzgl. der bilanzpolitischen Möglichkeiten bei den Erträgen und Aufwendungen aus Kapitalanlagen siehe Kapitel 4.4.4.1.2.

790 Meyer, 1994, S. 109.

791 § 341h Abs. 1 HGB.

792 Auch wenn alle verfügbaren Informationen verarbeitet wurden, können die zukünftig eintretenden Schäden doch Schwankungen unterliegen. Dabei kann die absolute Zahl der Schäden deutlich ober- bzw. unterhalb der Schätzungen liegen, andererseits kann auch die absolute Höhe einzelner Schäden deutlich abweichen. Man spricht hierbei vom *Zufallsrisiko*; siehe auch Albrecht, 1988, S. 652; siehe auch Nguyen, 2008, S. 286 f.

rungstechnischen Risikos.[793] Über die Schwankungsrückstellung wird das Zufallsrisiko entsprechend in der Bilanz ausgewiesen.[794] „In der Realität hat sich gezeigt, daß der zur Nettorisikoprämie (Erwartungswert der Schadenaufwendungen) erhobene Sicherheitszuschlag im Regelfall nicht in voller Höhe das Zufall-/ Schwankungsrisiko abdeckt.“ [795] Hierdurch gewinnt die Schwankungsrückstellung an Bedeutung. Neben der Ausgleichsfunktion besitzt die Schwankungsrückstellung auch die Anforderung einer Sicherheitsfunktion.[796] Mit Hilfe der Ausgleichsfunktion wird ein Mittelwert auf Basis der variierenden Schadenbelastungshöhen aus einzelnen Geschäftsjahren gebildet. Der Schwankungsrückstellung sind dann bei Überschäden entsprechende Mittel zu entnehmen, während Unterschäden in einem Geschäftsjahr zu einer entsprechenden Zuführung zur Schwankungsrückstellung führen.[797] Die Sicherheitsfunktion ergibt sich aus der Anforderung zur Bereitstellung solcher Mittel, die bei Periodenüberschäden einen Ruin des Versicherers nach sich ziehen würden.[798] Durch eine Verrechnung von Über- und Unterschäden in einzelnen Perioden bildet die Schwankungsrückstellung den Risikoausgleich in der Zeit bilanziell ab.[799] Sie kann somit bereits als ein Instrument der Gewinnglättung angesehen werden, da stärkere Ausschläge auf die Erfolgsgröße im Zuge schwankender Schadenbelastungen verringert werden.[800]

„Da die Schwankungsrückstellung Ausdruck einer noch ungewissen Verbindlichkeit gegenüber dem Kollektiv der Versicherungsnehmer ist, scheidet eine Einzelbewertung für jeden Versicherungsvertrag aus.“[801] Dennoch ist die Bildung einer Schwankungsreserve gemäß § 29 RechVersV an bestimmte Voraussetzungen gebunden[802]:

- Bagatellklausel (verdiente Beiträge feR übersteigen im Durchschnitt der letzten drei Jahre 125.000 Euro)
- Erheblichkeitsklausel (Standardabweichung der Schadenquoten des Beobachtungszeitraums beträgt mindestens 5% der durchschnittlichen Schadenquote)
- Finanzierungsbedarfsklausel (die Combined Ratio hat einmal im Beobachtungszeitraum 100% überschritten)

---

793 Vgl. Rockel/Helten/Loy/Ott/Sauer, 2007, S. 221.
794 Vgl. Buck, 1995, S. 203.
795 Buck, 1995, S. 205.
796 Vgl. Korn, 1997, S. 54.
797 Vgl. Boetius, 1996, S. 344.
798 Vgl. Korn, 1997, S. 54.
799 Vgl. Treuberg/Angermayer, 1995, S. 318 .
800 Vgl. Farny, 1992, S. 133.
801 Treuberg/Angermayer, 1995, S. 318.
802 Vgl. Anlage zu § 29 RechVersV; siehe auch Rockel/Helten/Loy/Ott/Sauer, 2007, S. 221.

Bereits hier bestehen einzelne materielle bilanzpolitische Möglichkeiten bzgl. eines angestrebten Ansatzes oder einer Unterlassung der Bildung von Schwankungsrückstellungen. Die Bagatellklausel kann durch den gezielten Einsatz der Rückversicherungsnahme beeinflusst werden.[803] Bei der Erheblichkeitsklausel muss die Standardabweichung mindestens 5% betragen. Neben den in Kapitel 4.4.3.3.1. und 4.4.3.3.2. beschriebenen bilanzpolitischen Möglichkeiten zur Beeinflussung der Schadenquote, kann auch hierbei der Einsatz der Rückversicherung entsprechende Erfolge erzielen. So verringert der Abschluss von Jahresschadenexzedentenrückversicherungsverträgen mit entsprechend hohen Prioritäten zwar die Prämien des Erstversicherers. Jedoch bleiben die Aufwendungen für Versicherungsfälle aufgrund der hohen Prioritäten in Zeitablauf schwankungsanfälliger, was einen Anstieg der durchschnittlichen Schadenquote zur Folge hat[804], wodurch eine erhöhte Standardabweichung erreicht werden könnte. Eine entsprechend geringe Priorität würde hingegen zu konstanten Schadenquoten und geringen Standardabweichungen führen. Auch die Finanzierungsbedarfsklausel kann seitens des Versicherers bilanzpolitisch beeinflusst werden. So stehen dem Versicherer neben den für die Schadenquote genannten Spielräumen auch die der Kostenquote zur Verfügung.[805]

Entfällt die Voraussetzung bzgl. einer zuvor gebildeten Schwankungsrückstellung, so muss diese entsprechend aufgelöst werden. Die Auflösung hat dabei im Geschäftsjahr zu erfolgen. Darüber hinaus hat der Versicherer jedoch die Möglichkeit, eine Auflösung der Rückstellung gleichmäßig auf das aktuelle und über die vier folgenden Geschäftsjahre vorzunehmen.[806] Je nach Vorgehensweise und Höhe der aufzulösenden Schwankungsrückstellung ergeben sich für den Versicherer gewünschte Ergebniseffekte.

Neben den Voraussetzungen zur Bildung der Schwankungsrückstellung, ist auch deren Berechnungsgrundlage in § 29 RechVersV geregelt. Hierin werden zusätzlich zur bereits angesprochenen Auflösung auch Beobachtungszeitraum, Höchstbetrag, Zuführungen und Entnahmen beschrieben.[807]

---

803 Dies würde jedoch bei großen Beständen eine deutlich geringere Selbstbehaltsquote nach sich ziehen, sofern seitens des Managements die Vermeidung einer Schwankungsrückstellungsbildung verfolgt wird. Andererseits müssen die Bruttobeiträge mindestens 125.000 Euro betragen, falls die Bildung einer Schwankungsrückstellung die Zielsetzung ist.

804 Siehe hierzu auch Faßbender, 1998, S. 232 .

805 Siehe hierzu auch Kapitel 4.4.3.3.3.

806 Vgl. Warnecke, 1998, S. 336.

807 Für eine ausführliche Darstellung zu den Berechnungsgrundlagen siehe auch Treuberg/Angermayer, 1995, S. 324 ff.; Rockel/Helten/Loy/Ott/Sauer, 2007, S. 221 ff.; Boetius, 1996, S. 352 ff.

Der Sollbetrag bzw. der Höchstbetrag der Schwankungsrückstellung ist über folgende Formel in § 29 RechVersV (Anlage Abschnitt I) definiert:

Formel 9:

$$Sollbetrag = 4{,}5 \ x\ \sigma (durchschnitliche\ Schadenquote)\ x\ verdiente\ Beiträge$$
$$- 3\ x\ Sicherheitszuschlag\ x\ verdiente\ Beiträge$$

Eine entscheidende Größe zur bilanzpolitischen Beeinflussung stellt die Standardabweichung σ dar. Je stärker die Schadenquoten einzelner Geschäftsjahre vom Durchschnittswert abweichen, desto höher wird die Standardabweichung ausfallen.[808] Im Umkehrschluss führt eine erhöhte Standardabweichung zu steigenden Sollwerten.[809] Auch die verdienten Beiträge, wie weiter oben und in Kapitel 4.4.3.3.1. bereits dargestellt, lassen sich unter anderem durch Rückversicherungsnahme variieren und beeinflussen entsprechend den Sollwert. Als dritte Größe wird der Sicherheitszuschlag angeführt, der sich aus der Differenz der Grenzschadenquote und durchschnittlichen Schadenquote bestimmt. Die Grenzschadenquote ermittelt sich in § 29 RechVersV (Anlage Abschnitt II) wie folgt:

Formel 10:

$$Grenzschadenquote\ Erstversicherer = 95\% - mittlere\ Kostenquote\ aus\ drei\ Jahren$$

Auch hier kommt den beiden Komponenten der Combined Ratio bilanzpolitisch wieder hohe Bedeutung zu. Eine hohe durchschnittliche Kostenquote[810] führt dabei letztendlich zu einem erhöhten Sollbetrag. Dieser ist deshalb von Bedeutung, als ihm jährlich 3,5% des Sollbetrages zugeführt werden, bis der Sollbetrag erreicht wurde.[811] Ein hoher Sollbetrag führt somit zu höheren erfolgsunabhängigen jährlichen Zuführungen, die das versicherungstechnische Ergebnis feR reduzieren. Neben dieser erfolgsunabhängigen Zuführung erfolgt auch eine erfolgsabhängige Zuführung bzw. Entnahme. Als erfolgsabhängig wird diese bezeichnet, da sich eine evtl. Zuführung oder Entnahme aus den Schadenquoten ergibt. Liegt die Schadenquote des Geschäftsjahres unterhalb der durchschnittlich berechneten Schadenquote, so liegt ein Unterschaden vor und in Höhe der Differenz beider Quoten, multipliziert mit den verdienten Beiträgen, erfolgt eine Zu-

808 Bzgl. der Beeinflussung der Schadenquote durch bilanzpolitische Mittel siehe insbesondere Kapitel 4.4.3.3.2.

809 Vgl. Faßbender, 1998, 234 f.

810 Bzgl. der bilanzpolitischen Spielräume bei der Kostenquote siehe Kapitel 4.4.3.3.3.

811 Vgl. Treuberg/Angermayer, 1995, S. 325 f.

führung zur Schwankungsrückstellung.[812] Hierbei ergibt sich für den Versicherer die Möglichkeit, seine Schadenquote durch geeignete bilanzpolitische Maßnahmen geringer zu halten.[813] Gleichzeitig muss er nicht das Risiko hoher Nachreservierungen in den Folgejahren eingehen, da – zumindest teilweise – die in den Aufwendungen für Versicherungsfälle im Geschäftsjahr unterbliebenen Aufwendungen über die höhere erfolgsabhängige Zuführung zu (falls aktuelle Schadenquote geringer als durchschnittliche Schadenquote) oder über die geringere erfolgsabhängige Entnahme aus (falls aktuelle Schadenquote höher als durchschnittliche Schadenquote) der Schwankungsrückstellung enthalten sind. Es handelt sich dabei theoretisch zwar lediglich um eine Umgliederung zwischen zwei Positionen der Gewinn- und Verlustrechnung[814], doch hat eine verbesserte Schadenquote eine stärkere Außenwirkung und kann vom Versicherer als *Signaling* genutzt werden.

Bei der Berechnung der Eigenkapitalrendite gilt es gemäß den obigen Ausführungen zu beachten, dass es sich bei der Schwankungsrückstellung um keine konkrete Außenverpflichtung für den Versicherer zum Stichtag handelt. Vielmehr wird sie zur Deckung zukünftiger Schäden herangezogen und „(…) besitzen vielmehr den Charakter von Eigenkapital."[815] Wird der Jahresüberschuss einer Periode durch hohe Zuführungen zur Schwankungsrückstellung gemindert, so gibt dies ein nicht zutreffendes Bild des tatsächlichen Periodenerfolgs wider. Der Versicherer war dagegen in der Lage, durch einen guten Schadenverlauf einen Teil des Gewinns bereits heute für zukünftige Schäden aufwandswirksam zu erfassen. Umgekehrt könnten hingegen eine stetige Auflösung der Schwankungsrückstellung auf eine kontinuierlich steigende Schadenquote bzw. Verschlechterung des Basisgeschäfts deuten. Eine entsprechende Ergebnisverbesserung wäre kritisch zu hinterfragen. Da für den Bilanzleser der tatsächliche Periodenerfolg von Interesse sein sollte, der sich auch in allen anderen Positionen der Gewinn- und Verlustrechnung widerspiegelt, könnte eine Bereinigung des Jahresüberschusses vorgenommen werden. Für eine bereinigte Berechnung der Eigenkapitalrendite reicht dies aber nicht aus. In diesem Zuge müsste gleichzeitig auch das Eigenkapital angepasst werden, da die Schwankungsrückstellung Eigenkapitalcharakter besitzt und eine Eliminierung dieser eine Umwidmung ins Eigenkapital nach sich zieht. Ein solches Vorgehen würde auch den Betriebsvergleich erhöhen.

---

812 Vgl. Buck, 1995, S. 229.

813 siehe hierzu insbesondere auch Kapitel 4.4.3.3.2.

814 Hierbei sind die GuV-Positionen *Aufwendungen für Versicherungsfälle* und die Zuführungen bzw. Entnahmen der Schwankungsrückstellungen als Teil der Position *Veränderung der Schwankungsrückstellung* gemeint.

815 Rockel/Helten/Loy/Ott/Sauer, 2007, S. 225.

Beispiel:

Der Periodenerfolg eines Unternehmens beträgt vor der Veränderung der Schwankungsrückstellung (SR) und vor Steuer 200 GE. Der Bestand des Eigenkapitals (EK) wird zum 31.12. des Vorjahres mit 1.000 GE, der Bestand der SR mit 300 GE angegeben. Der Steuersatz beträgt 50%. Im laufenden Geschäftsjahr wird eine Zuführung zur SR von 100 GE vorgenommen. In der nachfolgenden Tabelle sollen exemplarisch die Wirkungen einer Eigenkapitalrentabilität mit und ohne SR aufgezeigt werden:

Tabelle 2: Bilanz und GuV, mit und ohne Schwankungsrückstellung

Gewinn- und Verlustrechnung			**Bilanz**		
	mit SR	**ohne SR**		**mit SR**	**ohne SR**
Ergebnis vor SR	200	200	**EK 1.1.**	1.000	1.150[816]
Veränderung SR	–100	0	**EK 31.12.**	1.050	1.250[817]
Ergebnis vor Steuer	100	200	**SR 1.1.**	300	0
Steuer	–50	–100	**SR 31.12.**	400	0
Jahresüberschuss	50	100			

Aus obiger Tabelle ergibt sich eine Eigenkapitalrendite inkl. der Schwankungsrückstellung von

$$4{,}9\% \; (= \frac{50}{\frac{(1.000+1.050)}{2}}).$$

Betrachtet man indes rein den Periodenerfolg, schließt also die Schwankungsrückstellung aus, so ergibt sich eine Eigenkapitalrendite von

$$8{,}3\% \; (= \frac{100}{\frac{(1.150+1.250)}{2}}).$$

Für den Analytiker hätte dies neben der Eliminierung der Gewinnglättung, die keinen Aufwand der Periode darstellt, auch den Vorteil einer Eliminierung bilanzpolitischer Spielräume im Hinblick auf die Schwankungsrückstellung. Allerdings muss der unternehmensindividuelle Steuersatz Berücksichtigung finden. Ist dieser nicht bekannt bzw. ermittelbar, so müsste evtl. mit einem pauschalen Steuersatz gearbeitet werden.[818]

Neben den Veränderungen der Schwankungsrückstellung enthält die versicherungstechnische Rechnung noch weitere Positionen, wie die Veränderung der

816 1.150 = 1.000 + (300 * (1 – Steuersatz)).

817 1.250 = Jahresanfangsbestand zzgl. Jahresüberschuss der Periode ohne SR in Höhe von 100.

818 Für die steuerliche Anerkennung der Schwankungsrückstellung siehe § 20 KStG.

Deckungsrückstellung[819] und Aufwendungen für erfolgsabhängige und erfolgsunabhängige Beitragsrückerstattungen.[820] Erstere werden lediglich in den wenigen Zweigen eines Schaden-/Unfallversicherers mit Sparvorgängen, wie der Unfallversicherung mit Prämienrückgewähr, vorkommen. Letztere kommen in der Schaden-/Unfallversicherung sowohl in erfolgsunabhängiger Form (Kredit- und Transportversicherung) sowie in erfolgsabhängiger Form (Kraftverkehrshaftpflichtversicherung) vor.[821] Aufgrund ihrer doch meist untergeordneten Bedeutung in der Schaden-/Unfallversicherung soll an dieser Stelle nicht weiter hierauf eingegangen werden. Darüber hinaus enthält die versicherungstechnische Rechnung noch die sonstigen versicherungstechnischen Erträge feR[822] und die sonstigen versicherungstechnischen Aufwendungen feR[823]. Unter diesen Positionen werden die vom Versicherungsgeschäft verursachten Aufwendungen und Erträge ausgewiesen, die sonst keiner Position zugeordnet werden können.[824] Bei den Erträgen handelt es sich dabei v.a. um Mahngebühren und nicht abgehobene, verjährte Beitragsrückerstattungen.[825] Die Aufwendungen umfassen die Feuerschutzsteuer.[826]

4.4.5.2 Bilanzpolitik: Die Eigenkapitalrentabilität unter den IFRS

4.4.5.2.1 (Mittleres) Eigenkapital

Die IFRS vermögen die handelsrechtlichen Grenzen nicht zu beheben. Vielmehr ergeben sich unter IFRS noch weitere bilanzpolitische Spielräume für den Bilanzierenden. Ähnlich dem HGB sieht die Mindestgliederung des IFRS-Eigenkapital aus:

1) Gezeichnetes Kapital
2) Andere Rücklagen
3) Gewinnrücklagen
4) Minderheitenanteil am Eigenkapital

Aufgrund der Mindestgliederung kann es somit teilweise zu sehr unterschiedlichen Darstellungen innerhalb von Bilanz und Anhang kommen.[827] Die Position zu den Minderheitenanteilen ergibt sich aus der Konzernsichtweise. Neben den handels-

---

819 siehe Formblatt 2 RechVersV Position I. 5. a).
820 siehe Formblatt 2 RechVersV Position I. 6.
821 Vgl. Farny, 1992, S. 131 ff.
822 siehe Formblatt 2 RechVersV I. 3.
823 siehe Formblatt 2 RechVersV I. 8.
824 Vgl. Farny, 1992, S. 159.
825 Vgl. Treuberg/Angermayer, 1995, S. 434.
826 Vgl. Stuibrink/Schuster, 1998, S. 511.
827 Vgl. Pellens/Fülbier/Gassen, 2006, S. 459.

rechtlichen Spielräumen ergeben sich unter IFRS insbesondere bei Punkt 3), den Gewinnrücklagen, weitere erhebliche Potentiale, die sich auf das sogenannte *Other Comprehensive Income* (OCI)[828] beziehen:

- In Kapitel 4.4.4.2.1. wurde die Möglichkeit der Kategorisierung von Finanzinstrumenten als *afs* erläutert. Ziel dabei ist eine erfolgsneutrale fair value Bilanzierung. Wertveränderungen solcher Finanzinstrumente werden, sofern kein impairment vorliegt, direkt ins Eigenkapital gebucht. Aufgrund der hohen Bedeutung dieser Kategorie in den Versicherungsbilanzen, haben volatile Kapitalmärkte und die damit verbundenen Eigenkapitalschwankungen hohe Auswirkungen auf die Eigenkapitalrendite.[829] So waren während der Finanzmarktkrise im Jahre 2008 quartärliche Eigenkapitalveränderungen bei großen Versicherungskonzernen aufgrund dieser Sachverhalte von über 1 Milliarde Euro keine Seltenheit. Da solche Marktwertschwankungen i.d.R. lediglich das Eigenkapital tangieren, schwankt daher auch nur der Nenner der Eigenkapitalrentabilität. Haben fallende Kurse zwar eine Verringerung des Eigenkapitals zur Folge und erhöhen die Eigenkapitalrentabilität, so ist dies aus dem Blickwinkel der Sicherheit des Unternehmens äußert kritisch zu bewerten. Erfasst das Unternehmen jedoch hohe unrealisierte Gewinne im Eigenkapital, so kann es bei Veräußerung dieser Finanzinstrumente die Eigenkapitalrentabilität doppelt positiv beeinflussen. Neben einer Erhöhung des Ergebnisses über Veräußerungsgewinne reduziert sich gleichzeitig das Eigenkapital durch Auflösen dieser zuvor unrealisierten Gewinne. Durch die Kategorie *afs* stehen dem Unternehmen weitreichende Spielräume zur Verfügung, die unter volatilen Finanzmärkten aber auch schwer *kontrollierbar* sein können.

  Beispiel:

  Versicherungsunternehmen 1 (VU1) klassifiziert seinen Aktienbestand als *afs*, während Versicherungsunternehmen 2 (VU2) einen identischen Aktienbestand als *fvpl* ausweist. Unter der Annahme, dass der Aktienbestand an Wert gewinnt und ansonsten alle Werte betragsmäßig gleich hoch sind, weist VU2 eine höhere Eigenkapitalrentabilität aus, obwohl ökonomisch gleiche Sachverhalte vorliegen:

  Formel 11:

$$\text{VU1} = \frac{J\ddot{U}_{t+1}}{(EK_t+(EK_{t+1}+X_{t+1}))/2} < \frac{J\ddot{U}_{t+1}+X_{t+1}}{(EK_t+(EK_{t+1}+X_{t+1}))/2} = \text{VU2}$$

---

828 Bei dem OCI handelt es sich um ergebnisneutrale Veränderungen des Eigenkapitals. Zusammen mit dem Periodenergebnis stellen sie das *comprehensive income* dar und präsentieren den Gesamterfolg des Unternehmens; siehe auch Pellens/Fülbier/Gassen, 2006, S. 457.

829 siehe hierzu auch Ausführungen Rockel/Helten/Loy/Ott/Sauer, 2007, S. 330 ff.

mit:

$J\ddot{U}_{t+1}$ = Jahresüberschuss der Periode vor Berücksichtigung der Wertänderung des Aktienbestands

EK_t = Eigenkapital am Periodenanfang

EK_{t+1} = Eigenkapital am Periodenende vor Berücksichtigung der Wertänderung des Aktienbestands

X_{t+1} = Wertänderung des Aktienbestands in Periode t+1 (nach Steuer)

- Neben den Finanzinstrumenten können Versicherungsunternehmen ihren eigengenutzten Immobilienbestand wahlweise nach dem Anschaffungskosten- oder dem Neubewertungsmodell bilanzieren. Letzteres erfordert eine Folgebewertung zum Neubewertungsbetrag, der den beizulegenden Zeitwert abzgl. Abschreibungen darstellt.[830] Neubewertungsgewinne werden, ähnlich den Finanzinstrumenten der Kategorie *afs*, erfolgsneutral im Eigenkapital erfasst, wohingegen Neubewertungsverluste (nach erfolgsneutraler Auflösung evtl. zuvor im Eigenkapital vorhandener Neubewertungsgewinne) erfolgswirksam erfasst werden.[831]

Um dem Analytiker die entsprechenden direkt im Eigenkapital erfassten Posten für seine Analysenzugänglich zu machen, kann er – da sich aus dem Eigenkapital in der Bilanz i.d.R. solche detaillierten Informationen nicht ergeben – auf die verpflichtend zu erstellende Eigenkapitalveränderungsrechnung zurückgreifen.[832] Mit deren Hilfe sollen dem Adressaten detaillierte Informationen über sämtliche Eigenkapitalbewegungen zugänglich gemacht werden.[833] Dabei wird insbesondere die Darstellung aller Posten gefordert, „(…) die ohne Berührung der GuV unmittelbar im Eigenkapital zu erfassen sind (…)“[834], um ein entsprechendes Bild des Gesamtergebnisses der Periode ableiten zu können. Dies ermöglicht es dem Analytiker, solche bilanzpolitischen Effekte bei Interpretationen im Rahmen eines Betriebsvergleichs zu berücksichtigen.

Die größten Probleme dürften dem Analytiker aber die segmentbezogenen Eigenkapitalrenditen bereiten. Sofern nicht ein reiner Schaden-/Unfallversicherungskonzern vorliegt, ist der Adressat auf die Segmentberichterstattung angewiesen. Diese enthält jedoch kein segmentiertes Eigenkapital, so dass der Analytiker entweder hilfsweise über die nicht sehr aussagekräftige Nebenrechnung *Segmentaktiva abzgl. Segmentpassiva* zur Eigenkapitalbestimmung gehen muss, bei dem vor allem Konsolidierungseffekte unberücksichtigt bleiben können, oder

830 Vgl. Pellens/Fülbier/Gassen, 2006, S. 303.

831 Vgl. Born, 2007, S. 131.

832 siehe auch IAS 1.96.

833 Vgl. Scherrer, 2007, S. 527.

834 Senger/Brune, 2006, S. 476.

annäherungsweise die Konzern-Eigenkapitalrentabilität zu seinen Auswertungen heranzieht, in der auch anderen Segmente enthalten sind. Letzteres kann sich insbesondere verzerrend auswirken, sofern es sich um keinen reinen Versicherungskonzern handelt, da die Eigenkapitalrenditen anderer Wirtschaftszweige deutlich von denen der Versicherungsbranche abweichen können. Hinter beiden Vorgehensweisen verbergen sich somit deutliche Nachteile, sofern wirklich nur das Segment Schaden-/Unfallversicherung betrachtet werden soll. Handelt es sich um reine Versicherungskonzerne, sollte überlegt werden, ob nicht die Konzern-Eigenkapitalrentabilität herangezogen werden sollte, sofern das Segment Schaden-/Unfallversicherung keine untergeordnete Rolle spielt. Diese Vorgehensweise wird vor allem dadurch bekräftigt, dass unter IFRS 8 das auszuweisende Segmentergebnis nicht unbedingt dem IFRS-Jahresüberschuss zu entsprechen hat.[835] Im Fall einer Konzernquote ist jedoch vom Analytiker insbesondere die Erfolgsgröße der einzelnen Segmente, die zur gesamten Zählergröße beitragen, daraufhin zu durchleuchten, ob nicht außergewöhnliche Effekte aus anderen Segmenten die Konzern-Eigenkapitalrentabilität beeinflussen.

4.4.5.2.2 Jahresüberschuss

IFRS kennt keine versicherungsspezifische Erfolgsrechnung. Im Rahmen der vorliegenden Arbeit und deren speziellen Bezug zur Versicherungstechnik soll daher unter IFRS an dieser Stelle entsprechend Kapitel 4.4.5.1.2. in Bezug auf das Handelsrecht vorgegangen werden.

Kommt im handelsrechtlichen Abschluss eines Schaden-/Unfallversicherers neben der Schadenrückstellung vor allem auch der Schwankungsrückstellung eine wesentliche Bedeutung zu, so spielt diese unter angloamerikanischen Abschlüssen keine Rolle. Die Glättungsfunktion der Schwankungsrückstellung widerspricht der Informationsfunktion (*decision usefulness*) eines IFRS bzw. US-GAAP Abschlusses. Nach IFRS 4.14 findet somit auch die in Kapitel 4.4.3.4. genannte Befreiung von IAS 8.10-12 und der damit evtl. verbundene Rückgriff auf das Handelsrecht in Bezug auf das Ansatzverbot einer Schwankungsrückstellung ihre Grenzen.[836] Es erfolgt somit eine Umbuchung der Schwankungsrückstellung in die Gewinnrücklagen, wobei IFRS 4.BC93 die Möglichkeit eines separaten Postens im Eigenkapital erlaubt.[837] In diesem Sinne dürfte die Volatilität einer IFRS Gewinn- und Verlustrechnung im Zeitablauf deutlich höher sein, aber gleichzeitig auch den tatsächlichen Periodenerfolg im Vergleich zur handelsrech-

835 Siehe hierzu auch Kapitel 2.3.
836 Vgl. Ballwieser/Dobler, 2009, S. 1223.
837 Vgl. Rockel/Helten/Loy/Ott/Sauer, 2007, S. 225.

tlichen Gewinn- und Verlustrechnung besser wiedergeben. Die für die versicherungstechnische Rechnung wesentlichen bilanzpolitischen Möglichkeiten unter IFRS sind in Kapitel 4.4.3.4. dargestellt, so dass an dieser Stelle auf weiterführende Darstellung verzichtet wird. Aus denen in Kapitel 4.4.5.1.2. genannten Gründen soll auch unter IFRS auf eine Analyse der Veränderung der Deckungsrückstellung und den Aufwendungen für erfolgsabhängige und erfolgsunabhängige Beitragsrückerstattungen verzichtet werden.

An dieser Stelle sei jedoch darauf hingewiesen, dass sich im Rahmen des *Financial Statement Presentation*-Projektes der Jahresüberschuss lediglich als eine Zwischengröße der Gesamtergebnisrechnung darstellen soll.[838] Eine mögliche Berechnung der Eigenkapitalrendite auf Basis des angestrebten *Total Comprehensive Income* unter IFRS könnte den Betriebsvergleich erhöhen, indem Verzerrungen durch die Ausübung bilanzieller Wahlrechte[839] zum Teil rückgängig gemacht werden.[840] Dies betrifft allerdings lediglich Sachverhalte, die bisher erfolgsneutral erfasst wurden. Dagegen werden zukünftig außerbilanzielle Tatbestände weiterhin nicht in der Gesamtergebnisrechnung berücksichtigt. Eine so definierte Eigenkapitalrendite würde andererseits hohen und teilweise kurzfristigen Ergebnisvolatilitäten unterliegen, die auf längere Sicht nicht die Performance des Versicherers widerspiegeln muss. Zinsänderungen zögen ähnlich wie Aktienkursänderungen deutliche Gesamtergebnisschwankungen bei Finanzinstrumenten nach sich, sofern diese Papiere momentan als *afs* klassifiziert wären.[841]

4.4.5.3 Fazit

- Das Ansatzverbot einer Schwankungsrückstellung unter IFRS sorgt für eine periodengerechte Ermittlung der Eigenkapitalrendite
- Aufgrund der Konzernbetrachtung unter IFRS sind konzernintern motivierte Geschäftsvorfälle eliminiert
- Die EPS-Kennzahl ist Pflichtangabe unter IFRS und folgt standardisierten Berechnungsmethoden, so dass eine erhöhte Vergleichbarkeit für den Bilanzleser gegeben ist

---

838 Siehe hierzu auch IASB Staff ED FSP, ED 136; vgl. Zülch/Pronobis, 2009, S. 561 f.

839 Diese betreffen insbesondere die Klassifizierung von Finanzinstrumenten, siehe hierzu auch Kapitel 4.4.4.2.1.

840 Vgl. Zülch/Pronobis, 2009, S. 561.

841 Die Kategorie *afs* verfolgt das Ziel dem Adressaten den fair value in der Bilanz zu veröffentlichen, gleichzeitig die damit einhergehenden Marktwertschwankungen jedoch nicht erfolgswirksam erfassen zu müssen und damit das Ergebnis von einer gewissen (kurzfristigen) Volatilität zu befreien.

- Insbesondere die zahlreichen Klassifizierungsmöglichkeiten bei den Finanzinstrumenten lassen unter IAS 39 Betriebsvergleiche nicht aussagekräftig ausfallen und bedürfen Anpassungen (der Einbezug des Gesamtergebnisses anstatt des Jahresüberschusses könnte diese Problematik zum Teil beheben)
- Sind auch Kranken- und Lebensversicherungssparten im Konzern enthalten, ist eine IFRS-Eigenkapitalrendite auf Basis des Segments Schaden/Unfall nicht oder lediglich eingeschränkt möglich, so dass approximativ die Gesamtkonzernrendite herangezogen werden muss

➔ Prinzipiell sind aufgrund der Konzernbetrachtung und der Informationsfunktion die unter IFRS berechneten Eigenkapitalrenditen aussagekräftiger. Aber: Sowohl unter Handelsrecht (Schwankungsrückstellung) als auch unter IFRS (Klassifizierung der Finanzinstrumente) müssen zahlreiche Anpassungen vorgenommen werden, um gerade eine im Betriebsvergleich aussagekräftige Eigenkapitalrendite zu erhalten

5. Exposure Draft zu IFRS 4 Phase II

Mehr als drei Jahre nach Veröffentlichung des Discussion Papers *Preliminary Views on Insurance Contracts*[842] veröffentlichte das IASB am 30. Juli 2010 einen Exposure Draft *Insurance Contracts*[843]. Ziel des ED ist es, eine signifikante Verbesserung der Rechnungslegungsvorschriften bei der Bilanzierung von Versicherungsverträgen zu erreichen. Viele Rechnungslegungsadressaten sehen die heutige Bilanzierung als eine Art *black box* an, die keine entscheidungsnützlichen Informationen bereit stellt.[844] Zudem war es den Bilanzierenden unter IFRS 4 Phase I erlaubt, ihre bisher angewandten Vorschriften zur Bilanzierung von Versicherungsverträgen fortzusetzen.[845] Dies führte teilweise zu einer Intransparenz im Betriebsvergleich.

Das im Discussion Paper vorgeschlagene Bewertungsmodell für alle Versicherungsverträge in Form des *Current Exit Value* findet sich im Exposure Draft nicht mehr wieder.[846] Der *Current Exit Value* stellt auf einen Preis ab, „(...) den der Versicherer auf einem Markt zahlen müsste, um sich seiner Verpflichtung aus dem Versicherungsvertrag zu entledigen."[847] Da ein Markt, an dem Versicherungsverträge gehandelt werden und Preise ablesbar sind, in der Realität nicht existiert[848], griff das IASB bei der Bewertung des *Current Exit Value* auf ein dreiteiliges Bewertungsmodell (*three building block*) zurück.[849] Die Kritik am *Current Exit Value* Modell lief darauf hinaus, dass Verbindlichkeiten aus Versicherungsverträgen nicht transferierbar sind und Versicherer in der Praxis ihre Verträge auch generell erfüllen.[850] Im Exposure Draft erfolgt die Bewertung grundsätzlich zum unternehmensspezifischen Erfüllungsbetrag[851], dem *Present Value of the*

842 Im Folgenden als Discussion Paper oder DP bezeichnet.
843 Im Folgenden als Exposure Draft oder ED bezeichnet.
844 Vgl. ED IN1.
845 Vgl. ED IN2 (b); vgl. Heller, 2009, S. 97.
846 Vgl. Bächler, 2010, S. 381 .
847 Heller, 2009, S. 104.
848 Siehe hierzu auch Ebbers, 2009, S. 1809; siehe hierzu auch Engeländer/Kölschbach, 2009, S. 1495.
849 Vgl. Heller, 2009, S. 104.
850 IASB Snapshot, S. 9.
851 Vgl. Horstkötter/Schweinberger, 2010, S. 546; vgl. Nguyen/Molinari, 2011, S. 19; vgl. Kreeb, 2010, S. 350 f.

Fulfilment Cash Flows (kurz: *PVFCF*) plus einer Residualmarge.[852, 853] Die Bewertung erfolgt dabei ebenfalls anhand eines *building block*-Modells und besteht aus den folgenden Komponenten:

- Erwartungswert der Cash Flows: "an explicit, unbiased and probability-weighted estimate (ie expected value) of the future cash outflows less the future cash inflows that will arise as the insurer fulfils the insurance contract"[854]
- Diskontsatz: "a discount rate that adjusts those cash flows for the time value of money"[855]
- Risikomarge: "an explicit estimate of the effects of uncertainty about the amount and timing of those future cash flows"[856]
- Residualmarge: "a *residual margin* that eliminates any gain at inception of the contract"[857]

Während der *Current Exit Value* im Discussion Paper noch für die Bewertung aller Versicherungsverträge Anwendung finden sollte, trifft dies für das im Exposure Draft genannte allgemeine Bewertungsmodell nicht mehr zu. So wird für bestimmte kurzfristige Verträge von genanntem Bewertungsmodell abgesehen und eine Bewertung durch einen *Unearned Premium Approach*, kurz: UPA, vorgeschrieben.[858] Hierbei werden die Prämien über die Versicherungsperiode verteilt.[859] Dieses Vorgehen ist konsistent mit vielen bereits heute angewandten Rechnungslegungsvorschriften und stellt laut IASB für *pre-claims* Verbindlichkeiten unter Kosten-Nutzen-Gesichtspunkten eine vernünftige Approximation des allgemeinen Bewertungsmodells dar.[860] Zwar erfolgt für diese kurzfristigen Verträge eine verpflichtende Anwendung des UPA[861], so dass diesbezüglich durchaus ein Betriebsvergleich gewährleistet wird, dennoch enthält der Exposure Draft letztlich zwei Bewertungsverfahren. Versicherungskonzerne, die sowohl langfristige als auch entsprechend kurzfristige Versicherungsprodukte anbieten, sehen sich mit einer unterschiedlichen Bewertung der verschiedenen Versicherungsverträge konfrontiert. Lediglich im Falle bereits eingetretener Schäden

---

852 Im Folgenden werden beide Komponente, der Present Value of the Fulfilment Cash Flows und die Residualmarge, als *allgemeines Bewertungsmodell* bezeichnet.

853 Vgl. ED 17.

854 ED 22.

855 ED 22.

856 ED 22.

857 ED 17(b).

858 Vgl. ED 55.

859 Vgl. ED 55(a).

860 Vgl. ED BC146.

861 Vgl. ED BC147.

fordert der Exposure Draft auch die Bewertung solch kurzfristiger Verträge anhand des allgemeinen Bewertungsmodells.[862]

Im Folgenden werden sowohl der UPA als auch das allgemeine Bewertungsmodell dargestellt und wesentliche bilanzpolitische Spielräume seitens des Bilanzierenden aufgezeigt.

Abbildung 11 zeigt die verschiedenen Bewertungsverfahren und ihre Interdependenzen.

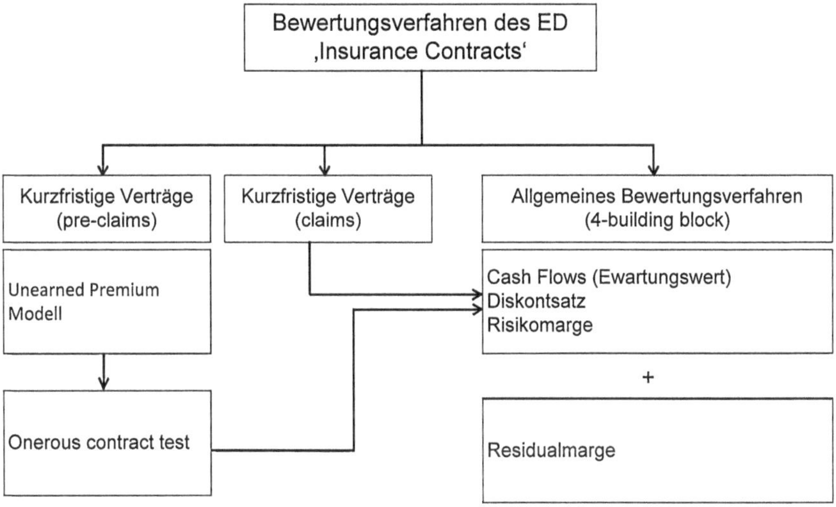

Abbildung 11: Bewertungsverfahren des Exposure Draft

5.1 Unearned Premium Approach

Enthielt das Discussion Paper noch ein für alle Versicherungsverträge gültiges Bewertungsmodell, so wurde im Zuge der zahlreichen IASB Treffen seit Mai 2007 ein vereinfachtes Bewertungsmodell für die pre-claim Phase[863] bestimmter Verträge in Erwägung gezogen. Dieses Modell fand auch in Form des *Unearned Premium Approach* Eingang in den Exposure Draft, wobei nach Schadeneintritt jedoch auch für diese Verträge die Bewertung anhand des *PVFCF* erfolgt.[864]

862 Vgl. ED 55(b).

863 Die pre-claim Phase stellt dabei den Zeitraum von der Erstbewertung bis zum tatsächlichen Schadeneintritt dar.

864 Siehe hierzu Kapitel 5.3.

Die beiden kumulativ zu erfüllenden Anwendungsvoraussetzungen zur Anwendung des UPA sind in ED 54 wie folgt definiert:

- Die Dauer des Versicherungsschutzes des entsprechenden Versicherungsvertrages beträgt ungefähr ein Jahr oder weniger und
- Der Vertrag enthält keine eingebetteten Optionen oder andere Derivate, die die Variabilität der Zahlungsströme signifikant beeinflussen, sofern diese nicht getrennt vom Vertrag zu bewerten sind

Dabei stellen beide Kriterien keine eindeutigen Abgrenzungen dar, sondern beinhalten einen gewissen Spielraum, den es vom Versicherer auszulegen gilt. So ist die Vertragsdauer lediglich mit *ungefähr ein Jahr* definiert, wobei es durchaus im Ermessen der Versicherer liegt, auch Verträge mit längerer Laufzeit nach dem UPA zu bewerten.[865] Ebenso eröffnet die Begrifflichkeit des *signifikanten Einflusses* auf die Zahlungsströme bzgl. des zweiten Kriteriums erheblichen Ermessensspielraum, der von Versicherer zu Versicherer unterschiedlich interpretiert werden mag und den Betriebsvergleich beeinträchtigen kann.

Der Verpflichtungswert dieser Verträge ergibt sich aus der Summe von:

- Erhaltenen Prämien zzgl. des Barwerts der erwarteten zukünftigen Prämien, die innerhalb der Vertragsgrenzen[866] liegen[867] und der
- Variablen Abschlusskosten[868]

Die entsprechend anzusetzende Verbindlichkeit bestimmt sich aus dem Verpflichtungswert abzüglich des Barwerts der erwarteten zukünftigen Prämien, die innerhalb der Vertragsgrenzen liegen.[869] Eine Auflösung erfolgt systematisch über die Versicherungsperiode in einer Art, die dem Risiko des Versicherungsschutzversprechens am besten gerecht wird, was folgendermaßen erreicht werden kann:

- Linear über den Zeitraum des Versicherungsschutzes[870] oder
- Auf Basis der erwarteten Schadeneintrittszeitpunkte, sofern die Eintrittszeitpunkte möglicher Schadenereignisse deutlich einer gleichverteilten Auflösung entgegenstehen[871].

---

865 So stellen zwar Verträge mit einjähriger Laufzeit den Großteil der Schaden-/Unfallversicherungsverträge dar, doch gibt es abgesehen von der Unfallversicherung mit Beitragsrückgewähr durchaus auch bei anderen Verträgen die Möglichkeit, diese über einen längeren Zeitraum verbindlich abzuschließen.

866 Zur Definition der Vertragsgrenzen siehe Kapitel 5.2.1.

867 ED 57; vgl. auch Bächler, 2010, S. 383.

868 ED 57.

869 Vgl. ED 56; vgl. FASB DP, par. 97.

870 ED 58.

871 ED 58.

Je nach Einschätzung des Versicherers kann somit eine gleichmäßige Ertragsvereinnahmung oder aber die *Bevorzugung* einzelner Perioden erfolgen. Ist dies hinsichtlich bestimmter Risiken, wie Hurricane-Schäden in Nordamerika, die vornehmlich in der zweiten Jahreshälfte auftreten, noch vertretbar, ist fraglich, ob nicht bilanzpolitisches Potential genutzt werden kann, um solch schadenreicheren Perioden auch aus anderen Portfolien mehr Erträge zuzuschlüsseln. Auch hierbei sind die Angaben zu den Bewertungsmethoden[872] vom Analytiker zu berücksichtigen.

Der Barwert der erwarteten zukünftigen Prämien ergibt sich dabei durch Diskontierung mit dem Zeitwert des Geldes. Nähere Erläuterungen hinsichtlich der Bestimmung sowie bilanzpolitischer Möglichkeiten bzgl. des Zeitwertes des Geldes sind in Kapitel 5.2.2. dargestellt.

Die Bewertung solch kurzfristiger Verträge anhand des UPA stellt laut IASB eine gute Approximation des allgemeinen Bewertungsmodells dar und ist unter Kosten-Nutzen Gesichtspunkten dem aufwendigeren allgemeinen Bewertungsmodell vorzuziehen.[873] Aus Sicht der Versicherer ist dieser Begründung erst einmal zuzustimmen, auch wenn per Definition eine Approximation immer mögliche Schätzfehler enthält und die Aussagekraft für den Analytiker einschränkt.

Grundsätzlich stellt sich jedoch die Frage, ob der Versicherer tatsächlich einen entsprechenden Aufwandsvorteil aus dem vereinfachten Verfahren ziehen kann. So verlangt der Exposure Draft bspw. einen sogenannten *onerous test,* mit dem zu jedem Stichtag auf Portfolioebene zu prüfen ist, ob der bestehende Verpflichtungswert noch mindestens den Erwartungswert der zukünftigen Schadenzahlungen widerspiegelt.[874] Sofern dies nicht der Fall ist, hat der Versicherer eine entsprechende aufwandswirksame Anpassung in Höhe der Differenz vorzunehmen.[875] Die Bewertungsmethoden zur Bestimmung des Erwartungswertes der zukünftigen Schäden sind denen des *PVFCF* gleichgesetzt.[876] Entsprechend hat der Versicherer zumindest intern bzw. indirekt das Modell des *PVFCF* ohnehin anzuwenden.[877] Darüber hinaus wird auch unter Solvency II eine Barwertbetrachtung der versicherungstechnischen Rückstellungen verlangt, wobei es hier keine Ausnahme für kurzfristige Verträge geben wird. Entsprechend muss der Versicherer nicht nur innerhalb der IFRS verschiedene Bewertungen vornehmen, sondern er hat diese auch zwischen einzelnen Reporting-Systemen bzgl. ein und desselben Vertrages bzw. Portfolios durchzuführen. Zu den Bewertungsvorschriften unter Solvency II

872 Vgl. ED 90(a).

873 Siehe hierzu auch ED BC146.

874 Vgl. ED 60.

875 Vgl. ED 60.

876 Vgl. ED BC148(c).

877 Vgl. IASB Agenda Paper 3E par. 61.

und möglichen Abweichungen hinsichtlich des *PVFCF* unter IFRS sei an dieser Stelle auf Kapitel 7 verwiesen. Aus der Sicht einer Vermittlung entscheidungsnützlicher und für die Bilanzanalyse aussagekräftiger Informationen ist die Einführung eines vereinfachten Bewertungsmodells in Form des UPA eindeutig abzulehnen. Vielmehr sollte es das Ziel sein, ein über alle Reporting-Systeme hinweg einheitliches Bewertungsmodell zu implementieren[878], um so quantitative Inkonsistenzen für gleiche Portfolien weitestgehend zu minimieren.

Zwar versucht das IASB durch die zwingende Anwendung des UPA anstelle eines Wahlrechts zwischen UPA und allgemeinem Bewertungsmodell für kurzfristige Verträge eine Vergleichbarkeit herzustellen[879], doch wäre eine verpflichtende Anwendung des allgemeinen Bewertungsmodells unabhängig der Vertragsart wünschenswert. Darüber hinaus verlangt der Exposure Draft ab Zeitpunkt des Schadeneintrittes eine Bilanzierung zum *PVFCF*.[880] Hierdurch sieht sich der Bilanzleser für gleichartige Verträge/Portfolien mit Bilanzausweisen konfrontiert, die anhand unterschiedlicher Bewertungsmodelle generiert wurden.[881]

Tabelle 3: Unearned Premium Approach: Bilanzpolitische Spielräume

	Bilanzpolitischer Spielraum	**Mögliche Maßnahmen**
Anwendung des UPA	Der Exposure Draft gibt keine genauen Vertragsgrenzen bzgl. der Anwendbarkeit des UPA als vereinfachtes Bewertungsverfahren vor. Gerade Schaden-/Unfallversicherer können dies nutzen, um Verträge anhand des vereinfachten Modells zu bilanzieren	Dem Bilanzleser stehen nur im Falle entsprechender Anhangangaben bzgl. der Kriterienauslegung seitens des Versicherers Möglichkeiten offen, um Verzerrungen im Betriebsvergleich zu erkennen
onerous test	Der Versicherer besitzt zahlreiche bilanzpolitische Spielräume, um keine Drohverlustrückstellung bilden zu müssen. Siehe hierzu auch Kapitel 5.3	Für den Bilanzleser ist nicht ersichtlich, inwieweit bilanzpolitisches Potential genutzt wurde, um einen Verlustausweis zu vermeiden. Der Ansatz des allgemeinen Bewertungsmodells würde hier mehr Transparenz schaffen

878 Siehe hierzu auch Müller/Oster, 2001, S. 263: Auch hier wird v.a. aus Kostengründen ein einheitliches Reporting-System präferiert, um den Versicherer vor der Aufstellung zweier Jahresabschlüsse zu bewahren.

879 Vgl. ED BC147.

880 Vgl. ED 55(b).

881 Zu den Bewertungsvorschriften des *PVFCF* sei auf die Kapitel 5.3 verwiesen.

5.2 Allgemeines Bewertungsmodell (*building block model*)

5.2.1 Schätzung von Zahlungsströmen

Die zentrale Größe des *PVFCF* und somit auch des allgemeinen Bewertungsmodells[882] stellt die Schätzung der zukünftigen Zahlungsströme dar. Berücksichtigung finden dabei alle für ein bestimmtes Portfolio anfallenden Ein- und Auszahlungen:

> „Estimates of cash flows for a portfolio of insurance contracts shall include all incremental cash inflows and cash outflows arising from that portfolio (...).“[883]

Ausgangspunkt der Schätzung ist regelmäßig die Unternehmenssichtweise.[884] So finden zwar nur Zahlungsströme für die bereits im Portfolio gehaltenen Verträge Eingang in die Bewertung[885], allerdings werden für diese jegliche Zahlungsströme, die innerhalb der definierten Vertragsgrenzen anfallen, berücksichtigt und dies unabhängig davon, ob ein Schaden bereits eingetreten ist oder die Prämie bereits gezahlt wurde.[886] Als Abgrenzungskriterium für die Vertragsgrenzen werden dabei gesehen:

- Der Versicherer ist nicht mehr verpflichtet Versicherungsschutz zu gewähren[887] oder
- Der Versicherer hat das Recht oder praktische Möglichkeit, die Prämie entsprechend neuer Risikoerkenntnisse anzupassen[888]

Für die Schätzung der unter diese Vertragsgrenzen fallenden Zahlungsströme sollen alle verfügbaren Informationen hinsichtlich Höhe, zeitlichem Anfall und Unsicherheit erwartungstreu auf Basis aktueller Verhältnisse einfließen.[889] Um dieser Anforderung gerecht zu werden, schätzt der Versicherer zum Stichtag anhand verschiedener Szenarien die jeweils möglichen Zahlungsströme und weist dabei jedem der Zahlungsströme eine Eintrittswahrscheinlichkeit zu.[890] Der Versicherer bestimmt somit einen Erwartungswert über die zukünftigen Zahlungsströme. Dabei kann der Versicherer auf Markt- und Nichtmarktvariablen

---

882 Das allgemeine Bewertungsmodell ist dabei definiert als *PVFCF* zzgl. der Residualmarge; siehe hierzu auch ED 17.

883 ED 23.

884 Vgl. ED 23(b).

885 Vgl. ED 23(e).

886 Siehe hierzu auch ED 17(a).

887 ED 27.

888 ED 27.

889 Vgl. ED 23 (c), ED 23(d).

890 Vgl. ED B38.

zurückgreifen. Erstere sind am Markt beobachtbare oder aus einem solchen direkt ableitbare Größen[891], wobei hier, neben den Zinssätzen, auch die mögliche Nutzung eines Finanzinstruments genannt wird, das die Zahlungsströme oder Teile davon exakt repliziert.[892] Bei den Nichtmarktvariablen handelt es sich um alle weiteren Variablen. „Hierfür sollen alle verfügbaren internen und externen Daten herangezogen werden."[893] Dabei sollen diese jedoch nicht evtl. am Markt beobachtbaren Daten, wie bspw. Inflation[894], entgegenstehen.[895] Im Hinblick auf die Aussagekraft ist ein Ansatz unternehmensindividueller Größen zu begrüßen, da dem Bilanzleser entsprechende Verhältnisse des Versicherers und nicht allgemeiner Marktparameter widergespiegelt werden.[896] Dennoch beinhaltet dieser Ansatz einen höheren bilanzpolitischen Spielraum, so dass es wünschenswert wäre, dem Bilanzadressaten zusätzliche Informationen bereit zu stellen, inwiefern die Vorgabe einer Validierung von unternehmensinternen Daten mit am Markt verfügbaren Variablen erfolgte. So hätte der Bilanzleser die Möglichkeit zur Einschätzung der in die Bewertung eingeflossenen Parameter und würde gleichzeitig für einen Betriebsvergleich wesentliche Informationen gewinnen.

Dies steht der bisherigen Bilanzierungspraxis unter US-GAAP entgegen, bei der ein *best-estimate* Ansatz erfolgt.[897] Der Ansatz eines Erwartungswertes stellt v.a. im Hinblick auf die genannten Probleme eines *best-estimate*-Ansatzes eine aussagekräftigere Größe dar. Zudem wird in Kapitel 5.2.3. noch gezeigt, dass die Risikomarge eine Abweichung der tatsächlichen Zahlungsströme von deren Erwartungswert berücksichtigen soll. Der Exposure Draft verlangt bei der Bestimmung des Erwartungswertes die Berücksichtigung aller relevanten Informationen, nicht jedoch die Bestimmung aller möglichen Szenarien.[898] Er entspricht damit dem Kosten-Nutzen-Gedanken. Für den Bilanzleser bedeutet dies hingegen, dass die Erwartungswerte der zukünftigen Zahlungsströme, die ohnehin mit Unsicherheit behaftet sind, eher Werte einer Bandbreite darstellen. Auch der Exposure Draft unterstützt diesen Gedanken, indem er eine einfache Modellierung zulässt, sofern diese Ergebnisse innerhalb einer tolerierbaren Bandbreite liefert.[899] Dies eröffnet

---

891 Vgl. Heller, 2009, S. 112.

892 Vgl. ED B42 ff.

893 Heller, 2009, S. 112.

894 Die bei der Schätzung von Inflation entstehenden bilanzpolitischen Spielräume sind in Kapitel 4.4.3.4.2 dargestellt.

895 Vgl. ED B50.

896 Vgl. Heller, 2009, S. 177.

897 Siehe hierzu auch Kapitel 4.4.3.4.2; vgl. ED B38.

898 Vgl. ED B39.

899 Vgl. ED B39.

dem Bilanzierenden entsprechenden materiellen bilanzpolitzischen Spielraum.[900] Schätzt der Versicherer bspw. eine Vielzahl von Szenarien, deren jeweilige Zahlungsströme und deren zeitlicher Anfall wenig voneinander abweichen, so könnte der Ansatz *eines* Szenariowertes als ausreichend gesehen werden. Gegeben seien Auszahlungsschätzungen für drei Szenarien inkl. deren Eintrittswahrscheinlichkeiten:

Tabelle 4: Zahlungsströme und deren Eintrittswahrscheinlichkeiten I

Szenario	Periode 1	Periode 2	Periode 3	Periode 4	Summe	Eintrittswahrscheinlichkeit
1	100 GE	50 GE	10 GE	30 GE	190 GE	20%
2	105 GE	45 GE	15 GE	30 GE	195 GE	40%
3	95 GE	55 GE	10 GE	25 GE	185 GE	40%

Der undiskontierte Erwartungswert der drei Szenarien beträgt 190 GE. Aufgrund der gering abweichenden Zahlungsströme liefern die Werte der drei Szenarien eine tolerierbare Bandbreite von 185 GE bis 195 GE, so dass bereits die Schätzung eines Szenarios als Grundlage des Bilanzansatzes dienen könnte. Für den Bilanzleser sind jedoch die Bandbreiten nicht ersichtlich und es bleibt ihm verborgen, dass sich die Zahlungsströme bei Ansatz des Szenarios 2 am oberen Ende der Bandbreite, bei Ansatz des Szenarios 3 am unteren Ende der Bandbreite befinden würden. Aufgrund der ähnlichen Zahlungsstruktur mag dies im vorliegenden Beispiel noch vertretbar sein. Weichen die Zahlungsströme der Szenarien jedoch voneinander ab, so ergeben sich mitunter Informationsdefizite auf Seiten des Bilanzleser. Gegeben seien Auszahlungsschätzungen für drei Szenarien inkl. deren Eintrittswahrscheinlichkeiten:

Tabelle 5: Zahlungsströme und deren Eintrittswahrscheinlichkeiten II

Szenario	Periode 1	Periode 2	Periode 3	Periode 4	Summe	Eintrittswahrscheinlichkeit
1	50 GE	40 GE	20 GE	30 GE	140 GE	40%
2	40 GE	50 GE	30 GE	15 GE	135 GE	40%
3	100 GE	90 GE	60 GE	60 GE	310 GE	20%

Hier zeigt sich, dass der Versicherer mit einer 20%igen Wahrscheinlichkeit von hohen Schadenzahlungen ausgeht (Szenario 3)[901], während sowohl in Szenario 1 als auch in Szenario 2 eine deutlich geringere Schadenbelastung geschätzt wird. Der Erwartungswert aller drei Szenarien beträgt 172 GE und bewegt sich damit eher am unteren Ende der Bandbreite. „Zwangsläufig liegen einige Ressourcen-

900 Vgl. Nguyen/Molinari, 2011, S. 21 f.

901 Z.B. durch Eintritt eines Großschadenereignisses.

abflüsse mit geringen Eintrittswahrscheinlichkeiten signifikant über oder unter dem berechneten Erwartungswert."[902] Dem Bilanzleser ist jedoch nicht ersichtlich, ob sich der Erwartungswert hinsichtlich der Schadenzahlungen eher aus gleichverteilten Szenarien oder aus einer hohen Bandbreite ergibt. Um einem möglichen Eintritt von Szenario 3 dennoch gerecht zu werden, verlangt der Exposure Draft bei der Bewertung der Verbindlichkeit die Berücksichtigung einer Risikomarge.[903] Da dem Bilanzleser keine Informationen der Bandbreiten zur Verfügung stehen, sollte er bei der Interpretation der Zahlungsströme stets die angesetzte Risikomarge mit einbeziehen. Diese beinhaltet Hinweise, unter einem bestimmten Konfidenzniveau, auf die Einschätzung des Versicherers einer möglichen Abweichung der tatsächlichen Schadenzahlungen von deren Erwartungswert.

Zudem eröffnet der Erwartungswert dem Versicherer bilanzpolitisches Potential hinsichtlich zukünftiger Stichtage. So könnte er bei der Neubewertung Ende Periode 1 die Eintrittswahrscheinlichkeiten neu ansetzen. Sofern er diese Anpassung begründen kann, gilt dies selbst für den Fall, dass sich objektiv keine Änderungen in seiner Einschätzung ergeben haben.[904] Die neuen Begründungen müssen dabei überzeugender sein als die, die die vorherigen Eintrittswahrscheinlichkeiten generierten.[905] Er wäre damit in der Lage, den Erwartungswert, der sich am Ende der letzten Periode noch am unteren Rand der Bandbreite befand, zum Ende der Periode 1 verstärkt Richtung oberes Bandbreitenende zu verschieben. Durch die aufwandswirksame Erfassung könnte der Versicherer sehr positive Ergebnisse der Periode 1 normalisieren und hätte sich zusätzlich Reserven für zukünftige Perioden geschaffen. Angaben hinsichtlich der Parameteränderungen, die bei materiellen Auswirkungen[906] auch auf quantitativer Basis zu erfolgen haben[907], sollten daher ebenso wie die Überleitungsrechnung[908] mit in die Analyse einbezogen werden.

Neben der Schätzung der nominalen Schadenhöhen spielt auch der zeitliche Anfall dieser Zahlungen eine wesentliche Rolle. In Kapitel 5.2.2. wird gezeigt, dass sich durch die Barwertbetrachtung deutliche materielle Spielräume ergeben.

Da die Schätzungen der Zahlungsströme von den aktuellen Gegebenheiten am Bilanzstichtag abhängen, kann es für den Bilanzleser zu Interpretationsschwierigkeiten kommen, sofern zwischen Bilanzstichtag und Bilanzaufstellung zuvor geschätzte Schäden tatsächlich eintreten. Der Exposure Draft sieht hierfür

902 Barth/Beyhs/Hausen, 2010, S. 399.

903 Siehe hierzu Kapitel 5.2.3.

904 Vgl. ED B54.

905 Siehe ED B54.

906 Die Definition von *,materiell'* kann hinsichtlich der quantitativen Kriterien zwischen Bilanzleser und Versicherer durchaus unterschiedlich sein.

907 Vgl. ED 90(c).

908 Vgl. ED 87(f).

in Anlehnung an IAS 10 *Ereignisse nach der Berichtsperiode* keine Aktualisierung vor.[909] Vielmehr bleibt die zum Bilanzstichtag getroffene Wahrscheinlichkeit des Eintritts erhalten und dem Bilanzleser sollen lediglich im Anhang gemäß IAS 10 entsprechende Informationen zur Verfügung gestellt werden.[910, 911] In Bezug auf obiges Beispiel hätte dies zur Folge, dass bei Eintritt eines Schadens zwischen dem Bilanzstichtag der Periode 0 und der Bilanzaufstellung in Höhe von 90 GE, der Erwartungswert für Periode 1 weiterhin nur mit 56 GE[912] in der Bilanz zum Ansatz kommt.[913] Sind die Schadenzahlungen der weiteren Perioden nicht mit dem in Periode 1 eingetretenen Schaden korreliert, so könnte durchaus eine Unterbewertung des Erwartungswertes der gesamten Cash Flows vorliegen. Der Bilanzleser sollte die zusätzlichen Anhangangaben, wie Art des Ereignisses und eine Schätzung der finanziellen Auswirkungen bzgl. dieser wertbeeinflussenden Ereignisse[914], in seine Analysen mit einbeziehen.

Welche Zahlungsströme zu berücksichtigen sind, werden im Exposure Draft ED/2010/8.B61 definiert. Im Folgenden sind wesentliche Zahlungsströme bzw. solche, die hohen bilanzpolitischen Spielraum besitzen, dargestellt[915]:

1) Prämien
2) Zahlungen an die Versicherten, wie bereits eingetretene Schäden und zukünftig unter den Vertragsgrenzen anfallende Schadenzahlungen
3) Schadenaufwendungskosten
4) Abschlusskosten
5) Verwaltungskosten

Prinzipiell ergeben sich bei den einzelnen Positionen ähnliche bilanzpolitische Spielräume wie bereits unter der heutigen Anwendung von US-GAAP, so dass an dieser Stelle auch auf Kapitel 4.4.3.4 verwiesen sei; wobei der wesentliche Unterschied natürlich im Einbezug zukünftiger, noch nicht eingetretener Schäden liegt. Auch für diese Schätzungen sollte der Versicherer soweit wie möglich auf eigene historische Daten zurückgreifen, insbesondere sofern diese sein Portfolio auch weiterhin am besten abbilden.[916] Nichts desto trotz kann jedoch auch ein

909 Vgl. ED B40.

910 Siehe hierzu auch Hoffmann, 2009, S. 194 und S. 205 f.

911 Vgl. ED B40.

912 Der Erwartungswert für Periode 1 berechnet sich wie folgt: 50 GE * 40% + 40 GE * 40% + 100 GE * 20% = 56 GE.

913 Für den Bilanzansatz ist weiterhin der Erwartungswert der Verbindlichkeit über die gesamte Vertragsdauer von 172 GE maßgeblich, wobei die erwarteten 56 GE der Periode 1 eine Teilmenge der gesamten Verbindlichkeit sind.

914 Vgl. Hoffmann, 2009, S. 205.

915 Für weiterführende Angaben zu einzubeziehenden Zahlungsströmen siehe auch ED B61.

916 Vgl. ED B53(c).

Rückgriff auf Daten Dritter oder Marktparameter erfolgen[917], wenn dadurch die Aussagekraft der Schätzung erhöht wird. Dies kann v.a. der Fall sein, sofern eigene historische Daten nicht problemlos auf die Zukunft anwendbar sind. Ist ein Portfolio bspw. stark sensitiv gegenüber Naturkatastrophen, so sind u.U. ältere Daten nicht geeignet auch zukünftige Schadenzahlungen validierbar wiederzugeben. So war die Anzahl wetterbedingter Katastrophen im 21. Jahrhundert besonders hoch, seit 1980 haben sich diese Ereignisse sogar verdoppelt.[918] Dabei ist stets zu unterscheiden, ob die aktuellen Ereignisse auch in dieser Form zukünftig eintreten werden oder ob es sich der Höhe nach nur um Ausreißer des aktuellen Jahres handelt, diese aber durchaus einen Trend widerspiegeln.[919]

Explizit ausgeschlossen aus der Berücksichtigung in den Zahlungsströmen sind solche Kosten, die in keinem Verhältnis zu einer *normal* veranschlagbaren Kostenhöhe stehen. Dies betrifft sowohl Personal- als auch sonstige Kosten.[920] Eine solche Trennlinie zu ziehen, ermöglicht es dem Versicherer natürlich, Kostenbestandteile der Verbindlichkeitenbewertung zu entziehen und diese in der GuV außerhalb der Versicherungstechnik auszuweisen, so dass sich deren Ergebnis entsprechend verbessert. Eine weitere Verschiebung zwischen einzelnen Portfolien kann der Versicherer bei solchen Kostenbestandteilen vornehmen, die nicht explizit nur einem Portfolio zugeordnet werden können.[921] Der Vorteil könnte für den Versicherer darin liegen, die Performance von Portfolien, die bereits durch hohe, geschätzte, zukünftige Schadenzahlungen belastet sind, nicht noch weiter zu verschlechtern und die Erfassung eines sofortigen Aufwands zu vermeiden, sofern andernfalls bei der Erstbewertung gilt: $PVFCF < 0$.[922]

Die Abschlusskosten unterlagen einem besonderen Wandel während der Entwicklung des Exposure Drafts. Sollten diese im Discussion Paper noch sofort als Aufwand erfasst werden[923], so erfolgt nun eine Berücksichtigung der auf Vertragsebene anfallenden direkten und inkremantalen Abschlusskosten[924] bei den Zahlungsströmen[925] und führt zu keinem sofortigen Aufwand, sondern spiegelt sich in einer verringerten Residualmarge wider.[926] „Sobald diese (variable

917 Vgl. ED B53(c), B53(d).

918 Vgl. Ellenrieder/Kron, 2009, S. 9.

919 Vgl. ED B55, B56.

920 Vgl. ED B62(e).

921 Vgl. ED B63.

922 Siehe hierzu auch Kapitel 5.2.4.

923 Sofern diese durch entsprechend in die Bewertung einbezogene Prämien oder bereits erhaltene Prämien gedeckt sind, sollte in gleicher Höhe ein Ertrag erfasst werden; siehe hierzu auch Heller, 2009, S. 136 .

924 Vgl. IASB Agenda Reference 3Ba S. 11.

925 Vgl. ED 39(a).

926 Vgl. Nguyen/Molinari, 2011a, S. 65.

Abschlusskosten, Anmerkung Autor) dann anfallen (...) werden sie aufwandsmäßig erfasst und fallen aus der Schätzung der künftigen Cashflows heraus."[927] Durch die Erfassung der Abschlusskosten auf Vertragseben geht dem Versicherer die Möglichkeit verloren, Kosten zum Ansatz zu berücksichtigen, die sich lediglich auf Portfolioebene ergeben. Hierunter fallen bspw. Erfolgsboni, die auf aggregierten Verkaufszahlen basieren.[928]

Einen deutlichen Einschnitt im Vergleich zur heutigen Bilanzierung sieht der Exposure Draft unter ED/2010/8.14 auch hinsichtlich des erstmaligen Ansatzes vor. Entscheidend hierfür ist nicht der Vertragsbeginn bzw. der Beginn des Versicherungsschutzes, sondern vielmehr der frühere Zeitpunkt aus

- Vertragsbeginn oder
- dem Zeitpunkt, zu dem der Versicherer nicht mehr vom Vertrag zurücktreten und die Prämie ändern kann[929]

Dies kann dazu führen, dass zukünftig bereits Verträge bilanziell ausgewiesen werden, obwohl die Versicherungsperiode noch nicht begonnen hat. Zwar erfolgen im Anhang entsprechende Angaben zu den Neuverträgen[930], doch erhält der Versicherer enormen Spielraum hinsichtlich des Erstansatzes. Somit kann der Versicherer durch geschickte Vertragsgestaltung die Verträge bereits frühzeitig in der Bilanz berücksichtigen. Zwar erfolgt bei der Erstbewertung kein erfolgswirksamer Ausweis[931], dennoch dürften dem Bilanzleser aus den im Anhang veröffentlichten Überleitungsrechnungen[932] die zukünftigen Gewinnerwartungen anhand Residual- und zum Teil auch Risikomarge zugänglich sein. Die frühzeitige Berücksichtigung von margenstarken Verträgen ermöglicht dem Versicherer ein erhebliches bilanzpolitisches Instrumentarium. Die Angaben zu den Neuverträgen sollten daher für den Bilanzleser von wesentlicher Bedeutung sein, gerade auch in Bezug auf Prognosen für die Nachhaltigkeit von Vertragsgenerierungen. Durch das Vorziehen von Verträgen vor deren Vertragsbeginn und somit eines diesbezüglich periodenfremden Ausweises könnte für den Bilanzleser ein verzerrtes Bild entstehen.

Durch den Ansatz eines Erwartungswertes werden die bilanzpolitischen Spielräume, die unter US-GAAP mit dem *best estimate* verbunden sind, reduziert. Gleichzeitig unterbleibt bei der Schätzung der Zahlungsströme auch der Ansatz einer Vorsichtskomponente, wie sie im Handelsrecht vorgeschrieben ist. Somit werden durch den ED zu IFRS 4 Phase II die bilanzpolitischen Spielräume

927 Nguyen/Molinari, 2011a, S. 65.

928 Vgl. IASB Agenda Reference 3B, 02/2011, S. 11.

929 Vgl. ED 14.

930 Vgl. ED 87(b).

931 Lediglich im Falle eines Verlustes zu Vertragsbeginn, wird dieser aufwandswirksam erfasst; siehe Kapitel 5.2.4.

932 Vgl. ED 86.

des Handelsrechts und unter US-GAAP teilweise behoben. Gleichzeitig werden jedoch neue Spielräume eröffnet, wie nachfolgend zusammenfassend gezeigt wird.

Tabelle 6: Zahlungsströme: Bilanzpolitische Spielräume

	Bilanzpolitischer Spielraum	**Mögliche Maßnahmen**
Erwartungswert (I/III)	Der Erwartungswert der Zahlungsströme wird immer einen Wert innerhalb einer Bandbreite darstellen; durch Beeinflussung der Eintrittswahrscheinlichkeiten kann der Versicherer bestimmen, ob sich dieser am oberen oder unteren Ende der Bandbreite befinden soll	Bandbreiten sind insbesondere bei dem Risiko eines Extremschadens sehr hoch. Da eine Angabe zu Bandbreiten nicht erfolgt, sollte der Bilanzleser stets die Risikomarge mit in seine Bewertung einfließen lassen. Diese könnte Rückschlüsse auf die Bandbreite geben
Erwartungswert (II/III)	An zukünftigen Bilanzstichtagen kann der Versicherer durch begründete Änderung der Eintrittswahrscheinlichkeiten, trotz unveränderter sonstiger Annahmen, den Erwartungswert innerhalb der Bandbreite verschieben und so einen Ertrag oder Aufwand generieren	Quantitativ ersichtlich ist für den Bilanzleser der erfasste Ertrag oder Aufwand sowie eine Überleitungsrechnung im Anhang. Solche Änderungen sollten im Zeitablauf beobachtet werden und zusammen mit den qualitativen Angaben bzgl. der Parameteränderungen Berücksichtigung finden
Erwartungswert (III/III)	Durch den Einsatz vereinfachter Modellierungen des Erwartungswertes wird dem Kosten-Nutzen-Gedanken entsprochen, jedoch kann der so berechnete Erwartungswert von einem auf Basis detaillierter Szenarien berechneten abweichen	Die Angaben zu den angewandten Methoden sollten Einfluss in die Analyse finden. Zudem wären zusätzliche Angaben zu solch vereinfachten Modellierungen seitens des Versicherers wünschenswert
Erstansatz	Der Erstansatz eines Versicherungsvertrages wird häufig vor dem eigentlichen Vertragsbeginn erfolgen. Durch geschickte Zeichnungspolitik kann der Versicherer entsprechend *margenstarke* Verträge bereits vorzeitig ausweisen. Diese haben zwar noch keinen erfolgswirksamen Einfluss, die in der Überleitungsrechnung ausgewiesenen Margen stellen jedoch für den Bilanzleser Indikationen für eine zukünftige Performance dar	Bei der Prognose, v.a. hinsichtlich des Neugeschäfts, sollte der Bilanzleser darauf achten, inwieweit das Neugeschäft bzgl. des Versicherungszeitraumes zukünftigen Perioden zugeordnet ist. Angaben zu solchen Verträgen sollten seitens des Versicherers erfolgen und nicht nur auf das gesamte Neugeschäft bezogen sein
Zeitlicher Anfall	Unter dem allgemeinen Bewertungsmodell ist nicht nur der Nominalbetrag entscheidend für die einzelnen Komponenten des *buidling blocks*. Vielmehr spielt durch den Barwertansatz auch die zeitliche Verteilung der Zahlungsströme eine Rolle. Ein später Anfall von Auszahlungen erhöht den Barwert der Zahlungsströme (siehe hierzu auch Kapitel 5.2.2.)	Dem Bilanzleser bleibt hier nur indirekt die Möglichkeit Rückschlüsse anhand der Cash-Flow-Anpassungen zukünftiger Perioden in Form einer Zeitreihe zu ziehen, wobei eine Änderung separat nach Cash-Flow Anpassungen aufgrund von Änderungen der Zahlungsströme und solche aufgrund von Diskontsatzänderungen erfolgen
Zahlungsstromkomponenten	Zu bilanzpolitischen Möglichkeiten hinsichtlich der einzelnen bilanzpolitischen Komponenten sei auf die Ausführungen dieses Kapitels i.V.m. Kapitel 4.4.3.4. verwiesen	

5.2.2 Zeitwert des Geldes

Die zukünftigen Cash Flows werden um den Zeitwert des Geldes angepasst. Dieser soll widerspiegeln, dass ein in zehn Jahren auszuzahlender Betrag für den Versicherer heute real nicht denselben Wert besitzt.[933] Dieser Diskontfaktor spiegelt somit keine unternehmensindividuelle Kapitalanlagepolitik und deren Rendite wider, sofern der Versicherungsvertrag nicht von der Performance einer bestimmten Kapitalanlage abhängt, was in aller Regel bei Schaden-/Unfall-Versicherungsverträgen der Fall ist.[934] Fließen zukünftige erwartete Kapitalanlageerträge mit in die Prämienpolitik ein oder betreibt der Versicherer sogenanntes Cash Flow Underwriting, so kann es, wie später noch gezeigt wird, zu bilanziellen Verzerrungen kommen, da die Bewertung des Versicherungsvertrags unabhängig von der der Kapitalanlage vollzogen wird.

Die Bestimmung des Zeitwertes des Geldes erfolgt auf beobachtbaren Marktpreisen von Kapitalmarktinstrumenten, deren Zahlungsströme ähnliche Charakteristika aufweisen wie die der Verbindlichkeit. Im Exposure Draft heißt es hierzu:

> „(…) using discount rates that are consistent with observable current market prices for instruments with cash flows whose characteristics reflect those of the insurance contract liability, in terms of, for example, timing, currency and liquidity."[935]

Die Reflektion solcher Charakteristika ermöglicht dem Bilanzierenden erheblichen bilanzpolitischen Spielraum. Vor allem hinsichtlich der geforderten zeitlichen Übereinstimmung von Ein- und Auszahlungen bestehen erhebliche Unsicherheiten. Im Gegensatz zu Lebensversicherungsgesellschaften, bei denen neben den Zahlungseingängen auch die Zahlungsausgänge mit einer gewissen Sicherheit bestimmt werden können, ist dies bei Schaden-/Unfallversicherern oftmals nicht der Fall. Selbst bereits eingetretene und dem Versicherer gemeldete Schäden unterliegen, bspw. in der Haftpflichtsparte, regelmäßig langjährigen Abwicklungsprozessen mit ungewissen Auszahlungsmustern.[936] Durch die Beeinflussung dieser Auszahlungsmuster lässt sich bei der Diskontierung die Höhe der Verbindlichkeit bereits deutlich beeinflussen, ohne dass dabei schon auf die Auswahl des korrekten Diskontzinssatzes und dessen bilanzpolitischen Spielraum eingegangen werden muss. War bei der Bestimmung der Cash Flows noch die Höhe der Zahlungsströme als wesentliches bilanzpolitisches Instrument genannt nicht aber der zeitlich Anfall der einzelnen Ein- und Auszahlungen, so

933 Vgl. ED BC89.

934 Vgl. ED 31.

935 ED 30(a).

936 Siehe hierzu auch Swiss Re, 2008, S. 3.

kommt diesen bei der Diskontierung eine essentielle Bedeutung zu. Anhand der Formel zur Barwertberechnung soll der bilanzpolitische Spielraum an einem Beispiel gezeigt werden.

Allgemeine Barwertformel[937] bzw. Kapitalwertmethode[938] mit Cash Flow (CF), Diskontsatz (i) und Cash Flow Anfalljahr (t):

Formel 12:

$$\sum_{t=1}^{T} \frac{CF_t}{(1+i)^t}$$

Gegeben sei ein Vertrag mit geschätzten Einzahlungen von 1.000 GE und Auszahlungen von 900 GE und folgendem Cash Flow Pattern:

Tabelle 7: Cash Flow Pattern I

1. Jahr	2. Jahr	3. Jahr	4. Jahr	5. Jahr
+1.000	0	0	0	–900

Bei einem unterstellten Diskontsatz von 5% und Fälligkeit der Cash Flows jeweils zum Jahresende führt dies zu einem Barwert von 247 GE zu Beginn des 1. Jahres.

Nun wird dieselbe Höhe von Ein- und Auszahlungen bei gleichbleibendem Diskontsatz mit folgendem Cash Flow Pattern angenommen:

Tabelle 8: Cash Flow Pattern II

1. Jahr	2. Jahr	3. Jahr	4. Jahr	5. Jahr
+1.000	0	–900	0	0

Obwohl die Parameter identisch sind bzgl. des nominalen Netto-Cash Flows von insgesamt +100 GE, ergibt sich aufgrund der früheren Auszahlung ein höherer Barwert dieser Auszahlung und ein entsprechend geringerer Barwert aus den gesamten Zahlungsströmen des Vertrags von lediglich 175 GE.

Gerade bei langlaufenden Schadenzahlungen ergeben sich somit für den Bilanzierenden allein aus der Beeinflussung der Cash Flow Pattern erhebliche materielle Bewertungsspielräume. Wird unter US-GAAP noch der Erfüllungsbetrag bei eingetretenen Schäden als Rückstellungswert angesetzt, so spielt zukünftig für die Bewertung zusätzlich das Cash Flow Pattern eine wesentliche Rolle bei der Rückstellungshöhe. Bei Unternehmen, die für denselben Schaden eine Rückstellung zu bilden haben, kann künftig aufgrund der unterschiedlichen

937 Siehe hierzu auch Varain, S. 108 f.

938 Vgl. Hartung, 2000, S. 42.

Auszahlungsmuster ein abweichender Rückstellungsbetrag ausgewiesen werden, obwohl sie nominal identische Schätzungen vornehmen.

Werden dem Bilanzadressaten im Anhang entsprechende Informationen zur Verfügung gestellt, wie z.B. Abwicklungsmuster[939], so ist auch auf dieser Basis eine Bewertung der Cash Flow Pattern schwierig, da:

- Cash Flow Schätzungen generell mit Unsicherheit behaftet sind
- Angaben auf Portfoliobasis erfolgen und nicht einzelnen Schäden zuordenbar sind, anhand derer der Bilanzadressat evtl. plausible Rückschlüsse auf das Cash Flow Pattern ziehen könnte

Da der Versicherer jedoch in der GuV Angaben über Cash Flow Änderungen zwischen zwei Stichtagen zu tätigen hat, ist es dem Bilanzleser zumindest möglich, die zuvor getroffenen Annahmen im Nachhinein zu validieren und im Zeitablauf mögliche Rückschlüsse auf die Bilanzierungspraxis des Unternehmens zu ziehen. So könnten im Branchenvergleich hohe und wiederkehrende Erfahrungsanpassungen hinsichtlich ursprünglich geschätzter und tatsächlich eingetretener Cash Flows bzw. hinsichtlich ursprünglich geschätzter und neu geschätzter Cash Flows[940] u.U. auf die Nutzung bilanzpolitischer Spielräume deuten. Doch ist auch hier bei der Interpretation Vorsicht geboten, da es v.a. bei Großschäden oder noch nicht eingetretenen Schäden durchaus Anpassungen geben kann, die sich im Vorhinein nicht abgezeichnet haben. Insbesondere bei Versicherungsunternehmen, die solche Großschadenrisiken in ihrem Portfolio haben, ist dies bei der Interpretation und im Betriebsvergleich zu berücksichtigen.[941]

Neben den in der GuV auszuweisenden Anpassungen früherer Schätzungen erfolgen auch im Anhang Vergleichsangaben tatsächlicher Schäden zu den zuvor geschätzten Schadenhöhen, wobei letztere im Anhang sogar undiskontiert anzugeben sind[942] und nicht nur einen Vergleich in Bezug auf das zeitliche Auseinanderfallen, sondern auch auf die nominale Änderung zulassen.

Wie bereits erwähnt, müssen die beobachtbaren Zinssätze um jegliche Faktoren bereinigt werden, die für die Verbindlichkeit nicht von Relevanz sind.[943] Es findet dabei der vom IASB präferierte *bottom-up approach*[944] Anwendung.[945] Eine

---

939 Vgl. ED 95(a).

940 Vgl. ED 72(d).

941 Dies dürfte v.a. Rückversicherungsunternehmen betreffen, deren Geschäftsmodell die Absicherung solcher Großrisiken darstellt.

942 Vgl. ED 92(iii).

943 Vgl. ED 30(b); siehe hierzu auch IASB Agenda Reference 3A, 01/2011, par. 12, 13.

944 Das IASB hat in der am 17. Januar 2011 beginnenden Woche ebenfalls drei top-down approaches vorstellen lassen; siehe hierzu IASB Agenda Reference 3B, 01/2011; IASB Agenda Reference 3C, 01/2011; IASB Agenda Reference 3D, 01/2011.

945 Vgl. IASB Agenda Reference 3A, 01/2011, par. 17.

Bereinigung bezieht sich insbesondere auf das in einer Zinsstrukturkurve enthaltene Ausfallrisiko des Emittenten, welches zur Bewertung der Verbindlichkeit gänzlich eliminiert oder bis auf eine vernachlässigbare Größe reduziert werden muss.[946] In diesem Sinne entspräche der Zeitwert des Geldes einem risikolosen Zins, für den als Startpunkt im bottom-up-Verfahren in der Regel eine Staatsanleiherendite herangezogen wird.[947] Fraglich ist jedoch, ob jegliche Staatsanleihen als risikolos angesehen werden dürfen oder ob diese teilweise ein Ausfallrisiko beinhalten. Das Ausfallrisiko ist generell nicht Bestandteil des Zeitwertes des Geldes. Da der Diskontfaktor jedoch die Währungsstruktur der Verbindlichkeit widerspiegeln soll, muss bei der Verwendung der Staatsanleiherendite auf die Verzinsung einer solchen im entsprechenden Währungsraum zurückgegriffen werden. Stellt man die Verzinsung einer Staatsanleihe generell als risikofrei dar, so ist dies gerade nach der Finanzmarktkrise zu hinterfragen. Entsprechende Staaten, die Defizite in der Haushaltspolitik aufwiesen, wurden von den Marktteilnehmern als stark ausfallgefährdet angesehen, was sich entsprechend auch in deren Zinssätzen widerspiegelte. Der Ansatz einer solch höheren Rendite wäre mit einer geringeren Verbindlichkeit, gerade bei langlaufenden Schadenmustern, verbunden, wie vorhergehendes Beispiel gezeigt hat. Bei Verbindlichkeiten in solchen Währungsräumen sind Anpassungen hinsichtlich des im Zinssatz enthaltenen Risikozuschlags vorzunehmen. Möglichkeiten zur Bereinigung könnten entsprechend der Vorgehensweisen in Bezug auf die Liquiditätsprämie sein, die weiter unten skizziert werden. Zudem kann sich der Ansatz von Zinsstrukturkurven besonders bei langjährigen Verpflichtungen als herausfordernd erweisen, sofern im entsprechenden Währungsraum solche Zinsstrukturkurven mit ähnlich langen Laufzeiten nicht verfügbar sein sollten. In diesem Falle sollten vom Versicherer im Anhang Angaben über dessen Vorgehensweise, wie bspw. Extrapolation, gleichbleibende Renditen ab einem bestimmten Zeitraum oder aber der Rückgriff auf andere Finanzinstrumente, die eine entsprechende Laufzeitenstruktur aufweisen etc., getätigt werden, um dem Bilanzleser aussagekräftige Analysen und Betriebsvergleiche zu ermöglichen. Vor allem bei dem Rückgriff auf Zinsstrukturkurven anderer Finanzinstrumente sollten Angaben erfolgen, inwiefern diese um Risikozuschläge bereinigt wurden.[948]

---

946 Vgl. ED 31.

947 Vgl. ED BC 98; siehe auch Heller, 2009, S. 117; vgl. Kreeb, 2010a, S. 97; vgl. Sopp, 2011, S. 271 ff.; vgl. Varain, 2004, S. 122.

948 Diese Finanzinstrumente sollten zum Zeitpunkt der Liquiditätsprämienberechnung auch tatsächlich am Markt gehandelt werden. Die Versicherungsindustrie hält, je nach Währungsraum, die Verfügbarkeit von Finanzinstrumenten mit einer Laufzeit von 24 Jahren bis 48 Jahren als durchaus gegeben an; siehe hierzu auch CEIOPS LP, S. 15.

Eine gute Einschätzung zum verwendeten Diskontsatz bieten dem Bilanzleser dabei die Anhangangaben, die den Ausweis der Diskontsätze fordern.[949] Da das IASB im Exposure Draft von Zinssätzen redet, die im Anhang anzugeben sind, ist davon auszugehen, dass für wesentliche Währungsräume auch die einzelnen Diskontsätze anzugeben sind. Eine noch aussagekräftigere Darstellung für den Bilanzleser wäre der Ausweis verschiedener Zinsstrukturkurven der wesentlichen Währungsräume, in denen das Versicherungsunternehmen tätig ist. Auch wenn dies nicht seitens des IASB explizit gefordert sein sollte, sieht der Exposure Draft vor, dem Bilanzleser solche Informationen, die zur Verständlichkeit wesentlich sind, bereit zu stellen:

> „If the disclosures required by this [draft] IFRS and other IFRSs do not meet that objective in a particular situation, an insurer shall disclose whatever additional information is necessary to meet that objective."[950]

Sollte die Angabe der einzelnen Diskontsätze unterbleiben, so könnte der Bilanzleser dennoch versuchen, den veröffentlichten Diskontsatz qualitativ anhand der Angabe bzgl. wesentlicher geographischer Risikoexponierungen[951] plausibel zu bewerten.

Der Diskontsatz in Form einer Staatsanleiherendite hat jedoch noch einen weiteren Nachteil hinsichtlich der Liquidität.[952] Bestimmt sich die Rendite einer solchen Anleihe auf hoch liquiden Märkten, so besitzt der Käufer die Möglichkeit, das Papier kurzfristig zu veräußern. Dieser Möglichkeit bemisst der Käufer einen entsprechenden Wert bei, der sich in einem Abschlag auf die Rendite niederschlägt.[953] Die Rendite der Staatsanleihe lässt sich somit separieren in eine Renditezahlung für ein nicht handelbares Papier ($Gov_{non\text{-}trade}$) sowie eine Option, das Papier jederzeit veräußern zu können (Opt_{trade}).[954] Entsprechend lässt sich die Staatsanleiherendite ($Gov_{Rendite}$) wie folgt zerlegen[955]:

Formel 13:

$$Gov_{Rendite} = Gov_{non-trade} - Opt_{trade}$$

Da Versicherungsverträge in der Regel jedoch nicht liquide sind, würde eine Anwendung der am Markt bestimmbaren Staatsanleiherendite $Gov_{Rendite}$ nicht

949 Vgl. ED 90(b)(ii).
950 ED 80.
951 Vgl. ED 92(ii)(A).
952 Vgl. Sopp, 2011, S. 271 ff.
953 Vgl. ED BC98.
954 Vgl. ED BC99.
955 Siehe hierzu auch Sopp, 2011, S. 271 ff.

die Charakteristika der Verbindlichkeit widerspiegeln.[956] Die Schwierigkeit liegt in der Bestimmung des Optionswertes Opt_{trade} für den es keinen am Markt ablesbaren Wert gibt. Der Exposure Draft gibt keine prinzipienbasierte Methode vor, wie die Optionsprämie zu bestimmen ist. Im Rahmen des Solvency II Projekts befasste sich auch das *Committee of European Insurance and Occupational Pensions Supervisors*, kurz: CEIOPS[957], mit dieser Problematik. Hier wurden generell die folgenden Vorgehensweisen zur Quantifizierung einer Liquiditätsprämie von Finanzinstrumenten angesprochen:

- CDS Negative-Basis Method: "the CDS Negative-Basis Method which compares the spread on a corporate bond with the spread of a Credit Default Swap for the same issuing entity, same maturity, same seniority and same currency."[958]
- Covered Bond Method: "the Covered Bond Method which involves choosing a pair of assets which, besides liquidity, are assumed to offer equivalent cash flows and equivalent credit risk. The primary example is an index of covered bonds versus swaps."[959]
- Structural Model Method: "the Structural Model Method which involves the use of option pricing techniques to calculate a theoretical credit spread which compensates only for credit (default and spread) risk. The difference between the theoretical spread and the actual market spread is typically taken to be liquidity premium."[960]

Da eine Vorgabe zur Berechnung der Liquiditätsprämie im Exposure Draft nicht vorgesehen ist, könnte die Anwendung unterschiedlicher Methoden innerhalb der Branche zu erheblichen Problemen in der Vergleichbarkeit führen.[961] Die oben dargestellten Vorgehensweisen reichen von am Markt beobachtbaren Werten bis hin zu theoretischen Modellen, die zur Anwendung kommen können. Zwar ist grundsätzlich den am Markt beobachtbaren Input-Faktoren Vorrang zu geben, doch ergeben sich in der Praxis oftmals Abgrenzungsprobleme. So ist bei der CDS Negative-Basis Method der CDS nicht unbedingt allein durch die Ausfallwahrscheinlichkeit der zugrundeliegenden Anleihe bestimmt, sondern enthält evtl. auch eine gewisse Prämie für das Ausfallwahrscheinlichkeitsrisiko des CDS-Emittenten.[962]

---

956 Vgl. ED 34.

957 Am 1. Januar 2011 wurde das CEIOPS durch das *European Insurance and Occupational Pensions Authority (kurz: EIOPA)* ersetzt.

958 CEIOPS LP, S. 12.

959 CEIOPS LP, S. 12.

960 CEIOPS LP, S. 12.

961 Siehe auch Nguyen/Molinari, 2011, S. 23; vgl. Kreeb, 2010, S. 350 f.

962 Vgl. CEIOPS LP, S. 13.

Gerade in der Finanzmarktkrise hat sich gezeigt, dass dieses Risiko nicht zu unterschätzen ist. Der Ausfall von Lehman Bros. als Emittent etwaiger CDS sowie die daraus resultierende beinahe Insolvenz der American International Group (kurz: AIG) [963], die nur durch eine staatliche Rettungsaktion abgewandt werden konnte, sind prominente Beispiele für das Risiko eines möglichen CDS-Emittentenausfalls, der vom Markt durchaus eingepreist werden dürfte.[964] Rein theoretische Modelle ermöglichen den Bilanzierenden bei der Berechnung jedoch materielles bilanzpolitisches Potenzial. Es wäre daher zu begrüßen, wenn das IASB sich in dem Standard zu IFRS 4 letztlich auf eine Methode festlegen würde, um eine höchstmögliche Vergleichbarkeit unter den Unternehmen herzustellen. Da jede momentan diskutierte Vorgehensweise Schwachstellen aufzuweisen hat, sollte die Aussagekraft nicht noch zusätzlich dadurch beeinträchtigt werden, dass die Versicherer unterschiedliche Methoden mit evtl. abweichenden Ergebnissen zur Bestimmung der Liquiditätsprämie nutzen.[965] Zudem sollte auch hier möglichst ein Gleichlauf mit Solvency II erfolgen, um nicht gleiche Sachverhalte aufgrund abweichender Regelungen unterschiedlich darzustellen, da dies nicht zur Transparenz beitragen würde.[966]

Eine Beispielrechnung des CEIOPS, heute EIOPA, zeigte, dass je nach Methodenwahl die Höhe der Liquiditätsprämie tatsächlich deutlich schwanken kann. Für den Euro-Währungsraum lag die Liquiditätsprämie Ende des ersten Quartals 2009 je nach Methode zwischen rd. 130 Basispunkten nach der Covered Bond Method und rd. 280 Basispunkten nach der Structural Model Method. Für den US-Dollar-Währungsraum stellten sich diese Unterschiede zum selben Zeitraum sogar noch gravierender dar, wobei die Liquiditätsprämie nach der Structural Model Method rd. 155 Basispunkte und nach der Covered Bond Method rd. 500 Basispunkte betrug.[967] Eine Methodenwahl seitens des Versicherers hätte dadurch vor allem bei hohen zu diskontierenden Auszahlungen materielle Auswirkungen und würde die Vergleichbarkeit nahezu unmöglich machen und für den Bilanzleser die Verlässlichkeit der berechneten diskontierten Cash Flows stark einschränken.

---

963 AIG trat als eines der wenigen Versicherungsunternehmen als Anbieter von CDS, insbesondere auch von Lehman Bros. Anleihen, auf; siehe auch Burkhardt, 2011, S. 17 .

964 Das CDS-Geschäft wird i.d.R. hauptsächlich von Banken betrieben; siehe auch Meyer, 2010, S. 41.

965 Siehe hierzu auch Deloitte LP, S. 13.

966 Siehe hierzu auch Müller/Oster, 2001, S. 263; siehe auch Schlüter, 2009, S. 1495; siehe auch Zielke, 2005, S. 93.

967 Die Berechnung erfolgte dabei anhand der Swap Risikozuschläge und der iBOXX € Corporates und iBOXX USD Corporates als Finanzinstrumente-Referenzportfolio. Eine Unterscheidung nach Laufzeiten wurde dabei nicht vorgenommen; siehe auch CEIOPS LP, S. 30.

Neben der Quantifizierungsprobleme der Liquiditätsprämie eines Finanzinstruments stellt sich in einem weiteren Schritt die Frage, inwiefern diese ohne weitere Anpassungen auf den risikolosen Zins, als Diskontfaktor für die Versicherungsverbindlichkeit, aufgeschlagen werden kann. Auch hierzu gab es Überlegungen des CEIOPS im Rahmen der Solvency II Bestimmungen, die sich vor allem der Fragestellung widmeten, ob es für Versicherungsverträge eine Abstufung bei der Liquiditätsprämie, je nach Liquiditätsgrades des Versicherungsvertrages, geben sollte. Letztendlich wurde von CEIOPS, heute EIOPA, ein Bewertungsmodell vorgeschlagen, dass entweder die gesamte für die Versicherungsverbindlichkeit bestimmte Liquiditätsprämie oder gar keine Liquiditätsprämie berücksichtigt.[968] Die Berechnungsformel ergibt sich dabei wie folgt:

Formel 14:

$$LP_{liab,T,curr,i} = F(T, curr) * G(i) * LP_{assets}$$ [969],

wobei $LP_{liab,T,curr,i}$ die Liquiditätsprämie für die Fälligkeit T, die Währung *curr* und einen *Liquiditäts-Korb* i angibt.

Die Funktion *F(T,curr)* ist wie folgt definiert:

wenn $0 \leq T < N_{curr} - 5$, dann = 1

wenn $N_{curr} - 5 \leq T < N_{curr}$, dann = $\frac{N_{curr} - T}{5}$

wenn $T > N_{curr}$, dann = 0

Es wird somit für die letzten fünf Jahre bis zur Fälligkeit eine lineare Reduktion der Liquiditätsprämie angenommen, während bis zu diesem Zeitpunkt die Funktion konstant bleibt.

Für die Funktion *G(i)* kann nach Maßgabe von CEIOPS, heute EIOPA, i nur die Werte 1 und 2 annehmen, wobei i=1 bedeutet, dass der prozentuale Ansatz der Liquiditätsprämie für den *Liquiditäts-Korb* die höchstmögliche ist und für i=2, dass für diesen *Liquiditäts-Korb* keine Liquiditätsprämie anzusetzen ist.[970]

Mit LP_{assets} wird die Liquiditätsprämie bezeichnet, die für ein bestimmtes Finanzinstrument zuvor bestimmt wurde (bspw. mit der CDS Negative-Basis Method).

---

968 Vgl. CEIOPS LP, S. 14.

969 CEIOPS LP, S. 16.

970 Für G(1) kann der Wert durchaus < 100% liegen, sofern nicht die gesamte Liquiditätsprämie des Finanzinstruments, das die Struktur des *Liquiditäts-Korbs* widerspiegelt, zum Ansatz kommen soll; siehe auch CEIOPS LP, S. 16.

Tabelle 9: Zeitwert des Geldes: Bilanzpolitische Spielräume

	Bilanzpolitischer Spielraum	**Mögliche Maßnahmen**
Timing	Durch die Diskontierung haben Cash Flow Pattern erhebliche Auswirkungen auf die Rückstellungshöhe; so führen zeitlich spätere Auszahlungen zu einem geringeren Rückstellungsbedarf und vice versa	Berücksichtigung des GuV-Ausweises sowie der Anhangangaben zu Anpassungen der Schätzungen zwischen Stichtagen bzw. des tatsächlichen Schadenbedarfs und der vorherigen Schätzung. Dabei sollte seitens des Versicherers eine Angabe erfolgen, die die Cash Flow Änderungen unterteilt nach solchen, die aus Zinsänderungen resultieren und Veränderungen aufgrund reiner zeitlicher Verschiebung
Zinsstrukturkurve	Besonders lang laufende Verpflichtungen, für die keine Zinsstrukturkurven mit ähnlicher Laufzeit existieren, könnten dem Versicherer bilanzpolitisches Potenzial eröffnen	Qualitative Anhangangabe zur Vorgehensweise der Zinssatzbestimmung, wie Extrapolation, gleichbleibender Zinssatz ab einem bestimmten Zeitraum oder Rückgriff auf andere Finanzinstrumente
Currency	Bei Verwendung von Staatsanleiherenditen der verschiedenen Währungsräume zur Diskontierung der Cash Flows kann es zu erheblichen Unterschieden in den Zinssätzen kommen, da gerade Renditen von ausfallgefährdeteren Ländern einen Risikozuschlag für diese Ausfallgefahr enthalten, den es zu bereinigen gilt	Anhangangaben zu den Diskontsätzen in die Interpretation mit einbeziehen und einer kritischen Würdigung, gerade im Betriebsvergleich, unterziehen
Liquidity	Diverse Modelle zur Bestimmung der Liquiditätsprämie eines Finanzinstruments sind denkbar. Eine brancheneinheitliche Vorgehensweise würde die Vergleichbarkeit stark einschränken, da ermittelte Liquiditätsprämien durchaus wesentlich voneinander abweichen könnten.	Vorgabe einer einheitlichen Methode zur Bestimmung der Liquiditätsprämie eines Finanzinstruments. Zudem sollte ein Ausweis der Liquiditätsprämien für die verschiedenen Währungsräume im Anhang erfolgen, unter der Angabe auf welche Verbindlichkeiten diese (keine) Anwendung finden.

Das von den Versicherern präferierte Modell einer Abstufung[971] der anzusetzenden Liquiditätsprämie je nach Produkt würde zwar die Genauigkeit erhöhen, allerdings ist die Aussagekraft dahingehend eingeschränkt, dass eine Quantifizierung hinsichtlich der Liquidität eines Produkts oder eines Vertrages schwer durchführbar ist.[972] Ein solcher Ansatz hätte in einem ohnehin schwierigen The-

971 Bei einer teilweisen Abstufung würde die Funktion G nicht für einen *Liquiditäts-Korb* stehen, sondern die Vorhersehbarkeit der Cash Flows eines bestimmten Produkts widerspiegeln, und könnte somit individuell pro Produkt eine Liquiditätsprämie bestimmen; siehe hierzu auch CEIOPS, S. 32 .

972 Vgl. CEIOPS LP, S. 14 f.

menbereich weitere bilanzpolitische Spielräume zur Folge und würde die Transparenz zusätzlich einschränken. Ein *Alles-oder-Nichts*-Ansatz hätte für den Bilanzleser einen Vorteil, sofern im Anhang eine Offenlegung, und zwar sowohl hinsichtlich der Höhe der Liquiditätsprämie für verschiedene Zinsstrukturkurven in den einzelnen Währungsräumen als auch hinsichtlich der Vertrags- oder Portfoliogruppen für die keine Liquiditätsprämie auf den risikolosen Zins aufgeschlagen wurde, erfolgen würde. Da Versicherungsverträge in der Regel illiquide sind, wäre bei letzterer Angabe eine qualitative Angabe seitens des Versicherers durchaus wünschenswert, um die Aussagekraft für den Bilanzleser zu erhöhen.

Im Vergleich zu den bisherigen Vorschriften unter Handelsrecht und US-GAAP zur Rückstellungsbilanzierung werden dem Bilanzleser durch eine Barwertbetrachtung zusätzliche Informationen geliefert, die einer ökonomischer Darstellung gerecht werden. Die Diskontierung birgt jedoch weiteres bilanzpolitisches Potential, wie nachfolgendes Kapital zusammenfassend zeigt.

5.2.3 Risikomarge

Die mit dem Zeitwert des Geldes diskontierten Cash Flows stellen einen Erwartungswert der zukünftigen Ein- und Auszahlungen dar. Diese Cash Flow Schätzungen unterliegen jedoch versicherungstechnischen Risiken. Das versicherungstechnische Risiko, welches zweifelsohne als arteigenes Risiko bezeichnet werden kann, resultiert aus der Unbestimmtheit der Leistungsinanspruchnahme durch den Versicherungsnehmer hinsichtlich der sachlichen Realisierung, Eintrittszeitpunkt und Höhe der Inanspruchnahme.[973] Der im Vorhinein festzulegenden Prämie stehen somit stochastische Schadenentwicklungen gegenüber, die das Risiko in sich bergen, die Prämien zu übersteigen.[974] Das versicherungstechnische Risiko lässt sich in drei Komponenten teilen:

- Irrtumsrisiko
- Zufallsrisiko
- Änderungsrisiko

<u>Irrtumsrisiko</u>

Schadenverteilungen sind ex-ante nicht bekannt. Um diese dennoch modellieren zu können, werden statistische Verfahren angewandt. Das Irrtumsrisiko besteht nun darin, nicht alle zur Verfügung stehenden Daten zu berücksichtigen.[975] Es

973 Vgl. Schradin, 1994, S. 37.
974 Vgl. Albrecht/Schwake, 1988, S. 652.
975 Vgl. Boetius, 1996, S. 40; vgl. Nguyen, 2008, S. 287 f.

entspricht in dieser Hinsicht dem in der Literatur auch genutzten Begriff des Diagnoserisikos[976], welches Schadengesetzmäßigkeiten aus der Vergangenheit zu erkennen versucht.

Zufallsrisiko

Auch wenn alle verfügbaren Informationen verarbeitet wurden, können die zukünftig eintretenden Schäden Schwankungen unterliegen. Dabei kann die absolute Zahl der Schäden deutlich ober- bzw. unterhalb der Schätzungen liegen, andererseits kann auch die absolute Höhe einzelner Schäden deutlich abweichen. Man spricht hierbei vom Zufallsrisiko.[977]

Änderungsrisiko

Bleibt die Wahrscheinlichkeitsverteilung während der Vertragslaufzeit nicht gleich, sondern unterliegt Änderungen, die bei der Prämienkalkulation vorab keine Berücksichtigung fanden, so spricht man vom Änderungsrisiko. Dies kann sich neben wirtschaftlichen oder rechtlichen auch auf gesellschaftliche Sachverhalte beziehen.[978]

Das in der Literatur oft erwähnte Prognoserisiko, das heißt die Problematik aus bekannten Größen auf zukünftige Gegebenheiten zu schließen[979], entspricht weitestgehend dem Zufalls- und Änderungsrisiko.[980]

Mit Hilfe einer Risikomarge sollen dem Bilanzleser Informationen über die Unsicherheit der Höhe und des zeitlichen Anfalls der Cash Flows aus einem Versicherungsportfolio bereit gestellt werden.[981] Die Portfoliobetrachtung erlaubt die Berücksichtigung von Diversifikationseffekten innerhalb des Portfolios, nicht aber zwischen verschiedenen Portfolien.[982] Zwar bestehen hinsichtlich der Definition und Bildung eines Portfolios Ermessenspielräume.[983] Dennoch ist eine Diversifikation auch über Versicherungszweige hinweg „(...) ein wirksames risikopolitisches Instrument, wenn die gebildeten Diversifikationsklassen mög-

---

976 Vgl. Hartung, 2005, S. 183.

977 Vgl. Albrecht/Schwake, 1988, S. 652; vgl. Boetius, 1996, S. 39; vgl. Nguyen, 2008, S. 286 f.

978 Vgl. Nguyen, 2008, S. 287; Wirtschaftliche Sachverhalte können dabei Inflation darstellen. Bei rechtlichen kann es sich um Steuergesetzesänderungen handeln, während gesellschaftliche Sachverhalte z.B. bei höheren Kriminalitätsraten auftreten könnten; siehe auch Boetius, 1996, S. 39 f.

979 Siehe hierzu auch Nguyen, 2008, S. 288; siehe hierzu auch Schradin, 1994, S. 37 f.

980 Vgl. Hartung, 2005, S. 184.

981 Vgl. ED B68.

982 Vgl. ED 36; vgl. Kreeb, 2010a, S. 93.

983 Vgl. Nguyen/Molinari, 2011a, S. 65.

lichst disjunkt und unabhängig (oder zumindest unkorreliert) sind"[984], so dass „(...) gerade heterogene Risiken entlastende Effekte auf das versicherungstechnische Gesamtrisiko (...) haben können."[985, 986] Diversifikationseffekte stellen somit einen integralen Bestandteil des Geschäftsmodells eines Versicherers dar.[987] Während Versicherer mit unterschiedlichen Portfolien von Diversifikationseffekten profitieren können, müssen sie trotzdem für jedes Portfolio dieselbe Risikomarge ausweisen, wie ein Versicherer der nur eines dieser Portfolien im Bestand hat.[988] So ergeben sich für den Bilanzleser Interpretationsschwierigkeiten, da die ökonomische Realität nicht korrekt wiedergegeben wird. Aufgrund der nicht berücksichtigten Diversifikationseffekte kann die Risikomarge durchaus zu hoch ausfallen, wodurch sich die Residualmarge implizit verringert.[989]

Dabei stellt die Risikomarge den Betrag dar, den das Versicherungsunternehmen maximal zahlen würde, um vom Risiko, dass die tatsächlichen Zahlungsströme die geschätzten übersteigen, befreit zu werden:

> „The risk adjustment shall be the maximum amount the insurer would rationally pay to be relieved of the risk that the ultimate fulfilment cash flow exceed those expected."[990]

Die Bestimmung der Risikomarge erfolgt dementsprechend aus Sicht des Versicherungsunternehmens. Berücksichtigung finden dabei nur solche Risiken, die direkt aus dem Versicherungsvertrag resultieren, während Risiken, wie Kapitalanlage oder Asset-Liability-Mismatch, unberücksichtigt bleiben.[991] Zudem stellt die Bestimmung der Risikomarge einen eigenen *building block* im Bewertungsmodell dar, so dass dessen Ermittlung explizit erfolgen soll und nicht implizit durch die Anpassung der geschätzten Cash Flows oder des Diskontfaktors.[992] Somit kommt der Risikomarge wesentliche Bedeutung zu, da sie als eigenständige Größe generiert wird und deren Veränderung sowohl in der GuV als Erfolgsgröße[993] als auch im Anhang in Form einer Bestandsüberleitungsrechnung veröffentlicht wird.[994]

984 Liebwein, 2009, S. 36.
985 Meyer, 2003, S. 128.
986 Vgl. Ellenbürger/Horbach/Kölschbach, 2001, S. 49.
987 Siehe auch Allianz CL, S. 2; vgl. Müller/Oster, 2001, S. 254.
988 Siehe hierzu auch Nguyen/Molinari, 2011a, S. 66.
989 Bzgl. des bilanzpolitischen Zusammenspeils von Risiko- und Residualmarge siehe auch Kapitel 5.2.4.
990 ED 35.
991 Vgl. ED 69.
992 Vgl. ED 70.
993 Vgl. ED 72(a)(i).
994 Vgl. ED 86(b), (e) und ED 87(a), (b).

Der Exposure Draft nennt unter ED/2010/8.B72 neben möglichen Berechnungsmethoden einer Risikomarge auch verschiedene Charakteristika, die eine solche aufweisen muss[995]:

a) Seltene Risiken mit hohen absoluten Schadenbelastungen bedürfen einer höheren Risikomarge als im umgekehrten Falle
b) Für vergleichbare Risiken bedürfen solche mit längeren Abwicklungsdauern höherer Risikomargen
c) Risiken mit einer weit gestreuten Wahrscheinlichkeitsverteilung bedürfen einer höheren Risikomarge als Risiken mit engerer Verteilung
d) Je weniger über aktuelle Schätzungen und deren Trends bekannt ist, desto höher ist die Risikomarge
e) Führt steigende (Schadens-)Erfahrung seitens des Versicherers zu einer Reduktion der Unsicherheit, resultiert dies in fallenden Risikomargen und vice versa

Diese Charakteristika erscheinen zunächst intuitiv, sind aber mitunter schwer quantifizierbar und erlauben dem bilanzierenden Versicherungsunternehmen erheblichen Spielraum bei der Bestimmung der Risikomarge. Der Spielraum erhöht sich dahingehend, dass dem Versicherer zudem drei Methoden zur Berechnung der Risikomarge zur Verfügung stehen, die die Charakteristika unterschiedlich gut abbilden, wie weiter unten noch gezeigt wird. Bilanzpolitischen Spielraum eröffnet insbesondere die Tatsache, dass die Risikomarge sich aus Sicht des Versicherers und somit unternehmensindividuell bestimmt. Entscheidend ist die Bestimmung der Risikomarge auch dahingehend, dass sich aus ihr implizit die Höhe der Residualmarge ergibt. In Kapitel 5.2.4. ist dargestellt welche Vorteile es für einen Versicherer haben kann, durch Bilanzpolitik die Höhe beider Margen zu beeinflussen. So dürften sich große Versicherungsunternehmen oder sehr spezialisierte Versicherer auf einen hohen Erfahrungswert bei der Schadensabwicklung berufen und könnten dies durchaus für geringere Risikomargen nutzen. Hierbei könnten qualitative Anhangangaben Mehrwert für den Bilanzleser schaffen, inwieweit die Risikomarge diese Charakteristika widerspiegelt oder warum der Versicherer evtl. aufgrund unternehmensindividueller Gründe kontraintuitiv handelt.

Zwar liegen dem Bilanzleser momentan noch keine Zeitreihen vor, die Auskunft darüber geben, inwieweit sich die zu Vertragsbeginn geschätzte Risikomarge im Zeitablauf als richtig erwies, aber aufgrund der Vorgabe zur Neubewertung der Risikomarge zu jedem Stichtag[996] werden sich zukünftig etwaige bilanzpolitische Maßnahmen leichter für den Bilanzleser bestimmen lassen. Auch sollten

995 ED B72.
996 Vgl. ED IN11.

hohe Anpassungen der Risikomargen zwischen den Stichtagen den Analytiker durchaus zu kritischen Nachfragen bei dem Versicherer veranlassen.

Tendenziell sollte sich während der Vertragsdauer kontinuierlich ein Ertrag aus der Auflösung der Risikomarge ergeben. Dies erfolgt vor dem Hintergrund, dass der Versicherer im Zeitablauf vom Risiko *befreit* wird und die Risikomarge sinken dürfte.[997] Die Auflösung der Risikomarge erfolgt somit anhand der Befreiung vom Risiko und wird mit einer der unten dargestellten drei Methoden an jedem Stichtag neu berechnet. In Kapitel 5.2.1. wurde gezeigt, dass ein Erwartungswert der Schadenzahlungen gerade im Fall möglicher Extremschäden deutlich zu gering angesetzt sein kann. In diesem Fall kompensiert ein Teil der Risikomarge den Teil der Schadenzahlungen, der durch den Erwartungswert nicht gedeckt ist. Der Bilanzleser darf daher die angesetzten Risikomargen nicht intuitiv als zukünftigen Ertrag bewerten. Gerade hohe Risikomargen dürften dafür sprechen, dass gilt:

$$\textit{Cash Flow}_{\textit{Erwartungswert der Schadenzahlungen}} < \textit{Cash Flow}_{\textit{tatsächliche Schadenzahlungen}}$$

Schätzt der Versicherer zu Vertragsbeginn seine Risikomarge zu gering, so wird er aller Voraussicht nach in die Lage kommen, an einem zukünftigen Stichtag diese Risikomarge aufwandswirksam anpassen zu müssen.[998] Dieses bilanzpolitische Mittel könnte der Versicherer v.a. in solchen Zeiten einsetzen, in denen er zukünftig ein sehr gutes Ergebnis erwartet, welches er durch die zukünftige aufwandswirksame Erfassung einer erhöhten Risikomarge normalisieren könnte. Problematisch ist dabei jedoch, dass die aufwandswirksame Anpassung der Risikomarge frühestens in der nächsten Periode vorgenommen werden kann. Der Versicherer müsste daher bereits sichere Kenntnis über zukünftig positive Ergebnisse besitzen.[999] Da dies hinsichtlich des versicherungstechnischen Ergebnisses, welches den versicherungstechnischen Risiken unterliegt, eher unwahrscheinlich ist, kann sich ein solch positiver zukünftiger Ergebniseffekt grundsätzlich v.a. auch aus dem Kapitalanlageergebnis ergeben.[1000]

---

997 Siehe ED IN11.

998 Sofern die an einem der zukünftigen Stichtage vorhandene Risikomarge weiterhin noch größer ist als die benötigte Risikomarge, wird er entsprechend nur einen geringeren Teil dieser auflösen können im Vergleich zu einer korrekten und somit höheren Schätzung der Risikomarge zu Vertragsbeginn. .

999 Siehe hierzu auch Fourie/Heinen, 2011, S. 128.

1000 Dies könnte bspw. der Fall sein, sofern unter IAS 39 zuvor unrealisierte Gewinne durch den Abschluss derivativer Finanzinstrumente zum Einsatz von Hedge-Accounting *eingefroren* wurden und diese nun in zukünftigen Perioden realisiert werden sollen; siehe auch Kapitel 4.4.4.2.3. Würde im Zuge des IFRS 4 Phase II jedoch auch für die Kapitalanlagen eine er-

Ähnlich kann der Versicherer natürlich auch im umgekehrten Falle verfahren. Sofern die Risikomarge zu Vertragsbeginn zu hoch angesetzt wird, hat er in zukünftigen Perioden die Möglichkeit, eine höhere Auflösung und somit einen höheren Ertrag zu generieren. Der Versicherer würde im Vergleich zur gesamten Risikomarge überproportional in der entsprechenden zukünftigen Periode vom Risiko befreit. Der sich für den Versicherer ergebende Spielraum wird daher maßgeblich von der Neubewertung der Risikomarge zu jedem Stichtag bestimmt.

Bei den zur Verfügung stehenden Berechnungsmethoden für die Risikomarge kann der Versicherer, neben der Auslegung der Charakteristika der Risikomargen, auch hinsichtlich der Parameter bilanzpolitischen Spielraum nutzen. Dem Versicherer stehen drei Modelle zur Berechnung der Risikomarge zur Verfügung[1001], die durchaus zu unterschiedlichen Ergebnissen führen können.[1002] Nachfolgend sind diese drei Modelle beschrieben, wobei auf eine mathematische Darstellung verzichtet werden soll. Vielmehr ist es Gegenstand dieser Arbeit, den Bilanzleser für mögliche bilanzpolitische Spielräume zu intensivieren:

1) Confidence level
2) Conditional tail expectation
3) Cost of Capital

Zu 1): Unter dem confidence level, auch Value at Risk (kurz: VaR) genannt, wird in der Regel „(...) der einem ökonomischen Sachverhalt zugemessene Wert verstanden, der mit vorgegebener Wahrscheinlichkeit (Konfidenzintervall) nicht ungünstig unterschritten wird (...).“[1003] Es handelt sich dabei um ein Quantil der Wahrscheinlichkeitsverteilung.[1004] Dabei wird ein zusätzlicher Betrag bestimmt, der dem Erwartungswert hinzuaddiert werden muss, so dass der tatsächliche Cash Flow den Erwartungswert inkl. Risikomarge nicht übersteigt.[1005] So stellt das 99,5%-Quantil den Wert dar, der mit 0,5% Wahrscheinlichkeit überschritten wird.[1006] Der Vorteil des VaR liegt in seiner einfachen Berechnungsweise und seiner weiten Verbreitung im Markt.[1007] Diese Vorteile können jedoch schnell durch eine für den Bilanzleser geringere Verlässlichkeit aufgezehrt werden,

folgswirksame Fair Value Bewertung erfolgen, hätte diese Vorgehensweise keinen Einfluss mehr, da jegliche Wertänderung sofort erfolgswirksam erfasst werden würde.

1001 Vgl. ED B73.

1002 Vgl. IASB Agenda Paper 3E par. 36.

1003 Farny, 2005, S. 531.

1004 Vgl. IAA, 2004, S. 35.

1005 Vgl. ED B75.

1006 Siehe hierzu auch IAA, 2004, S. 35; vgl. Ott, 2005, S. 68.

1007 Siehe auch ED B76; vgl. Zöbisch, 2009, S. 173.

sofern ein hohes *uncertainty risk*[1008] vorliegt und es sich somit um schiefe Schadenverteilungen oder Großschadenrisiken handelt (siehe Abbildung 12), die außerhalb des Konfidenzintervalls liegen.[1009] Befinden sich bspw. bei einem Konfidenzniveau von 95% wesentliche Schadenhöhen deutlich über dem berechneten Konfidenzniveau, so bleiben diese in der Risikomarge unberücksichtigt[1010] und können bei Eintritt zu erheblichen Verwerfungen in der Bilanz führen.

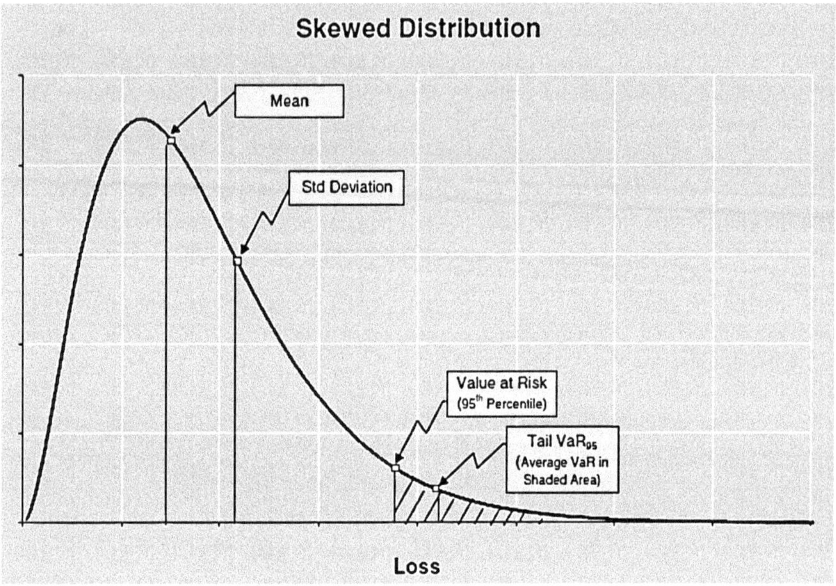

Abbildung 12: Schiefe Schadenverteilung[1011]

Durch die vorgeschriebene Veröffentlichung der Konfidenzniveaus im Anhang[1012] erhält der Bilanzleser einen ersten Einblick bzgl. des vom Versicherer angenommenen Sicherheitsniveaus, welches sich in der Risikomarge widerspiegelt. Je geringer der Versicherer das Konfidenzniveau ansetzt, desto geringer fällt seine Risikomarge aus. Dem Versicherungsunternehmen steht somit bei der Definition des Konfidenzniveaus erheblicher materieller bilanzpolitischer Spielraum zur Verfügung. Zudem ändern sich die Schadenverteilungen im Zeitablauf,

1008 Siehe hierzu Rittmann/Rockel, S. 26.
1009 Vgl. ED B76.
1010 Siehe hierzu auch Beispiel des IASB in ED B77-B78.
1011 IAA, 2004, S. 36.
1012 Vgl. ED 90(b)(i).

was eine Anpassung der vergangenen Datenbasis durchaus notwendig erscheinen lassen könnte und zu entsprechend veränderten Risikomargen führen kann.[1013] Durch die Anpassung des ursprünglichen Konfidenzniveaus würden für das Versicherungsunternehmen Möglichkeiten zur Beeinflussung der Risikomarge bestehen; eine Erhöhung des ursprünglichen Konfidenzniveaus würde zu einer aufwandswirksamen Erfassung der Risikomargenänderung führen, während eine Verringerung des ursprünglichen Konfidenzniveaus eine ertragswirksame Änderung der Risikomarge nach sich ziehen würde. Der Bilanzleser sollte bei der Interpretation daher stets die Anhangangaben zu den Risikomargen, insbesondere in Form der Überleitungsrechnung zwischen den beiden Stichtagen[1014], beachten.

Seitens des IASB gibt es momentan keine Vorgabe bzgl. einer Höhe des Konfidenzniveaus.[1015] Die Vergleichbarkeit zwischen den Versicherern kann für den Bilanzleser dadurch deutlich eingeschränkt sein. Neben dem Konfidenzniveau sollte der Analytiker aber auch das Geschäftsmodell des Versicherers in seine Analysen mit einbeziehen. Da die confidence level Methode insbesondere bei Großschadenrisiken (bspw. bei Rückversicherern) oder sehr schiefen Schadenverteilungen (bspw. Haftpflichtschäden) an Aussagekraft verliert, ist es überlegenswert, ob Versicherer in solchen Fällen nicht auf die Anwendung der confidence level Methode verzichten oder aber ein sehr hohes Konfidenzniveau ansetzen sollten.[1016] Während es bei anderen Versicherern durchaus vertretbar ist, die Risikomargenberechnung mit einem geringeren Konfidenzniveau durchzuführen.

Zu 2): Anhand der conditional tail expectation, kurz: CTE, werden auch die Erwartungswerte von Großschäden mit in die Risikomarge einbezogen.[1017] Eine Anwendung dieser Methode scheint daher v.a. für solche Risiken sinnvoller als die Methode des confidence levels. Sie würde für den Bilanzleser letztendlich eine aussagekräftigere Größe darstellen. Die CTE Methode berücksichtigt nämlich den Teil, der für einen Versicherer mithin das größte Risiko darstellen kann: die Extremereignisse (tail of the distribution).[1018] Es kann daher durchaus sinnvoll sein, dass verschiedene Methoden bei verschiedenen Versicherern mit verschiedenen Geschäftsmodellen und Risiken zum Einsatz kommen, ohne die Verlässlichkeit hinsichtlich der Adressaten einzuschränken. Entsprechend der bilanzpolitischen Möglichkeiten der confidence level Methode besitzt der Versi-

1013 Siehe auch ED B79.

1014 Vgl. ED 86(b) und 86(e).

1015 Vgl. ED 90(b)(i).

1016 So deckt bspw. der Tail-VaR besser Extremereignisse ab. Für eine Überleitung der Konfidenzniveaus des VaR zum Tail-VaR siehe Fitch S. 3 f.

1017 Vgl. ED B80.

1018 Vgl. ED B82.

cherer diese auch im Fall der Anwendung der CTE Methode. Vor allem die Festlegung des Konfidenzniveaus sowie die späteren Anpassungsmöglichkeiten bei veränderter Datenlage geben dem Versicherer ergebniswirksame Eingriffsmöglichkeiten. So steht CTE(50) bspw. für ein 50% Konfidenzniveau, bei dem sich die Risikomarge des Versicherers als Erwartungswert der Schäden oberhalb von 50% der Verteilung abzgl. des Erwartungswertes der Gesamtverteilung ergibt.[1019] Im Gegensatz zur confidence level Methode steht ein niedrigeres Konfidenzniveau hier für eine höhere Risikomarge.

Zu 3): Bei der dritten im Exposure Draft dargestellten Methode handelt es sich um die Bestimmung der Kapitalkosten (cost of capital). Grundlage dieser Methodik stellt das zur Erfüllung der Versicherungsverträge eines Portfolios über dessen Laufzeit benötigte Kapital dar.[1020] Dieses errechnet sich anhand der confidence level Methode mit einem hinreichend hohen Konfidenzniveau[1021], so dass auch die Extremschäden mit erfasst werden.[1022] In einem weiteren Schritt wird ein jährlicher Kapitalkostensatz auf das errechnete Kapital berechnet und unter Rückgriff auf den Zeitwert des Geldes[1023] diskontiert.[1024] Bereits in Kapitel 5.2.2. wurden die Schwierigkeiten bzgl. der Bestimmung eines angemessenen Diskontsatzes in Form des Zeitwertes des Geldes dargestellt. Entsprechend ergeben sich auch bei der Bestimmung des Kapitalkostensatzes Schwierigkeiten, wobei insbesondere der Ansatz unterschiedlicher Methoden zu differierenden Kapitalkostensätzen führen kann. Das *Chief Risk Officer Forum*, kurz: CRO Forum, hat diesbezüglich Berechnungen u.a. anhand des Capital Asset Pricing Models, kurz: CAPM, und des Frictional Cost of Capital Ansatzes, kurz: FCoC, durchgeführt.[1025] Bereits die Ergebnisse hinsichtlich der Methodenwahl und der Berechnungsparameter zeigte, dass sich im Ergebnis ein Kapitalkostensatz oberhalb des risikofreien Zinses von 2,5%- bis 4,5%-Punkten ergab.[1026] Dies stellt bereits eine deutliche Abweichung zu dem in QIS4 verwendeten Kapitalkostensatzes von 6%

1019 Siehe hierzu auch Beispiel IASB, vgl. ED B81.

1020 Für Möglichkeiten zur Bestimmung der Kapitalgrößen sowie deren absolute Abweichungen bei Anwendung verschiedener Methoden siehe IAA Measurement of Liabilities S. 80 ff.

1021 Das Konfidenzniveau sollte dabei einen Wert von mindestens 99% annehmen; ein solches Konfidenzniveau findet sich bereits heute in der Praxis bei vielen Unternehmen wieder; siehe hierzu auch ED B87.

1022 Vgl. ED B86(a), B86(b).

1023 Siehe hierzu auch Kapitel 5.2.2.

1024 Vgl. ED B86(c).

1025 Siehe hierzu auch CRO Forum, S. 16.

1026 Vgl. CEIOPS SII CP, Punkt 2.67.

oberhalb des risikolosen Zinssatzes[1027] dar.[1028] Zudem reflektiert der Kapitalkostensatz auch das Konfidenzniveau, welches bei der Berechnung des benötigten Kapitals Anwendung findet. Da unter Solvency II ein VaR-Ansatz mit einem Konfidenzniveau von 99,5% zur Bestimmung des benötigten Kapitals Anwendung finden soll, spiegelt sich dies auch entsprechend in den Kapitalkosten wider.[1029] Der VaR bei einem Konfidenzniveau von 99,5% entspricht einem BBB-Rating des Versicherers.[1030] Die Kapitalkosten reflektieren daher einen Kostensatz, der einem entsprechenden Rating zugrunde liegt.[1031] Durch den Bezug des Kapitalkostensatzes zum gewählten Konfidenzniveau bestehen auch hier weitere Möglichkeiten. So verlangt ein höheres Konfidenzniveau aufgrund der gestiegenen Sicherheit einen geringeren Kapitalkostensatz. Einfache Berechnungen zeigten, dass sich dieser unter Anwendung des FCoC-Ansatzes von 4,4% bei einem Konfidenzniveau von 99,5% (BBB-Rating) auf 2,6% bei einem Konfidenzniveau von 99,99% (AAA-Rating) reduzieren kann.[1032] [1033] Eine unternehmensindividuelle Wahl des Konfidenzniveaus kann entsprechend erhöhten materiellen bilanzpolitischen Spielraum eröffnen, da eine Vergleichbarkeit der Kapitalkostensätze seitens des Bilanzlesers schwindet.

Neben der Bestimmung des Kapitalkostensatzes stellt insbesondere auch die Projektion des benötigten Kapitels über die gesamte Laufzeit eine schwierige Berechnungsgröße dar.[1034] So ergeben sich aus unterschiedlichen Berechnungsannahmen auch der Höhe nach verschiedene Kapitalanforderungen. Annahmen können dabei auf dem *Ultimate Risk Exposure Horizon*[1035] oder dem *One-Year*

1027 Die 6%-Punkte ergeben sich aus dem Swiss Solvency-Test (SST) der schweizer Aufsichtsbehörde für Versicherer mit BBB-Rating; siehe hierzu CEIOPS SII CP, Punkt 2.64; siehe IAA Measurement of Liabilities S. 79.

1028 Für eine vereinfachte Beispielrechnung auf Basis des SST siehe IAA Measurement of Liabilities S. 82 f.

1029 Vgl. CEIOPS SII CP, Punkt 2.64.

1030 Vgl. CEIOPS SII CP, Punkt 2.65.

1031 Siehe hierzu auch CEIOPS SII CP, Punkt 2.63.

1032 Vgl. CRO Forum, S. 30.

1033 Zwar steigt entsprechend auch der absolute Risikokapitalbedarf an, sofern der Versicherer ein AAA- anstatt eines BBB-Ratings anstrebt, dennoch liegt die Market Value Margin eines Versicherers mit AAA-Rating rd. 15% unterhalb eines Versicherers mit BBB-Rating; siehe hierzu auch Beispielrechnung CRO Forum, S. 31.

1034 Siehe auch Klinge, 2007, S.1147.

1035 Festlegung des Kapitalbedarfs zu Beginn der Vertragslaufzeit, wobei später keine Anpassungen mehr erfolgen; vgl. Ernst & Young MVM, S. 16 ff.; siehe auch Nguyen/Molinari, 2009, S. 1010 ff.

Risk Exposure Horizon[1036] beruhen. Je nach Wahl des Konfidenzniveaus und bei identischem Kapitalkostensatz können die Kapitalkosten dabei deutlich voneinander abweichen.[1037]

Es zeigt sich, dass insbesondere die confidence level Methode nicht gänzlich in der Lage ist, alle angestrebten Charakteristika der Risikomarge widerzuspiegeln. Sie hat vor allem bei Extremschäden deutliche Nachteile, da bspw. seltene Risiken, die aber mit hohen Schadenbelastungen auftreten können (siehe auch Charakteristika a)), oder Risiken mit weit gestreuten Wahrscheinlichkeitsverteilungen, die außerhalb des Konfidenzniveaus liegen (siehe auch Charakteristika c)), nur unzureichend abgebildet werden. Zwar bilden die anderen beiden Methoden die Charakteristika der Risikomarge weitaus besser ab, doch ergeben sich gerade auch bei der Kapitalkostenmethode bilanzpolitische Spielräume. Es ist daher bzgl. der Vergleichbarkeit aus Sichtweise des Bilanzadressaten überlegenswert, ob die Festlegung auf eine Berechnungsmethodik nicht sinnvoll erscheint[1038], sofern diese durch portfoliospezifische Anpassungen in der Lage ist, die Risikomarge verlässlich abzubilden. Prinzipiell wäre in diesem Fall u.U. der confidence level bzw. Value at Risk Methode aufgrund ihrer hohen Akzeptanz und weiten Verbreitung am Markt der Vorzug zu geben. Zwar weist der VaR insbesondere Nachteile hinsichtlich der genannten Charakteristika a) und c) auf, doch lässt sich der ökonomische Nutzen einer unverhältnismäßigen hohen Kapitalanforderungen, wie sie rechtsschiefe Verteilungen mit sich bringen, nicht rechtfertigen.[1039] „Problematisch ist ferner, dass über extreme Ereignisse naturgemäß nur sehr wenige Daten vorhanden sind und eine Extrapolation in Bereiche erforderlich ist, die von bisherigen Erfahrungswerten nicht erfasst werden.“[1040, 1041] Daher wäre der CTE Methode nicht der Vorzug zu geben. Zudem verlangt der Exposure Draft, sofern nicht die confidence level Methode zur Anwendung kam, dass zum Zwecke der Vergleichbarkeit eine Anhangangabe über das confidence level, welches der mit CTE oder der Kapitalkosten-Methode berechneten Risikomarge entsprechen würde, zu erfolgen hat.[1042] Dies erhöht für den Bilanzleser zwar die

---

1036 Der Kapitalbedarf für ein bestimmtes Konfidenzniveau wird jeweils nur für die folgende Periode ermittelt und festgelegt; vgl. Ernst & Young MVM, S. 16 ff.; siehe auch Nguyen/ Molinari, 2009, S. 1010 ff.

1037 Eine Studie von Ernst & Young kam auf Basis einer Beispielrechnung unter bestimmten Annahmen zu Kapitalkosten, die bei Anwendung des *Ultimate Risk Exposure Horizon* 1,6-fach so hoch waren wie die unter den *One-Year Risk Exposure Horizon*-Kapitalkosten; siehe hierzu auch Ernst & Young MVM, S. 22.

1038 Vgl. IASB Agenda Reference 3E, 01/2011, par. 87(b).

1039 Vgl. Hartung, 2007, S. 117.

1040 Zöbisch, 2009, S. 173.

1041 Vgl. Pfeifer, 2003, S. 667.

1042 Vgl. ED BC117(c); vgl. ED BC243(b)(iii).

Möglichkeiten eines Betriebsvergleichs[1043], stellt jedoch andererseits einen Mehraufwand für den Versicherer dar, wodurch die Anwendung des VaR auch aus dieser Sicht für den Versicherer ökonomisch sinnvoller erscheint. Darüber hinaus könnte durch diese Anhangangabe der Eindruck erweckt werden, die confidence level Methode wäre den anderen Methoden überlegen.[1044]

Allerdings gilt es bei der Methodenwahl auch weitere Reporting-Anforderungen des Versicherungsunternehmens zu beachten. So werden zukünftig unter Solvency II ebenfalls Risikomargen bei der Rückstellungswertbestimmung gefordert, wobei Solvency II hierfür verpflichtend auf die Kapitalkostenmethode zurückgreift. Die Verwendung nur einer Methodik, sowohl unter IFRS als auch hinsichtlich Solvency II, würde prinzipiell die Vergleichbarkeit erhöhen.[1045] Ob die Inputfaktoren jedoch unter Solvency II und IFRS 4 identisch bestimmt werden, ist Gegenstand des Kapitels 7.

Tabelle 10: Risikomarge: Bilanzpolitische Spielräume

	Bilanzpolitischer Spielraum	**Mögliche Maßnahmen**
Charakteristika	Die sich in der Risikomarge widerspiegelnden Charakteristika stellen *weiche* Faktoren dar. Die Risikomarge ist als unternehmensindividuell definiert und erlaubt daher Ermessensspielraum hinsichtlich der Auslegung der Charakteristika	Im Anhang sollten zumindest qualitative Angaben gemacht werden, inwieweit der Versicherer u.U. kontraintuitiv hinsichtlich der Berücksichtigung der Charakteristika aufgrund unternehmensindividueller Besonderheiten handelt
Methodenwahl	Dem Versicherer stehen drei Methoden zur Berechnung der Risikomarge zur Verfügung. Durch Methodenauswahl sowie der Parameterwahl entstehen teilweise hohe bilanzpolitische Spielräume	Festlegung auf eine Methode, deren Parameter entsprechend des Risikoprofils des Portfolios angepasst werden müssen, um die Charakteristika weiterhin abzubilden. Zwar schafft die Zusatzangabe im Anhang, die auf Basis der confidence level Methode zu erfolgen hat, durchaus Mehrwert für den Bilanzleser hinsichtlich des Betriebsvergleichs, sie erhöht aber gleichzeitig auch den Aufwand für den Versicherer, sofern dieser eine der anderen beiden Methoden zur Bestimmung der Risikomarge nutzt

1043 Siehe auch ED BC243(b)(iii).

1044 CEIOPS CL, par. 33.

1045 Zum prinzipiellen Vorteil einer Angleichung der IFRS und den aufsichtsrechtlichen Kriterien, siehe auch Müller/Oster, 2001, S. 262 f. .

	Bilanzpolitischer Spielraum	Mögliche Maßnahmen
Höhe der Risikomarge (I/II)	Durch die Beeinflussung der Höhe der Risikomarge kann der Versicherer zukünftige Ergebnisse beeinflussen: Zu hohe Risikomarge → zukünftige Erträge Zu geringe Risikomarge → zukünftiger Aufwand	Der Bilanzleser sollte in seine Analysen neben des GuV Ausweises bzgl. Auflösung und Bildung der Risikomarge auch stets die Anhangangaben, in denen die Bestandsüberleitung zwischen zwei Stichtagen angegeben ist, einbeziehen
Höhe der Risikomarge (II/II)	Zudem hat die Höhe der Risikomarge indirekten Einfluss auf die Bewertung der Residualmarge (siehe hierzu Kapitel 5.2.4.)	Auswertung der GuV und Anhangdaten (siehe oben), um evtl. bilanzpolitische Spielräume oder Managemententscheidungen identifizieren zu können

Der Ansatz eines Erwartungswertes i.V.m. mit einer expliziten Risikomarge stellt einen deutlichen Mehrwert für den Bilanzleser im Vergleich zu den bisherigen Rechnungslegungsvorschriften US-GAAP dar. Nicht nur, dass die mit dem *best estimate* einhergehenden bilanzpolitischen Spielräume entfallen. Vielmehr erhält der Adressat auch eine Einschätzung des mit dem Portfolio verbundenen Risikos. Auch im Vergleich zum Handelsrecht werden bilanzpolitische Spielräume verringert. Dies geschieht v.a. durch eine höhere Transparenz. Sieht man in der im Handelsrecht zu bildenden Vorsichtskomponente eine der Risikomarge unter ED zu IFRS 4 Phase II vergleichbare Größe, so erfolgt unter IFRS zukünftig ein getrennter Ausweis von Erwartungswert und Risikomarge. Dies ist im Handelsrecht nicht der Fall. Dem Bilanzleser werden somit erweiterte analytische Möglichkeiten eröffnet.

Die mit der Risikomarge einhergehenden bilanzpolitischen Möglichkeiten sind in Tabelle 10 nochmals kurz dargestellt.

5.2.4 Residualmarge

Der im Exposure Draft ED/2010/8 definierte *Present Value of the Fulfilment Cash Flows* setzt sich aus den folgenden Bestandteilen zusammen:[1046]

- Zukünftige Cash Flows (Ein- und Auszahlungen)
- Diskontsatz (Zeitwert des Geldes)
- Risikomarge

1046 Vgl. ED 22.

Die Residualmarge ist zwar Bestandteil des gesamten Bewertungsmodells, findet sich aber nicht in oben genanntem *PVFCF* wieder. Vielmehr lässt sich die Höhe der Residualmarge direkt aus dem *PVFCF* bestimmen:

Formel 15:

$$RM = \max(0; PV_{CIF} - PV_{COF} - Risikomarge)$$

mit:

RM = Residualmarge
PV_{CIF} = Barwert der Zahlungseingänge
PV_{COF} = Barwert der Zahlungsausgänge

Die Residualmarge eliminiert entsprechend jeglichen Gewinn, der bei der Erstbewertung des Versicherungsportfolios auftritt.[1047] Aufgrund ihrer Definition als Residualgröße der genannten drei Barwertkomponenten[1048] des *PVFCF*, stellt auch die Residualmarge einen Barwert dar.[1049]

Gilt jedoch:

Formel 16:

$$PV_{CIF} - PV_{COF} - Risikomarge < 0,$$

so entsteht dem Versicherer bei Erstbilanzierung ein Verlust, den es sofort in der Periode aufwandswirksam zu erfassen gilt.[1050] Die Höhe der Risikomarge hat somit nicht nur entscheidenden Einfluss auf die Höhe der Residualmarge. Vielmehr kann eine hohe Risikomarge auch bei Erstbewertung bereits zur Erfassung eines Verlustes führen. Die in Kapitel 5.2.3. genannten bilanzpolitischen Spielräume seitens des Versicherers sollten daher bei einer *Überschätzung* der Risikomarge stets einen evtl. sofortigen negativen Effekt auf die GuV berücksichtigen. Zwar entsteht hierin die Möglichkeit besonders gute Ergebnisse der jetzigen Periode durch die Verlustrealisierung zu normalisieren, doch ist die negative Signalwirkung einer Verlusterfassung zu Vertragsbeginn an die Bilanzadressaten nicht zu unterschätzen. Es ist daher fraglich, inwiefern die Generierung zukünftiger Erträge aus der Auflösung der Risikomarge, zum Teil erwirtschaftet durch

---

1047 Vgl. ED 17(b).

1048 Während der Barwert der Cash Flows explizit durch Diskontierung mit dem Zeitwert des Geldes ermittelt wird, ergibt sich der Barwert der Risikomarge dadurch, dass die Risikomarge zu jedem Stichtag aktualisiert wird und eine solch aktuelle Größe den Zeitwert des Geldes implizit berücksichtigt; siehe hierzu auch ED BC131.

1049 Siehe hierzu auch ED BC131(b).

1050 Vgl. ED 18.

die *Überschätzung* bei Erstbewertung, in der Lage ist, diese Signalwirkung zu kompensieren.

In der Regel dürfte hinsichtlich der Residualmarge jedoch gelten:

Formel 17:

$$PV_{CIF} - PV_{COF} - Risikomarge > 0,$$

so dass der Versicherer für das betrachtete Portfolio eine Residualmarge ausweist, welche dann über die Versicherungsperiode aufzulösen ist.[1051] Hieraus lässt sich bereits erkennen, dass eine Erstbewertung zwar zum Zeitpunkt vor Beginn der Versicherungsperiode erfolgt[1052], die Auflösung aber erst zu einem späteren Zeitpunkt beginnen kann, nämlich mit Beginn der Versicherungsperiode.[1053] Im Gegensatz zur erfolgswirksamen Erfassung der Risikomarge, die anhand der *Befreiung des Versicherers vom Risiko* des Vertrages bzw. Portfolios erfolgt, wird die Residualmarge grundsätzlich gleichmäßig über die Versicherungsperiode in der GuV erfasst.[1054] Lediglich sofern die Eintrittszeitpunkte möglicher Schadenereignisse deutlich einer gleichverteilten Auflösung entgegenstehen, kann eine Auflösung der Residualmarge auch auf Basis der erwarteten Schadeneintrittszeitpunkte erfolgen.[1055] Sofern die entsprechenden Verträge bereits bei der Erstbewertung durch das allgemeine Bewertungsmodell zu erfassen sind, erscheint eine solche Vorgehensweise bspw. bei der Deckung von Großrisiken in bestimmten Regionen sinnvoll. So würden Schadeneintritte aus Hurricane-Schäden in den USA tendenziell eher in der zweiten Jahreshälfte erwartet. Unabhängig von der Vorgehensweise bei der Auflösung der Residualmarge, ist diese am Ende der Versicherungsperiode gleich null. Die unterschiedliche Auflösung von Residual- und Risikomargen ist sinnvoll, da die Residualmarge nicht das versicherungstechnische Risiko abbildet. Dieses ist in der Risikomarge enthalten, so dass eine Auflösung anhand eines Risikopatterns für die Residualmarge nicht angebracht erscheint. Die Residualmarge kann vielmehr als Gesamtmarge für Serviceleistungen, Produktentwicklung oder aber zusätzliche Erträge, sofern der Versicherer in der Lage ist hohe Preise am Markt durchzusetzen, gesehen werden.[1056]

1051 Vgl. ED 50.
1052 Siehe hierzu auch Kapitel 5.2.1.
1053 Vgl. ED 21.
1054 Vgl. ED 50(a).
1055 Vgl. ED 50(b).
1056 Vgl. ED BC125.

Die Residualmarge wird während der Vertragslaufzeit aufgrund sich verändernder Parameter nicht angepasst[1057] und stellt für den Versicherer eine fest planbare zukünftige Ertragsgröße dar. Er könnte dementsprechend durch bilanzpolitische Mittel versuchen, diese Größe bei der Erstbewertung relativ hoch anzusetzen. Aus Formel 17 ist ersichtlich wie er dies erreichen kann:

- <u>Cash Inflows (CIF):</u> Ansatz höherer Zahlungseingänge. Wobei hier aufgrund der vertraglich festgelegten Prämienzahlungen wenig Spielraum besteht.
- <u>Cash Outflows (COF):</u> Bei den Auszahlungen besitzt der Versicherer hingegen deutlich mehr Optionen. So kann er die nominalen Auszahlungen, in einem gewissen Rahmen, zu niedrig schätzen. Gleichzeitig könnte er aber auch das Auszahlungspattern so gestalten, dass hohe Auszahlungen eher in späteren Perioden anfallen. So würde er von einem höheren Diskontierungseffekt profitieren.
- <u>Diskontsatz:</u> Geht man allgemein davon aus, dass folgendes gilt:
  - CIF > COF sowie
  - $T_{CIF} < T_{COF}$, wobei T für die Zahlungsfälligkeit steht,

  so würde ein höherer Diskontsatz in einem höheren Wert für $PV_{CIF} - PV_{COF}$ resultieren. Dies könnte im Umkehrschluss für die Steigerung der Residualmarge stehen.
- <u>Risikomarge:</u> Die Absenkung der Risikomarge hätte ebenfalls eine unmittelbare Erhöhung der Residualmarge zur Folge.

Neben der fest planbaren Auflösungsperiode besitzt die Residualmarge hinsichtlich der zukünftigen Planbarkeit einen weiteren Vorteil: die Residualmarge dient nicht als *shock-absorber*. Zukünftige negative Änderungen hinsichtlich der Bewertungskomponenten des *PVFCF* werden nicht durch die Residualmarge aufgefangen, was die gesamte Verbindlichkeit ihrer Höhe nach unverändert ließe, sondern werden sofort erfolgswirksam erfasst.[1058] So vorteilhaft die Vorhersehbarkeit der aus der Residualmarge resultierenden Erträge für den Versicherer auf den ersten Blick auch sein mag, so darf er bei Anwendung bilanzpolitischer Mittel die zukünftige erfolgswirksame Anpassung der *PVFCF* Komponenten nicht unterschätzen.

1057 Vgl. ED BC132.

1058 Siehe hierzu auch ED BC84 ff.

Beispiel 1:

Tabelle 11: Komponenten des PVFCF

***PVFCF*-Komponente**	**Wert der Komponente (in GE)**
PV_{CIF}	1.000
PV_{COF}	900
Risikomarge	80

Aus dem Beispiel ergibt sich eine Residualmarge von 20 GE (= 1.000 GE – 900 GE – 80 GE). Unter der Annahme, dass der Vertrag über zwei Perioden läuft, danach auch abschließend abgewickelt wurde und sich sowohl die Risiko- als auch die Residualmarge gleichmäßig über die Vertragslaufzeit auflösen, ergibt sich hinsichtlich der beiden Margen folgendes Bild in der GuV:

Tabelle 12: Margen I

Marge	**Periode 1**	**Periode 2**
Risikomarge	+40 GE	+40 GE
Residualmarge	+10 GE	+10 GE
Underwriting Marge	*+50 GE*	*+50 GE*

Durch die richtige Schätzung der *PVFCF*-Komponenten bei der Erstbewertung ergibt sich bei gleichmäßiger Befreiung von Risiko für den Versicherer ein konstantes Ergebnis.

Nutzt der Versicherer aber nun bilanzpolitischen Spielraum und bewertet die Risikomarge bei Erstbewertung lediglich mit 65 GE, so ergibt sich eine Residualmarge von 35 GE (= 1.000 GE – 900 GE – 65 GE). In der GuV würde sich der Sachverhalt folgendermaßen darstellen:

Tabelle 13: Margen II

Marge	**Periode 1**	**Periode 2**
Risikomarge	+25 GE	+40 GE
Residualmarge	+17,5 GE	+17,5 GE
Underwriting Marge	*+42,5 GE*	*+57,5 GE*

Zwar würde der planbare Ertrag aus der Residualmarge in jeder Periode höher ausfallen und sichere Erträge für den Versicherer darstellen. Allerdings kann das Unternehmen aufgrund der bei der Erstbewertung um 15 GE (80 GE – 65 GE) zu gering angesetzten Risikomarge lediglich 25 GE auflösen, da es Ende Periode 1 noch ein Risiko von 40 GE aus dem Vertrag sieht.[1059] In Periode 2 hingegen kann der Versicherer die gesamte Risikomarge auflösen. Da diese zum Ende der vorangegangen Periode 40 GE betrug, kann der Versicherer in Periode 2 diese als Ertrag vereinnahmen. Die Residualmarge beträgt in Periode 2 wiederum 17,5 GE. Hieraus wird sichtbar, dass die Nutzung bilanzpolitischen Spielraums durchaus schwankende Ergebnisse nach sich ziehen kann. Eine solche Vorgehensweise kann für das Versicherungsunternehmen daher v.a. interessant sein, sofern es aus anderen Einnahmequellen, wie z.B. dem Kapitalanlageergebnis, in Periode 1 hohe außerordentliche Erträge erwartet, die sich in Periode 2 nicht wiederholen lassen. Auf diese Weise könnte ein hinsichtlich des Jahresüberschusses konstantes Ergebnis generiert werden.

Ein solches bilanzpolitisches Vorgehen kann jedoch auch hinsichtlich der *Underwriting Marge* (UWM) zu konstanten Ergebnissen führen, sofern die Befreiung des Risikos nicht gleichverteilt ist.

Beispiel 2:
Gegeben seien die Daten wie in Beispiel 1, wobei der Versicherer zum Ende der Periode 1 noch eine Risikomarge von 32 GE schätzt.[1060]

Tabelle 14: Margen III

Marge	Periode 1	Periode 2
Risikomarge	+48 GE	+32 GE
Residualmarge	+10 GE	+10 GE
Underwriting Marge	*+58 GE*	*+42 GE*

Durch die höhere Auflösung der Risikomarge in Periode 1 bei gleichbleibender Auflösung der Residualmarge gilt: $UWM_{Periode\ 1} > UWM_{Periode\ 2}$. Durch eine Unterbewertung der Risikomarge gemäß Beispiel 1 ergäbe sich nun folgendes Bild:

Tabelle 15: Margen IV

Marge	Periode 1	Periode 2
Risikomarge	+33 GE	+32 GE
Residualmarge	+17,5 GE	+17,5 GE
Underwriting Marge	*+50,5 GE*	*+49,5 GE*

1059 Anders ausgedrückt: Nach einer linearen Auflösung von 32,5 GE in Periode 1 sind jedoch nur noch 32,5 GE Risikomarge für Periode 2 im *PVFCF* enthalten. Benötigt werden jedoch 40 GE. Der Versicherer muss daher wiederum 7,5 GE aufwandswirksam zuführen.

1060 Dies entspricht einer Befreiung des Risikos in Periode 1 von 60% und in Periode 2 von 40%.

Der Einsatz von Bilanzpolitik ermöglicht es dem Versicherer im Fall einer ungleichverteilten *Risikobefreiung* trotzdem eine stetige *Underwriting Marge* zu erwirtschaften. Würde der Versicherer hingegen erst in Periode 2 von einem Großteil des Risikos befreit, so könnte er das bilanzpolitische Instrumentarium einer Überbewertung der Risikomarge einsetzen.

Weniger sinnvoll in Bezug auf eine Ergebnisverstetigung erscheint in genanntem Beispiel 2 die Auflösung der Residualmarge anhand der Schadeneintritte. Da diese scheinbar verstärkt in Periode 1 eintreten[1061], wäre entsprechend auch ein höherer Betrag der Residualmarge in Periode 1 aufzulösen, was das ohnehin schon bessere Periodenergebnis zusätzlich noch erhöhen würde.

Aufgrund der besonderen Eigenschaften der Residualmarge als Residualgröße findet diese nur bei solchen Verträgen Anwendung, deren Erstansatz bereits anhand des allgemeinen Bewertungsmodells erfolgt. Der im pre-claims Zeitraum anzuwendende *Unearned Premium Approach* für kurzfristige Verträge wendet durch die Abgrenzung von Beitragsüberträgen die Komponenten des allgemeinen Bewertungsmodells implizit an. Im Fall von eingetretenen Schäden wird auf den *PVFCF* als Bewertungsansatz zurückgegriffen. Da hier die Vertragslaufzeit bereits begonnen hat oder sogar beendet ist, ist ein Ansatz der Residualmarge entsprechend ihrer Definition nicht mehr anwendbar. Ähnliches gilt für den *onerous contract test*.

Auch wenn das Projekt zur Versicherungsvertragsbilanzierung als ein Gemeinschaftsprojekt von IASB und FASB angesetzt ist, ergeben sich hinsichtlich der Bilanzierung teilweise deutliche Abweichungen aus der Sicht beider Institutionen. Insbesondere die Behandlung der hier dargestellten Risiko- und Residualmarge wird vom FASB nicht unterstützt. Vielmehr soll nach Auffassung des FASB lediglich eine Marge, die sogenannte *Kompositmarge*, zum Ansatz kommen.[1062, 1063] Diese Kompositmarge unterscheidet dabei nicht zwischen Risiko- und Residualmarge, sondern stellt die Summe der beiden dar. Dementsprechend erfolgt keine separate Bestimmung der Risikomarge.[1064] Zudem wird die Kompositmarge insgesamt während der Laufzeit zu den verschiedenen Stichtagen nicht aktualisiert[1065], was insgesamt der Vorgehensweise der Residualmarge entsprechen würde. Aus Sicht der generellen Informationsfunktion für den Bilanzadressaten ist das Vorgehen anhand einer Kompositmarge abzulehnen. Durch die separate Bestimmung und laufende Aktualisierung einer Risikomarge wird

---

1061 Wenn man die relative Auflösung der Risikomarge als Proxi für die geleisteten Schadenzahlungen nimmt: Hohe Auflösung der Risikomarge = Hoher Anteil geleisteter Schadenzahlungen.

1062 FASB DP, par. 50.

1063 Vgl. ED IN13 .

1064 Vgl. ED BC Appendix (a).

1065 Vgl. ED BC Appendix (a)(i).

dem Bilanzleser zusätzliches Informationsmaterial über die Risikoeinschätzung des Unternehmens in Bezug auf ein Versicherungsportfolio zur Verfügung gestellt. Allerdings eröffnet die Bestimmung einer weiteren Komponente, wie bereits gezeigt, dem Unternehmen auch zusätzliches bilanzpolitisches Potential, was die Aussagekraft der Risikomarge beeinträchtigen kann. Der Bilanzleser ist bei der Interpretation der Kennzahlen daher aufgefordert, mehr Datenmaterial in seine Berechnungen einzubeziehen. Trotz allem überwiegt der zusätzliche Nutzen eines Risikomargenausweises. Das vom FASB angebrachte Argument, dass der Aufwand des Unternehmens in keinem Verhältnis zum Mehrwert für den Bilanzleser steht[1066], kann so nicht unterstützt werden. Zwar stellt die Berechnung einer Risikomarge zusätzlichen Aufwand für den Versicherer dar, doch ist die Risikomarge zukünftig keine rein bilanzierungsspezifische Größe. Vielmehr verlangen auch *Solvency II*, in Zukunft in der EU für Versicherungsunternehmen aufsichtsrechtlich Vorschrift, eine Berechnung der Risikomarge. In diesem Zusammenhang sollte nicht die Frage, ob eine Risikomarge zu berechnen und auszuweisen sei, im Vordergrund stehen, sondern vielmehr der Anspruch einer möglichst identischen Definition und Berechnungsweise einer solchen unter den verschiedenen Reporting-Systemen verfolgt werden.[1067] Zudem stellt die vom FASB vorgeschlagene Auflösung der Kompositmarge nur eine Approximation der Risikoreduktion im Zeitablauf dar:

Formel 18:

$$\frac{\textit{Prämien, die der laufenden Periode zuzuordnen sind} + \textit{Schäden der laufenden Periode}}{\textit{gesamte vertragliche Prämien} + \textit{gesamte Schäden}}$$

Es ist fraglich, ob diese vereinfachte Vorgehensweise für den Bilanzleser einen Mehrwert bedeutet, da durch den Ausweis und die Auflösungspattern der Risikomarge insbesondere Informationen darüber gegeben werden sollen, inwieweit der Erwartungswert der gesamten Zahlungsströme überschritten wird. Fließt in oben genannte Formel des FASB im Nenner v.a. ein geschätzter Erwartungswert von Auszahlungen ein, spiegelt dies nicht die Gefahr einer Unterschätzung der Zahlungsabflüsse wider.

1066 Vgl. ED BC106.
1067 Siehe hierzu auch Kapitel 7.

Tabelle 16: Residualmarge: Bilanzpolitische Spielräume

	Bilanzpolitischer Spielraum	**Mögliche Maßnahmen**
Bewertung der Residualmarge (I/II)	Die Residualmarge stellt einen Residualwert des *PVFCF* dar und die Margenhöhe kann durch Beeinflussung der Komponenten des *PVFCF* verändert werden, um bspw. Ergebnisse zu verstetigen	Der Bilanzleser sollte die GuV-Positionen kritisch hinterfragen und im Zeitablauf die Entwicklung und Anpassungen der Risikomarge auswerten; auch im Hinblick auf *gleichbleibende* Ergebnisse im Zeitablauf
Bewertung der Residualmarge (II/II)	Der Vorteil der Residualmarge ist deren vorhersehbare und i.d.R. gleichverteilte Ertragsgenerierung	Kritisches Durchleuchten der Residualmargenhöhe im Zeitablauf und Prüfung, ob diese nicht zu Lasten von ‚*aufwandswirksamen*' Änderungen hinsichtlich der Zahlungsströme und Risikomargen im Zeitablauf gehen
Ausweis einer Kompositmarge	Ein solcher Ansatz, wie vom FASB präferiert, würde den bilanzpolitischen Spielraum verringern, aber auch die Aussagekraft einschränken und zudem im Widerspruch zu anderen Reporting-Systemen, wie Solvency II, stehen	Der Ausweis einer separaten Risikomarge sollte beibehalten werden, aber deren Definition mit anderen Reporting-Systemen, wie *Solvency II*, abgestimmt sein

5.3 Rückversicherung

Die Bewertung von Rückversicherungsverträgen unterliegt nach dem Exposure Draft denselben Vorschriften wie direkt mit dem Endkunden abgeschlossene Verträge.[1068] Allerdings erfolgt eine separate Berechnung von Rückversicherungsverträgen sowie ein separater Bilanzausweis als Vermögensgegenstand (Zedent) oder Schuld (Zessionär).[1069] Die Anwendung des allgemeinen Bewertungsmodells, sowohl für direkt abgeschlossene als auch für Rückversicherungsverträge, scheint hinsichtlich der Analyse sinnvoll. Aus Zedentensicht ergibt sich der Bilanzansatz eines Rückversicherungsvertrages damit als Summe aus dem Anteil der Rückversicherer an den Zahlungsströmen, einer Risikomarge, einer Anpassung hinsichtlich des Ausfallrisikos des Rückversicherers sowie einer Residualmarge:

a) "the reinsurer's share of the expected present value of the cash flows generated by the underlying direct insurance contract(s).
b) a risk adjustment for the risk associated with the underlying direct insurance contract(s). For those underlying contracts, the risk adjustment increases the measurement of the cedant's liability. In contrast, the risk adjustment increases the measurement of the ce-

1068 Vgl. ED IN27.

1069 Siehe hierzu auch ED 70.

dant's reinsurance asset. This is because the reinsurance asset reduces risk for the cedant. The greater the risk arising from the underlying insurance contracts, the greater the value to the cedant of its reinsurance asset.

c) an adjustment for the risk of non-performance by the reinsurer (ie the risk that the reinsurer may dispute coverage or fail to satisfy its obligations under the reinsurance contract).

d) a residual margin that makes the initial measurement of the reinsurance asset equal to the premium paid at inception. This margin may differ from the residual margin arising for the underlying direct insurance contract(s)." [1070]

Die Komponenten a), b) und d) sind grundsätzlich mit den Vorschriften des allgemeinen Bewertungsmodells in Einklang zu bringen, wobei die vom Zessionär gezahlten Provisionen beim Zedenten von den an den Zessionär gezahlten Prämien abzusetzen sind.[1071] Jedoch führt die Definition der Residualmarge dazu, dass der Zedent im Falle einer positiven Residualmarge, also:

$$a) + b) - c) > 0,$$

diese sofort als Gewinn vereinnahmen kann.[1072] Gleichzeitig generiert der Zedent für sein dem Rückversicherungsvertrag unterliegendes Portfolio einen entsprechenden Verlust.[1073] Kann der Zedent dabei einen Preis (bzw. eine Prämie) für die Rückversicherung vereinbaren, die unterproportional bzgl. der Prämie des dem Rückversicherungsvertrag unterliegenden Portfolios ist, so wird der vereinnahmte Gewinn proportional höher sein als der Verlust aus den direkt abgeschlossenen Versicherungsverträgen. Der Zedent erwirtschaftet also ein höheres Ergebnis durch die Rückversicherungsnahme. Dies kann bspw. der Fall sein, sofern der Rückversicherer durch die Übernahme der Teilrisiken des Zedenten von Diversifikationseffekten in seinem Portfolio profitiert und eine geringere Prämie verlangt.[1074] Solche bilanzpolitischen Mittel sind für den Bilanzleser schwer erkennbar. So müsste er das Verhältnis von Gewinnen aus dem Rückversicherungsvertrag und den erfassten Verlusten aus dem unterliegenden Portfolio im Vergleich zur Rückversicherungsquote vergleichen. Während erstes Verhältnis zumindest noch insgesamt für alle Verträge bestimmbar ist[1075], wird der Bilanzleser keine detaillierten Auskünfte über die Rückversicherungsquoten erhalten. Weiterhin kann ein Rückversicherungsvertrag das Ergebnis des Zedenten positiv

1070 ED BC234.

1071 Vgl. ED 46.

1072 Vgl. ED 45, ED BC236(b).

1073 Dieser Verlust ist bei der Erstbewertung des Portfolios ebenfalls erfolgswirksam zu erfassen; siehe Kapitel 5.2.4.

1074 Siehe hierzu auch ED BC236(b).

1075 Vgl. ED 72(b)(ii)(iii).

beeinflussen, sofern er das Risiko von Extremschäden zediert. In Kapitel 5.2.1. wurde gezeigt, dass sich die Erwartungswerte im Falle möglicher Extremschäden am unteren Ende der Bandbreite bewegen können, wodurch eine höhere Risikomarge nötig ist. Die Wahrscheinlichkeit der Inanspruchnahme der Risikomarge bzw. Teile dieser zum Ausgleich von Schadenzahlungen, die den Erwartungswert übersteigen, ist entsprechend gegeben. Zediert der Erstversicherer nun diese Risiken, so kann er einen überproportionalen Teil seiner Risikomarge des unterliegenden Portfolios als Vermögensgegenstand aus dem Rückversicherungsvertrag aktivieren. Der Zedent kann also durch die Abgabe von Risiko überproportional profitieren. Eine solche Zession kann bspw. durch den Abschluss eines Einzelschadenexzedentenrückversicherungsvertrags erfolgen, bei dem der Erstversicherer sich gegen einzelne Großschäden absichert.[1076] Die Priorität sollte entsprechend so gewählt sein, dass sie lediglich von einzelnen Schäden überschritten wird, während Leistungen aus Klein- und Mittelschäden beim Erstversicherer verbleiben.[1077] Dabei stellt die Priorität die maximale Schadenleistung des Erstversicherers bzgl. eines einzelnen Schadens dar, d.h. eine Art Selbstbehalt des Erstversicherers.[1078] Die Zession dieser Extremschäden hätte für den Erstversicherer positive bilanzielle Wirkung, sofern er folgendes erreicht:

Formel 19:

$$CIF_{RV} + Risikomarge_{RV} - COF_{RV} > 0,$$

wobei CIF_{RV} bzw. COF_{RV} die Ein- bzw. Auszahlungen aus dem Rückversicherungsvertrag aus Sicht des Erstversicherers darstellen und mit $Risikomarge_{RV}$ die mit dem Rückversicherungsvertrag verbundene Befreiung vom Risiko des Erstversicherers gemeint ist.

1076 Vgl. Liebwein, 2009, S. 169.
1077 Vgl. Kiln, 1991, S. 237.
1078 Siehe hierzu auch Liebwein, 2009, S. 170.

Tabelle 17: Rückversicherung: Bilanzpolitische Spielräume

	Bilanzpolitischer Spielraum	**Mögliche Maßnahmen**
Allgemeines Bewertungsmodell	Siehe hierzu Kapitel 5.2.1. bis 5.2.4.	Siehe hierzu Kapitel 5.2.1. bis 5.2.4.
Ausfallwahrscheinlichkeit des Rückversicherers	Die Schätzung der zukünftigen Ausfallwahrscheinlichkeit anhand des *expected loss model* ermöglicht dem Versicherer, seine zukünftige Ergebnisse durch eine Über-/Unterbewertung der Ausfallwahrscheinlichkeit bei der Erstbewertung positiv/negativ zu beeinflussen	Für den Bilanzleser ist die Validierung der geschätzten Ausfallwahrscheinlichkeit nur schwer möglich. Die Überleitungsrechnung im Anhang zeigt die Veränderungen der Ausfallwahrscheinlichkeiten, die er im Zusammenhang mit den Angaben zur Modellierung (interne/externe Datenquellen) bei der Analyse berücksichtigen sollte
Gewinnvereinnahmung bei Erstbewertung	Setzt der Zedent eine im Vergleich zum unterliegenden Portfolio *unterproportionale* Prämienzahlung an den Rückversicherer durch, so kann er evtl. Verluste aus dem unterliegenden Portfolio *überproportional* ausgleichen	Eine Quantifizierung solcher Effekte ist für den Bilanzleser nur schwer möglich
Abgabe von Risiko	Zediert der Erstversicherer die Risiken aus dem Eintritt von Extremschäden, so kann er *überproportional* an der entsprechenden Aktivierung der Risikomarge bzgl. des Portfolios profitieren	Eine Quantifizierung solcher Effekte ist für den Bilanzleser nur schwer möglich; Erläuterungen sollten seitens des Erstversicherers im Anhang gegeben werden, inwieweit er durch die Rückversicherungsverträge von Risiko befreit wurde

Hinsichtlich Komponente c) besteht jedoch gegenüber dem allgemeinen Bewertungsmodell eine Neuerung. Die Berücksichtigung eines Ausfallrisikos soll dem Bilanzadressaten Informationen darüber geben, inwieweit der Zedent davon ausgeht, dass die Rückversicherer ihre Zahlungen oder einen Teil dieser nicht leisten können.[1079] Um diese Ausfallwahrscheinlichkeit zu bestimmen, schreibt der Exposure Draft die Anwendung eines *expected loss model* vor.[1080] Diese Vorgehensweise steht prinzipiell im Einklang mit dem Exposure Draft zu IFRS 9 *Financial Instruments: Amortised Cost and Impairment* den das IASB im November 2009 veröffentlichte. Auch hier wird bei der Bewertung von Finanzinstrumenten ein *expected loss model* vorgeschlagen, welches im Gegensatz zum *incurred loss model*[1081] auch die wahrscheinlichkeitsgewichteten, zukünftig er-

1079 Siehe hierzu auch ED B44.

1080 Vgl. ED IN28.

1081 Dies findet unter IAS 39 Anwendung.

warteten Ausfälle berücksichtigt.[1082] Ein solcher Ansatz ist für den Bilanzleser vorteilhaft, da neben der Anwendung identischer Modelle[1083] auch die Vermittlung entscheidungsnützlicher Informationen gesteigert wird.[1084] Aus bilanzpolitischer Sicht eröffnet ein solches *expected loss model* hingegen deutliche Spielräume, da zukünftig erwartete Ausfälle geschätzt werden müssen. Nimmt der Zedent eine erstmalige Schätzung zu hoch vor, so entsteht beim Erstansatz kein erfolgswirksamer Effekt, sofern: a) + b) – c) < 0.[1085] In zukünftigen Perioden kann der Versicherer aber durch Anpassung der Ausfallwahrscheinlichkeit einen Ertrag generieren.[1086] Ein zu geringer Erstansatz führt entsprechend zu künftigem Aufwand. Fraglich ist jedoch, wie hoch ein tatsächliches Ausfallrisiko eines Rückversicherers ist, und ob nicht die Lehren aus der Finanzmarktkrise gezogen werden sollten, dass systemrelevante Unternehmen notfalls auch mit staatlicher Stützung gerettet werden.

Der Exposure Draft zu IFRS 9 *Financial Instruments: Amortised Cost and Impairment* gibt keine genauen Vorgaben, anhand welcher Daten die Ausfallwahrscheinlichkeit zu messen ist. Vielmehr ist der Rückgriff sowohl auf interne Erfahrungen als auch auf externe Quellen erlaubt.[1087] Interne Daten könnten unter anderem Streitfälle zwischen Erst- und Rückversicherer bzgl. der Schadenzahlungen beinhalten, da diese sehr einzelfallbezogen sind und sich keinesfalls durch am Markt beobachtbare Daten abbilden lassen.[1088] Bei einer solchen Anwendung kommt es jedoch für den Bilanzleser zu Verzerrungen zwischen der Abbildung einzelner Rückversicherungsportfolien verschiedener Erstversicherer, obwohl diese evtl. Verträge mit identischen Rückversicherern geschlossen haben. Der Rückgriff auf externe Datenquellen würde hier die Vergleichbarkeit erhöhen, wobei jedoch bspw. der Ansatz von Ratings zu einer pauschalen Ausfallwahrscheinlichkeit führen würde, die sich während der Vertragslaufzeit nicht widerspiegeln muss. So stellt ein BBB-Rating von Standard & Poors eine Ausfallwahrscheinlichkeit innerhalb eines Jahres von 0,48% dar.[1089] Für den Bilanzleser stellt sich die Frage, ob die Ausfallwahrscheinlichkeit auch die tatsächlich erwarteten Verhältnisse widerspiegelt, zumal sich diese Ausfallwahrscheinlichkeit auch

1082 Siehe hierzu auch IASB ED IFRS 9 BC25.

1083 Die Bilanz eines Versicherers wird wesentlich durch Finanzinstrumente, Rückversicherungsverträge und versicherungstechnische Verbindlichkeiten aus direkt geschlossenen Verträgen bestimmt.

1084 Vgl. Heller, 2009, S. 203.

1085 Siehe auch ED 45.

1086 Siehe hierzu auch ED 49.

1087 Vgl. IASB ED IFRS 9 B7.

1088 Vgl. Ernst & Young Comment Letter, 2007, S. 16.

1089 Vgl. Romeike/Müller-Reichart, 2008, S. 325.

nur auf die nächsten 12 Monate bezieht. Im Rahmen der Bilanzanalyse sollte der Analytiker daher die Anhangangaben zu den verwendeten Methoden[1090] sowie die Veränderung der Ausfallwahrscheinlichkeiten im Zeitablauf, welche in der Überleitungsrechnung dargestellt werden[1091], einbeziehen. Grundsätzlich sollte sich bei unveränderten wirtschaftlichen Verhältnissen des Rückversicherers die Höhe des geschätzten Ausfalles ähnlich dem Erwartungswert im zugrundeliegenden Portfolio entwickeln. Abweichungen hiervon wären hinsichtlich des Einsatzes bilanzpolitischer Instrumentarien kritisch zu hinterfragen.

Grundsätzlich unterscheiden sich Höhe des Vermögensgegenstandes beim Zedenten und der Schuld beim Zessionär, da beide eine auf ihr Portfolio spezifische Risikomarge berechnen.[1092]

5.4 ED IFRS 4 Phase II: Bilanz- und GuV Ausweis

In der Bilanz erfolgt für die einzelnen Portfolien ein saldierter Ausweis als Vermögensgegenstand oder Schuld.[1093] Dabei ist zwischen Rückversicherungsverträgen und selbst abgeschlossenen Versicherungsverträgen zu unterscheiden; beide Vertragsarten führen jeweils zu einem Vermögensgegenstand oder einer Schuld. Im Anhang sind zudem weitreichende Veröffentlichungen hinsichtlich der Bewertungsmethoden[1094] und v.a. auch bzgl. der Überleitungen der einzelnen Komponenten des allgemeinen Bewertungsmodells sowie des vereinfachten Bewertungsmodells, des *UPA*, vorgesehen.[1095]

In der GuV findet für die nach dem allgemeinen Bewertungsmodell bilanzierten Portfolien ein sogenannter *summarized margin approach* Anwendung[1096], der den Ausweis folgender Positionen vorsieht[1097]:

1) Underwriting Margin
   - *Veränderung der Risikomarge*
   - *Veränderung der Residualmarge*

1090 Vgl. ED 85(b).
1091 Vgl. ED 86(g).
1092 Vgl. ED BC235.
1093 Vgl. ED 69.
1094 Vgl. ED 90.
1095 Siehe hierzu auch ED 86 ff.
1096 Vgl. ED BC160.
1097 ED 72.

2) Gewinne und Verluste bei Erstansatz aus
   - *Verluste aus Versicherungsverträgen, die im Rahmen eines Portfoliotransfers entstanden*
   - *Gewinne aus Rückversicherungsverträgen, die vom Zedenten erworben wurden*
   - *Verluste, die bei der Erstbewertung von Versicherungsverträgen entstehen*
3) Nicht variable Akquisitionskosten auf Vertragsebene
4) Erfahrungsanpassungen und Änderungen hinsichtlich der Schätzungen in Bezug auf[1098]
   - Unterschiede zwischen den tatsächlichen und den ursprünglich geschätzten Zahlungsströmen
   - Änderungen bzgl. der Schätzungen von Zahlungsströmen und Diskontierungssätzen
   - Ausfall von Rückversicherung
5) Zinsen auf die Versicherungsverbindlichkeiten

Eine vom IASB veröffentlichte hypothetische GuV-Darstellung zeigt die zukünftige Gliederung hinsichtlich wesentlicher Positionen:

Income statement	Year 20X2	Year 20X1
Risk adjustment	3	2
Residual margin	1	1
Underwriting margin	4	3
Experience adjustment	(0.5)	1
Changes in estimates	(0.5)	0
Underwriting result	3	4
Investment income	5	3
Interest on insurance liability	(2)	(1.5)
Net interest and investment	3	1.5
Profit	6	5.5

Abbildung 13: GuV unter ED IFRS 4 Phase II[1099]

Die Überleitung der Verbindlichkeit zwischen zwei Stichtagen verdeutlicht dabei die erfolgswirksam zu erfassenden Effekte und stellt eine Verbindung zur GuV her.

Keinen Ansatz finden hingegen Angaben zu Prämien, Schadenaufwendungen, Verwaltungsaufwendungen und Akquisitionskosten.[1100] Solche Informatio-

1098 Diese Angaben können wahlweise auch im Anhang erfolgen; siehe auch ED 72(d).

1099 Finnegan, 2010.

1100 Vgl. ED 74.

nen sind gemäß Exposure Draft lediglich im Anhang in der Überleitungsrechnung zwischen zwei Stichtagen anzugeben.[1101] Der im Exposure Draft bevorzugte Ausweis sieht entsprechend jegliche Zahlungseingänge als von den Versicherungsnehmern erhaltene Anzahlungen (*deposits received*) und sämtliche Zahlungsausgänge als Rückzahlung (*repayment of deposits*) an diese vor.[1102]

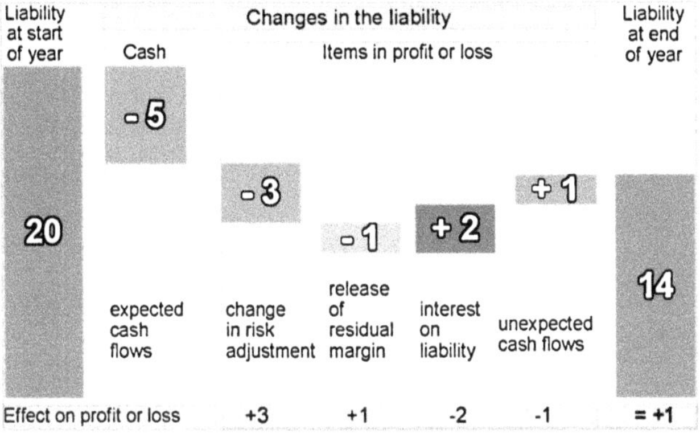

Abbildung 14: Überleitungsrechnung unter ED IFRS 4 Phase II[1103]

Der GuV-Ausweis der nach dem *UPA* bilanzierten Verträge erfolgt aufgrund des abweichenden Bewertungsverfahrens anhand weiterer Positionen, die eine Ergänzung hinsichtlich der oben zutreffenden Positionen darstellen und in ED/2010/8.75 wie folgt dargestellt sind[1104]:

1) Underwriting Margin
   - Prämienerträge (ohne Berücksichtigung der Akquisitionskosten)
   - Eingetretene Schäden
   - Eingetretene Verwaltungsaufwendungen
   - Amortisation der Akquisitionskosten
2) Veränderungen hinsichtlich zusätzlich zu bildender Verbindlichkeiten aufgrund des *onerous tests*

Weder im allgemeinen Bewertungsmodell noch im UPA erfolgt in der GuV, ähnlich der Bilanz, eine Verrechnung zwischen selbst abgeschlossenen Verträgen und Rückversicherungsverträgen.[1105]

1101 Vgl. ED 87.

1102 Vgl. ED BC160.

1103 Finnegan, 2010.

1104 ED 75.

1105 Siehe hierzu auch ED 77.

Die Unterschiede in der Bewertung hinsichtlich des allgemeinen und des vereinfachten Bewertungsverfahrens spiegeln sich auch im Ausweis wider. Dem Bilanzleser steht u.U. daher kein einheitlicher Ausweis des Schaden-/Unfallgeschäfts zur Verfügung, was die Analyse erschwert. Es ist somit nicht nur aus Gründen der Bewertung, sondern auch aus dem daraus resultierenden abweichenden Ausweis, die Anwendung des vereinfachten Bewertungsmodells abzulehnen.

6. Auswirkungen des ED IFRS 4 Phase II auf bilanzielle Kennzahlen

6.1 Die Combined Ratio (Schaden-Kosten-Quote)

Unter dem allgemeinen Bewertungsmodell kann aufgrund der Anwendung des *summarized margin model* kein direkter Rückschluss mehr auf die Combined Ratio gezogen werden, da die entsprechenden Angaben zu Prämien, Schaden- und sonstigen Aufwendungen für den Versicherungsbetrieb nicht mehr in der GuV ausgewiesen werden.[1106] Für die Berechnung der Combined Ratio muss somit auf Anhangangaben zurückgegriffen werden. Im Anhang wird zukünftig eine Überleitung von Eröffnungsbilanz zu Schlussbilanz gefordert[1107], wobei diese gemäß ED/2010/8.87 unter anderem die folgenden Angaben beinhalten muss[1108]:

- Neuverträge, die zum Erstansatz während der betrachteten Periode führten
- Erhaltene Prämien
- Zahlungen, unterteilt nach:
  - *Schadenzahlungen*
  - *Aufwendungen*
  - *Variable Akquisitionskosten*
- Erträge und Aufwendungen; übergeleitet auf die in der GuV ausgewiesenen Größen

Über die Zahlungsströme sollte zukünftig brutto, getrennt nach Ein- und Auszahlungen, berichtet werden. Der Ausweis durch die Überleitungsrechnung ermöglicht es dem Bilanzleser dann auch weiterhin, eine Schaden-Kosten-Quote zu berechnen, obwohl sich diese hinsichtlich der Aussagekraft von der in Kapitel 4.4.3. definierten Kennzahl unterscheidet. Erfolgte die Berechnung bisher auf Basis der Erträge und Aufwendungen auf Kalenderjahressicht, werden dem Bilanzleser unter dem ED *Insurance Contracts* Informationen hinsichtlich der tatsächlichen Zahlungsflüsse der einzelnen Komponenten geliefert. Problematisch stellt

1106 Siehe hierzu auch Kapitel 5.6.

1107 Vgl. ED 85(a).

1108 ED 87.

sich dabei die Behandlung der Prämienzahlungen dar, sofern diese vorab vom Versicherungsnehmer gezahlt werden. Diese werden entsprechend als erhaltene Prämien ausgewiesen und nicht, bspw. anhand der Vertragslaufzeit, auf die einzelnen Perioden verteilt. Demgegenüber erfolgt auch der Ausweis der Schäden nicht mehr aufgrund ihres Eintrittszeitpunktes, sondern vielmehr zum Schadenzahlungszeitpunkt, der deutlich zeitversetzt in der Zukunft anfallen kann. Die anhand der veröffentlichten Daten generierte Combined Ratio verliert damit an Aussagekraft, da sie durch die Betrachtung von Zahlungsströmen eine zeitliche Zuordnung der Erträge und Aufwendungen von Verträgen bzw. eines Portfolios nicht mehr zulässt. Da tatsächliche Zahlungsströme abgebildet werden, werden zwar die Probleme der Kalenderjahressicht, die sich v.a. aus der Schätzung von Schadenaufwendungen ergaben, behoben. Doch gibt der neue Ausweis keine Verbesserung hinsichtlich einer *Underwriting year* Sichtweise, bei der die zukünftigen Auszahlungen eines Vertrages den Einzahlungen gegenübergestellt werden.

Eine solche Sichtweise könnte lediglich für die **Neuverträge** erfolgen, sofern noch keine Prämienzahlungen erhalten wurden. In diesem Falle sollte die Anhangangabe sämtliche zukünftige Ein- und Auszahlungen beinhalten über die separat berichtet werden sollte, und die Combined Ratio für das Neugeschäft würde, unabhängig vom zeitlichen Schadeneintritt, eine *Economic*[1109] *Underwriting Year Combined Ratio*[1110] (kurz: *euy Combined Ratio*) über die gesamte Vertragslaufzeit widerspiegeln. Für dieses Neugeschäft würde der geforderte Ausweis einen Mehrwert für den Bilanzleser bedeuten. Allerdings bleibt es aus den erwähnten Gründen schwierig, die tatsächliche Entwicklung der *euy Combined Ratios* aufgrund möglicher zukünftiger Anpassungen der Zahlungsströme nachzuvollziehen.

Da für den Versicherer jedoch intern die Berechnung einer *euy Combined Ratio* möglich ist, auch wenn sich zukünftige Schadenzahlungen anders als deren Schätzungen entwickeln, dürfte aufgrund der starken Akzeptanz und hohen Bedeutung der Combined Ratio die Veröffentlichung einer solchen seitens des Versicherers weiterhin erfolgen. Wobei die Veröffentlichung dabei für die nach dem allgemeinen Bewertungsmodell bilanzierten Verträge weg von einer Kalenderjahressicht und hin zu einer deutlich aussagekräftigeren *Underwriting year* Sichtweise gehen dürfte, da diese die Performance der einzelnen Verträge über alle Perioden hinweg verdeutlicht.

1109 Durch die Betrachtung der Barwerte von Zahlungsströmen wird eine ökonomische Sichtweise eingenommen.

1110 In der Praxis finden ähnlich definierte ökonomische Combined Ratios bereits vereinzelt Anwendung, wie die *Economic Combined Ratio* der AXA, siehe auch AXA S. 21.

Tabelle 18: Zahlungsstruktur eines Versicherungsvertrags

Perioden	**1**	**2**	**3**	**4**	**5**
Erhaltene Prämien	100 GE	100 GE	100 GE	0 GE	0 GE
Schadenzahlungen[1111]	0 GE	-50 GE	-20 GE	-30 GE	-10 GE
Anpassungen[1112]	0 GE	0 GE	0 GE	-15 GE	-10 GE

Aus Vereinfachungsgründen berücksichtigt das Beispiel keine Diskontierungseffekte und stellt auf die nominalen Zahlungsströme, die jeweils am Periodenende erfolgen, ab. Zu Beginn der Periode 1 würde sich die Schadenquote auf Basis der Schätzungen des Versicherers noch wie folgt darstellen:

$$Schadenquote = \frac{(50\,GE + 20\,GE + 30\,GE + 10\,GE)}{(100\,GE + 100\,GE + 100\,GE)} = \frac{110\,GE}{300\,GE} = \sim 37\%$$

Die Anpassungen der geschätzten Parameter sind dem Versicherer zu Vertragsbeginn noch nicht bekannt und ergeben sich stets erst in der entsprechenden Periode. Zu Vertragsbeginn erhält der Bilanzleser einen guten Einblick in die aus dem Neuvertrag bzw. Neuportfolio resultierende *Economic Underwriting Year* Schadenquote. Zu Beginn der Periode 2 (Stichtag Ende Periode 1) ergibt sich aus der Überleitungsrechnung für den Bilanzleser lediglich der Erhalt der in Periode 1 fälligen Prämienzahlung von 100 GE. Auf dieser Basis ist ihm eine Beurteilung hinsichtlich einer möglichen Veränderung der Schadenquote nur möglich, sofern sich die erwarteten Cash Flows nicht verändert haben. In Periode 4 wird er aus der GuV eine solche Veränderung der Zahlungsströme entnehmen können und zwar in Form der 15 GE, die der Versicherer über seine ursprüngliche Schätzung hinaus bezahlen muss. Damit er jedoch eine Anpassung der ursprünglichen *Economic Underwriting year* Schadenquote vornehmen kann, die sich nun wie folgt darstellt:

$$Schadenquote = \frac{(110\,GE + 15\,GE)}{300\,GE} = \sim 42\%\,,$$

muss er rückwirkend alle bereits erhaltenen und geleisteten Zahlungen aus diesem Vertrag bzw. Portfolio berücksichtigen. Da sich dies in der Praxis aufgrund von Portfoliogröße und der ständigen Entwicklung des Portfolios nicht nachvollziehen lässt, wird der Analytiker diesbezüglich auf die Berechnungen und Ausweise des Versicherers angewiesen sein. Vergleichbare Auswirkungen ergeben sich im Hinblick auf die Kostenquote.

1111 Die ursprünglich zu Vertragsbeginn geschätzten Schadenzahlungen.
1112 Anpassungen bzgl. der ursprünglich geschätzten Schadenzahlungen im Zeitablauf.

Die Bewertung von Verträgen nach dem vereinfachten Bewertungsmodell in Form des UPA ermöglicht dem Analytiker durch den GuV-Ausweis von Prämien und Schadenaufwendungen weiterhin die Berechnung einer Combined Ratio. Eine vertiefte Darstellung soll aus diesem Grund, aber auch vor dem Hintergrund, dass die Anwendung eines solchen Modells aus Analysesicht prinzipiell abzulehnen ist, nicht weiter erfolgen.

6.2 Die Nettoverzinsung der Kapitalanlagen

Zwar besitzt der IFRS *Insurance Contracts* keine direkten Auswirkungen auf die Bilanzierung der Kapitalanlagen, dennoch wird er dessen Klassifizierung, Ausweis und die Interpretation der Nettoverzinsung maßgeblich beeinflussen. Neben den bereits in Kapital 4.4.4. genannten bilanzpolitischen Möglichkeiten, die sich rein auf die Nettoverzinsung beziehen und auch weiterhin Gültigkeit besitzen, sollen im Folgenden bilanzpolitische Spielräume und die Interpretation der Nettoverzinsung mit Bezug auf die Bewertung versicherungstechnischer Verbindlichkeiten unter ED IFRS 4 Phase II erläutert werden. Aus den in Kapitel 4.4.4.2. dargestellten Gründen soll sich die Analyse wiederum auf die Finanzinstrumente beschränken.

Die im ED IFRS 4 Phase II *Insurance Contracts* vorgeschlagene Bewertung von Versicherungsverträgen anhand des allgemeinen Bewertungsmodells führt zu einer Berücksichtigung aktueller Parameter hinsichtlich des *PVFCF* an jedem Bewertungsstichtag.[1113] Diese Bewertungsmethodik spiegelt somit jeweils den aktuellen Wert der Verbindlichkeit oder Vermögensgegenstandes am Stichtag wider und kann dementsprechend deutlichen Schwankungen unterliegen, zumal jegliche Änderungen erfolgswirksam zu erfassen sind. Um ein *mismatch* zwischen der Bewertung von Versicherungsverträgen und den diesen bedeckenden Finanzinstrumenten zu vermeiden[1114], besteht seitens des Exposure Drafts die Möglichkeit, bei Erstanwendung des IFRS 4 die Finanzinstrumente in die Kategorie *fvpl* umzuklassifizieren.[1115] Wurden die versicherungstechnischen Verbindlichkeiten bisher nach dem sogenannten *lock-in*-Prinzip bewertet und Parameteränderungen, die sich im Zeitablauf gegenüber der Erstbewertung ergeben haben, bilanziell nicht berücksichtigt, versuchten die Versicherer ebenfalls einen bilanziellen Ausweis von Wertänderungen ihrer Finanzinstrumente im Zeitablauf zu vermeiden bzw. lediglich erfolgsneutral direkt im Eigenkapital zu zeigen. Dies kann sich

1113 Vgl. ED 48.

1114 Vgl. Bacher/Hofmann, 2010, S. 435.

1115 Siehe hierzu auch Ebbers, 2009, S. 1809 ff.; vgl. ED 102 .

durch die erfolgswirksam zu erfassenden Wertänderungen der versicherungstechnischen Positionen unter dem ED zu IFRS 4 *Insurance Contracts* nun grundlegend ändern, so dass sich sowohl die erfolgswirksame Erfassung der Wertänderungen von Finanzinstrumenten als auch die der versicherungstechnischen Positionen im Idealfall in der GuV ausgleichen sollten. Da die in die Bewertung der Versicherungsverträge einfließenden Parameter jedoch unabhängig von denen der Finanzinstrumente sind[1116], spiegeln auch die Diskontsätze der Versicherungsverträge nicht die der gehaltenen Finanzinstrumente wider. Während der zur Diskontierung des Versicherungsvertrages herangezogene Diskontsatz die Charakteristika des Vertrages widerspiegeln soll und kein Ausfallrisiko beinhaltet[1117], erfolgt die Kapitalanlageentscheidung regelmäßig unter Eingang von Risiko in Form der Ausfallwahrscheinlichkeiten. Dies mündet in einer entsprechend höheren Verzinsung aufgrund der Zahlung eines Risikoaufschlags seitens des Emittenten. Die Marktwertänderung der Finanzinstrumente, die sich aufgrund der Veränderung von Risikozuschlägen ergibt, schlägt sich bei der Bewertung der Versicherungsverträge nicht nieder.

Gegeben sei folgende nominale Auszahlungsstruktur eines Versicherungsvertrags:

Tabelle 19: Auszahlungsstruktur eines Versicherungsvertrags

Periode 1	**Periode 2**	**Periode 3**	**Periode 4**	**Periode 5**
-100 GE	-100 GE	-100 GE	-100 GE	-1.100 GE

Dem Versicherer sei es möglich, durch Kauf einer Unternehmensanleihe die Zahlungsströme der Verbindlichkeit zu replizieren. Er erwirbt diese Unternehmensanleihe zum Nominalwert von 1.000 GE und einer Verzinsung von 10%. Die Verzinsung teilt sich dabei wie folgt auf:

- risikoloser Zins: 5%
- Risikozuschlag: 5%

Unter der Annahme, dass die Zahlungen sowohl beim Versicherungsvertrag als auch bei der Anleihe jeweils am Periodenende fällig sind, ergeben sich zu Beginn folgende Marktwerte:

- Barwert der Auszahlungen des Versicherungsvertrages bei Diskontsatz 5% (risikoloser Zins unter Vernachlässigung der Liquiditätsprämie): *1.216 GE*
- Marktwert des Finanzinstruments: *1.000 GE*

1116 Vgl. ED 31.

1117 Siehe hierzu auch Kapitel 5.2.2.

Fällt nun zum Stichtag Ende Periode 1 der Risikozuschlag von 5% auf 3%, ohne dass sich jedoch der risikolose Zins ändert, so ergeben sich bei der ausstehenden Restlaufzeit nun folgende Barwerte:

- Barwert der Auszahlungen des Versicherungsvertrages bei unverändertem Diskontsatz von 5% (risikoloser Zins unter Vernachlässigung der Liquiditätsprämie): *1.177 GE*[1118]
- Marktwert des Finanzinstruments (auf Basis 8%[1119]): *1.102 GE*

Durch den fallenden Risikozuschlag gewinnt die Anleihe 102 GE an Marktwert.[1120] Diese werden erfolgswirksam in der GuV erfasst, während sich aufgrund des fallenden Risikozuschlags keine Änderung bei der versicherungstechnischen Verpflichtung ergibt. Aufgrund der unterschiedlichen Zinssätze der Finanzinstrumente und Versicherungsverträge kommt es somit wiederum zu einem *mismatch.* Dieser wirkt sich dabei umso deutlicher aus je höher die Schwankungen der Risikokomponenten sind, die in der Verzinsung des Finanzinstruments nicht aber im Diskontsatz des Versicherungsvertrages enthalten sind. „Unterschiedliche Auswirkungen auf Aktiv- und Passivseite ergeben sich selbst bei gematchten Zahlungsströmen allein daraus, dass die Zeitwerte von Anleihen während der Laufzeit stark von Preisabschlägen zur Berücksichtigung der Bonitätsrisiken und der Illiquidität (sog. ‚Spreads') beinflusst werden, die auf der Passivseite keine Entsprechung finden."[1121] Es ist daher überlegenswert, inwiefern Marktwertänderungen der Kapitalanlage, die auf Komponenten wie den *Spread* zurückzuführen sind, zukünftig separat auszuweisen sind. Hierdurch würde dem Bilanzleser ein erhöhter Einblick hinsichtlich des *mismatches* eröffnet. Andererseits könnte jedoch auch eine erfolgsneutrale Erfassung dieses Wertes im Eigenkapital in Erwägung gezogen werden.

Gleichzeitig kann es aber auch zu Ergebnisverzerrungen kommen, sofern der Effektivzins des Finanzinstruments auch gleichzeitig dem internen Zinsfuß entspricht (z.B. Kaufpreis des Finanzinstruments zum Nominalwert), dies bei der Verbindlichkeit aufgrund einer abweichenden Zahlungsstruktur aber nicht der Fall ist. Gegeben seien folgende Zahlungsstrukturen:

1118 Der Rückgang des Barwertes von 39 GE ist darauf zurückzuführen, dass die erste Auszahlung in Periode 1 von 100 GE geleistet und zudem die Verbindlichkeit um 61 GE aufgezinst wurde: -100 GE + 61 GE = -39 GE.

1119 Die 8% setzen sich dabei aus dem risikolosen Zins und dem aktuellen Risikozuschlag zusammen: 5% + 3%.

1120 Die Kurse von Anleihen und die Zinsen laufen gegenläufig zueinander; siehe hierzu auch Kühnlenz/Scheffer, 2011, S. 19 .

1121 Ellenbürger/Kölschbach, 2010, S. 51.

Tabelle 20: Zahlungsströme (Kapitalanlage vs. Versicherungsvertrag)

Zahlungsströme	**Periode 1**	**Periode 2**	**Periode 3**	**Periode 4**	**Periode 5**
Verbindlichkeit	0 GE	-95 GE	-190 GE	-90 GE	-1.050 GE
Finanzinstrument	100 GE	100 GE	100 GE	100 GE	1.100 GE

Das Finanzinstrument weist bei einem Anschaffungspreis von 1.000 GE einen Zinssatz von 10% auf, der gleichzeitig auch dem risikolosen Zins entspricht und somit ebenfalls zur Diskontierung der Verbindlichkeit dient. Unter der Annahme, dass die Zahlungen wiederum zum Periodenende fällig sind und unter Vernachlässigung der Liquiditätsprämie, ergeben sich folgende Marktwerte zu Beginn:

- Verbindlichkeit: 935 GE
- Finanzinstrument: 1.000 GE

Selbst bei unverändertem risikolosem Zinssatz zum Ende der Periode 1 ergeben sich Unterschiede hinsichtlich der Marktwertentwicklungen. Während das Finanzinstrument weiterhin mit 1.000 GE Marktwert bilanziert wird, da der aktuelle Marktzinssatz weiterhin dem internen Zins entspricht[1122], steigt der Wert der Verbindlichkeit aufgrund der Aufzinsung um 93 GE auf 1.028 GE an. Da allerdings auch das Finanzinstrument einen erfolgswirksamen Effekt in Form der erhaltenen Zinszahlung von 100 GE aufweist, sich dieser aber nicht in der Marktwertänderung widerspiegelt, bedarf es bei der Analyse eines zusätzlichen Einbezugs dieses Ertrages anhand des GuV-Ausweises.

Zudem ist die *Duration*[1123] von Aktiva und Passiva von besonderer Bedeutung.[1124] Unterscheiden sich die Laufzeiten von Aktiva und Passiva, so ergeben sich abweichende Wertänderungen der Bilanzpositionen, selbst wenn wiederum Diskontsatz der Verbindlichkeit und der Kapitalanlagerendite übereinstimmen: „(...) eine Verbindlichkeit mit einem Nominalzins von 7% und einer Laufzeit von 20 Jahren weist bei einem Marktzinsrückgang um 100 Basispunkte eine Wertsteigerung von über 11% auf, während eine festverzinsliche Kapitalanlage mit gleichem Coupon und 10 Jahren Restlaufzeit 7,4% im Kurs steigt. Die Differenz wäre ergebniswirksam."[1125] Aussagen zur Duration wären daher für den Bilanzleser von hohem Informationsgehalt. Alternativ könnte der Bilanzleser versuchen anhand der Fälligkeiten von Aktiva und Passiva approximative Aussagen zum ALM zu treffen. Für die Zahlungsströme aus Verbindlichkeiten sind die Fälligkeiten gem. ED 95(a) im Rahmen der Liquiditätsrisiken anzugeben. Demgegenüber fordert allerdings IFRS 7 lediglich für bestimmte Finanzverbind-

1122 Siehe hierzu auch Oxford, 2005, S. 217 f.

1123 Siehe hierzu auch Kapitel 4.3.

1124 Siehe auch IASB Agenda Reference 3E, 01/2011, par. 22(a).

1125 Perlet, 2001, S. 301.

lichkeiten einen entsprechenden Ausweis der Fälligkeiten, so dass hier durchaus zusätzliche Angaben zu den Vermögenswerten wünschenswert wären.

Der Exposure Draft verlangt einen GuV-Ausweis, der es dem Bilanzleser ermöglicht, einen direkten Zusammenhang zwischen der Kapitalanlagerendite einerseits und den Zinsen auf die Versicherungsverbindlichkeiten sowie den Änderungen in den Annahmen des Diskontsatzes andererseits herzustellen.[1126]

Insbesondere die laufende Verzinsung[1127] gewinnt zukünftig an Wert für den Bilanzleser, da diese direkt mit dem Verhältnis *Aufzinsung der Versicherungsverbindlichkeiten* durch *mittleren Bestand der Verbindlichkeiten* verglichen werden kann:

Formel 20:

$$\frac{laufende\ Erträge}{mittlerer\ Kapitalanlagebestand} \gtrless \frac{Aufzinsung\ der\ Verbindlichkeiten}{mittlerer\ Bestand\ der\ Versicherungsverbindlichkeiten}$$

Hierdurch erhält der Analytiker Einblick, inwiefern die laufende Verzinsung der Kapitalanlagen noch dem in der Vorperiode angesetzten risikolosen Diskontsatz entspricht. Gerade in Zeiten volatiler Finanzmärkte kann dies ein hilfreicher Indikator sein. Da der Diskontsatz zu jedem Stichtag angepasst wird und sich in der Aufzinsung der folgenden Periode widerspiegelt, ist für den Bilanzleser ersichtlich, wie sich die laufende Verzinsung des Kapitalanlagenportfolios gegenüber dem *aktuellen* risikolosen Zins, der die Verbindlichkeitenstruktur ausdrückt, verhält. Da das Kapitalanlageportfolio nicht zu jedem Stichtag umgeschichtet werden kann und somit auch das Zinsniveau vergangener Perioden darstellt, ist dieser Informationsgewinn v.a. in Zeiten stark volatiler risikoloser Zinsen von Bedeutung. Der Bilanzleser ist somit in der Lage, Rückschlüsse zu ziehen, inwieweit das Kapitalanlageportfolio trotz des Eingangs von Risiko evtl. nicht mehr oder nur noch bedingt in der Lage ist, das aktuelle risikolose Zinsniveau zu erwirtschaften.

Es sollte eine explizite Trennung der Annahmeänderungen hinsichtlich der Zahlungsströme und des Diskontsatzes vollzogen werden, um den Anforderungen aus ED 73 gerecht zu werden. Eine solche Aufteilung der GuV sollte daher in einem zukünftigen Standard aufgenommen werden.[1128] Dadurch wäre es dem Analytiker möglich, die Aufzinsung der Verbindlichkeiten im Zähler um die aus Annahmeänderungen resultierenden Zinsen zu erweitern. Er hätte entsprechend die *Marktwertänderung* der Verbindlichkeiten berücksichtigt und könnte diese Größe der Nettoverzinsung gegenüberstellen, die zusätzlich zu den laufenden

1126 Vgl. ED 73.

1127 Siehe hierzu auch Kapitel 4.4.4.1.2.

1128 Bisher ist dies noch nicht eindeutig; vgl. ED 72 (d) (ii).

Erträgen auch die Marktwertänderungen der Kapitalanlagen beinhaltet.[1129] Eine im Vergleich hierzu höhere Nettorendite spiegelt das Kapitalanlagemanagement des Versicherers wider. Für den Analytiker sind direkte Schlussfolgerungen möglich, die den *Investment Surplus*, eine Art *Mehrrendite*, durch das Eingehen von Risiko bei der Kapitalanlage zeigen, sofern gilt:

Formel 21:

$$\frac{Kapitalanlageergebnis}{mittlerer\ Kapitalanlagebestand} > \frac{(Aufzinsung\ der\ Verbindlichkeiten + Annahmeänderung\ bzgl.\ Diskontsatz)}{mittlerer\ Bestand\ der\ Versicherungsverbindlichkeiten}$$

Der *Investment Surplus* ergibt sich dabei als Differenzwert aus den genannten relativen Kennzahlen:

Formel 22:

$$\frac{Kapitalanlageergebnis}{mittlerer\ Kapitalanlagebestand} - \frac{(Aufzinsung\ der\ Verbindlichkeiten + Annahmeänderung\ bzgl.\ Diskontsatz)}{mittlerer\ Bestand\ der\ Versicherungsverbindlichkeiten} = Investment\ Surplus$$

Relative Werte sind für den Analytiker deutlich aussagekräftiger als entsprechende absolute Beträge, was insbesondere dann gilt, wenn der Wert der Kapitalanlagen den der Verbindlichkeiten übersteigt, was in der Praxis regelmäßig der Fall sein dürfte. In diesem Fall läuft der Versicherer Gefahr, dass die aus den Finanzinstrumenten generierten Erträge bzw. deren erfolgswirksam erfasste Wertänderungen die der Verbindlichkeiten überkompensieren und eine entsprechende Ergebnisvolatilität erzeugen. Es könnte daher von Vorteil sein, wenn ein Ausweis des Kapitalanlageergebnisses und dessen Bestandteile getrennt nach den

- Kapitalanlagen, die zur Bedeckung der versicherungstechnischen Verbindlichkeiten herangezogen werden, und
- darüber hinausgehenden Kapitalanlagen

1129 Würde bei der Nettoverzinsung eine Aufteilung der Marktwertänderung nach Veränderung risikoloser Zins und den restlichen Komponenten (wie z.B. Spread) erfolgen, so wären weitere Auswertungen seitens des Bilanzlesers möglich. Siehe Ausführungen weiter oben in diesem Kapitel.

erfolgen würde. Da die Renditen der Kapitalanlagen, die zur Bedeckung der versicherungstechnischen Verbindlichkeiten herangezogen werden, nicht denen des gesamten Kapitalanlagebestands entsprechen müssen, wäre durch diese Ausweistrennung ein deutlicher Mehrwert für den Bilanzleser gegeben. Es wäre zu überdenken, ob der vom IASB bereits geforderte Bezug zwischen Kapitalanlageergebnis und Zinssatz auf die Verbindlichkeiten nicht noch genauer spezifiziert wird. Warum eine Trennung des Kapitalanlagebestandes hinsichtlich der Bilanzierung auch aus Sicht des Versicherers sinnvoll sein kann und welche bilanzpolitischen Möglichkeiten ihm diesbezüglich zur Verfügung stehen, wird weiter unten dargestellt.

Der oben beschriebene Risikoeingang bei der Kapitalanlage birgt für den Versicherer durchaus die Gefahr eines möglichen Ausfalls von Finanzinstrumenten. Unter diesen Umständen ist es daher durchaus vorstellbar, dass die Nettoverzinsung der Kapitalanlagen die Aufzinsung der Verbindlichkeiten und evtl. Annahmeänderungen bzgl. des Verbindlichkeitendiskontsatzes nicht verdient. Dieser Sachverhalt wird sich insbesondere unter IFRS 9 verstärkt zeigen, sofern das im Exposure Draft zu IFRS 9 *Financial Instruments: Amortised Cost and Impairment* vorgeschlagene *expected loss model* zukünftig Anwendung findet. Unter dem *expected loss model* werden die erwarteten Kreditausfälle „(…) über die Vereinnahmung der (entsprechend geringeren) Effektivzinsen im Rahmen der Folgebewertung berücksichtigt."[1130] Durch das vorgeschlagene *expected loss model* werden somit mögliche Kreditausfälle früher berücksichtigt als dies bisher unter dem im IAS 39 gültigen *incurred loss model* der Fall ist. Eine tatsächliche Verabschiedung des *expected loss model* würde dem Bilanzierenden durch die Schätzung zukünftiger Kreditausfälle, bei der „(...) sowohl auf interne als auch auf externe Daten zurückgegriffen werden kann"[1131], zusätzlichen bilanzpolitischen Spielraum eröffnen.

Da bei einem Versicherungsunternehmen, wie bereits erwähnt, regelmäßig davon ausgegangen werden kann, dass der Kapitalanlagebestand größer ist als die zu bedeckenden versicherungstechnischen Verpflichtungen, stellt sich die Frage, inwieweit eine Klassifizierung der Finanzinstrumente als *fvpl* erfolgen soll. Eine solche Klassifizierung würde aus Sicht des Versicherers zukünftig nur für solche Finanzinstrumente sinnvoll erscheinen, die der Bedeckung der ebenfalls erfolgswirksam anhand aktueller Parameter zu bewertenden versicherungstechnischen Verbindlichkeiten dienen. Der auf das Eigenkapital entfallende Teil der Finanzinstrumente dürfte auch weiterhin in einer der anderen Kategorien klassifiziert werden, die eine außerbilanzielle oder erfolgsneutrale Erfassung der

---

1130 Schaber/Märkl/Kroh, 2010, S. 242.

1131 Schaber/Märkl/Kroh, 2010, S. 242 f.

Wertänderungen vorschreibt.[1132] Eine solche Vorgehensweise würde auch die Einführung des *IFRS 9* in seiner momentanen Ausgestaltung prinzipiell nicht ändern.[1133] Möglicherweise wird der Versicherer daher zukünftig vermehrt Informationen offenlegen müssen, welche Kapitalanlagen er zur Bedeckung von Verbindlichkeiten nutzt und welche er dem Aktionär *zuordnet*. Prinzipiell wäre es dann für den Bilanzleser von Vorteil, er würde eine entsprechende Aufteilung auch im Kapitalanlageergebnis erhalten. So könnte er die Aussagekraft der o.g. Analysen nochmals deutlich erhöhen.

Allerdings beinhaltet diese Trennung auch enormes bilanzpolitisches Potential für den Versicherer. So könnte ein Aktieninvestment, welches ursprünglich nicht zur Bedeckung von versicherungstechnischen Verbindlichkeiten erworben wurde, trotzdem hierunter ausweisen. Von Vorteil wäre dies v.a. im Hinblick auf IFRS 9, wo Aktieninvestments zukünftig erfolgswirksam zum *fair value* zu bilanzieren sind, sofern der Versicherer auch erfolgswirksam von zukünftigen Wertsteigerungen profitieren möchte.[1134] Somit würden evtl. Wertschwankungen der Aktie, sofern sie mit dem risikolosen Zins in einer Art korreliert sind, dass fallende Zinsen steigende Aktienkurse nach sich ziehen, durch die Wertänderungen der Verbindlichkeiten (teilweise) ausgeglichen.[1135] Zudem erhöht sich durch die Beimischung von Realwerten die Diversifikation des Kapitalanlageportfolios.[1136] Das tatsächlich zur Bedeckung der Verbindlichkeit erworbene festverzinsliche Finanzinstrument könnte hingegen aufgrund dessen Ausgestaltung zu fortgeführten Anschaffungskosten bilanziert werden, wobei dessen Auszahlungen aber letztendlich zur Begleichung der Verbindlichkeit herangezogen werden. Diese Vorgehensweise würde es dem Versicherer erlauben, weiterhin in Papiere zu investieren, die er nicht zu fortgeführten Anschaffungskosten ausweisen darf, aber deren Wertschwankungen durch die Verbindlichkeit aufgefangen werden könnten. Gleichzeitig erfolgt die Bilanzierung des zur Bedeckung der Verbindlichkeit tatsächlich benötigten Finanzinstruments zu fortgeführten Anschaffungskosten, wodurch zusätzliche erfolgswirksame Wertschwankungen vermieden werden. So könnte es dem Versicherer gelingen, seine Verbindlichkeiten relativ sicher zu

1132 Zu den einzelnen Kategorien siehe auch Kapitel 4.4.4.2.1.

1133 Unter IFRS 9 wird es eine deutliche Einschränkung hinsichtlich möglicher Klassifizierungen geben. V.a. die erfolgsneutrale Erfassung von Wertänderungen wird lediglich für bestimmte Finanzinstrumente und mit einschneidenden Auflagen möglich sein; siehe hierzu auch Kapitel 4.4.4.2.4.

1134 Hinsichtlich der Klassifizierungsmöglichkeiten von Aktien und deren bilanzielle Behandlung unter IFRS 9 siehe auch Kapitel 4.4.4.2.4.

1135 So werden Aktieninvestments auch zum Ausgleich von Niedrigzinsen getätigt; siehe hierzu auch Albrecht, 2001, S. 2.

1136 Siehe hierzu auch GDV QIS3, S. 10.

begleichen und gleichzeitig an riskanteren Papieren zu verdienen, bei einer Reduktion von hohen Ergebnisvolatilitäten.

Hinsichtlich der Bewertung von Versicherungsverträgen anhand des vereinfachten Bewertungsmodells *UPA* ergeben sich dabei deutlich weniger direkt ableitbare Interdependenzen, da ein Ausweis des Diskontierungseffektes sowie dessen Anpassungen unterbleibt. Die Nettoverzinsung unterliegt daher hinsichtlich bilanzpolitischen Spielräumen und Interpretation grundsätzlich den in Kapitel 4.4.4.2. dargestellten Problematiken. Erst am Falle eines Schadeneintritts erfolgt die Bewertung anhand des allgemeinen Bewertungsmodells und ermöglicht entsprechende Aussagen. Aus der in Kapitel 5.1. getroffenen Ablehnung des UPA soll im Folgenden nicht weiter auf das vereinfachte Bewertungsverfahren eingegangen werden.

6.3 Die Eigenkapitalrentabilität

Die in Kapitel 4.4.5. dargelegten Argumente gelten auch für die Betrachtung einer Eigenkapitalrendite unter dem ED zu IFRS 4 Phase II. Bilanzpolitische Spielräume sollen hier wiederum hauptsächlich für versicherungstechnische Positionen und die Kapitalanlageerträge dargestellt werden.[1137] Neben den allgemeinen Effekten aus Kapitel 4.4.5. sei hinsichtlich der bilanzpolitischen Beeinflussungsmöglichkeiten unter dem ED insbesondere auf die Kapitel 5.2. und 6.2. verwiesen. So spielen bei der Beeinflussung des Jahresüberschusses v.a. die Entscheidung bzgl. des Eingehens von Risiken bei der Kapitalanlage und die Klassifizierung der Finanzinstrumente eine entscheidende Rolle bei der Ergebnisvolatilität. Im Betriebsvergleich sollte der Analytiker daher stets die Nettorendite der einzelnen Versicherer im Vergleich zu deren für die Verbindlichkeiten herangezogenen Diskontsatz berücksichtigen und die Klassifikation von Finanzinstrumenten auswerten. Um eine Vergleichbarkeit herstellen zu können, sollten evtl. die aus den Klassifizierungen entstandenen Bewertungsunterschiede rückgängig gemacht werden, indem bspw. auch die nicht erfolgswirksamen Wertänderungen[1138] von Finanzinstrumenten im Jahresüberschuss berücksichtigt werden. Dies wäre der Fall, sofern das Vergleichsunternehmen im Gegensatz zum betrachteten Versicherer eine Klassifizierung sämtlicher Finanzinstrumente zu *fvpl* vorgenommen hat.

1137 Dies geschieht in Anlehnung an die in Kapitel 4.4.5. gewählte Vorgehensweise.

1138 Unter IFRS 9 wird es voraussichtlich nur noch erfolgswirksame und außerbilanzielle Wertänderungen geben, wobei Aktieninvestments eine Ausnahme darstellen können; siehe hierzu auch Kapitel 4.4.4.2.4.

6.4 Neue Kennzahlen für den Bilanzleser unter ED IFRS 4 Phase II *Insurance Contracts*

Bereits in den Kapiteln 6.1. bis 6.3. wurde gezeigt, inwieweit sich der Exposure Draft auf die Bildung herkömmlicher Kennzahlen auswirkt und welche zusätzlichen Informationen der Analytiker aus den so gewonnen Kennzahlen, wie dem *Investment Surplus*, ziehen kann. Aber auch das Versagen einer Berechnung der Combined Ratio nach bisherigen Methoden wurde dargestellt. Geschuldet ist dies v.a. der Abkehr von einer reinen Periodenbetrachtung. Vielmehr erfolgt eine Abbildung der Versicherungsverträge zukünftig über deren gesamte Vertrags- bzw. Abwicklungslaufzeit hinweg. Dieser ökonomischere Ausweis stellt für den Bilanzleser hinsichtlich entscheidungsnützlicher Informationen grundsätzlich einen Mehrwert dar.

6.4.1 Margin Confidence Level

Dem Analytiker stehen Informationen aus Unternehmenssicht über mögliche zukünftige Gewinnerwartungen des Versicherers aus den Versicherungsportfolien zur Verfügung. Über die Generierung der Gewinne wird in Form der Margen Auskunft gegeben. Wesentlichen Informationsgehalt über die Margen enthält dabei das Verhältnis aus Risiko- zu Residualmarge, im Folgenden als *Margin Confidence Level* bezeichnet:

Formel 23:

$$\frac{Risikomarge}{Residualmarge} = Margin\ Confidence\ Level$$

Das *Margen Confidence Level* sollte dabei anhand von Bilanzpositionen sowohl zu Periodenbeginn als auch zu Periodenende gebildet werden. Darüber hinaus bestimmt sich die Veränderung des *Margen Confidence Levels* durch die Bestimmung der GuV-Größen der beobachteten Periode. Bei der Betrachtung der Bilanzpositionen sollten vom Analytiker stets die Effekte des Neugeschäfts berücksichtigt werden. Idealerweise wertet er das Neugeschäft, soweit dies durch die in der Überleitungsrechnung gegebenen Angaben möglich ist, separat aus. Durch diese Vorgehensweise ist es ihm möglich, das zum Periodenbeginn im Bestand befindliche Geschäft im Zeitablauf zu analysieren und er kann diesem gleichzeitig die Profitabilität des Neugeschäfts gegenüberstellen.

Definition, Interpretation und Aussagekraft:
Je höher der Quotient bei der Bildung durch Bilanzwerte ausfällt, desto höher ist der Anteil der Risikomarge an der gesamten Marge. Da sich eine hohe Risikomarge aus der Unsicherheit, dass die tatsächlichen künftigen Zahlungsströme von den erwarteten abweichen könnten[1139], ergibt, ist ein hoher Quotient kritisch zu hinterfragen. Es stellt sich die Frage, inwiefern der Versicherer tatsächlich in der Lage ist, die Risikomarge bzw. Teile dieser als zukünftigen Gewinn auszuweisen. Umgekehrt deutet ein geringer Quotient[1140] neben eines geringeren Risikos, dass die tatsächlichen von den erwarteten Zahlungen abweichen, auf sicher planbare zukünftige Gewinne in Form der aufzulösenden Residualmarge hin.

Gilt beim Vergleich beider Quotienten folgendes:

Formel 24:

$$\frac{Risikomarge_{StichtagT-1}}{Residualmarge_{StichtagT-1}} < \frac{Risikomarge_{StichtagT}}{Residualmarge_{StichtagT}},$$

mit $Risikomarge_{StichtagT-1}$ und $Residualmarge_{StichtagT-1}$ als die zum Stichtag der Vorperiode bzw. zum Periodenbeginn in der Bilanz ausgewiesenen Größen sowie $Risikomarge_{StichtagT}$ und $Resdiualmarge_{StichtagT}$ als die zum Stichtag in der Bilanz ausgewiesenen Werte, so kann der Analytiker zu der Kenntnis gelangen, dass in der betrachteten Periode eine unterproportionale Auflösung der Risikomarge[1141] erfolgte, so dass:

Formel 25:

$$\frac{Risikomarge_{GuVt}}{Residualmarge_{GuVt}} < \frac{Risikomarge_{StichtagT}}{Residualmarge_{StichtagT}},$$

mit $Risikomarge_{GuVt}$ und $Residualmarge_{GuVt}$ als die in der betrachteten Periode t aufgelösten Margen. Dies gilt unter der Nebenbedingung[1142], dass:

Formel 26:

$$\frac{Risikomarge_{Stichtag}}{Residualmarge_{Stichtag}} > 1$$

Entsprechend könnten die zukünftigen Perioden stärker von Auflösungen der Risikomarge profitieren, unter Beachtung der in den Kapiteln 5.2.3. und 5.2.4.

1139 Siehe hierzu auch Kapitel 5.2.3.

1140 Unter der Annahme, dass die Risikomarge korrekt bestimmt wurde.

1141 Bei Auflösung der Risikomarge über die Vertragslaufzeit.

1142 Gilt Formel 26 entsprechend nicht, so gelten bei den in Formel 24 und Formel 25 dargestellten Größenverhältnissen die oben genannten Schlussfolgerungen vice versa.

dargestellten bilanzpolitischen Möglichkeiten. Gleichzeitig hat in diesem Fall aber auch das Verhältnis Risikomarge zu Residualmarge zugenommen, so dass die Unsicherheit bzgl. der gesamten Marge durchaus größer als am vorherigen Stichtag anzusehen ist. Allerdings lässt die Kennzahl keine Aussagen darüber zu, ob und inwiefern eine bestimmte zukünftige Periode im Vergleich zur betrachteten Periode überproportional von absolut höheren Auflösungen in Form von Gewinnen profitiert. Während die Residualmarge als Nennergröße über die Vertragslaufzeit aufgelöst wird, muss dies bei der Risikomarge nicht der Fall sein. Insbesondere im Fall von langen Abwicklungsdauern dürfte gelten, dass

$$Laufzeit_{Risikomarge} > Laufzeit_{Residualmarge}.$$

Entsprechend kann die Auflösung und die damit einhergehende Gewinnvereinnahmung der Risikomarge zu deutlich späteren Zeitpunkten erfolgen. In Summe könnten die zukünftigen Margengewinne – bezogen auf die Vertragslaufzeiten – im Durchschnitt in den zukünftigen Perioden höher ausfallen verglichen mit der aktuell betrachteten Periode. Zwar ist die gesamte Margenhöhe zum Stichtag T, gemessen an einer Gleichverteilung über die Vertragslaufzeit, überproportional hoch, was aber auf den gestiegenen Anteil der Risikomarge zurückzuführen ist. Da diese im Gegensatz zur Residualmarge keine fest planbare Gewinngröße darstellt, muss deren zukünftiges Gewinnvereinnahmungspotential kritisch hinterfragt werden.

6.4.2 Risk Adequacy Ratio

Eine geringere Auflösung der Risikomarge im Verhältnis zur Residualmarge muss allerdings nicht gleichbedeutend damit sein, dass im Vergleich zum vorherigen Stichtag höhere Unsicherheit besteht. Um Aussagen über die Unsicherheit zu erhalten, könnte der Bilanzleser approximativ auf eine Kennzahl zurückgreifen, die nachfolgend als *Risk Adequacy Ratio* bezeichnet wird:

Formel 27:

$$\frac{Risikomarge}{COF} = Risk\ Adaquacy\ Ratio,$$

wobei COF für die (zukünftigen) Auszahlungen aus den Versicherungsverträgen steht. Auch hierbei sollte die Bestimmung der Kennzahl einerseits anhand von Bestandsgrößen zum aktuellen Stichtag und denen der Vorperiode bzw. zum Periodenbeginn sowie andererseits anhand der Stromgrößen erfolgen. Die COF stellen die in der Periode geleisteten Auszahlungen[1143] (COF_{GuV}) bzw. die zum Stichtag zukünftig noch erwarteten Auszahlungen zzgl. der Erträge und Aufwendungen aus Annahmeänderungen der Zahlungsströme ($COF_{Stichtag}$) dar. Für eine konsistente Betrachtung von Zähler und Nenner, muss letzterer die Erträge bzw. Aufwendungen aus den Annahmeänderungen[1144] der zukünftigen Zahlungsströme enthalten, da die daraus resultierende Anpassung der Risikomarge ebenfalls im Zähler abgebildet wird. Zwar werden Annahmeänderungen in der GuV oder im Anhang als Summe für Zahlungsstromänderungen und Diskontsatzänderungen ausgewiesen[1145], doch erfordert ED 73 eine separate Betrachtung der aus Diskontsatzänderungen resultierenden Größe, so dass aus Sicht einer entscheidungsnützlichen Informationsvermittlung eine getrennte Darstellung beider Größen veröffentlicht werden muss.

Im Folgenden werden die COF als der wesentliche Risikofaktor gesehen, da bei Schaden-/Unfallversicherern die größte Unsicherheit bei der Schätzung zukünftiger Zahlungsströme in den erwarteten Auszahlungen liegt. Somit stellen diese auch den Haupttreiber für die Risikomarge dar. Auch hier sollte, ähnlich dem *Margin Confidence Level,* eine Unterteilung nach Neu- und Bestandsgeschäft erfolgen. Ein expliziter Ausweis der zukünftigen Auszahlungsströme sollte somit unter IFRS 4 verpflichtend sein. Der ED 85 schreibt bisher einen ausreichenden Detailgrad an Informationen vor, "(...) to help users of its financial statements evaluate the timing, amount and uncertainty of future cash flows arising from insurance contracts (...)"[1146], so dass die Veröffentlichung der künftigen Auszahlungen durchaus vorausgesetzt werden kann.[1147]

Definition, Interpretation und Aussagekraft:

Die *Risk Adequacy Ratio* gibt dem Bilanzleser dabei Auskunft über das in den Auszahlungen enthaltene Risiko.[1148] Sie gibt an, um wie viel Prozent der erwartete Barwert der Auszahlungen (maximal) abweichen kann. Ein besonders hoher Kennzahlenwert beinhaltet somit die Gefahr hoher Abweichungen vom erwarteten Barwert und sollte vom Analytiker bei der Interpretation Berücksichtigung finden.

1143 Diese sind der Überleitungsrechnung zu entnehmen und stellen die tatsächlich geleisteten Zahlungen dar, auch sofern diese von den ursprünglichen Schätzungen abweichen; siehe hierzu auch ED 87.

1144 Annahmeänderungen der betrachteten Periode.

1145 Vgl. ED 72 (d) (ii).

1146 ED 85.

1147 Eine Überleitung zwischen zwei Stichtagen, wie nach ED gefordert, ist in Abbildung 14 dargestellt.

1148 Dabei wird mit der Vereinfachung gearbeitet, dass sich das Risiko lediglich aus den Auszahlungsströmen ergibt.

Gilt nun:

Formel 28:

$$\frac{Risikomarge_{StichtagT-1}}{COF_{StichtagT-1}} > \frac{Risikomarge_{StichtagT}}{COF_{StichtagT}},$$

so könnte der Bilanzleser zu dem Schluss kommen, dass sich der Versicherer in der entsprechenden Periode überproportional vom Risiko in Bezug auf die zukünftigen (Aus-) Zahlungsströme befreit hat. Dieser Sachverhalt lässt sich intuitiv erklären, sofern der Versicherer bspw. in der Periode einen hohen Teil der Auszahlungen geleistet hat und künftig mit nur noch marginalen Auszahlungen rechnet. In diesem Fall dürfte auch die Risikomarge deutlich gesunken sein. Kritischer sollte jedoch eine überproportionale Befreiung von Risiko bei weiterhin hohen zukünftigen Auszahlungsströmen hinterfragt werden. Wertvolle Auskunft über solche Konstellationen erhält der Bilanzleser durch das Zusammenspiel der *Margin Confidence Level* und der *Risk Adequacy Ratio*. Besitzen in derselben Periode sowohl der in Formel (25) i.V.m. Formel (26) dargestellte Sachverhalt als auch der aus Formel (28) Gültigkeit, so konnte sich der Versicherer überproportional von Risiko befreien, aber im Vergleich zur Vertragslaufzeit (abgebildet durch die Residualmarge im *Margin Confidence Level*) nur einen unterproportionalen Teil der Risikomarge auflösen. Für den Bilanzleser stellt die Kombination beider Kennzahlen erheblichen Informationsgehalt dar.

Denn aufgrund von

$$\frac{Risikomarge_T}{Residualmarge_T} > \frac{Risikomarge_{T-1}}{Residualmarge_{T-1}}$$

gilt unter der Annahme einer linearen Auflösung der Risikomarge über die restliche Vertragslaufzeit:

$$Risikomarge_t < \frac{1}{N}\, Risikomarge_{T-1}.$$

Da gleichzeitig aber auch

$$\frac{Risikomarge_T}{COF_T} < \frac{Risikomarge_{T-1}}{COF_{T-1}}$$

eintritt, muss

$$\frac{COF_t}{COF_{T-1}}$$

einen sehr kleinen Wert annehmen; wobei

T = Bilanzwert des Bestandsgeschäfts der Vorperiode zum Stichtag

T-1 = Bilanzwert der Vorperiode bzw. zum Periodenbeginn
t = erfolgswirksam erfasster Wert des Bestandsgeschäfts in Periode t
N = gewichtete[1149] restliche Vertragslaufzeit des Portfolios zum Stichtag T-1.

Hierbei zeigt sich, dass sich der Versicherer in der Periode t überproportional von Risiko befreien konnte, obwohl er im Vergleich zu den verbleibenden erwarteten Auszahlungen bis zur Abwicklung des Portfolios nur einen geringen Teil der Auszahlungen in der betrachteten Periode t geleistet hat.

Für die Generierung der COF im *Risk Adequacy Level* ist es jedoch erforderlich, dass der Versicherer im Rahmen der Überleitungen im Anhang separat über die erwarteten Ein- und Auszahlungsströme berichtet. Eine solche Information stellt für den Bilanzleser allgemein eine wesentliche Information dar und deren Veröffentlichung sollte explizit in IFRS 4 *Insurance Contracts* aufgenommen werden.

Ein Problem bei der Interpretation könnten evtl. unterschiedliche Berechnungsweisen des COF darstellen. Während es sich bei $COF_{StichtagT-1}$ und $COF_{StichtagT}$ um Barwertgrößen handelt, stellt COF_{GuV} eine Nominalgröße dar. Betrachtet man bei der Analyse auch die GuV-Kennzahl, so müssten evtl. Anpassungen vorgenommen werden. Bei einem Vergleich mit $COF_{StichtagT-1}$ könnte eine Diskontierung der in der GuV gezeigten nominalen Auszahlungen um eine Periode vorgenommen werden. Diese sollte anhand des zum vorherigen Stichtag genutzten Diskontsatzes erfolgen. So würde eine näherungsweise konsistente Betrachtung zu Periodenbeginn hergestellt werden, da die in der betrachteten Periode erfolgten Auszahlungen im Bestand zum Ende der Vorperiode noch als Barwert enthalten waren.

Natürlich besitzen diese Kennzahlen nicht zuletzt aufgrund ihrer zukunftsbezogenen Aussagekraft enormes bilanzpolitisches Potential. Wesentliche Spielräume wurden in Kapitel 5.2. ausführlich dargestellt und sollten stets in die Analysen einbezogen werden.

Tabelle 21: Bewertungskomponenten des Versicherungsvertrags

Perioden	**1**	**2**	**3**	**4**	**5**	**6**	**Σ**
Einzahlungen	100 GE	100 GE	100 GE	100 GE	0 GE	0 GE	**400 GE**
Auszahlungen	50 GE	30 GE	100 GE	80 GE	50 GE	20 GE	**330 GE**
Risikomarge	10 GE	10 GE	15 GE	5 GE	8 GE	2 GE	**50 GE**
Residualmarge	5 GE	5 GE	5 GE	5 GE	0 GE	0 GE	**20 GE**

Ein Bestandsportfolio mit einer Vertragslaufzeit von 4 Jahren und den gegebenen Schätzungen hinsichtlich der erwarteten Zahlungsströme von 70 GE führt zu

1149 Entspricht der restlichen Laufzeit über die die Residualmarge des zum $Stichtag_{T-1}$ im Bestand befindlichen Geschäfts linear aufgelöst wird.

einer Risikomarge von 50 GE und einer entsprechenden Residualmarge von 20 GE, die den Wert der Vertrags zu Beginn auf null setzt. Aus Vereinfachungsgründen wird auf die Diskontierung verzichtet.

Hieraus ergeben sich zu Beginn der Periode 1 folgende Kennzahlen:

$$Margin\ Confidence\ Level = \frac{Risikomarge_{Periodenbeginn}}{Residualmarge_{Periodenbeginn}} = \frac{50}{20} = 1{,}5$$

$$Risk\ Adaquacy\ Ratio = \frac{Risikomarge_{Periodenbeginn}}{COF_{Periodenbeginn}} = \frac{50}{330} = 15\%$$

Ende Periode 1 können vom Analytiker folgende Kennzahlen bestimmt werden:

$$Margin\ Confidence\ Level_{Stichtag} = \frac{(50-10)}{(20-5)} = 2{,}7$$

$$Margin\ Confidence\ Level_{GuV} = \frac{10}{5} = 2$$

$$Risk\ Adaquacy\ Ratio_{Stichtag} = \frac{(50-10)}{(330-50)} = 14\%$$

$$Risk\ Adaquacy\ Ratio_{GuV} = \frac{10}{50} = 20\%$$

Im Verhältnis wurde in Periode 1 die Risikomarge unterproportional zur Residualmarge und somit zur Vertragslaufzeit aufgelöst, das *Margin Confidence Level* ist daher in einer Stichtagsbetrachtung von 1,5 auf 2,7 angestiegen. Der Versicherer könnte also, bei unveränderten Annahmen bzgl. der Risikomarge, in zukünftigen Perioden mehr an der Auflösung der Risikomarge in absoluten Beträgen profitieren. Durch die längere Abwicklungsdauer im Vergleich zur Vertragslaufzeit muss dies nicht zwangsweise während der Vertragslaufzeit passieren. Diese Erkenntnis muss jedoch nicht notwendig bedeuten, dass der Versicherer nicht von Risiko befreit wurde. So lässt die Entwicklung der *Risk Adequacy Ratio* vermuten, dass sich der Versicherer in der Periode sogar von Risiko befreien konnte. Zwar wurde nur ein geringer Teil der Risikomarge aufgelöst, aber im Vergleich hierzu musste der Versicherer auch kaum Auszahlungen leisten. Noch immer fällt ein Großteil der Auszahlungen in der Zukunft an. Doch scheint der Versicherer das Risiko, dass die erwarteten Auszahlungen von den tatsächlichen zukünftigen Auszahlungen abweichen, als geringer im Vergleich zum vorherigen Stichtag anzusehen. Ob dies durch den Erhalt von wesentlichen Informationen hinsichtlich der Abwicklung oder aber auf die Ausnutzung bilanzpolitischen Potentials, wie in Kapitel 5.2. dargestellt, zurückzuführen ist, sollte dabei stets vom Analytiker kritisch hinterfragt werden.

Die Tabellen fassen die Kennzahlenwerte nochmals in einer Übersicht zusammen:

Tabelle 22: Margin Confidence Level

Perioden	0	1	2	3	4	5	6
Stichtage	1,5	2,7	3,0	3,0	n/a	n/a	n/a
GuV	n/a	2	2	3	1	n/a	n/a

Tabelle 23: Risk Adequacy Ratio

Perioden	**0**	**1**	**2**	**3**	**4**	**5**	**6**
Stichtage	15%	14%	12%	10%	14%	10%	n/a
GuV	n/a	20%	33%	15%	6%	16%	10%

Da die Auflösung der Risikomarge über die Vertragsdauer hinausgeht und entsprechendes Neugeschäft der Perioden unberücksichtigt blieb, sind für die Perioden 5 und 6 keine *Margin Confidence Level* berechenbar.

Letztendlich ermöglicht die Bewertung von Versicherungsverträgen, wie im Exposure Draft vorgegeben, dem Bilanzleser erweiterte Analysemöglichkeiten und einen differenzierteren Einblick in die zukünftige Ertragslage des Unternehmens als dies unter heutigen Rechnungslegungsvorschriften der Fall ist. Dies ist insbesondere der Abkehr einer periodengerechten Erfassung von Erträgen und Aufwendungen geschuldet.

7. Exposure Draft IFRS 4 Phase II und Solvency II

In diesem Kapitel sollen die wesentlichen Bezugspunkte des IASB-Projekts zu *Insurance Contracts* und die vom Europäischen Parlament und Rat betreffend die Aufnahme und Ausübung der Versicherungs- und Rückversicherungstätigkeit, nachfolgend kurz als Solvency II bezeichnet, erlassene Richtlinie dargestellt werden. So enthält auch Solvency II für die Bestimmung der Eigenmittel Vorschriften zur Rückstellungsbewertung. Ein wesentlicher Teil der Basiseigenmittel stellt der Überschuss der Vermögenswerte über die Verbindlichkeiten dar.[1150] Dabei definiert Solvency II die Rückstellungen wie folgt:

> „Der Wert der versicherungstechnischen Rückstellungen entspricht dem aktuellen Betrag, den Versicherungs- oder Rückversicherungsunternehmen zahlen müssten, wenn sie ihre Versicherungs- und Rückversicherungsverpflichtungen unverzüglich auf ein anderes Versicherungs- oder Rückversicherungsunternehmen übertragen würden.“[1151]

Es wird unter Solvency II entsprechend auf den *Current Exit Value* abgestellt.[1152, 1153] Unter dem ED zu IFRS 4 stellt – durch die Definition der Risikomarge – der Rückstellungswert einen Betrag dar, den der Versicherer maximal unter rationalen Gesichtspunkten zahlen würde, um sich von dem Risiko des Versicherungsportfolios zu befreien.[1154] Während Solvency II von einem seitens Dritter geforderten Wert ausgeht, stellt das IASB auf einen vom Verkäufer maximal zu zahlenden Betrag ab. Dementsprechend verlangt Solvency II bei der Rückstellungsbewertung eine Marktkonsistenz[1155], während das IASB von der Nutzung von Marktvariablen hinsichtlich unternehmensinterner Daten absieht[1156], jedoch auch eine Konsistenz zu diesen aufweisen muss. Entsprechend schreibt Solvency II die Nutzung von Marktpreisen solcher Finanzinstrumente vor, die

1150 Vgl. Solvency II, Artikel 88.
1151 Solvency II, Artikel 76 Abs. 2.
1152 Vgl. Engeländer/Kölschbach, 2009, S. 1495.
1153 Zur Definition des *Current Exit Value* siehe auch CEA, S. 21.
1154 Siehe hierzu auch Kapitel 5.2.3.
1155 Vgl. Solvency II, Artikel 76 Abs. 3.
1156 Dies trifft bspw. bei der Bewertung der zukünftigen Zahlungsströme zu; siehe hierzu auch ED B43.

die Verbindlichkeitenstruktur replizieren[1157], während hierfür im Exposure Draft keine Verpflichtung besteht.[1158] Lediglich die Konsistenz zu den Marktpreisen soll im Exposure Draft sichergestellt sein.

Dabei greift auch Solvency II auf ein *building block* Verfahren zurück, aus dessen Summe sich der Rückstellungswert ableitet[1159]:

- Wahrscheinlichkeitsgewichteter Durchschnitt künftiger Zahlungsströme
- unter Berücksichtigung des Zeitwertes des Geldes
- zzgl. einer Risikomarge

Wobei auch unter Solvency II eine getrennte Bewertung der Zahlungsströme und Risikomarge erfolgt.[1160] Lediglich die Berücksichtigung einer Residualmarge unterbleibt bei dem Ansatz unter Solvency II, so dass hier bereits ein Gewinnausweis bei Erstbewertung möglich ist, der die Basiseigenmittel entsprechend erhöht. Die genannten Bewertungskomponenten entsprechen somit dem *PVFCF* des ED zu IFRS 4.[1161]

Zwar spricht Solvency II bei der Bestimmung der zukünftigen **Zahlungsströme** von einem *best estimate*[1162], doch ist dieser nicht mit der bisher unter US-GAAP angewandten Begrifflichkeit gleichzusetzen.[1163] Vielmehr verlangt auch Solvency II einen wahrscheinlichkeitsgewichteten Durchschnitt zukünftiger Zahlungsströme, der auf der Grundlage aktueller und glaubwürdiger Informationen basiert.[1164] Dabei werden jedoch alle Zahlungsströme berücksichtigt, die zur Erfüllung der Verbindlichkeit während der Laufzeit benötigt werden.[1165] Entsprechend dürften im Vergleich zu dem allgemeinen Bewertungsmodell unter IFRS andere Grenzen der Zahlungsströme gelten, da der Exposure Draft bspw. den Ausschluss von übernatürlich hohen Personalkosten und Kosten anderer Ressourcen fordert.[1166]

Vergleichbar dem Exposure Draft erlaubt auch Solvency II den Einsatz von Näherungswerten bei der Bestimmung des besten Schätzwertes, sofern das Unternehmen „(...) nur über ungenügende Daten von angemessener Qualität (...)“[1167] verfügt.[1168]

1157 Vgl. Solvency II, Artikel 77 Abs. 4.
1158 Vgl. ED B46.
1159 Vgl. Solvency II, Artikel 77 Abs. 1 und Abs. 2.
1160 Vgl. Solvency II, Artikel 77 Abs. 4.
1161 Siehe hierzu auch Kapitel 5.2.
1162 Vgl. Solvency II, Artikel 77 Abs. 1.
1163 Siehe hierzu auch Kapitel 4.4.3.4.2.
1164 Vgl. Solvency II, Artikel 77 Abs. 2.
1165 Vgl. Solvency II, Artikel 77 Abs. 2.
1166 Vgl. ED B62(e).
1167 Solvency II, Artikel 82.
1168 Vgl. ED B38.

Durch die unter Solvency II vorliegende Sichtweise der Käuferbewertung könnten systematische Abweichungen aus den geschätzten Zahlungsströmen und deren Eintrittswahrscheinlichkeiten von denen unter IFRS generierten Werten resultieren. Es ist jedoch fraglich, inwieweit diese Schätzungen tatsächlich zu Abweichungen führen bzw. inwiefern der Versicherer unter Solvency II die Datenbasis aus Käufersicht explizit in dem Barwert der erwarteten Zahlungsströme widerspiegeln kann oder ob nicht regelmäßig ein Rückgriff auf unternehmensinterne Daten erfolgt.

Identisch in beiden Reporting-Systemen ist jedoch die getrennte Bewertung von Erst- und Rückversicherungsverträgen[1169], wobei ebenfalls unter Solvency II eine Ausfallwahrscheinlichkeit der Gegenpartei zum Abzug kommt.[1170]

Die Diskontierung der wahrscheinlichkeitsgewichteten Zahlungsströme erfolgt sowohl im Exposure Draft als auch unter Solvency II unter Verwendungen des **Zeitwertes des Geldes.**[1171] Der unter Solvency II vorgenommene Rückgriff auf die risikofreie Zinskurve[1172] entspricht den Vorgaben des Exposure Draft, der ebenfalls den Ausschluss des Kreditrisikos fordert.[1173] Das Kriterium zum Ausschluss des Kreditrisikos kann bei einer entsprechenden Anwendung von Staatsanleiherenditen mit AAA-Rating angenommen werden.[1174] Da der Zeitwert des Geldes den entsprechenden Währungsraum der Zahlungsströme widerspiegeln muss, kann es bei einzelnen Währungsräumen dazu kommen, dass keine Zinskurven einer AAA-Rating Staatsanleihe verfügbar sind. Die entsprechenden Staatsanleiherenditen beinhalten dann durchaus Kreditrisiko und bedürfen entsprechender Anpassungen.[1175] Ein wesentlicher Unterschied könnte in der Berücksichtigung einer Liquiditätsprämie bestehen. Während eine Bereinigung um diese im Exposure Draft explizit vorgeschrieben ist[1176], wird dies unter Solvency II durchaus kritisch gesehen. So lehnt CEIOPS, heute EIOPA, die Anpassung des risikolosen Zinses um Illiquidität ab.[1177] In Kapitel 5.2.2. wurde gezeigt, dass die Liquiditätsprämie durchaus wesentlichen Einfluss auf den Diskontsatz besitzt. Unter Solvency II wird die Bereinigung um die Liquiditätsprämie und der

1169 Siehe hierzu auch Solvency II, Artikel 77 Abs. 2.
1170 Vgl. Solvency II, Artikel 81.
1171 Vgl. ED 22(b); vgl. Solvency II, Artikel 77 Abs. 2.
1172 Vgl. Solvency II, Artikel 77 Abs. 2.
1173 Vgl. ED 31.
1174 Vgl. CEIOPS risk free interest rate, Punkt 3.4 und Punkt 3.26.
1175 Vgl. CEIOPS risk free interest rate, Punkt 3.6 und Punkt 3.23.
1176 Vgl. ED 31.
1177 Vgl. CEIOPS risk free interest rate, Punkt 3.33; Im Gegensatz dazu vertritt die Versicherungsbranche die Auffassung, den risikolosen Zins um eine entsprechende Liquiditätsprämie anzupassen; siehe hierzu auch CEIOPS risk free interest rate, Punkt 3.32.

damit einhergehende sinkende Rückstellungsbetrag kritisch gesehen, da der ausgewiesene Rückstellungsbetrag womöglich nicht zur Erfüllung der vertraglichen Verpflichtungen ausreicht und der so angepasste risikolose Zins in einem risikofreien Zinsumfeld nicht verdient werden kann.[1178] Auch hier zeigen sich die unterschiedlichen Ansätze zwischen IFRS und Solvency II. Während die IFRS auf entscheidungsnützliche Informationen abstellen[1179], steht für Solvency II die Vermeidung einer Insolvenz des Versicherers im Vordergrund. Der geringere Rückstellungsausweis wäre für den Versicherer gleichbedeutend mit einer Anhebung seiner Basiseigenmittel.

Die unter Solvency II letzte Komponente des Bewertungsmodells stellt die **Risikomarge** dar. In Kapitel 5.2.3. wurde bereits dargelegt, dass im Gegensatz zum Exposure Draft das Bewertungsverfahren zur Bestimmung der Risikomarge durch die *Cost of Capital* Methode vorgegeben ist.[1180] Die Risikomarge ist dabei folgendermaßen definiert:

> „Bei der Berechnung der Risikomarge muss sichergestellt sein, dass der Wert der versicherungstechnischen Rückstellungen dem Betrag entspricht, den die Versicherungs- und Rückversicherungsunternehmen fordern würden, um die Versicherungs- und Rückversicherungsverpflichtungen übernehmen und erfüllen zu können.“[1181]

Auch hier zeigt sich wieder die unterschiedliche Bewertungssichtweise zwischen IFRS und Solvency II. Während, wie zuvor bereits dargestellt, der Exposure Draft von einem Wert ausgeht, den der Versicherer maximal zahlen würde, um vom Risiko befreit zu werden, sieht Solvency II einen Wert vor, den die Versicherer zu Erfüllung der Verträge fordern würden. Vor diesem Hintergrund dürfte gelten, dass:

$$Risikomarge_{IFRS} < Risikomarge_{Solvency\ II,}$$

wobei der brancheneinheitliche Kapitalkostensatz, der weiter unten näher erläutert wird, die Risikomargen einzelner Unternehmen geringer ausfallen lassen wird als dies unter Anwendung unternehmensindividueller Parameter der Fall wäre. Zudem wird die Risikomarge unter IFRS auf Portfolioebene berechnet und lässt damit Diversifikationseffekte, wie sie sich entsprechend einer Berechnung auf Unternehmensebene gemäß Solvency II ergeben würden, außer Acht.[1182] Diese sind jedoch integraler Bestandteil des Versicherungsgeschäfts und reduzie-

---

1178 Vgl. CEIOPS risk free interest rate, Punkt 3.34.
1179 Vgl. Coenenberg/Haller/Schultze, 2009, S. 23 f.
1180 Vgl. Solvency II, Artikel 77 Abs. 5.
1181 Solvency II, Artikel 77 Abs. 3.
1182 Siehe hierzu auch Ernst & Young SII/IFRS, S. 3; CFO-Forum/CEA CL, S. 6.

ren die Risikomarge unter Solvency II im Vergleich zu IFRS.[1183] Eine Aussage über die Höhe der Risikomarge unter IFRS im Vergleich zu Solvency II ist somit nicht pauschal zulässig.

Unter Solvency II wird nicht nur die *Cost of Capital* Methode zur Bestimmung der Risikomarge vorgeschrieben, vielmehr wird auch das erforderliche Kapital bestimmt, welches „(...) der Solvenzkapitalanforderung zu entsprechen hat, die für die Bedeckung der Versicherungs- und Rückversicherungsverpflichtungen während ihrer Laufzeit erforderlich ist.“[1184] Die Kapitalanforderungen bei der *Cost of Capital* Methode orientieren sich somit an den Vorschriften des Solvenzkapitals. Darüber hinaus hat auch der anzuwendende Kapitalkostensatz für alle Erst- und Rückversicherer gleich zu sein.[1185] Das ein so berechneter Kapitalkostensatz durchaus regionale Verwerfungen nach sich ziehen kann, lässt sich aus den vom CRO-Forum vorgenommenen Berechnungen nachvollziehen. Hier wurde für das Nicht-Leben-Geschäft auf Basis des CAPM ein Kapitalkostensatz von 7,4% für den europäischen Markt und 4,2% für den globalen Durchschnitt berechnet.[1186] Der Ansatz eines identischen Kapitalkostensatzes in Form eines Durchschnittswertes würde der unter den IFRS geforderten Vermittlung entscheidungsnützlicher Informationen entgegenstehen. Würde die in Kapitel 5.2.3. vorgeschlagene VaR-Methode zur Bestimmung der Risikomarge unter IFRS 4 verpflichtend zur Anwendung kommen, so besitzen die Solvency II unterliegenden Versicherer mit der Solvency II Risikomarge eine zusätzliche und innerhalb der Branche vergleichbare Größe. So könnte eine vom IASB geforderte Anhangangabe auf der unter Solvency II berechneten Risikomarge beruhen.[1187] Dies würde neben einem erhöhten Betriebsvergleich auch den Aufwand der Versicherer verringern, da sie für die Anhangangabe auf eine bereits berechnete Größe zurückgreifen würden. Zudem hätte der Bilanzleser den deutlichen Vorteil einer einheitlich berechneten Risikomarge, die auch die für die Versicherungsbranche so wichtigen Diversifikationseffekte auf Unternehmensebene mit berücksichtigt.

Neben des VaR könnte das IASB natürlich auch eine verpflichtende Anwendung der Kapitalkostenmethode in Betracht ziehen. Hierbei werden allerdings vom Bilanzleser durchaus berechtigte Fragestellungen aufkommen, die auf eine Überleitung der beiden unterschiedlichen quantitativen Werte der Risikomargen abzielen. Werden doch beide Risikomargen mit demselben Modellansatz berechnet.

1183 Siehe hierzu auch CFO-Forum/CEA CL, S. 6.

1184 Solvency II, Artikel 77 Abs. 5.

1185 Vgl. Solvency II, Artikel 77 Abs. 5.

1186 Vgl. CRO Forum, S. 58.

1187 Zur Anerkennung aufsichtsrechtlicher Vorgaben außerhalb der EU, siehe auch Munich Re S. 1 f.

Letztendlich ist jedoch die Anwendung der CTE-Methode unter IFRS zu verneinen. Nicht nur, dass sie evtl. ökonomisch nicht zu rechtfertigende Kapitalanforderungen verlangt. Zusätzlich verlangt der ED auch noch das Konfidenzniveau eines entsprechenden VaR-Ansatzes für den Anhang zu berechnen und darüber hinaus die unter Solvency II geforderte Bestimmung der Risikomarge anhand der *Cost of Capital* Methode durchgeführt werden. Unter Kosten-Nutzen Gesichtspunkten scheint dies nicht vertretbar.

Es bleibt somit festzuhalten, dass sich die Bewertungsmodelle unter IFRS und Solvency II hinsichtlich ihrer Komponenten zwar ähnlich sind[1188], aber allein schon die Zielsetzungen beider Institutionen differieren. Während Solvency II sich dem Regulierungsziel[1189], Schutz der Versicherungsnehmer und Funktionsfähigkeit der Versicherungswirtschaft[1190], widmet, steht bei den IFRS die Informationsfunktion im Vordergrund. Darauf aufbauend ist auch die Definition der Rückstellung in beiden Reporting-Systemen bereits grundlegend verschieden. Die spiegelt sich entsprechend in den Bewertungsvorgaben der einzelnen Komponenten wider. Während die IFRS oftmals keine konkreten Bewertungsmethoden vorgeben und es dem Versicherer somit ermöglichen, unternehmensindividuelle Informationen zu veröffentlichen, stellen sich die Vorgaben unter Solvency II teilweise sehr strikt dar. Zwar ist die Vorgehensweise unter IFRS mit dem Ziel einer Vermittlung entscheidungsnützlicher Informationen prinzipiell zu begrüßen, dennoch ergeben sich gerade hieraus erhöhte bilanzpolitische Spielräume und im Umkehrschluss entsprechende vom Bilanzleser zu validierende Interpretationsschwierigkeiten. Neben den zu veröffentlichenden Bewertungsgrundlagen und Methoden fordert Solvency II auch die explizite Nennung der Hauptunterschiede im Vergleich zu den im Jahresabschluss angewandten Bewertungsmethoden.[1191] Hierdurch werden dem Bilanzleser zusätzliche Informationsquellen eröffnet, die er in seine Analysen einbeziehen sollte.

1188 Siehe hierzu auch Bacher/Hofmann, 2010, S. 437, siehe auch Eling, 2009, S. 658; siehe auch Rittmann/Rockel, S. 23.

1189 Vgl. Hartung, 2007, S. 14.

1190 Die enormen ökonomische Kosten, die eine Insolvenz von Versicherers mit sich bringt, liegen über denen anderer Finanzinstitutionen wie Banken; siehe hierzu auch Grace/Klein/Phillips S. 2 .

1191 Vgl. Solvency II, Artikel 51 Abs. 1(d).

8. Thesenförmige Zusammenfassung

1. Die Jahresabschlussanalyse wird von den verschiedensten Adressaten herangezogen, um Informationen über die wirtschaftliche Lage eines Unternehmens zu erlangen. Können die Adressaten lediglich auf öffentlich zugängliches Datenmaterial zurückgreifen, so liegt für die Versicherungsbranche der Schwerpunkt auf der erfolgswirtschaftlichen Analyse. Als wesentliche Kennzahlen wurden dabei die Combined Ratio, die Nettoverzinsung sowie die Eigenkapitalrendite identifiziert. Mit diesen Kennzahlen lässt sich die Performance der maßgeblichen Geschäftsvorfälle, in Form des Versicherungs- und des Kapitalanlagegeschäfts sowie des vom Aktionär eingesetzten Kapitals, messen.

2. Die dem Vorsichtsprinzip unterliegende handelsrechtliche Bilanzierung führt regelmäßig zu Verzerrungen der ökonomischen Realität und erschwert dem Analytiker eine Einschätzung der wirtschaftlichen Lage des Versicherers. Neben Zwangsreserven eröffnen sich dem Versicherer v.a. hinsichtlich der Ermessensreserven zahlreiche bilanzpolitische Spielräume. So können Wertminderungstatbestände bei den Kapitalanlagen ebenso wie die Rückstellungshöhe für eingetretene, aber noch nicht gemeldete Versicherungsfälle vom Management materiell beeinflusst werden. Dennoch ermöglicht die im Handelsrecht vorgegebene Bilanz- und GuV-Struktur dem Bilanzleser einen Vorteil im Betriebsvergleich.

3. Die IFRS versuchen durch die angestrebte Informationsfunktion Zwangsreserven weitestgehend zu vermeiden. Außerbilanzielle stille Reserven, die bei den Finanzinstrumenten evtl. dennoch auftreten, sind durch entsprechende Anhangangaben offen zu legen. Allerdings stellt sich der IAS 39 als sehr komplex dar und ermöglicht bei der Bewertung von Finanzinstrumenten zahlreiche Wahlrechte, die bei unterschiedlicher Ausübung einen Betriebsvergleich nur unter hohem Aufwand zulassen. Hinsichtlich der Kapitalanlagen ist somit kein Analysevorteil der IFRS gegenüber dem Handelsrecht zu verzeichnen. Zwar reduziert IFRS 9 als Nachfolgestandard diese Komplexität, führt aber gleichzeitig weg von einer angestrebten *full fair value*-Bilanzierung und somit möglicherweise hin zu neuen *mismatch*-Problematiken unter IFRS 4

Phase II. Hinsichtlich der Rückstellungsbilanzierung lässt sich hingegen eine erhöhte Informationsfunktion gegenüber den handelsrechtlichen Vorschriften feststellen, auch wenn unter den IFRS bzw. den US-GAAP weiterhin erhebliche materielle Ermessensspielräume bestehen. Diese zeigen sich v.a. in dem für die Rückstellungsbilanzierung vorgeschriebenen *best estimate* sowie *ultimate cost* Ansatz.

4. Der unter ED IFRS 4 Phase II geplanten Verwendung zweier verschiedener Bewertungsmodelle ist eine Absage zu erteilen, da der Betriebsvergleich deutlich eingeschränkt wird und auch dem Kosten-Nutzen Gedanken letztendlich nicht entsprochen wird. Vielmehr sollte der *PVFCF* plus einer Residualmarge für alle Versicherungsverträge Anwendung finden. Aus den Bausteinen des *PVFCF* ergeben sich allerdings für den Bilanzierenden viele neue bilanzpolitische Möglichkeiten hinsichtlich Zahlungsstruktur, Diskontsatz und Risikomessung. Trotzdem erhöht sich für den Bilanzleser die Aussagekraft, da es sich um ein Bewertungsverfahren handelt, das die ökonomische Realität besser abbildet und ein *weniger* von bilanziellen Vorgaben verzerrtes wirtschaftliches Bild liefert. Dies ist insbesondere zutreffend, sofern bestehende Wahlrechte im ED, wie bzgl. der Bewertungsmodelle zur Bestimmung der Risikomarge, eingeschränkt und zusätzliche Anhangangaben getätigt werden.

5. Das unter ED IFRS 4 Phase II vorgeschlagene Bewertungsmodell sowie die damit einhergehende veränderte Ausweisstruktur von Bilanz und GuV lassen eine Berechnung traditioneller Kennzahlen wie der Combined Ratio für den Bilanzleser nicht mehr zu. Versicherer sind jedoch in der Lage aus internen Daten weiterhin eine Combined Ratio auf Basis einer im Vergleich zur Kalenderjahressicht aussagekräftigeren *underwriting year* Sichtweise zu generieren und zu veröffentlichen. Zudem ergeben sich für den Analytiker zusätzliche Analysemöglichkeiten hinsichtlich der Kapitalanlagerentabilität, insbesondere mit Bezug zum risikolosen Zins, der als Diskontfaktor der versicherungstechnischen Rückstellungen herangezogen wird.

6. Die Margenbetrachtung wird es dem Analytiker zukünftig ermöglichen, zu jedem Stichtag sichere Aussagen zu künftigen Erträgen aus der Residualmarge sowie Analysen anhand der Risikomarge[1192] hinsichtlich der Risikobewertung zu generieren. Um solche Analysen zu gewährleisten, können bspw. das *Margin Confidence Level* sowie die *Risk Adequacy Ratio* genutzt werden. Diese bisher nicht anwendbaren Kennzahlen geben dem Analytiker nicht nur Aufschluss über die Performance der Verträge innerhalb der betrachteten Pe-

1192 Vor allem durch deren Entwicklung im Zeitablauf.

riode, sondern können gleichzeitig auch Indizien über die zukünftige Ertragskraft geben. Zudem lassen sich die Kennzahlen getrennt nach Bestands- und Neugeschäft der Periode durchführen. Somit werden zwar altbekannte Kennzahlen nicht oder nur eingeschränkt anwendbar sein, gleichzeitig eröffnen neue Kennzahlen aber einen guten Einblick in die wirtschaftliche Lage des Versicherers. Um die Anwendbarkeit *Risk Adequacy Ratio* zu gewährleisten, sollten Anhangangaben zu den künftig erwarten Auszahlungsströmen explizit in IFRS 4 aufgenommen werden.

7. Die Einführung von IFRS 4 Phase II stellt eine von vielen Änderungen im Bereich des Reportings für Versicherer dar. So sieht sich die Versicherungsbranche v.a. bei Solvency II mit einer weiteren großen Herausforderung konfrontiert. Auch wenn Solvency II im Ansatz viele Übereinstimmungen mit IFRS 4 Phase II aufweist, ergeben sich doch bei genauerem Betrachten teils deutliche Unterschiede. Eine abweichende Vorgehensweise dieser beiden komplexen Reportingsysteme wird zusätzlichen Aufwand für die Versicherungsbranche verursachen und bei den Adressaten teils berechtigte Fragen hinsichtlich der Überleitbarkeit der unterschiedlichen Daten aufwerfen. Dem Kosten-Nutzen-Gedanken sowie der Veröffentlichung eines möglichst einheitlichen Zahlenmaterials folgend, sollte eine weitgehende Angleichung von Solvency II und IFRS 4 Phase II erfolgen. Vor diesem Hintergrund ist insbesondere auch der im ED IFRS 4 Phase II für kurzfristige Verträge verpflichtend anzuwendende *Unearned Premium Approach (UPA)* abzulehnen. Dieser findet sich auch unter Solvency II nicht wieder.

Literaturverzeichnis

Achleitner, Ann-Kristin; Behr, Giorgio; Schäfer, Dirk [Achleitner/Behr/ Schäfer, 2009]: Internationale Rechnungslegung, 4. Auflage, Verlag Franz Vahlen, München, 2009

Adler, Hans; Düring, Walther; Schmaltz, Kurt [Adler/Düring/Schmaltz, 1995]: Rechnungslegung und Prüfung der Unternehmen, 6. Auflage, Teilband 1, Schäffer-Poeschel Verlag, Stuttgart, 1995

Albrecht, Peter [Albrecht, 2001]: Asset Liability Management bei Versicherungen, Mannheimer Manuskripte zu Risikotheorie, Portfolio Management und Versicherungswirtschaft, Nr. 134, Mannheim, 2001

Albrecht, Peter; Schwake, Edmund [Albrecht/Schwake, 1988]: Risiko, Versicherungstechnisches, in: Handwörterbuch der Versicherung, hrsg. von Farny/Helten/Koch/Schmidt, Verlag Versicherungswirtschaft e.V., Karlsruhe, 1988, S. 651-657

Allianz [Allianz EEV]: European Embedded Value Report 2007 {URL: https://www.allianz.com/de/investor_relations/berichte_und_finanzdaten/embedded_value_report/page1.html} (Zugriff: 9. April 2009)

Allianz [Allianz CL]: Comment Letter: ED/2010/8, Insurance Contracts {URL: http://www.ifrs.org/Current+Projects/IASB+Projects/Insurance+Contracts/Exposure+draft+2010/Comment+letters/CL233.htm} (Zugriff: 10. Januar 2011)

AnlV [AnlV]: Anlageverordnung – Verordnung über die Anlage des gebundenen Vermögens von Versicherungsunternehmen {URL: https://www.ec.europa.eu/internal_market/insurance/.../solvency/.../annex-c08d_en.pdf} (Zugriff am: 7. Januar 2011)

AXA [AXA]: Autumn Investor Seminar – Risk & Capital Management, {http://www.axa.com/lib/en/library/financialpresentations/2009/6169.aspx} (Zugriff: 13. Juli 2010}

Bacher, David [Bacher Diss]: Die Leistungsfähigkeit des handelsrechtlichen Jahresabschlusses und des IFRS-Jahresabschlusses deutscher Erstversicherungsunternehmen: eine kritische Analyse aus der Sicht von Eigentümern und Versicherungsnehmern, Dissertation, {URL: http://deposit.ddb.de/cgi-bin/ dokserv?idn=987986554&dok_var...} (Zugriff: 26. Januar 2011)

Bacher, David F.; Hofmann, Alexander [Bacher/Hofmann, 2010]: Die Vorschläge des IASB für einen Nachfolgestandard zu IFRS 4, in: Zeitschrift für internationale Rechnungslegung, 2010, Heft 10, S. 433-438

Bächler, Rolf [Bächler, 2010]: Bilanzierung von Versicherungsverträgen, in: Zeitschrift für internationale Rechnungslegung, 2010, Heft 9, S. 381-385

Baetge, Jörg; Kirsch, Hans-Jürgen; Thiele, Stefan [Baetge/Kirsch/Thiele, 2004]: Bilanzanalyse, 2. Auflage, IDW-Verlag GmbH, Düsseldorf, 2004

Baetge, Jörg; Kirsch, Hans-Jürgen; Thiele, Stefan [Baetge/Kirsch/Thiele, 2009]: Bilanzen, 10. Auflage, IDW-Verlag GmbH, Düsseldorf, 2009

Ballwieser, Wolfgang [Ballwieser, 2006]: IFRS-Rechnungslegung, Verlag Franz Vahlen GmbH, München, 2006

Ballwieser, Wolfgang; Dobler, Michael [Ballwieser/Dobler, 2009]: Branchenspezifische Rechnungslegungsvorschriften, in: Wiley-Kommentar zur internationalen Rechnungslegung nach IFRS 2009, hrsg. von Ballwieser/Beine/Hayn/Peemöller/Schruff/Weber, 5. Auflage, Wiley-VCH Verlag, Weinheim, 2009

Barckow, Andreas [Barckow, 2008]: Kritische Würdigung des Bilanzrechtsmodernisierungsgesetzes (BilMoG), Vortrag beim Munich Workshop for Accounting and Auditing, 28. Januar 2008, Ludwig-Maximilian-Universität, München

Barndt, Erik; Gilgenberg, Bernhard; Weiss, Jochen [Barndt/Gilgenberg/Weiss, 2010]: Einschränkung der Nennwertbilanzierung nach § 341c HGB – Sturm im Wasserglas?, in: Zeitschrift für Versicherungswesen, 2010, Heft 19, S. 673-674

Barth, Daniel; Beyhs, Oliver; Hausen, Raphael [Barth/Beyhs/Hausen, 2010]: Neue Regelungen zur Bilanzierung von Schulden nach IAS 37, in: Zeitschrift für internationale und kapitalmarktorientierte Rechnungslegung, 2010, Heft 7-8, S. 395-404

Beck, Catharina [Beck, 2007]: Problematik und Lösungsansätze der internationalen Bilanzierung von Versicherungsverträgen unter besonderer Beachtung des Systemwechsels der Rechnungslegung von Versicherungen nach IFRS 4, Dissertation Universität Rostock, 2007

Bedau, Janos; Khakzad, Farhad; Krakuhn, Joachim [Bedau/Khakzad/Krakuhn, 2010]: Anwendungsbereich und Grenzen der *Critical Terms Match-Methode*, in: Zeitschrift für Internationale Rechnungslegung, 2010, Heft 11, S.491-497

Beine, Frank; Meyer, Christian [Beine/Meyer, 2009]: Zahlungsmittel, Forderungen und andere Finanzinstrumente, in: Wiley-Kommentar zur internationalen Rechnungslegung nach IFRS 2009, hrsg. von Ballwieser/Beine/Hayn/Peemöller/Schruff/Weber, 5. Auflage, Wiley-VCH Verlag, Weinheim, 2009, S. 187-280

Beine, Frank; Schütte, Jens [Beine/Schütte, 2009]: Ergebnis je Aktie, in: Wiley-Kommentar zur internationalen Rechnungslegung nach IFRS 2009, hrsg. von Ballwieser/Beine/Hayn/Peemöller/Schruff/Weber, 5. Auflage, Wiley-VCH Verlag, Weinheim, 2009, S. 995-1037

Bitz, Michael; Schneeloch, Dieter; Wittstock, Wilfried [Bitz/Schneeloch/Wittstock, 2003]: Der Jahresabschluss, 4. Auflage, Verlag Franz Vahlen GmbH, München, 2003

Boetius, Jan [Boetius, 1996]: Handbuch der versicherungstechnischen Rückstellungen, Verlag Dr. Otto Schmidt KG, Köln, 1996

Bomsdorf, Eckart [Bomsdorf, 1999]: Deskriptive Statistik, 10. Auflage, Josef Eul Verlag, Lohmar, Köln, 1999

Bomsdorf, E.; Gröhn, E.; Mosler, K.; Schmid, F. [Bomsdorf/Gröhn/Mosler/Schmid, 1999]: Definitionen, Formeln und Tabellen zur Statistik, 2. Auflage, Universität zu Köln, Köln, 1999

Born, Karl [Born, 2007]: Rechnungslegung international, 5. Auflage, Schäffer-Poeschel Verlag, Stuttgart, 2007

Buck, Heiko [Buck, 1995]: Die versicherungstechnischen Rückstellungen im Jahresabschluss von Schaden- und Unfallversicherungsunternehmen, Verlag Josef Eul, Köln, 1995

Burkhardt, Kathinka [Burkhardt, 2011]: AIG wird Taiwantochter Nan Shan im zweiten Anlauf los, in: Financial Times Deutschland, 13. Januar 2011, S. 17

CEA [CEA]: Solvency II Glossary {URL: https://www.ec.europa.eu/internal_market/insurance/.../solvency/.../annex-c08d_en.pdf} (Zugriff am: 21. Dezember 2010)

CEIOPS [CEIOPS CL]: Comment Letter: ED/2010/8 Exposure Draft: Insurance Contracts {URL: http://www.ifrs.org/Current+Projects/IASB+Projects/Insurance+Contracts/Exposure+draft+2010/Comment+letters/CL32.htm} (Zugriff am: 4. Januar 2011)

CEIOPS [CEIOPS LP]: Report on the Liquidity Premium {URL: https://eiopa.europa.eu/fileadmin/tx_dam/files/publications/submissionstotheec/20100303-CEIOPS-Task-Force-Report-on-the-liquidity-premium.pdf} (Zugriff am: 10. Juli 2012)

CEIOPS [CEIOPS SII CP]: Solvency II Calibration Paper {URL: https://eiopa.europa.eu/en/consultations/qis/quantitative-impact-study-5/background-documents/index.html} (Zugriff am: 25. Januar 2011)

CEIOPS [CEIOPS risk free interest rate]: CEIOPS' Advice for Level 2 Implementing Measures on Solvency II: Technical Provisions – Article 86 b – Risk-free interest rate term structure {URL: https://eiopa.europa.eu/en/publications/sii-final-l2-advice/index.html} (Zugriff am: 11. August 2010)

CFO-Forum/CEA [CFO-Forum/CEA CL]: Comment Letter: Exposure Draft: Insurance Contracts {URL: http://www.ifrs.org/Current+Projects/IASB+Projects/Insurance+Contracts/Exposure+draft+2010/Comment+letters/CL46.htm} (Zugriff am: 7. Januar 2011)

Coenenberg, Adolf [Coenenberg, 2002]: Bilanzanalyse. In: Handwörterbuch der Rechnungslegung und Prüfung, hrsg. von Ballwieser, Wolfgang; Coenenberg, Adolf; Wysocki, Klaus v., Schäffer-Poeschel-Verlag, Stuttgart, 2002, S. 394-415

Coenenberg, Adolf; Haller, Axel; Schultze, Wolfgang [Coenenberg/Haller/ Schultze, 2009]: Jahresabschluss und Jahresabschlussanalyse, 21. Auflage, Schäffer-Poeschel Verlag, Stuttgart, 2009

Coenenberg, Adolf; Schmidt, F.; Werhand, M. [Coenenberg/Schmid/ Werhand, 1983]: Bilanzpolitische Entscheidungen und Entscheidungswirkungen in manager- und eigentümerkontrollierten Unternehmen, in: Betriebswirtschaftliche Forschung und Praxis, 35. Jahrgang, 1983, Heft 4, S. 321-343

Cortez, Benjamin; Schön, Stephan [Cortez/Schön, 2009]: Hedge-Effektivität nach IAS 39, in: Zeitschrift für internationale und kapitalmarktorientierte Rechnungslegung, 9. Jahrgang, 2009, Heft 7/8, S. 413-425

CRO Forum [CRO Forum]: Market Value of Liabilities for Insurance Firms {URL: http://www.croforum.org/assets/files/publications/croforummvlpaperjuly2008.pdf} (Zugriff am: 11. August 2010)

DAV [DAV]: Aktuarielle Aspekte der Schadenrückstellung in der Schaden- und Unfallversicherung, hrsg. von Radtke u.a. {URL: http://www.math.tu-dresden.de/sto/schmidt/publications_online/grundsatzpapier.pdf} (Zugriff am: 3. März 2010)

Degenhardt, Martina [Degenhardt, 2003]: Zeitwertbilanzierung finanzieller Vermögenswerte von Versicherungsunternehmen nach IFRS, Josef Eul Verlag, Köln, 2003

Deloitte [Deloitte LP]: Liquidity Premiums – From assets to liabilities {URL: www.deloitte.com/.../ch_en_Liquidity%20premiums.pdf} (Zugriff am: 26. November 2010)

Dorenkamp, Ludger [Dorenkamp, 1998]: Schätzung auf Grund von Näherungsverfahren, in: Beck'scher Versicherungsbilanzkommentar Handels- und Steuerrecht – §§ 341 bis 341o HGB –, hrsg. von Budde/Schnicke/Stöffler/ Stuirbrink, Beck'sche Verlagsbuchhandlung, München, 1998

Ebbers, Gabi [Ebbers, 2009]: Große Unsicherheit statt Klarheit für IFRS-Bilanzen, in: Versicherungswirtschaft, 2009, Heft 23, S. 1809-1812

Eckes, Burkhard; Flick, Caroline [Eckes/Flick, 2008]: Fair value gleich fair value? Gegenüberstellung der Vorschriften unter US-GAAP und IFRS, in:

Zeitschrift für internationale und kapitalmarktorientierte Rechnungslegung, 2008, Heft 7-8, S. 456-466

Eckes, Burkhard; Weigel, Wolfgang [Eckes/Weigel, 2009]: Zusätzliche Möglichkeiten der Umkategorisierung von finanziellen Vermögenswerten, in: Zeitschrift für internationale Rechnungslegung, 2009, S. 373-380

Eggemann, Gerd; Petry, Martin [Eggemann/Petry, 2002]: Fast Close – Verkürzung von Aufstellungs- und Veröffentlichungszeiten für Jahres- und Konzernabschlüsse, in: Betriebsberater, 57. Jahrgang, 2002, Heft 32, S. 1635-1639

Eling, Martin [Eling, 2009]: Marktsignale erkennen und mehr beachten, in: Versicherungswirtschaft, 2009, Heft 9, S. 658-664

Ellenbürger, Frank [Ellenbürger, 1990]: Die versicherungstechnische Erfolgsrechnung, Verlag Josef Eul, Bergisch Gladbach, Köln, 1990

Ellenbürger, Frank; Kölschbach, Joachim [Ellenbürger/Kölschbach, 2010]: IFRS droht Bilanzen volatiler und weniger aussagekräftig zu machen, in: Versicherungswirtschaft, 2010, Heft 1, S. 51-52

Ellenbürger, Frank; Horbach, Lothar; Kölschbach, Joachim [Ellenbürger/Horbach/Kölschbach, 2001]: Bewertung von versicherungstechnischen Rückstellungen nach Vorschlägen für einen International Financial Reporting Standard (IFRS), in: Rechnungslegung von Versicherungsunternehmen, hrsg. von Gerd Geib, IDW-Verlag, Düsseldorf, 2001, S. 41-57

Ellenrieder, Tobias; Kron, Wolfgang [Ellenrieder/Kron, 2009]: Zunehmende Wetterschäden: Was kostet das?, in: Versicherungswirtschaft, 2009, Heft 1, S. 9-13

Engeländer, Stefan; Kölschbach, Joachim [Engeländer/Kölschbach, 2009]: IFRS für Versicherungen auf der Zielgeraden?, in: Versicherungswirtschaft, 2009, Heft 19, S. 1495-1496

Erchinger, Holger; Melcher, Winfried [Erchinger/Melcher, 2007]: Stand der Konvergenz zwischen US-GAAP und IFRS: Die Fair-Value-Option, in: Zeitschrift für internationale und kapitalmarktorientierte Rechnungslegung, 2007, Heft 10, S. 541-550

Ernst & Young [Ernst & Young IFRS Outlook]: IFRS Outlook 1. Quartal 2009 {URL: http://docs.google.com/viewer?a=v&q=cache:I8z8_aIYougJ:www.eycom.ch/publications/items/ifrs/olk/200903_outlook_q1/200903_ey_ifrs_outlook_q1.pdf+ernst+%26+young+ifrs+outlook+2009&hl=de&gl=de&pid=bl&srcid=ADGEESglCNhj7OUVD3kudf0r436p0scLGpoNvkTK_vB7ZGH-eqCn3PsFGoIEIgVqv_kYZm_CYqkSNYS8rDjOH4ou19JmE2MFv6RrvOM-V_2NcXLjSIRg7m_K-ACV1W9mbrhvcXqjsZF2&sig=AHIEtbTJdjgjW2BtSqIBBFRBiFI7S7voQw} (Zugriff: 17. Oktober 2009)

Ernst & Young [Ernst & Young Comment Letter]: Comment Letter on Discussion Paper on Insurance Contracts {URL: http://www.ifrs.org/Current+ Pro jects/IASB+Projects/Insurance+Contracts/Discussion+Paper+and+Comment +Letters/Comment+Letters/CL122.htm} (Zugriff 12. Dezember 2009)

Ernst & Young [Ernst & Young MVM]: Market Value Margins for Insurance Liabilities in Financial Reporting and Solvency Applications {URL: http://www.gnaie.net/images/Market%20Value%20Margin106F323.pdf} (Zugriff 18. Oktober 2010)

Ernst & Young [Ernst & Young SII/IFRS]: IFRS 4 Phase II and Solvency II: Bridging the gap {URL: http://www.ey.com/Publication/vwLUAssets/IFRS-4-Phase-II-and-Solvency-II/$FILE/IFRS-4-Phase-II-and-Solvency-II.pdf} (Zugriff 7. Januar 2011)

Farny, Dieter [Farny, 1972]: Die Behandlung der Betriebskosten in der Kostenrechnung der Kompositversicherer, Verlag Versicherungswirtschaft e.V., Karlsruhe, 1972

Farny, Dieter [Farny, 1975]: Die Darstellung der Erfolgsstruktur eines Schaden- und Unfallversicherers, insbesondere der Wirkungen der Rückversicherung, in: Sorgen, Vorsorgen, Versichern, Festschrift für Heinz Gehrhardt, Verlag Versicherungswirtschaft e.V., Karlsruhe, 1975

Farny, Dieter [Farny, 1991]: Das Rechnungswesen im Versicherungsbetrieb, in: Versicherungsenzyklopädie, Gabler Verlag, 4. Auflage, 1991, S. 277-458

Farny, Dieter [Farny, 1992]: Buchführung und Periodenrechnung im Versicherungsunternehmen, Betriebswirtschaftlicher Verlag Dr. Th. Gabler GmbH, Wiesbaden, 1992

Farny, Dieter [Farny, 1996]: Die Geschäftsergebnisse der Kompositversicherung im Jahr 1996 und im Fünfjahreszeitraum 1992/1996, in: Versicherungswirtschaft, Sonderbeilage zur Ausgabe Nr.3, 1996

Farny, Dieter [Farny, 1999]: Die Geschäftsergebnisse der deutschen Erstversicherer im Jahr 1997, Verlag Versicherungswirtschaft, Karlsruhe, 1999

Farny, Dieter [Farny, 2001]: Zur Analyse und Aussagefähigkeit von Konzernjahresabschlüssen deutscher Versicherungskonzerne. In: Rechnungslegung von Versicherungsunternehmen, Festschrift für Horst Richter, IDW-Verlag GmbH, Düsseldorf, 2001, S. 91-109

Farny, Dieter [Farny, 2006]: Versicherungsbetriebslehre, 4. Auflage, Verlag Versicherungswirtschaft GmbH, Karlsruhe, 2006

FASB DP [FASB DP]: Discussion Paper „Preliminary Views on Insurance Contracts" {URL: http://www.fasb.org/cs/ContentServer?site=FASB&c=Do cument_C&pagename=FASB%2FDocument_C%2FDocumentPage&cid=11 76157392064} (Zugriff am: 21. Oktober 2010)

Faßbender, Jürgen [Faßbender, 1998]: Jahresabschlußpolitik von Erstversicherungsunternehmen, Josef Eul Verlag, Lohmar, Köln, 1998

Fink, Christian; Ulbrich, Philipp R. [Fink/Ulbrich, 2007]: Verabschiedung des IFRS 8 – Neuregelung der Segmentberichterstattung nach dem Vorbild der US-GAAP, in: Zeitschrift für internationale und kapitalmarktorientierte Rechnungslegung, 2007, Heft 1, S. 1-6

Finnegan, Patrick [Finnegan]: Making sense of Insurance contracts, {URL: http://www.ifrs.org/Investor+resources/2010+perspectives/October+2010+perspectives/insurance+contracts.htm} (Zugriff am: 13. Oktober 2010)

Fischer, Thomas M.; Wenzel, Julia [Fischer/Wenzel, 2001]: Wertaufholung nach handels-, steuerrechtlichen und internationalen Rechnungslegungsvorschriften, in: Die Wirtschaftsprüfung, Heft 11, 2001, 54. Jahrgang, Seite 597-606

Fitch Ratings [Fitch]: Exposure Draft: Prism – Insurance Rating Calibration Measures {URL: http://www.defaultrisk.com/rs_gupton_greg.htm} (Zugriff am: 25. Januar 2011)

Flintrop, Bernhard [Flintrop, 2009]: Derivate, in: Beck'sches IFRS Handbuch, hrsg. von Bohl/Riese/Schlüter, 3. Auflage, Verlag C.H. Beck, München, 2009

Fourie, Dirk [Fourie, 1996]: Zur Vergleichbarkeit der Jahresabschlüsse von Schadenversicherungsunternehmen in Deutschland und im Vereinigten Königreich nach Umsetzung der Versicherungsbilanzrichtlinie, Dr. Günter Marchal und Dr. Hans-Jochen Matzenbacher Wissenschaftsverlag, Krefeld, 1996

Fourie, Dirk; Heinen, Michael [Fourie/Heinen, 2011]: Unterjährige bilanzielle Ergebnissteuerung als wesentlicher Bestandteil eines ganzheitlichen Risikomanagements in Versicherungskonzernen, in: Zeitschrift für Versicherungswesen, 2011, Heft 4, S. 127-133

Fourie, Dirk; Müller-Arnold, Michael; Uden, Bernhard [Fourie/Müller-Arnold/Uden, 2002]: Schätzungen in den Abschlüssen von Versicherungen (Teil I), in: Versicherungswirtschaft, 57. Jahrgang, 2002, Heft 21, S. 1636 ff.

Friese, Sebastian; Mittendorf, Thomas [Friese/Mittendorf, 2003]: Asset-Liability Management bei Komposit- und Lebensversicherern, Universität Hannover, Institut für Versicherungsbetriebslehre, Diskussionspapier Nr. 288, 2003

Fromme, Herbert [Fromme, 2011]: Altlasten werfen AIG zurück, in: Financial Times Deutschland, 10. Februar 2011, S. 15

GDV [GDV 2008]: Statistisches Taschenbuch der Versicherungswirtschaft 2008 {URL: www.gdv.de/Downloads/Jahrbuch/Stat_TB_2008.pdf} (Zugriff am: 7. Februar 2010)

GDV [GDV 2009]: Statistisches Taschenbuch der Versicherungswirtschaft 2009, {URL: http://www.gdv.de/Presse/Pressearchiv_Linkliste/Pressemeldungen_2009_Uebersichtsseite/inhaltsseite24502.html} (Zugriff am: 9. September 2010)

GDV [GDV, 2009]: Jahresabschluss-Statistik Endauswertung Schaden-/Unfallversicherung 2008, hrsg. vom Gesamtverband der Deutschen Versicherungswirtschaft, Berlin, 2009

GDV [GDV QIS3]: QIS3: Ergebnisse der dritten quantitativen Auswirkungsstudie zu Solvency II {URL: www.gdv.de/Downloads/Themen/GDV_Bericht_QIS3.pdf} (Zugriff am: 13. November 2010)

Genetzky, Jan-Henrik [Genetzky, 2007]: Bilanzierung von Finanzanlagen eines Versicherungsunternehmens nach HGB und IAS/IFRS, Tectum Verlag, Marburg, 2007

Geirhofer, Susanne [Geirhofer, 2009]: Vom Lagebericht zum Managementbericht, in Zeitschrift für internationale Rechnungslegung, 2009, S. 431-437

Gilgenberg, Bernhard; Barndt, Erik [Gilgenberg/Barndt, 2010]: Nach der Krise droht Abschreibungsdruck durch schärfere Leitlinien, in: Versicherungswirtschaft, 2010, Heft 2, S. 120-121

Göttsche, Max; Brähler, Gernot [Göttsche/Brähler, 2009]: Die Bedeutung der Konzernsteuerquote für den Kapitalmarkt – Eine empirische Analyse der DAX-30-Unternehmen, in: Die Wirtschaftsprüfung, Jahrgang 62, 2009, Heft 18, S. 918-925

Goldschmidt, Peter; Weigel, Wolfgang [Goldschmidt/Weigel, 2009]: Die Bewertung von Finanzinstrumenten bei Kreditinstituten in illiquiden Märkten nach IAS 39 und HGB, in: Die Wirtschaftsprüfung, Jahrgang 62, 2009, Heft 4, S. 192-204

Grace, Martin F.; Klein, Robert W.; Phillips, Richard D. [Grace/Klein/Phillips]: Insurance Company Failures: Why do they cost so much?, The Center for Risk Management and Insurance Research, Georgia State University & Wharton Financial Institutions Center {URL: fic.wharton.upenn.edu/fic/papers/03/0332.pdf} (Zugriff am: 10. August 2010)

Gräfer, Horst [Gräfer, 1998]: Bilanzpolitik, in: Lexikon der Rechnungslegung und Abschlußprüfung, hrsg. von Lück, Wolfgang, R. Oldenbourg Verlag, München, 1998

Groll, Karl-Heinz [Groll, 2000]: Das Kennzahlensystem zur Bilanzanalyse. Carl Hanser Verlag, München, 2000

Grottke, Markus; Krammer, Stefan [Grottke/Krammer, 2008]: Was bringt der management approach des IFRS 8 den Jahresabschlussadressaten? – Eine kritische Analyse, in: Zeitschrift für internationale und kapitalmarktorientierte Rechnungslegung, 2008, Heft 11, S. 670-679

Hannover Re [Hannover Re]: Hannover Re – The somewhat different reinsurer, {http://www.hannover-re.com/ir/events/index.html} (Zugriff: 15. Juni 2010}

Hartung, Thomas [Hartung, 2000]: Unternehmensbewertung von Versicherungsunternehmen, Gabler Verlag und Deutscher Universitäts-Verlag, Wiesbaden, 2000

Hartung, Thomas [Hartung, 2005]: Der Einsatz interner Modelle vor dem Hintergrund des versicherungstechnischen Risikos, in: Liber discipulorum für Elmar Helten, hrsg. von Albrecht/Hartung, Verlag Versicherungswirtschaft, Karlsruhe, 2005, S. 177-199

Hartung, Thomas [Hartung, 2007]: Eigenkapitalregulierung bei Versicherungsunternehmen: Eine ökonomisch-risikotheoretische Analyse verschiedener Solvabilitätskonzeptionen, Verlag Versicherungswirtschaft, Karlsruhe, 2007

Hassler, Melanie; Sauer, Roman; Schneider, Irmgard [Hassler/Sauer/Schneider, 2006]: Möglichkeiten der bilanziellen Analyse der Sicherheitslage von Versicherungsunternehmen, in: Die Wirtschaftsprüfung, 2006, Heft 24, S. 1539-1548

Hayn, Sven; Prasse, Silvia; Reuter, Michael; Weigert, Solvy [Hayn/Prasse/Reuter/Weigert, 2009]: Kapitel XII. Eigenkapital, in: Das neue deutsche Bilanzrecht, hrsg. von Küting, Karlheinz; Pfitzer, Norbert; Weber, Claus-Peter, 2. Auflage, Schäffer-Poeschel Verlag, Stuttgart, 2009

Heimes, Klaus [Heimes, 2003]: Jahresabschlussanalyse von Versicherungsunternehmen. Josef Eul Verlag, Köln, 2003

Heller, Sylvia [Heller, 2009]: Die Bilanzierung von Versicherungsverträgen nach IFRS. Josef Eul Verlag, Köln 2009

Heppelmann, Stefan; Stetter, Timo; Corell, Frank-Christian [Heppelmann/Stetter/Corell, 2002]: Wertschaffung und Wertmanagement in der Schaden- und Unfallversicherung, in: Zeitschrift für Versicherungswesen, Sonderdruck Nr. 5, März 2002

Hesberg, Dieter [Hesberg, 1994]: Ist die externe Rechnungslegung der Versicherungsunternehmen überflüssig?, in: Risiko, Versicherung, Markt, hrsg. von Hesberg/Nell/Schott, Verlag Versicherungswirtschaft e.V., Karlsruhe, 1994, S. 523-541

HGB Änderung [HGB Änderung]: Gesetzesbeschluss des Deutschen Bundestages, Drucksache 518/10, {URL: https://www.umwelt-online.de/PDFBR/2010/0518_2D10.pdf} (Zugriff am: 13. Oktober 2010)

Hitz, Jörg-Markus; Jenniges, Verena [Hitz/Jenniges, 2008]: Publizität von Pro-forma-Ergebnisgrößen am deutschen Kapitalmarkt, in: Zeitschrift für internationale und kapitalmarktorientierte Rechnungslegung, 2008, Heft 4, S. 236-245

Hofer, Matthias [Hofer, 2004]: Nachfrage- und Schadenentwicklung in der Kompositversicherung, Deutscher Universitäts-Verlag, Wiesbaden, 2004

Hoffmann, Wolf-Dieter [Hoffmann, 2009]: Ereignisse nach dem Bilanzstichtag, in: IFRS Kommentar, hrsg. von Lüdenbach/Hoffmann, 7. Auflage, Rudolf Haufe Verlag, Freiburg, 2009, S. 187-206

Horstkötter, Markus; Schweinberger, Stefan [Horstkötter/Schweinberger, 2010]: Zur Bilanzierung von Versicherungsverträgen gemäß den Vorschlägen des ED/2010/8, in: Zeitschrift für internationale und kapitalmarktorientierte Rechnungslegung, 2010, Heft 11, S. 546-553

Husmann, Rainer [Husmann, 1997]: Analyse der wirtschaftlichen Lage des Konzerns im Rahmen der Konzernabschlussprüfung, Verlag V. Florentz GmbH, 1997

IAA [IAA]: A Global Framework for Insurer Solvency Assessment, hrsg. von der International Actuarial Association, 2004, {URL: http://www.actuaries.org/index.cfm?lang=EN&DSP=PUBLICATIONS&ACT=PAPERS} (Zugriff am: 17. August 2010)

IAA [IAA Measurement of Liabilities]: Measurement of Liabilities for Insurance Contracts: Current Estimates and Risk Margins, hrsg. von International Actuarial Association, 2004, {URL: http://www.actuaries.org/index.cfm?lang=EN&DSP=PUBLICATIONS&ACT=PAPERS} (Zugriff am: 13. September 2010)

IAS [IAS-Verordnung]: REPORT FROM THE COMMISSION TO THE COUNCIL AND THE EUROPEAN PARLIAMENT on the operation of Regulation (EC) No 1606/2002 of 19 July 2002 on the application of international accounting standards {URL: http://ec.europa.eu/internal_market/accounting/docs/ias/com-2008-0215_en.pdf} (Zugriff: 12. Juli 2008)

IASB [IASB ED MC]: Exposure Draft on Management Commentary {URL: http://www.ifrs.org/Current+Projects/IASB+Projects/Management+Commentary/ED09/ED09.htm} (Zugriff am: 1. August 2010)

IASB [ED]: Exposure Draft on Insurance Contracts {URL: www.ifrs.org/NR/rdonlyres/508B3E26-4355-46E6-ACCF-248E76AD3457/0/ED_Insurance_Contracts_Standard_WEB.pdf} (Zugriff am: 2. August 2010)

IASB [ED BC]: Basis for Conclusion – Exposure Draft on Insurance Contracts {URL: www.ifrs.org/NR/rdonlyres/D393F6DD-D8FA-49CC-A728-2D3FFAFC2A46/0/ED_Insurance_Contracts_BASIS_WEB.pdf} (Zugriff am: 2. August 2010)

IASB [IASB Snapshot]: Snapshot: Insurance Contracts {URL: http://www.ifrs.org/NR/rdonlyres/2631FE5D-349D-49EC-A9CD-208844B3ABAF/0/Insurance_Contracts_snapshot2.pdf} (Zugriff am: 10. August 2010)

IASB [IASB ED IFRS 9]: Exposure Draft on Financial Instruments: Amortised Cost and Impairment {URL: www.ifrs.org/NR/rdonlyres/9C66B0E5-E177-4004-A20B-C0076FCC3BFB/0/vbEDFIImpairmentNov09.pdf} (Zugriff am: 24. August 2010)

IASB [IASB ED IFRS 9 BC]: Basis for Conclusions – Exposure Draft on Financial Instruments: Amortised Cost and Impairment {URL: http://www.ifrs.org/NR/rdonlyres/E5F37103-69D9-4D7E-834F-D6FD27299821/0/vbEDFIImpairmentBasisFCNov09.pdf} (Zugriff am: 24. August 2010)

IASB [IASB DP FSP]: Discussion Paper Preliminary Views on Financial Statement Presentation {URL: http://www.ifrs.org/Current+Projects/IASB+Projects/Financial+Statement+Presentation/Phase+B/DP08/DP08.htm} (Zugriff am: 13. Oktober 2010)

IASB [IASB Staff ED FSP]: Staff Draft of Exposure Draft IFRS X FINANCIAL STATEMENT PRESENTATION {URL: http://www.ifrs.org/Current+Projects/IASB+Projects/Financial+Statement+Presentation/Phase+B/Staff+draft+of+proposed+standard.htm} (Zugriff am: 13. Oktober 2010)

IASB [IASB Agenda Reference 3A, 01/2011]: Staff Paper, Agenda Reference 3A – IASB/FASB Meeting, week commencing 17 January 2011 {URL: http://www.ifrs.org/Current+Projects/IASB+Projects/Insurance+Contracts/Meeting+Summaries/IASB+FASB+January+2011.htm} (Zugriff: 2. Februar 2011)

IASB [IASB Agenda Reference 3B, 01/2011]: Agenda Reference 3B – IASB/FASB Meeting, week commencing 17 January 2011 {URL: http://www.ifrs.org/Current+Projects/IASB+Projects/Insurance+Contracts/Meeting+Summaries/IASB+FASB+January+2011.htm} (Zugriff: 2. Februar 2011)

IASB [IASB Agenda Reference 3B, 02/2011]: Agenda Reference 3B – Acquisitions costs, IASB/FASB Meeting, 1 and 2 February 2011 {URL: http://www.ifrs.org/Current+Projects/IASB+Projects/Insurance+Contracts/Meeting+Summaries/IASB+FASB+1+February+2011.htm} (Zugriff: 16. Februar 2011)

IASB [IASB Agenda Reference 3C, 01/2011]: Agenda Reference 3C – IASB/FASB Meeting, week commencing 17 January 2011 {URL: http://www.ifrs.org/Current+Projects/IASB+Projects/Insurance+Contracts/Meeting+Summaries/IASB+FASB+January+2011.htm} (Zugriff: 2. Februar 2011)

IASB [IASB Agenda Reference 3D, 01/2011]: Agenda Reference 3D – Summary of comment letters on the IASB ED *Insurance Contracts*, IASB/FASB Meeting, week commencing 17 January 2001 {URL: http://www.ifrs.org/

Current+Projects/IASB+Projects/Insurance+Contracts/Meeting+Summaries/IASB+FASB+January+2011.htm} (Zugriff: 2. Februar 2011)

IASB [IASB Agenda Reference 3E, 01/2011]: Agenda Reference 3E – Summary of comment letters on the IASB ED *Insurance Contracts,* IASB/FASB Meeting January 2011{URL: http://www.ifrs.org/Current+Projects/IASB+Projects/Insurance+Contracts/Meeting+Summaries/IASB+FASB+January+2011.htm} (Zugriff: 2. Februar 2011)

IDW [IDW, 2009]: Entwurf IDW Stellungnahme zur Rechnungslegung: Einzelfragen zur Umkategorisierung finanzieller Vermögenswerte gemäß den Änderungen von IAS 39 und IFRS 7 – Amendments von Oktober/November 2008 – (IDW ERS HFA 26), in: Die Wirtschaftsprüfung, Supplement 1, 2009, S. 51-55

IDW [IDW, 2010]: IDW Rechnungslegungshinweis: Anhangangaben nach § 285 Nr. 18 und 19 HGB zu bestimmten Finanzinstrumenten (IDW RH HFA 1.005), in: IDW Fachnachrichten, 2010, Heft 12, S. 567-570

IDW [IDW RS VFA 2]: IDW Stellungnahme zur Rechnungslegung: Auslegung des § 341b HGB (neu) (IDW RS VFA 2) {URL: http://www.idw.de/idw/portal/d281394/index.jsp} (Zugriff am: 9. September 2009)

IDW [IDW Subprime-Krise]: Positionspapier des IDW zu Bilanzierungs- und Bewertungsfragen im Zusammenhang mit der Subprime-Krise {URL: http://www.idw.de/idw/portal/d424924/index.jsp} (Zugriff am: 13. September 2009)

IDW [IDW]: Bewertung von Schuldtiteln des Kapitalanlagebestands von Versicherungsunternehmen bei Ratingverschlechterungen {URL: www.idw.de/idw/download/Leitlinien_VFA.pdf?id=593196} (Zugriff am: 04. Oktober 2010)

IDW HFA ERS 35 [IDW HFA ERS 35]: Entwurf IDW Stellungnahme zur Rechnungslegung: Handelsrechtliche Bilanzierung von Bewertungseinheiten {URL: http://www.idw.de/idw/portal/d302224} (Zugriff am: 10. November 2010)

Institute of Actuaries [Institute of Actuaries]: Claims Reserving Manual {URL: http://www.actuaries.org.uk/research-and-resources/pages/claims-reserving-manual} (Zugriff am: 17. Juli 2010)

Jäger, Alfred [Jäger, 1970]: Versicherungstechnische Rückstellungen, insbesondere Rückstellungen für Schadenermittlungs- und Schadenbearbeitungskosten, in: Die Wirtschaftsprüfung, 1970, 23. Jahrgang, S. 661-666

Jara, Martin Kurt [Jara, 2000]: Zielorientierte Neugestaltung des Schadenmanagements in Versicherungsunternehmen – Ansätze für die Sach- und Haftpflichtsparten des Privatkundengeschäfts, Calveti AG, Gossau, 2000

Kalwar, Hans [Kalwar, 1975]: Probleme der Konzernrechnungslegung in der Versicherungswirtschaft. In: Sorgen, Vorsorgen, Versichern, Festschrift für Heinz Gehrhardt, Verlag Versicherungswirtschaft e.V., Karlsruhe, 1975, S. 199-214

Karst, Oliver [Karst, 1999]: Die Messung des Kapitalanlageerfolgs von Versicherungsunternehmen mit Hilfe der „vollständigen Nettoverzinsung", in: Versicherungswissenschaft, 1999, 54. Jahrgang, S. 96 ff.

Kasperzak, Rainer; Beiersdorf, Kati [Kasperzak/Beiersdorf, 2007]: Diskussionspapier Management Commentary: eine erste Auswertung der Stellungnahmen an das IASB, in: Zeitschrift für internationale und kapitalmarktorientierte Rechnungslegung, 2007, Heft 3, S. 121-130

Kehm, Patrick; Lüdenbach, Norbert [Kehm/Lüdenbach, 2007]: Haufe IFRS Kommentar, 5. Auflage, Rudolf Haufe Verlag, Freiburg, 2007

Kessler, Harald; Leinen, Markus; Strickmann, Michael [Kessler/Leinen/Strickmann, 2008]: Bilanzrechtsmodernisierungsgesetz, Haufe Verlag, Freiburg, 2008

Kholmy, Khaled [Kholmy, 2011]: Die aktuellen Reformen zu IFRS 9 – eine kritische Würdigung der Stellungnahmen zum ED/2009/7, in: Zeitschrift für internationale und kapitalmarktorientierte Rechnungslegung, 2011, Heft 2, S. 79-88

Kiln, Robert [Kiln, 1991]: Reinsurance in Practice, 3. Auflage, London, 1991

Kirsch, Hanno [Kirsch, 2007]: Finanz- und erfolgswirtschaftliche Jahresabschlussanalyse nach IFRS, 2. Auflage, Verlag Franz Vahlen, München, 2007

Klinge, Uwe [Klinge, 2007]: Mit unternehmenspezifischen Daten zu Best Estimate, in: Zeitschrift für die gesamte Versicherungswirtschaft, 2007, Heft 14, S. 1145-1147

Koch, Alfons; Krause, Hans-Josef [Koch/Krause, 1998]: Rückstellung für noch nicht abgewickelte Versicherungsfälle, in: Beck'scher Versicherungsbilanzkommentar Handels- und Steuerrecht – §§ 341 bis 341o HGB –, hrsg. von Budde/Schnicke/Stöffler/Stuirbrink, Beck'sche Verlagsbuchhandlung, München, 1998

Kölschbach, Joachim [Kölschbach, 2005]: Auswirkungen der IFRS-Bilanzierung auf Versicherungsratings, in: Versicherungsrating, hrsg. von Achleitner/ Everling, Gabler Verlag, Wiesbaden, 2005, S. 343-360

Korn, Jochen Heinrich [Korn, 1997]: Schwankungsreserven im handelsrechtlichen Jahresabschluß von Schaden- und Unfallversicherungsunternehmen, Verlag Versicherungswirtschaft e.V., Karlsruhe, 1997

Kreeb, Markus [Kreeb, 2010]: IFRS 4: Das Projekt Versicherungsverträge verzögert sich, in: Versicherungswirtschaft, 2010, Heft 5, S. 350-352

Kreeb, Markus [Kreeb, 2010a]: Der Versicherungskonzernabschluss nach internationalen Rechnungslegungsregeln, Josef Eul Verlag, Lohmar – Köln, 2010a
Kromschröder, Bernhard [Kromschröder, 1994]: Besonderheiten des Jahresabschlusses der Versicherungsunternehmen, in: Bilanzrecht und Kapitalmarkt, hrsg. von Ballwieser/Böcking/Drukarczyk, IDW Verlag, Düsseldorf, 1994, S. 769-793
Kromschröder, Bernhard [Kromschröder, 1994a]: Cash flow-Underwriting und kalkulatorische Kapitalkosten in der Schaden/Unfallversicherung, in: Dieter Farny und die Versicherungswissenschaft, hsrg. Robert Schwebler und den Mitgliedern des Vorstands des Deutschen Vereins für Versicherungswissenschaft, Verlag Versicherungswirtschaft, Karlsruhe, 1994a, S. 307-334
Kühnlenz, André; Scheffer, Mareike [Kühnlenz/Scheffer, 2011]: Bernanke beruhigt Anleger, in: Financial Times Deutschland, 10. Februar 2011, S. 19
Küting, Karlheinz; Kuhn, Ulrich [Küting/Kuhn, 1992]: Möglichkeiten und Grenzen der bilanziellen Erfolgsspaltung, in: DStR, 1992, S. 122-127
Küting, Karlheinz; Weber, Claus-Peter [Küting/Weber, 1995]: Handbuch der Rechnungslegung, 4. Auflage, Schäffer-Poeschel Verlag, Stuttgart, 1995
Küting, Karlheinz; Weber, Claus-Peter [Küting/Weber, 2009]: Die Bilanzanalyse, 9. Auflage, Schäffer-Poeschel Verlag, Stuttgart, 2009
Küting, Karlheinz; Reuter, Michael [Küting/Reuter, 2005]: Werden stille Reserven in Zukunft (noch) stiller? – Machen die IFRS die Bilanzanalyse überflüssig oder weitgehend unmöglich?, in: Bilanzrecht und Betriebswirtschaft, 60. Jahrgang, 2005, Heft 13, S. 706-713
Küting, Karlheinz; Döge, Burkhardt; Pfingsten, Andreas [Küting/Döge/Pfingsten, 2006]: Neukonzeption der Fair Value-Option nach IAS 39, in: Zeitschrift für internationale und kapitalmarktorientierte Rechnungslegung, 2006, Heft 10, S. 597-612
Kuhn, Steffen [Kuhn, 2010]: Neuregelung der Bilanzierung von Finanzinstrumenten: Welche Änderungen ergeben sich aus IFRS 9?, in: Zeitschrift für internationale Rechnungslegung, 2010, S. 103-111
Kuschel, Horst [Kuschel, 1963]: Die Publizität der größeren Versicherungsunternehmen über das aktive und passive Rückversicherungsgeschäft, Dissertation, Mannheim, 1963
Kreps, Rodney E. [Kreps]: Management's Best Estimate of Loss Reserve {URL: www.casact.org/pubs/forum/02fforum/02ff247.pdf} (Zugriff: 24. August 2010)
Lachnit, Laurenz [Lachnit, 1991]: Erfolgsspaltung auf der Grundlage der GuV nach Gesamt- und Umsatzkostenverfahren, in: Die Wirtschaftsprüfung, Heft 24, 1991, Jahrgang 44, S. 773-783, IDW-Verlag GmbH, Düsseldorf

Leffson, Ulrich [Leffson, 1984]: Bilanzanalyse, 3. Auflage, C.E. Poeschel Verlag, Stuttgart, 1984

Leibfried, Peter; Jaskolski, Torsten [Leibfried/Jaskolski, 2009]: Der neue Vorschlag des IASB zur Klassifikation von Finanzinstrumenten, in: Zeitschrift für internationale Rechnungslegung, Heft 11, 2009, Jahrgang 4, S. 469-474

Liebwein, Peter [Liebwein, 2009]: Klassische und moderne Formen der Rückversicherung, 2. Auflage, Verlag Versicherungswirtschaft GmbH, Karlsruhe, 2009

Löw, Edgar; Scharpf, Paul; Weigel, Wolfgang [Löw/Scharpf/Weigel, 2008]: Auswirkungen des Regierungsentwurfs zur Modernisierung des Bilanzrechts auf die Bilanzierung von Finanzinstrumenten, in: Die Wirtschaftsprüfung, 2008, 61. Jahrgang, S. 1011-1020

Lüdenbach, Norbert [Lüdenbach, 2007]: IFRS, 5. Auflage, Haufe Verlag, Freiburg, 2007

Lühn, Michael [Lühn, 2009]: Bilanzierung derivativer Finanzinstrumente nach IFRS und HGB, in: Praxis der internationalen Rechnungslegung, 2009, S. 103-108

Lux, Michael [Lux, 1978]: Die nicht versicherungstechnischen Posten des Rechnungsabschlusses, in: Rechnungslegung und Prüfung von Versicherungsunternehmen, hrsg. vom Institut der Wirtschaftsprüfer in Deutschland e.V., IDW Verlag, Düsseldorf, 1978

Mayr, Gerhard [Mayr, 1999]: Internationalisierung der Konzernrechnungslegung deutscher Versicherungsunternehmen, Gabler Verlag, Wiesbaden, 1999

Meybom, Peter [Meybom, 2008]: Kapitalsteuerung als strategischen Wettbewerbsvorteil in Versicherungsunternehmen nutzen, in: Zeitschrift für Versicherungswesen, 2008, Heft 17, S. 554-560

Meybom, Peter [Meybom, 2008a]: Kapitalmarktkrise kann sich zu essenzieller Herausforderung für Versicherungsunternehmen entwickeln, in: Zeitschrift für Versicherungswesen, 2008a, Heft 22, S. 764-769

Meyer, Lothar [Meyer, 1998]: Jahresabschlussanalyse. In: Handwörterbuch der Versicherung, hrsg. von Farny/Helten/Koch/Schmidt, Verlag Versicherungswirtschaft, Karlsruhe, 1988, S. 311-319

Meyer, Lothar [Meyer, 1994]: Das Vorsichtsprinzip bei der Bilanzierung von Versicherungsunternehmen im Licht der Deregulierung, in: Festschrift für Dieter Farny, hrsg. von Mehring/Wolff, Verlag Versicherungswirtschaft, Karlsruhe, 1994, S. 98-110

Meyer, Lothar [Meyer, 2003]: Full Fair Value Accounting für Versicherungsunternehmen, in: Aktuelle Fragen in der Versicherungswirtschaft, Heft 5, hrsg. von Fred Wagner, Verlag Versicherungswirtschaft, Karlsruhe, 2003, S. 119-138

Meyer, Lothar [Meyer, 2010]: Hat die Assekuranz zur Finanzkrise beigetragen oder war sie lediglich nur Opfer? In: Fluch und Segen der Kapitalmärkte für die Versicherungswirtschaft, hrsg. von Hamburger Gesellschaft zur Förderung des Versicherungswesens mbH, Verlag Versicherungswirtschaft, Karlsruhe, 2010, S. 39-49

Metzler, Marco [Metzler, 1999]: Wertorientierte Jahresabschlussanalyse von Schaden- und Unfallversicherungsunternehmen in Deutschland, Josef Eul Verlag, Köln, 1999

Mitzner, Kurt G. [Mitzner, 2000]: Bilanzrecht des internationalen Versicherungskonzerns, Shaker Verlag, Aachen, 2000

Müller, Bernd [Müller, 1998]: Betriebsergebnisrechnung für Schaden-/Unfallversicherungsunternehmen, Gabler Verlag, Wiesbaden, 1998

Müller, Helmut; Oster, Axel [Müller/Oster, 2001]: Diskussionen eines International Financial Reporting Standards (IFRS) für Versicherungsgeschäfte aus aufsichtsrechtlicher Sicht, in: Rechnungslegung von Versicherungsunternehmen, hrsg. von Gerd Geib, IDW-Verlag, Düsseldorf, 2001, S. 247-266

Mudrack, Olaf [Mudrack, 2008]: Zum Anspruch der Lebensversicherten auf Auszahlung von Bewertungsreserven, die vor dem 1. Januar 2008 entstanden sind, in: Zeitschrift für Versicherungswesen, 2008, Heft 17, S. 542-546

Munich Re [Munich Re]: Erkennt Solvency II Aufsichtssysteme ausserhalb der EU als gleichwertig an?, {URL: http://www.munichre.com/de/group/focus/solvency_II/knowledge_series/default.aspx} (Zugriff: 18. Februar 2011)

Nguyen, Tristan [Nguyen, 2008]: Rechnungslegung von Versicherungsunternehmen, Verlag Versicherungswirtschaft GmbH, Karlsruhe, 2008

Nguyen, Tristan; Molinari, Philipp [Nguyen/Molinari, 2009]: Zur Fair Value-Bewertung von Versicherungsverträgen, in: Versicherungswirtschaft, 2009, Heft 13, S. 1010-1013

Nguyen, Tristan; Molinari, Philipp [Nguyen/Molinari, 2011]: Bilanzierung von Versicherungsverträgen nach IFRS – Exposure Draft ED/2010/8, Teil 1, in: Zeitschrift für Versicherungswesen, 2011, Heft 1, S. 19-25

Nguyen, Tristan; Molinari, Philipp [Nguyen/Molinari, 2011a]: Bilanzierung von Versicherungsverträgen nach IFRS – Exposure Draft ED/2010/8, Teil 2, in: Zeitschrift für Versicherungswesen, 2011a, Heft 2, S. 65-69

Nicolini, Hans [Nicolini, 2008]: Jahresabschlussanalyse, 3. Auflage, Verlag C.H. Beck, München, 2008

Oecking, Stefan; Sanner, Andreas [Oecking/Sanner, 2004]: Bilanzierung und Rechnungslegung, in: Handbuch zur Schadenreservierung, hrsg. von Radtke/Schmidt, Verlag Versicherungswirtschaft, 2004, S. 25-36

Oertzen, Cornelia von [Oertzen, 2009]: § 3. Finanzinstrumente, in: Beck'sches IFRS Handbuch, hrsg. von Bohl/Riese/Schlüter, 3. Auflage, Verlag C.H. Beck, München, 2009, S. 93-179

Ott, Peter [Ott, 2005]: Solvabilitätsmessung bei Schaden-Unfall-Versicherungsunternehmen, Deutscher-Universitäts-Verlag, Wiesbaden, 2005

Oxford [Oxford, 2005]: Dictionary of Finance and Banking, 3. Auflage, Oxford University Press, 2005

Patek, Guido [Patek, 2008]: Bewertungseinheiten nach dem Referentenentwurf des Bilanzrechtsmodernisierungsgesetzes, in: Zeitschrift für internationale und kapitalmarktorientierte Rechnungslegung, 2008, Heft 6, S. 364-372

Peemöller, Volker H. [Peemöller, 2001]: Bilanzanalyse und Bilanzpolitik, 2. Auflage, Gabler Verlag, Wiesbaden, 2001

Peemöller, Volker H. [Peemöller, 2003]: Bilanzanalyse und Bilanzpolitik, 3. Auflage, Gabler Verlag, Wiesbaden, 2003

Pellens, Bernhard; Bonse, Andreas; Fülbier, Rolf Uwe; Gassen, Joachim; Sellhorn, Thorsten [Pellens/Bonse/Fülbier/Gassen/Sellhorn, 2006]: Internationale Rechnungslegung, 4. Auflage, Schäffer-Poeschel Verlag, Stuttgart, 2001

Pellens, Bernhard; Fülbier, Rolf Uwe; Gassen, Joachim [Pellens/Fülbier/Gassen, 2006]: Internationale Rechnungslegung, 6. Auflage, Schäffer-Poeschel Verlag, Stuttgart, 2006

Perlet, Helmut [Perlet, 1986]: Rückstellungen für noch nicht abgewickelte Versicherungsfälle in Handels- und Steuerbilanz, Verlag Versicherungswissenschaft e.V., Karlsruhe, 1986

Perlet, Helmut [Perlet, 2001]: Zeitwertbilanzierung bei Versicherungsunternehmen, in: Rechnungslegung von Versicherungsunternehmen, hrsg. von Gerd Geib, IDW-Verlag, Düsseldorf, 2001, S. 285-305

Petersen, Karl; Zwirner, Christian; Froschhammer, Matthias [Petersen/Zwirner/Froschhammer, 2009]: Bildung von Bewertungseinheiten, in: BilMoG, hrsg. von Petersen/Zwirner, Verlag C.H. Beck, München, 2009

Pfeifer, Dietmar [Pfeifer, 2003]: Möglichkeiten und Grenzen der mathematischen Schadenmodellierung, in: Zeitschrift für die gesamte Versicherungswissenschaft, 2003, Heft 4, S. 667-696

Pfirmann, Armin; Schäfer, René [Pfirmann/Schäfer, 2009]: Kapitel VII: Steuerliche Implikationen, in: Das neue deutsche Bilanzrecht, hrsg. von Küting, Karlheinz; Pfitzer, Norbert; Weber, Claus-Peter, 2. Auflage, Schäffer-Poeschel Verlag, Stuttgart, 2009

Pfitzer, Norbert; Scharpf, Paul; Schaber, Mathias [Pfitzer/Scharpf/Schaber, 2007]: Voraussetzungen für die Bildung von Bewertungseinheiten und Plädoyer für die Anerkennung antizipativer Hedges (Teil 1), in: Die Wirtschaftsprüfung, Heft 16, 2007, 60. Jahrgang, S. 675-685

Pfitzer, Norbert; Scharpf, Paul; Schaber, Mathias [Pfitzer/Scharpf/Schaber, 2007a]: Voraussetzungen für die Bildung von Bewertungseinheiten und Plädoyer für die Anerkennung antizipativer Hedges (Teil 2), in: Die Wirtschaftsprüfung, Heft 17, 2007a, 60. Jahrgang, S. 721-729

Pilhofer, Jochen; Defren, Timo [Pilhofer/Defren, 2011]: Auswirkungen des IAS 1R auf die Darstellung von IFRS-Abschlüssen in der Unternehmenspraxis, in: Zeitschrift für internationale und kapitalmarktorientierte Rechnungslegung, 2011, Heft 1, S. 15-25

Radtke, Michael [Radtke, 2004]: Abwicklungsdaten, in: Handbuch der Schadenreservierung, hrsg. von Radtke/Schmidt, Verlag Versicherungswirtschaft, 2004, Karlsruhe, S. 1-6

Rehkugler, Heinz; Poddig, Thorsten [Rehkugler/Poddig, 1998]: Bilanzanalyse, 4. Auflage, R. Oldenbourg Verlag, München, 1998

Reich, Axel; Zeller, Wilhelm [Reich/Zeller, 1988]: Spätschäden, in: Handwörterbuch der Versicherung, hrsg. von Farny/Helten/Koch/Schmidt, Verlag Versicherungswirtschaft e.V., Karlsruhe, 1988, S. 807-809

Riemenschneider, Sebastian; Sohlmann, Jan Henning [Riemenschneider/Sohlmann, 2011]: Ausgewählte Fragen der internationalen Bilanzierung und aktuelle Entwicklungen beim IASB, in: Zeitschrift für internationale und kapitalmarktorientierte Rechnungslegung, 2011, Heft 2, S. 102-107

Rittmann, Marion; Rockel, Werner [Rittmann/Rockel]: Rechnungslegung und Aufsicht von Versicherungsunternehmen, {URL: http://www.bwl.uni-muenchen.de/forschung/diskus_beitraege/workingpaper/3439.pdf} (Zugriff am: 20. September 2009}

Rockel, Werner [Rockel, 2004]: Fair Value-Bilanzierung versicherungstechnischer Verpflichtungen, Deutscher Universitäts-Verlag, Wiesbaden, 2004

Rockel, Werner; Helten, Elmar; Loy, Herbert; Ott, Peter; Sauer, Roman [Rockel/Helten/Loy/Ott/Sauer, 2007]: Versicherungsbilanzen – Rechnungslegung nach HGB, US-GAAP und IFRS, 2. Auflage, Schäffer-Poeschel Verlag, Stuttgart, 2007

Rogler, Silvia [Rogler, 2009]: Segmentberichterstattung nach IFRS 8 im Fokus von Bilanzpolitik und Bilanzanalyse (Teil 1), in: Zeitschrift für internationale und kapitalmarktorientierte Rechnungslegung, 2009, S. 500-505

Rogler, Silvia [Rogler, 2009a]: Segmentberichterstattung nach IFRS 8 im Fokus von Bilanzpolitik und Bilanzanalyse (Teil 2), in: Zeitschrift für internationale und kapitalmarktorientierte Rechnungslegung, 2009a, S. 576-583

Romeike, Frank; Müller-Reichart, Matthias [Romeike/Müller-Reichart, 2008]: Risikomanagement in Versicherungsunternehmen, 2. Auflage, Wiley Verlag, Weinheim, 2008

Salzmann, Ruth E. [Salzmann, 1984]: Estimated Liabilities for losses & loss adjustment expenses, Prentice-Hall, Englewood Cliffs, 1984

Sauer, Roman [Sauer, 2005]: Eigenkapital im Versicherungsunternehmen, in: Liber discipulorum für Elmar Helten, hrsg. von Albrecht/Hartung, Verlag Versicherungswirtschaft, Karlsruhe, 2005, S. 479-502

Sandleben, Hans-Martin; Wittmann, Markus [Sandleben/Wittmann, 2009]: Wesentliche Neuerungen in der Darstellung von Bilanz und Gewinn- und Verlustrechnung durch IAS 1 (rev. 2007), in: Zeitschrift für internationale Rechnungslegung, 2009, 4. Jahrgang, Heft 12, S. 509-511

Schaber, Mathias; Märkl, Helmut; Kroh, Tanja [Schaber/Märkl/Kroh, 2010]: IFRS 9 Financial Instruments: Exposure Draft zu fortgeführten Anschaffungskosten und Wertminderungen, in: Zeitschrift für internationale und kapitalmarktorientierte Rechnungslegung, 2010, Heft 5, S. 241-246

Scharpf, Paul [Scharpf, 2009]: Finanzinstrumente, in: Das neue deutsche Bilanzrecht, hrsg. von Küting/Pfitzer/Weber, 2. Auflage, Schäffer-Poeschel Verlag, Stuttgart, 2009

Scharpf, Paul; Schaber, Mathias [Scharpf/Schaber, 2008]: Bilanzierung von Bewertungseinheiten nach § 254 HGB-E (BilMoG), in: Zeitschrift für internationale und kapitalmarktorientierte Rechnungslegung, 2008, Heft 9, S. 532-542

Scheffler, Eberhard [Scheffler, 2006]: Eigenkapital im Jahres- und Konzernabschluss nach IFRS, Verlag Vahlen, München, 2006

Scherrer, Gerhard [Scherrer, 2007]: Konzernrechnungslegung nach HGB und IFRS, Verlag Franz Vahlen, München, 2007

Schildbach, Thomas [Schildbach, 2000]: US-GAAP, Verlag Vahlen, München, 2000

Schleif, Burkhard [Schleif, 2003]: Die Definition der Kapitalanlagerendite im Lichte des § 341b HGB, in: Versicherungswirtschaft, 2003, 58. Jahrgang, Heft 3, S. 156 ff.

Schlüter, Jörg [Schlüter, 2006]: § 39. Versicherungsverträge, in: Beck'sches IFRS Handbuch, hrsg. von Bohl/Riese/Schlüter, 2. Auflage, Verlag C.H. Beck, München, 2006, S. 1067-1090

Schlüter, Jörg [Schlüter, 2009]: Versicherungsverträge, in: Beck'sches IFRS Handbuch, hrsg. von Bohl/Riese/Schlüter, 3. Auflage, Verlag C.H. Beck, München, 2009, S. 1465-1496

Schmidt, Franz [Schmidt, 1979]: Bilanzpolitik deutscher Aktiengesellschaften, Gabler Verlag, Wiesbaden, 1979

Schmidt, Klaus D. [Schmidt, 2004]: Chain-Ladder Verfahren, in: Handbuch der Schadenreservierung, hrsg. von Radtke/Schmidt, Verlag Versicherungswirtschaft, 2004, Karlsruhe, S. 55-64

Sopp, Guido [Sopp, 2011]: Vorschlag des IASB zu den Liquiditätsprämien von Policen, in: Versicherungswirtschaft, 2011, Heft 4, S. 271-275

Schradin, Heinrich R. [Schradin, 1994]: Erfolgsorientiertes Versicherungsmanagement, Verlag Versicherungswirtschaft e.V., Karlsruhe, 1994

Schulte, Oliver [Schulte, 2006]: Fast-Close-Abschlüsse und Schadenrückstellungen nach HGB, IAS/IFRS und US-GAAP, Deutscher Universitäts-Verlag, Wiesbaden, 2006

Solvency II [Solvency II]: Richtlinie des Europäischen Parlaments und des Rates betreffend die Aufnahme und Ausübung der Versicherungs- und Rückversicherungstätigkeit (Solvabilität II), {URL: register.consilium.europa.eu/pdf/de/09/st03/st03643-re06.de09.pdf} (Zugriff am: 20. März 2010)

SSAP 55 [SSAP 55, 2006]: Statement of Statutory Accounting Principles No. 55, Unpaid Claims, Losses and Loss Adjustment Expenses, National Association of Insurance Commissioners, 2006

Steurer, Stefan; Wessling, Paul [Steurer/Wessling, 2010]: Kapitalanlage: Die neuen Bewertungsregeln verändern die Anlagepraxis, in: Versicherungswirtschaft, 2010, Heft 17, S. 1218

Stöffler, Michael [Stöffler, 1998]: Bildung versicherungstechnischer Rückstellungen, in: Beck'scher Versicherungsbilanzkommentar Handels- und Steuerrecht – §§ 341 bis 341o HGB –, hrsg. von Budde/Schnicke/Stöffler/Stuirbrink, Beck'sche Verlagsbuchhandlung, München, 1998, S. 235-237

Stöffler, Michael [Stöffler, 1998a]: Technischer Zinsertrag für eigene Rechnung, in: Beck'scher Versicherungsbilanzkommentar Handels- und Steuerrecht – §§ 341 bis 341o HGB –, hrsg. von Budde/Schnicke/Stöffler/ Stuirbrink, Beck'sche Verlagsbuchhandlung, München, 1998a, S. 491-493

Stuirbrink, Wolfgang; Schuster, Anselm [Stuirbrink/Schuster, 1998]: Zusammenfassung der vorgeschriebenen Anhangangaben, in: Beck'scher Versicherungsbilanzkommentar Handels- und Steuerrecht – §§ 341 bis 341o HGB –, hrsg. von Budde/Schnicke/Stöffler/Stuirbrink, Beck'sche Verlagsbuchhandlung, München, 1998, S. 531 -546

Stuirbrink, Wolfgang; Schuster, Anselm [Stuirbrink/Schuster, 1998a]: Einlagen bei Kreditinstituten, in: Beck'scher Versicherungsbilanzkommentar Handels- und Steuerrecht – §§ 341 bis 341o HGB –, hrsg. von Budde/Schnicke/Stöffler/Stuirbrink, Beck'sche Verlagsbuchhandlung, München, 1998a, S. 439-441

Stuirbrink, Wolfgang; Westenhoff, Manfred; Reich, Hanno [Stuirbrink/Westenhoff/Reich, 1998]: Rückstellung für Beitragsrückerstattung, in: Beck'scher Versicherungsbilanzkommentar Handels- und Steuerrecht – §§ 341 bis 341o HGB –, hrsg. von Budde/Schnicke/Stöffler/Stuirbrink, Beck'sche Verlagsbuchhandlung, München, 1998, S. 252-264

Swiss Re [Swiss Re, 2000]: Asset-Liability-Management für Versicherer, Sigma, Nr. 6, 2000

Swiss Re [Swiss Re, 2004]: Dynamik der Haftpflichtschäden – rechtliche und wirtschaftliche Hintergründe, Sigma, Nr. 6, 2004

Swiss Re [Swiss Re, 2008]: Schadenreservierung in der Nichtlebenversicherung: Eine strategische Herausforderung, Sigma, Nr. 2, 2008

Tanski, Joachim S. [Tanski, 2005]: Internationale Rechnungslegungsstandards, 2. Auflage, Deutscher Taschenbuch Verlag, München, 2005

Treuberg, Hubert, Graf von; Angermeyer, Birgit [Treuberg/Angermeyer, 1995]: Jahresabschluss von Versicherungsunternehmen, Schäffer-Poeschel, Stuttgart, 1995

Unrein, Daniel [Unrein, 2009]: Der Exposure Draft zum Management Commentary-Projekt des IASB, in: Praxis der internationalen Rechnungslegung, 2009, S. 259-265

Utecht, Torsten [Utecht, 2001]: Shareholder Value – Ein praktischer Ansatz für Schaden- und Unfallversicherer, in: Zeitschrift für die gesamte Versicherungswissenschaft, (90) 2001, S. 527-581

Utecht, Torsten [Utecht, 2009]: Entwicklungstrends im Controlling von Versicherungsunternehmen, in: Zeitschrift für die gesamte Versicherungswissenschaft, (98) 2009, S. 91-118

Varain, Thomas C. [Varain, 2004]: Ansatz und Bewertung versicherungstechnischer Verpflichtungen von Schaden- und Unfallversicherungsunternehmen nach IAS/IFRS, Josef Eul Verlag, Köln, 2004

Wagner, Fred [Wagner, 1994]: Liquiditätsmanagement im Versicherungsunternehmen, in: Festschrift für Dieter Farny, hrsg. von Mehring, Hans-Peter, Verlag Versicherungswissenschaft, Karlsruhe, 1994

Warnecke, Eberhard [Warnecke, 1998]: Schwankungsrückstellung und ähnliche Rückstellungen, in: Beck'scher Versicherungsbilanzkommentar Handels- und Steuerrecht – §§ 341 bis 341o HGB –, hrsg. von Budde/Schnicke/Stöffler/Stuirbrink, Beck'sche Verlagsbuchhandlung, München, 1998, S. 329-343

Wawrzinek, Wolfgang [Wawrzinek, 2009]: § 2. Ansatz, Bewertung und Ausweis sowie zugrunde liegende Prinzipien, in: Beck'sches IFRS Handbuch, hrsg. von Bohl/Riese/Schlüter, 3. Auflage, Verlag C.H. Beck, München, 2009, S. 33-91

Weber, Claus-Peter [Weber, 2009]: Anlagen in Finanzinstrumenten, Beteiligungen an assoziierten Unternehmen und Joint Ventures und als Finanzinvestition gehaltene Immobilen, in: Wiley-Kommentar zur internationalen Rechnungslegung nach IFRS 2009, hrsg. von Ballwieser/Beine/Hayn/Peemöller/Schruff/Weber, 5. Auflage, Wiley-VCH Verlag, Weinheim, 2009

Weber, Karin [Weber, 1987]: Jahresabschlussanalyse Deutscher und Schweizerischer Rückversicherungsunternehmen, Verlag Josef Eul, Köln, 1987

Weigel, Hanns-Jürgen [Weigel, 1994]: Der Einfluß von Bewertungsvorschriften auf das Anlageverhalten in der deutschen Versicherungswirtschaft; in: Die Vergangenheit bewahren – die Zukunft gewinnen; Festschrift der Alten Leipziger Versicherung Aktiengesellschaft zum 175jährigen Jubiläum, Oberursel, 1994, S. 185-203

Welzel, Hans-Joachim [Welzel, 2008]: Rückstellungen, Versicherungstechnische, in: Handwörterbuch der Versicherung, hrsg. von Farny/Helten/Koch/Schmidt, Verlag Versicherungswirtschaft e.V., Karlsruhe, 1988, S. 685-687

Wenk, Marc Oliver; Jagosch, Christian [Wenk/Jagosch, 2008]: Konzeptionelle Neugestaltung der Segmentberichterstattung nach IFRS 8 – Was ändert sich tatsächlich?, in: Zeitschrift für internationale und kapitalmarktorientierte Rechnungslegung, 2008, Heft 11, S. 661-670

Will, Reiner [Will, 1997]: Solvabilität und Solvabilitätspolitik von Lebensversicherungsunternehmen im deregulierten deutschen Lebensversicherungsmarkt, Josef Eul Verlag, Köln, 1997

Wöhe, Günter [Wöhe, 1997]: Bilanzierung und Bilanzpolitik, 9. Auflage, Verlag Franz Vahlen, München, 1997

Wollmert, Peter [Wollmert, 1992]: Die Konzernrechnungslegung von Versicherungsunternehmen als Informationsinstrument, Dr. Wolfram Hitzeroth Verlag, Marburg, 1992

Zielke, Carsten [Zielke, 2005]: IFRS für Versicherer, Gabler Verlag, Wiesbaden, 2005

Zimmermann, Christoph [Zimmermann, 2002]: Abschlußkosten in der deutschen und internationalen Rechnungslegung, Cuvillier Verlag, Göttingen, 2002

Zloch, Bernhard [Zloch, 1994]: Eigenkapitalausstattung von Versicherungsunternehmen, in: Festschrift für Dieter Farny, hrsg. von Mehring/Wolff, Verlag Versicherungswirtschaft, Karlsruhe, 1994, S. 183-192

Zöbisch, Marion [Zöbisch, 2009]: Solvency II: Risikoadäquanz von Standardmodellen, Dissertation, Verlag Versicherungswirtschaft, Karlsruhe, 2009

Zülch, Henning; Pronobis, Paul [Zülch/Pronobis, 2009]: Bevorstehender Paradigmenwechsel in der Darstellung eines IFRS-Abschlusses, in: Zeitschrift für internationale und kapitalmarktorientierte Rechnungslegung, 2009, Heft 10, S. 555-565

Zülch, Henning; Salewski, Marcus [Zülch/Salewski, 2011]: Die Bedeutung des fair value für europäische Banken, in: Zeitschrift für internationale und kapitalmarktorientierte Rechnungslegung, 2011, Heft 1, S. 35-40

Zwirner, Christian [Zwirner, 2009]: Finanzkrise – Auswirkungen auf die Rechnungslegung, in: Der Betrieb, 62. Jahrgang, 2009, Heft 8, S. 353-35

Schriften zum Controlling, Finanz- und Risikomanagement

Herausgegeben von Prof. Dr. Andreas Brieden, Prof. Dr. Thomas Hartung, Prof. Dr. Bernhard Hirsch und Prof. Dr. Andreas Schüler

Band 1 Patrick Siklóssy: Vergleich der Durchführungswege der betrieblichen Altersversorgung aus Eigentümer- und Arbeitnehmersicht. 2009.

Band 2 Simon Krotter: Performance-Messung, Erwartungsänderungen und Analystenschätzungen. Theoretische Konzeption und empirische Umsetzung. 2009.

Band 3 Hans-Jürgen Straßer: DCF-Bewertung von Versicherungsunternehmen. 2009.

Band 4 Bernhard Christian Kübler: Risk Classification by Means of Clustering. 2010.

Band 5 Benjamin Asche: Jahresabschlussanalyse und Bilanzpolitik von Schaden-/Unfallversicherern. Änderungen aufgrund von IFRS 4 Phase II Insurance Contracts: ED/2010/8. 2012.

www.peterlang.de

www.ingramcontent.com/pod-product-compliance
Ingram Content Group UK Ltd.
Pitfield, Milton Keynes, MK11 3LW, UK
UKHW021843290926
8980IPUK00005B/625

9 783631 630518